Anonymous

Hansische Geschichtsblätter

Jahrgang 1899

Anonymous

Hansische Geschichtsblätter
Jahrgang 1899

ISBN/EAN: 9783743690462

Hergestellt in Europa, USA, Kanada, Australien, Japan

Cover: Foto ©ninafisch / pixelio.de

Weitere Bücher finden Sie auf **www.hansebooks.com**

HANSISCHE

GESCHICHTSBLÄTTER.

HERAUSGEGEBEN

VOM

VEREIN FÜR HANSISCHE GESCHICHTE.

JAHRGANG 1899.

LEIPZIG,

VERLAG VON DUNCKER & HUMBLOT.

1900.

INHALT.

———

———

I.

DIE VERBINDUNG DER HANSESTÄDTE UND DIE HANSEATISCHEN TRADITIONEN SEIT DER MITTE DES 17. JAHRHUNDERTS.

VON

ADOLF WOHLWILL.

— — · — — —

VORWORT.

Die folgende Abhandlung entspricht in ihren Grundzügen einem Vortrage, den ich Pfingsten 1899 in der Jahresversammlung des hansischen Geschichtsvereins gehalten habe; doch sind namentlich die auf die hansischen Konvente von 1668 und 1669, sowie die auf die Verhandlungen der Hansestädte mit den oberdeutschen Reichsstädten bezüglichen Abschnitte etwas weiter ausgeführt worden. Bei meinen Studien über die letzten Zeiten der alten Hanse sind mir insbesondere die einschlägigen Akten des Braunschweiger Stadtarchivs, deren Benutzung durch die von Herrn Dr. H. Mack angefertigten Urkundenauszüge erleichtert wird, von grofsem Werte gewesen. Abgesehen von diesen sind in der vorliegenden Arbeit Akten der Archive in Lübeck, Bremen, Hamburg, Lüneburg, Köln, Danzig, Frankfurt a. M. und Strafsburg verwertet worden. Ich darf nicht verfehlen, den betreffenden Archivverwaltungen für die mir bei diesen Forschungen gewährte Hilfsleistung auch an dieser Stelle meinen verbindlichsten Dank auszudrücken.

Hauptzweck der folgenden Skizze ist es, die letzten Zeiten des sich auflösenden Hansabundes zu veranschaulichen. Zugleich gilt es zu zeigen, wie aus der zerfallenden alten Vereinigung das Bündnis der drei Städte hervorgegangen, die noch heute den Namen »Hansestädte« führen, und darauf hinzuweisen, wie diese auch in schwerer Zeit das Erbteil der Vorfahren treu gehütet und die hansischen Traditionen, soweit sie noch lebenskräftig, dem wiedererstandenen Deutschland überliefert haben.

Es ist zweifelsohne ebenso unmöglich, das Ende, wie den Anfang des alten Hansabundes durch ein bestimmtes Datum zu bezeichnen. Die frühere Annahme, daſs die Hansa durch den im Jahre 1241 zwischen Hamburg und Lübeck geschlossenen Vertrag ins Leben gerufen sei, ist ja schon von Sartorius bestritten worden[1]. Eher könnte es erforderlich erscheinen, die Behauptung zu begründen, daſs auch das Ende der Hansa sich durch kein bestimmtes Datum bezeichnen läſst. Wohl hat man mitunter das Jahr 1630, mitunter auch 1669 als das Todesjahr der alten Hansa gelten lassen: das Jahr 1630, weil damals zuerst die umfassendere hansische Vereinigung zu dem Bund der drei noch heute »Hansestädte« genannten Städte zusammengeschrumpft erscheint, das Jahr 1669, weil in diesem noch einmal, zum letztenmal, ein Hansetag stattfand, der sich mit den Angelegenheiten der Hansa im früheren Sinne befaſste. Doch sind diese Daten keineswegs Grenzsteine, sondern höchstens Male einer sich langsam vollziehenden Entwicklung. Jedenfalls ist das Jahr 1629 von kaum minder einschneidender Bedeutung für die hansische Geschichte gewesen, als die beiden genannten Jahre.

---

[1] Vgl. K. Koppmann im 2. Jahrgang dieser Geschichtsblätter S. 69 ff.

Auf dem Hansetage von 1629 wurden die Städte Lübeck, Bremen und Hamburg ersucht und bevollmächtigt, demnächst das gemeinsame Interesse der Hansestädte wahrzunehmen. Vorläufig geschah dies nur in einer ganz bestimmten Veranlassung, weil die Tagfahrten künftig nicht mehr so oft stattfinden könnten. Auf Grund dieses Auftrages glaubten jedoch die drei Städte in der Folge durchweg berechtigt und verpflichtet zu sein, das hansische Gesamtinteresse in weiterem Umfange zu vertreten. Im Jahre 1630 schlossen sie ein besonderes Bündnis zum Zweck wechselseitiger Unterstützung und Verteidigung ab; doch ist es von Wichtigkeit zu konstatieren, dafs sie sich damals noch keineswegs als die ausschliefslichen Träger der Hansa, sondern nur als näher verbundene Hansestädte und als Wortführer der hansischen Gesamtheit betrachteten. Auch dann, wenn sie vorzugsweise in ihrem besonderen Interesse handelten, geschah dies selten, ohne der übrigen Städte zu gedenken. In dem erwähnten, 1630 vereinbarten und 1641 erneuerten Bündnisvertrage wurde ausdrücklich erklärt, dafs allen anderen Hansestädten der Beitritt offen stehe. Das Gleiche geschah, als sich die drei Städte in den Jahren 1645 und 1646 aufs neue mit den Vereinigten Niederlanden verbündeten. Durch ihre Beteiligung an den Friedensverhandlungen von Brömsebro (1645) bewirkten sie den Einschlufs aller zum Hansabund gehörigen Städte in den Friedenstraktat. Ebenso traten sie auf den Friedenskongressen von Münster und Osnabrück nicht nur für ihre besonderen Interessen, sondern für die Bestätigung der Rechte und Privilegien der hansischen Gesamtheit ein. Auch der 1647 von ihnen mit Spanien vereinbarte Handelsvertrag ward im Namen aller Hansestädte abgeschlossen [1].

Waren Lübeck, Bremen und Hamburg seit 1629 die im eignen, wie im hansischen Gesamtinteresse vorzugsweise aktiven

---

[1] Als geraume Zeit später Zweifel erhoben wurden, ob Rostock auf die Vergünstigungen, welche die spanisch-hansischen Handelsverträge gewährten, Anspruch habe, attestierten die Räte von Lübeck, Bremen und Hamburg (am 20. April 1661) ausdrücklich, dafs die von ihren Deputierten 1607 und 1647 mit Spanien abgeschlossenen Traktate für Rostock, wie für die übrigen Städte der deutschen Hanse, insbesondere die hansischen Seestädte gültig seien (Lüb. Staatsarchiv).

Städte der alten Vereinigung, so gesellten sich ihnen doch hin und wieder zur Vertretung gemeinsamer Angelegenheiten die Quartierstädte Braunschweig, Köln und Danzig hinzu. So wurde z. B. eine Eingabe an den Kaiser vom 23. Dezember 1650, die in Veranlassung des bremisch-oldenburgischen Streites über den Weserzoll das Recht Bremens und zugleich das allgemeine Handelsinteresse zur Geltung zu bringen suchte, von den Bürgermeistern und Räten der Städte Lübeck, Köln, Hamburg und Braunschweig »für sich und im Namen der vereinigten Städte der deutschen Hanse« unterzeichnet.

Schon damals war der Gedanke, aufs neue einen Hansetag zu berufen, von mehreren Seiten in Anregung gebracht worden [1]. Im Juni 1651 erfolgte die förmliche Einladung auf den 1. September des Jahres. Es war dabei vor allem darum zu thun, daß die Hansa wieder ein Lebenszeichen von sich gäbe, weil es sonst leicht das Ansehen gewinnen konnte, als wäre diese Einigung »lapsu temporis et non utendo erloschen und aufgehoben«. Sollte aber das Bündnis fortgesetzt werden, so war es notwendig, eine sichere finanzielle Grundlage zu schaffen. Man mußte über die erforderlichen ordentlichen und außerordentlichen »Zulagen« beraten, auf geeignete Mittel sinnen, wie die rückständigen Jahresbeiträge (annua) und sonstigen Beisteuern einzutreiben seien, und die Rechnungen der hansischen Kassen revidieren. Ferner war zu erwägen, ob sich nicht für die geschäftliche Erledigung der gemeinsamen hansischen Angelegenheiten aufs neue die formelle Bestellung eines hansischen Syndikus empfehle [2]. Das Hauptaugenmerk

---

[1] Das Folgende nach den für den ausgeschriebenen Hansetag zusammengestellten Deliberationspunkten und einer auf denselben Gegenstand bezüglichen Aufzeichnung im Lüb. Staatsarchiv.

[2] Der 17. der 1651 von dem lübeckischen Syndikus Gloxin zusammengestellten Deliberationsartikel betonte die Notwendigkeit, »zu bedenken und zu schließen, ob und wer hinfüro zu dem Hänsischen Syndicat anzunehmen und zu bestellen oder wie es desfalls sonst bestermaßen zu halten, damit die notturfft allenthalben der gebühr nach beobachtet werden könne«. Dieser, Artikel ging mit unverändertem Wortlaut in den Receß von 1662 über. Thatsächlich nahm Gloxin selbst die Geschäfte eines hansischen Syndikus wahr. In einer Abrechnung für die Jahre 1645—1666 behauptete er, daß ihm »als p. t. zu denen hänsischen sachen bestaltem Syndico« für diese

mufste selbstverständlich darauf gerichtet sein, wie dem Handel
der Hansestädte wieder aufgeholfen werden könne. Obwohl fast
durchweg nur Rückgang und Verfall zu konstatieren war, so gab
man sich · doch mit einem gewissen Optimismus der Hoffnung
hin, für so manche Wunden Heilung zu finden, verlorene Güter
wiederzugewinnen und neue zu erringen.

Überaus trostlos sah es mit den hansischen Kontoren aus.
Antwerpen mufste seit der Scheldesperre als ein völlig verlorener
Posten gelten, weshalb zu überlegen war, ob es nicht am richtigsten
sei, das grofse Östersche Haus daselbst, ebenso wie es 1622
mit dem kleinen Österschen Haus geschehen, zu veräufsern. Nicht
viel besser stand es mit dem Londoner Stahlhof. So viele Mühe
und Kosten waren aufgewandt, um die an dieser Niederlassung
haftenden Rechte wieder zur Geltung zu bringen, dafs es fraglich schien, ob es sich lohne, dafür neue Anstrengungen zu
machen. Im allgemeinen aber lautete die Losung hinsichtlich
der Kontore, dafs sie — obschon keine Aussicht vorhanden, sie
zu dem früheren Flor zu bringen — doch so gut wie möglich
zu unterhalten und gegen alle präjudicierlichen Eingriffe und
Benachteiligungen zu schützen seien. Insbesondere sollte dahin
gestrebt werden, dafs die Hansestädter überall, wo sich solche
Niederlassungen befänden, den Eingeborenen gleichgestellt würden.

Auch den Hemmnissen, die zufolge der vorausgegangenen
Kriegszeiten für den Handel innerhalb und aufserhalb des deutschen Reiches entstanden, hoffte man wenigstens einigermafsen
begegnen zu können. Es galt dahin zu wirken, dafs die von den
Kriegführenden eingeführten Zölle und »militärischen Imposten«

22 Jahre 6600 Thaler zukämen (während er nur 4762 empfangen). Auf dem
Konvent von 1669 beanstandete Bremen freilich die Aufführung eines Salairs
für den hansischen Syndikus in den Rechnungen, da seit Jahren ein solcher
nicht bestallt worden sei. Lübeckischerseits wurde indessen erwidert: »Herr
Dr. Gloxin sei Syndicus Hansae allezeit gewesen und mille actibus von allen
Städten davor erkant, approbirt und mit ihm als Hansae Syndico von ihnen
correspondirt«. — Diese widerspruchsvollen Angaben lassen sich vereinigen,
wenn man annimmt, dafs G. vom Lübecker Senat mit den hansischen Angelegenheiten betraut worden und von den meisten in Betracht kommenden
Städten thatsächlich als hansischer Syndikus anerkannt worden sei, ohne jedoch als solcher eine förmliche Bestallung erhalten zu haben. (Nach Akten-
stücken der Archive in Lübeck, Bremen und Braunschweig.)

gänzlich beseitigt würden, oder daſs sie wenigstens, sofern sie durch den westfälischen Frieden bestätigt worden, den Handel nicht über den Wortlaut und Sinn der Bestätigung hinaus beeinträchtigen dürften. In richtiger Erkenntnis der Interessengemeinschaft zwischen dem Land- und Seehandel faſste man den Plan ins Auge, sich zu dem erwähnten Zweck mit den übrigen angeseheneren deutschen Handelsstädten, insbesondere Straſsburg, Augsburg, Frankfurt und Nürnberg über gemeinsame Schritte zu verständigen. Doch konnte man sich hiervon höchstens für den Handel innerhalb des deutschen Reiches einigen Nutzen versprechen. Auſserhalb des Reiches waren die Hansestädte von der Gnade und Ungnade fremder Herrscher völlig abhängig. Dies empfanden sie insbesondere innerhalb der dänischen Machtsphäre. In Bergen, bei der Schonenfahrt und nicht zum wenigsten im Sunde hatte der hansische Handel seit geraumer Zeit empfindliche Benachteiligung und Zurücksetzung erfahren. Nicht viel besser stand es in Schweden; doch glaubte man dem an sich so beklagenswerten Umstand, daſs die bedeutenderen pommerschen Hansestädte ebenso wie Wismar in schwedische Gewalt gekommen, eine gute Seite abgewinnen zu können. Man hielt es für möglich, daſs die von der schwedischen Regierung diesen Städten bewilligten kommerziellen Zugeständnisse auch auf die übrigen Hansestädte ausgedehnt würden.

Auch sonst lockte hie und da eine erfreulichere Aussicht — freilich fast immer trügerisch, wie eine Fata Morgana.

Verschiedenen Anzeichen glaubte man entnehmen zu dürfen, daſs die Verhältnisse günstig seien, um das Kontor von Nowgorod wieder herzustellen, und daſs insbesondere Schweden dem Handel dorthin durch Zollerleichterungen Vorschub leisten werde. Ferner hielt man es für möglich, die Fahrt nach Flandern wieder aufzunehmen, da ja nach der Sperrung der Schelde der Weg über Ostende offen stand und der Rat von Brügge den Wunsch zu erkennen gegeben hatte, die alte Verbindung mit den Hansestädten zu erneuern. Endlich glaubte man durch geschickte diplomatische Unterhandlungen erreichen zu können, daſs die Hansestädte bei ihrem Handels- und Schiffahrtsverkehr mit Frankreich, Spanien und Portugal auch in Kriegszeiten derselben Rechte teilhaftig würden, wie die Niederländer.

Wie nach allen diesen Richtungen das Interesse der Hansestädte am besten wahrgenommen werden könne, sollte auf
dem Hansetag erörtert werden. In diesem Sinne hatte der
Lübecker Syndikus (der nachmalige Bürgermeister) Gloxin die
Deliberationspunkte zusammengestellt, die gleichsam als Programm
den Einladungsbriefen hinzugefügt wurden.

Die Aufnahme, welche die definitive Anberaumung des
Hansetages fand, entsprach jedoch keineswegs den gehegten Er-
wartungen. Es fehlte allerdings nicht an Zustimmungserklärungen.
So schrieb z. B. Danzig am 11. Juli 1651 nicht nur, dafs es
bereits Deputierte zum Hansetage gewählt habe, sondern es gab
auch der Hoffnung Ausdruck, dafs durch die Beratungen dem
»fast untergegangenen und zertrennten« hansischen Bund merk-
lich geholfen und derselbe, wenn auch nicht zu solcher Blüte
und zu so hohem Ansehen, wie in früherer Zeit, doch zum
Frommen der »notleidenden und hochbeschwerten Commercien«
einigermafsen wieder hergestellt werden könne[1].

Um so unerfreulicher war es dem Lübecker Rat, dafs von
Hamburg, das sich im Dezember 1650 und bestimmter noch
im Juni 1651 mit dem Ausschreiben des Hansetages einverstanden
erklärt hatte, am 10. Juli 1651 ein Schreiben eintraf, in dem
um Aussetzung des Konvents nachgesucht wurde. Als Grund
wurde namentlich angeführt, dafs es mifslich sei, in Lübeck über
hansische Angelegenheiten zu beraten, während dort polnisch-
schwedische Friedensverhandlungen stattfänden. Daneben hat
vermutlich noch ein anderer Umstand erheblich dazu beigetragen,
dem Hamburger Rat die Beschickung eines Hansetags jener
Zeit unerwünscht erscheinen zu lassen. Seine Aufmerksamkeit
war damals vorzugsweise auf verheifsungsvolle, obschon schliefslich vergebliche Verhandlungen mit dem Gesamthause Holstein
gerichtet, durch die er die Beendigung des Immedietätsstreits,
d. h. die Anerkennung der Reichsunmittelbarkeit Hamburgs, und
nebenher auch Begünstigungen für den hamburgischen Handel
bei der Fahrt durch den Sund zu erlangen hoffte[2]. Der Lübecker

---

[1] Hamb. Staatsarchiv.

[2] Vgl. meine Schrift: Aus drei Jahrhunderten der hamburgischen Geschichte (5. Beiheft zum Jahrbuch der Hamb. wissenschaftl. Anstalten XIV)
S. 8 f.

Rat, der von diesen Verhandlungen wahrscheinlich keine Ahnung hatte,
bemühte sich in einem Schreiben vom 14. Juli den Hamburger
Rat umzustimmen, indem er das ersterwähnte Bedenken desselben
zu entkräften suchte. Es war vergeblich; und wenn in dem
angeführten lübeckischen Brief noch davon die Rede gewesen,
daſs zum guten Teil zustimmige Erklärungen eingegangen, so
trafen danach doch noch von Köln, Stralsund und Stettin
Schreiben ein, in denen ebenfalls eine Aussetzung des Hansetags
gewünscht oder nahegelegt ward. Köln erklärte sich allerdings
mit den Deliberationspunkten einverstanden, es übersandte diese
neben dem Ausschreiben selbst an nicht weniger als 14 Städte
seines Quartiers (Münster, Dortmund, Osnabrück, Soest, Paderborn, Lemgo, Minden, Duisburg, Wesel, Zütphen, Deventer,
Groningen, Roermonde und Nimwegen)[1] und unterlieſs nicht,
dabei darauf hinzuweisen, daſs von der Tagfahrt die Erhaltung
und Förderung der gemeinsamen Wohlfahrt erwartet werde.
Doch war damit nicht viel gethan, da Köln für sich selbst die
Beschickung des Konvents aus verschiedenen Gründen beanstandete: der Termin sei viel zu kurz, um die alten Protokolle
einzusehen und danach die erforderliche Instruktion zu entwerfen, ferner stehe ein allgemeiner Reichstag in Aussicht, durch
den die Beschlüsse eines hansischen Konvents leicht durchkreuzt
werden könnten, überdies seien zufolge der Unruhen im Herzog-
tum Berg die Wege unsicher geworden.

Gleichviel ob diese und die von anderer Seite geltend gemachten Bedenken und Einwände als triftig anzusehen waren
oder nicht, vermochte sich der Lübecker Rat angesichts der Absage von vier so wichtigen Städten der Erwägung nicht zu entziehen, daſs ein gar zu schwach besuchter Hansetag nicht nur
den beabsichtigten Zweck verfehlen, sondern allerhand »widrige
Impressiones und Nachgedanken« erwecken möchte. Er sah
sich daher gemüſsigt, auch seinerseits dem Gedanken näher zu
treten, den Konvent bis ins nächste Jahr auszusetzen. Nur
schwer und nach längerem Zögern scheint er sich zu diesem
Aufschub entschlossen zu haben. Hieraus erklärt es sich, daſs

---

[1] Schreiben Kölns an die genannten Städte vom 17./27. Juli 1651:
Histor. Archiv. der Stadt Köln.

einzelne Städte, die sich an dem Hansetag zu beteiligen wünschten, von der Abbestellung desselben zu spät unterrichtet wurden. Abgesandte von Magdeburg und Hildesheim waren im Begriff nach Braunschweig zu reisen, um dort an dem anberaumten »Prädeliberationstag« teilzunehmen, und die Bevollmächtigten von Minden und Osnabrück waren sogar schon unterwegs nach Lübeck, als sie die Absage erhielten.

Solche vergeblichen Anläufe mußten natürlich dazu beitragen, den eben erst ein wenig wiederbelebten Eifer für die hansische Verbindung abzukühlen.

Auch der für das Jahr 1652 geplante hansische Konvent kam nicht zu stande. Nicht viel besser ging es zehn Jahre später. Allerdings fand Anfang März 1662 zu Hamburg eine Präliminärzusammenkunft von Vertretern Lübecks, Bremens und Hamburgs statt; aber der gesamt-hansische Konvent, der wenige Monate später folgen sollte, wurde wieder »krebsgängig«.

Für die Kenntnis der Veränderungen, die mittlerweile in den hansischen Verhältnissen eingetreten, ist es lehrreich, sich zu vergegenwärtigen, welche Modifikationen auf dem Hamburger »Präliminartag« mit den 1651 entworfenen Deliberationsartikeln vorgenommen worden. Der Artikel, der von der möglichen Wiederherstellung des Nowgoroder Kontors handelte, war weggefallen, der auf den Handel mit England und namentlich auf den Stahlhof bezügliche Absatz lautete hingegen 1662 weniger resigniert, als früher. Während nach dem Programm von 1651 die Veräußerung des Stahlhofes wenigstens zu den mit in Betracht zu ziehenden Eventualitäten gehörte, waren seitdem mancherlei Schritte unternommen worden, um die Rechte an diesem ehrwürdigen hansischen Erbe zu wahren[1]. Weitere Maßnahmen folgten. Im Herbst 1662 wurde eine aus je einem Vertreter Lübecks, Bremens und Hamburgs bestehende Gesandtschaft nach London geschickt, um nicht nur für die hansische Schifffahrt Zugeständnisse zu erlangen, sondern namentlich auch, um den Stahlhof, »dies stattliche Kleinod und einzige des Orts

---

[1] Vgl. Lappenberg, Urkundliche Geschichte des Hansischen Stahlhofes zu London S. 116 ff. Das Folgende nach Akten der Archive in Lübeck und Köln.

übrige reliquia pristini hanseatici nominis« zu retten. Diese Gesandtschaft fand wiederum »im Namen und von wegen gesammter
Hansestädte« statt, »vorbehaltlich jedoch den dazu nöthigen
Vorschufs bei nächstem Hansetag ex communi cassa wieder zu
geniefsen«.

Von vornherein hatten Lübeck, Bremen und Hamburg sich
an Köln gewandt, um diese Stadt, die einst an dem englischen
Handel und dem Stahlhof so erheblichen Anteil gehabt, zur Beteiligung an der Gesandtschaft oder doch an den Kosten derselben zu bestimmen. Doch hatte Köln dieses Ansinnen abgelehnt, indem es erklärte, dafs es für sich bei der Sache nicht
den geringsten Vorteil sehe. Das Einzige, wozu es sich auf
wiederholtes Bitten verstand, war die Abfassung eines an Karl II.
gerichteten Empfehlungsschreibens für die Abgesandten der drei
Schwesterstädte. Von einem solchen versprach man sich eine
günstige Wirkung, einerseits weil Köln, wo König Karl II. zur
Zeit seiner Verbannung zwei Jahre verbracht, bei diesem gut an-
geschrieben war, andrerseits weil die Deputierten von Lübeck,
Bremen und Hamburg durch die Kölner Verwendung noch mehr
als durch die von ihren heimischen Kommittenten ausgestellten
Vollmachten zu Abgesandten des gesamten hansischen Bundes
gestempelt wurden. Es gelang ihnen in der That, die Rechte des
Stahlhofs einigermafsen sicherzustellen. Doch nicht lange sollte
man sich dieses Erfolges freuen. Während der grofsen Londoner
Feuersbrunst vom September 1666 wurde auch der Stahlhof mit
den darin befindlichen Waren von den Flammen verzehrt. Zu
dem unmittelbaren Verlust kam bald auch die Gefahr der obrigkeitlichen Einziehung des Grunds und Bodens, falls die Wieder-
bebauung nicht innerhalb eines bestimmten Termines erfolgte.
Dringender als zuvor erschien nunmehr die Einberufung eines
Hansetags, damit die Bestreitung der Kosten, welche die
Wiederherstellung des Gebäudes erforderte, oder doch wenigstens
die Verantwortlichkeit für die zu ergreifenden Mafsregeln von
den zum Bunde haltenden Städten gemeinsam übernommen
würde.

Anfang Juli 1667 beraumte der Lübecker Rat deshalb einen
Konvent auf den 1. September dieses Jahres an. Doch erfolgten
neue Einwendungen, namentlich von den Kölnern, die u. a.

geltend machten, dafs wegen des französischen Einfalls in die spanischen Niederlande binnen kurzem in ihrer Stadt ein west-fälischer Kreistag gehalten werden solle. Zufolge dessen wurde der Hansetag zunächst auf den 1. Oktober dieses Jahres und danach — damit möglichst jedem Vorwand der Nichtbeteiligung vorgebeugt werde — noch dreimal, schliefslich auf den 1. Juli 1668 verschoben. In der Zwischenzeit bemühten sich neben Lübeck auch Bremen und Hamburg, den Quartierstädten zu Ge-müte zu führen, dafs, wenn der angesagte Konvent aufs neue vereitelt werde, nicht nur weitere Schädigung, sondern gänzliche Zertrennung des Bundes zu gewärtigen sei. Einigen Erfolg mochte man sich auch davon versprechen, dafs abgesehen von den bis-her in den Vordergrund gestellten Beratungen über die Kontore und die hansischen Handelsprivilegien auch die Erörterung der Frage, wieweit durch das Bündnis die Unabhängigkeit der Städte gesichert werden könne, in Aussicht genommen ward.

Das Interesse an dieser Frage war unzweifelhaft der Haupt-grund für Braunschweig, um für den anberaumten Konvent ein lebhaftes Interesse an den Tag zu legen. Bereits am 29. Juni, also zwei Tage vor dem angesetzten Termin, trafen die Bevoll-mächtigten dieser Stadt in Lübeck ein. Jedoch leider nur sie allein. Sie waren schon im Begriff wieder abzureisen, als er-heblich verspätet die Gesandten Bremens und Hamburgs ankamen. Anderweitige Entsendungen aber waren nicht erfolgt. Wismar und die schwedisch-pommerschen Städte hatten abgeschrieben. Danzig, das sich gern beteiligt hätte, wurde durch die Unruhen in Polen zurückgehalten. Die Kölner hatten noch kurz vorher, dem mannichfachen Zureden weichend, die Beschickung des Konvents in Aussicht gestellt, allerdings mit dem Vorbehalt, dafs sie nicht durch heranschwärmendes Kriegsvolk daran verhindert würden. Dennoch hielten sie die schon angeordnete Deputation zurück, nicht etwa weil der im voraus ins Auge gefafste Be-hinderungsfall eingetreten war, sondern weil ihnen die Beteiligung Mühe und Kosten nicht mehr zu lohnen schien, als sie erfuhren, dafs Danzig abgesagt und Braunschweig wenigstens nicht unbedingt zugesagt habe. Die Osnabrücker hatten den Lübecker Sekretär Isselhorst mit ihrer Vertretung betraut. Doch begnügte sich dieser damit, die ihm erteilte Instruktion dem Konvent zu übergeben, ohne sich an den Sitzungen zu beteiligen [1]. Somit waren einschliefslich Hildesheims, das den Gesandten Braunschweigs Vollmacht erteilt hatte, nur fünf Städte vertreten. Man liefs daher den am 9. Juli 1668 eröffneten Konvent nicht für einen rechten Hansetag, sondern nur für einen Kommunikationstag gelten [2]. Allerdings kamen sämtliche in den Deliberationspunkten enthaltenen Punkte und noch einige andere Angelegenheiten zur Sprache; doch hatten fast alle Vorschläge und Beschlüsse nur provisorische Bedeutung.

Insbesondere mufste man sich hinsichtlich der hansischen Kontore, einschliefslich des Stahlhofs, damit begnügen, allerlei Fragen aufzuwerfen, deren Beantwortung dem für das nächste Jahr in Aussicht genommenen Hansetag vorbehalten ward. Über den bisherigen Erfolg der Bemühungen, die Privilegien der Kontore aufrecht zu erhalten, konnte nichts Erfreuliches ver- meldet werden: »es würde deswegen fast continuirlich geschrieben und sollicitirt; es wollte dennoch damit also nicht gehen, wie es wohl sollte, sondern man zöge aller Orten die Einwohner und Bürger des Landes den Hanseaticis in favoribilibus vor«.

Auch sonst war in kommerzieller Beziehung nicht viel Gutes zu berichten. Die Bemühungen, die darauf gerichtet gewesen, den Handel mit Flandern auf dem Wege über Ostende neu anzubahnen, waren erfolglos geblieben. Über den hansischen Handel mit Dänemark und Norwegen hiefs es: Es könnten die Hansestädte sich dort auf den odenseschen Recefs und andere Privilegien berufen, »es würden aber selbe leider wenig attenderet, weil grofse Herren nunmehro andre principia als in vorigen Zeiten hätten. Nichtsdestoweniger wären die Sachen durch verschiedene Legationes annoch taliter qualiter im Stande

---

[1] Diese Instruktion, die in der letzten Sitzung des Konvents, am 17. Juli, verlesen wurde, ist vom 8. Juli (alten Stils) datiert und traf daher wohl erst einige Tage nach Beginn der Sitzungen ein. Unzweifelhaft zu spät (am 14./24. Juli) erfolgte die Bevollmächtigung des aus Westfalen stammenden Lübecker Advokaten Dr. Nicolaus Schomer (Senator seit dem 19. Januar 1669) für Minden.

[2] Das Folgende beruht im wesentlichen auf dem Protokoll dieses Kon- vents. Ich benutzte das im Band 35 der Braunschweiger Hanseakten ent- haltene Exemplar. Ein Exemplar des Recesses von 1668 findet sich auch im Hamb. Staatsarchiv.

gehalten«. Zu den bisherigen Beschwerden wider Dänemark
war übrigens noch eine neue hinzugekommen wegen der Be-
lästigung, die sich die hamburgischen Bergenfahrer seit 1663 bei
Glückstadt gefallen lassen mufsten[1].

Über die Beeinträchtigung des hansischen Handels in Schweden
und die Nichterfüllung der den Städten dort hin und wieder
erteilten Versprechungen hatten namentlich die Lübecker Klage
zu führen[2]. Sie schlugen deswegen vor, vom Kaiser bei jetzigen
friedlichen Zeiten ein an den König von Schweden zu richten-
des Verwendungsschreiben zu erbitten, »woneben auch sonst alle
diensamen Mittel vor die Hand zu nehmen wären«. Da ist es
nun charakteristisch, dafs die Vertreter Bremens und Hamburgs
erklärten, die zu Gunsten des Handels mit Schweden auf-
zuwendenden Kosten müfsten ausschliefslich von denen getragen
werden, die dabei interessiert seien. Vergegenwärtigt man sich
überdies, dafs die Bevollmächtigten Braunschweigs im Namen
dieser Stadt wie auch Hildesheims sich überhaupt zu dem Grundsatz bekannten, die Abstellung von Mifsständen und sonstige
Mafsnahmen, welche nur die Seestädte angingen, müfsten diesen
allein zur Last fallen, so erkennt man, wie traurig es damals
um die hansische Handelspolitik bestellt war.

Aussichtsreicher schienen zunächst die Beratungen über das
Projekt einer Verbindung zum Zweck wechselseitiger Verteidigung.

Seit mehr als 100 Jahren war wiederholt gefordert worden,
dafs die hansische Vereinigung sich neben der Förderung der

---

[1] Zur Erörterung gelangten ferner die folgenden drei auf das Kontor
in Bergen bezüglichen Forderungen: 1. dafs die am Kontor üblichen Spiele
abgeschafft würden, 2. dafs den Sekretären des Kontors die Freiheit zugestanden werde, sich zu verheiraten, und 3. dafs niemand der Religion
halber vom Handel ausgeschlossen oder des freien Handels halber zu einer
anderen Religion überzutreten genötigt werde. Am unbedenklichsten erschien
der dritte Punkt, doch auch der erste wurde gutgeheifsen, insofern es »absque
commotione dahin zu bringen«, und ebenso der zweite unter der Bedingung,
dafs von den Sekretären keine gröfsere Gage, als bisher üblich, beansprucht
werde. Der wegen dieses Punktes gefafste Beschlufs wurde jedoch von den
Bergenfahrern beanstandet und auf dem Konvent von 1669 suspendiert.

[2] Über den Rückgang des Verkehrs mit Schonen, das bekanntlich 1658
an Schweden gefallen, vgl. Dietrich Schäfer, Das Buch des Lübeckischen
Vogts auf Schonen S. XLVI.

gemeinsamen Handelsinteressen auch den Schutz ihrer einzelnen Mitglieder zur Aufgabe mache. Thatsächlich enthielten auch die für die Gesamtheit der Hansa bestimmten Föderationsurkunden von 1579 und von 1604 einen Artikel, in dem festgestellt wurde, dafs, wenn eine der verbündeten Städte widerrechtlich mit Gewalt bedroht würde, alle übrigen für sie eintreten und, falls alle gütliche Dazwischenkunft vergeblich, dem Angreifer weder durch Zusendung von Proviant, Artillerie, Pulver, Lot und anderer Kriegsmunition, noch sonst irgendwie Vorschub leisten, vielmehr der bedrängten Stadt zu ihrer Rettung und Erhaltung förderlich sein und sie durch jede Art von Hilfsleistung wie die Umstände es erheischten und sonst nach Gelegenheit entsetzen sollten. Dieser Artikel war jedoch zu allgemein gefafst, um im Fall der Gefahr eine sichere und wirksame Hilfe zu verbürgen. Bereits im Jahre 1607 hatten daher sechs Hansestädte auf Antrieb des Bremer Ratsherrn Heinrich Kreffting unter dem Eindruck der Bedrängnisse Braunschweigs einen Vertrag miteinander geschlossen, in dem die Pflicht der wechselseitigen Hilfsleistung schärfer präzisiert und Mafsregeln vereinbart worden waren, um die im Notfall erforderlichen finanziellen und militärischen Mittel stets zur Verfügung zu haben [1].

Auch der am 24. November 1630 zwischen Lübeck, Bremen und Hamburg abgeschlossene Bündnisvertrag war ausgesprochenermafsen dem Wunsche entsprungen, die unzureichende Fassung des erwähnten (8.) Artikels der Unionsnotul von 1604 für die näher verbundenen Städte zu erläutern und zu ergänzen. Von besonderer Wichtigkeit war der Nebenrezefs, in dem die drei genannten Städte sich verpflichteten, einander im Falle der Bedrängnis ohne Verzug je 500 Mann nebst wohlqualifizierten Kriegsbefehlshabern und den dazu gehörigen Rüstungen u. s. w. oder, wenn die Bedrohung zu Wasser erfolgen sollte, zwei Orlogschiffe von 100 Lasten oder soviele andere geeignete Schiffe, als

---

[1] Notull der nähern Vereinigung zwischen den sechs Ehrbaren corre. spondirenden Stätten Lübeck, Bremen, Hamburg, Braunschweig, Magdeburgk vnd Lüneburgk de anno 1607 3 Februarij (Brem. Staatsarchiv). Vgl. W. von Bippen, Heinrich Kreffting und das engere Bündnis der sechs korrespondierenden Hansestädte im Brem. Jahrbuch Band 18, S. 151 ff. und desselben Verfassers Gesch. der Stadt Bremen Band 2, S. 250—256.

solchen gleich zu achten, mit angemessener Equipierung, Mann-
schaft u. s. w. zu Hilfe zu schicken. Als dann freilich auf einer im Jahre 1641 zu Hamburg veranstalteten Zusammenkunft von Bevollmächtigten dieser Städte
die Frage zur Beratung stand, ob das Bündnis von 1630 erneut
werden sollte, gab Lübeck den Wunsch zu erkennen, es lieber
bei der 1604 festgesetzten Verbindlichkeit bewenden zu lassen.
Hamburg und Bremen erklärten dies jedoch für unzureichend
und wünschten, die Vereinbarungen von 1630 in ihrem vollen
Umfang aufrechtzuerhalten. Schliefslich einigte man sich darüber,
den Nebenrecefs wegfallen zu lassen und den Hauptvertrag nur
in etwas abgeschwächter Form zu erneuern [1].

Dafs Bremen und Hamburg damals an einem bestimmt
formulierten Verteidigungsbündnis mehr gelegen war, als Lübeck,
erklärt sich zur Genüge aus der gefährdeten Lage der beiden
erstgenannten Städte. Thatsächlich wurden sie ja auch in der
Folge weit mehr angefochten, als Lübeck, dessen reichsstädtische
Freiheit seit Jahrhunderten keinem irgendwie zu begründenden
Zweifel unterlag. Hinzu kam, dafs Lübecks Mittel jener Zeit
verhältnismäfsig eingeschränkt und seine Politik eine äufserst
behutsame war. Es begreift sich daher, dafs, als im Jahre 1668
die Herstellung eines Verteidigungsbündnisses in etwas weiterem
Umfang zur Sprache kam, Lübeck dabei erheblich geringeren
Eifer als Bremen, Hamburg und Braunschweig an den Tag legte.
Indessen setzte es damals den Wünschen dieser Städte keinen
direkten Widerstand entgegen.

Selbstverständlich kamen für das geplante Bündnis nur
solche Hansestädte in Betracht, die noch einigermafsen unabhängig und leistungsfähig waren [2]. Doch nicht allein Hansestädte,
sondern auch »aufserhansische« Städte hoffte man in das Bündnis
zu ziehen. Ganz abgesehen von dem bereits in den Deliberationsartikeln von 1651 im kommerziellen Interesse vorgeschlagenen
Zusammengehen der nord- und süddeutschen Handelsstädte wurde
das schon im 16. und im Anfang des 17. Jahrhunderts erörterte

---

[1] Nach dem Protokoll der Verhandlungen von 1641 (Brem. A.).

[2] »so noch in solchem statu sein, das sie für sich selbst hierein resol-
vieren und etwas erkleckliches beytragen können«.

Projekt wieder aufgenommen, ein Einvernehmen zwischen der
Hansa und den oberdeutschen Reichsstädten zum Zweck gemein-
samer Verteidigung der städtischen Freiheit herbeizuführen [1]. Zur
Beförderung dieses Planes wurden Hamburg und Bremen be-
auftragt, zunächst die ausschreibenden Reichsstädte Strafsburg,
Frankfurt, Ulm und Nürnberg zu sondieren.

Der erwähnte Plan einer engeren Union, die unerläfsliche
Entscheidung über den Stahlhof und die ebenfalls überaus erwünschte Regelung der hansischen Finanzen liefsen es geboten
erscheinen, alles daranzusetzen, damit dem Kommunikationstage
von 1668 ein zahlreicher besuchter wirklicher Hansetag folge.
Hamburg und Bremen schlugen deshalb vor, man solle zur Beschickung desselben unter Androhung gänzlichen Ausschlusses
auffordern. Demgemäfs ward in dem am 2. Februar 1669 an
die Quartierstädte gerichteten Einladungsschreiben der Grundsatz
ausgesprochen, dafs diejenigen Städte, die den Konventen fern-
blieben und sich den gemeinsamen Lasten entzögen, sich selbst
stillschweigend von der Hansa ausschlössen und somit den
hansischen Rechten und Privilegien und allem, was sonst von
der hansischen Gemeinschaft übrig sei, entsagten [2]. Lübeck hatte
in diesem Punkte den Schwesterstädten nachgegeben, freilich
nicht ohne zuvor das Bedenken geltend gemacht zu haben,
dafs »die agonizirende hansische Societät dergleichen harte Curen
nicht digeriren könne«. Die Drohung verfehlte in der That
ihre Wirkung. Nicht nur eine Anzahl kleinerer Städte erklärte,
an der Beschickung des Hansetages behindert zu sein, ohne deshalb auf ihre Zugehörigkeit zur Hanse verzichten zu wollen.
Auch von den beiden Quartierstädten Danzig und Köln trafen
keineswegs sofort Zusagen ein. Danzig bat um erneuten Aufschub, weil gleichzeitig mit dem hansischen Konvent ein pol-
nischer Wahlreichstag angesetzt sei, und die Kölner wollten sich
wenigstens die Entscheidung vorbehalten, bis sie von den Ab-

---

[1] Die Anregung hierzu scheint namentlich von Hamburg ausgegangen
zu sein. Auch Lübeck war der Sache nicht abgeneigt, riet jedoch, »woll zu
beobachten, das man sich nicht in dergleichen alliancen einliefse, wodurch
man, anstatt andren zu helffen, ihm selbsten das Verderben über den Halſs
zöge«.

[2] Lüb. und Braunschw. A.

2*

sichten Danzigs und Braunschweigs Kunde erhalten. Diesen
Hauptstützen des alten hansischen Bündnisses gegenüber waren
Drohungen gewifs nicht am Platze. Lübeck zog es vor, sie
durch inständige Vorstellungen zu bearbeiten; es beschwor sie
»aus innerlicher sincerer Zuneigung zu der annoch übrigen Hänsischen
Reliquien Conservirung«, sie möchten wenigstens je ein Ratsmitglied
zum Hansetag entsenden. Solchem wiederholten Ansuchen haben
Danzig und Köln denn auch schliefslich nachgegeben und die
Beschickung des Hansetags zugesagt. Zweifellos war die Be-
teiligung der drei näher verwandten Städte und ebenso die
Braunschweigs, dessen Entschliefsung nur durch einen Zufall [1]
verzögert worden war.

Hinsichtlich der übrigen noch zur Hansa gerechneten Städte,
die sich gar nicht oder doch nur indirekt vertreten liefsen, dürfte
es nicht ohne Interesse sein, sich mit Hülfe der Briefe, die sie
1669 oder auch schon in einem der vorausgegangenen Jahre an
ihre Quartierstädte gerichtet, sowie mit Benutzung anderweitigen
Materials ihre damalige Stellung zur Hansa zu vergegenwärtigen.

Am wenigsten Teilnahme zeigten die Städte des Danziger
Quartiers. »Es gewinne schier das Ansehen« — so äufserte der
Danziger Bevollmächtigte auf dem Lübecker Konvent von 1669 —
»als ob sie ihres schlechten Zustandes, auch anderer Ursachen
und Hindernisse halber sich dem hansischen Bund mit der Zeit
zu entziehen gedächten«. Von den sechs Städten: Riga, Reval,
Dorpat, Thorn, Elbing und Königsberg, denen Danzig Ende
Februar 1669 dem Herkommen gemäfs die Berufung zum Hansetag übermittelt [2], hatten Riga und Thorn wenigstens Absagebriefe
geschrieben, die übrigen auch nicht einmal dies der Mühe wert
gehalten.

Nicht völlig so schlimm stand es mit den übrigen Quartieren.

Von dem schon im 16. Jahrhundert zusammengeschrumpften
niedersächsischen Quartier [3] kam allerdings im Jahre 1669 aufser

---

[1] Das ursprüngliche, am 2. Februar von Lübeck abgelassene Ausschreiben
war in Braunschweig nicht eingetroffen.

[2] Schreiben Danzigs an Riga, Reval, Dorpat den 22. Februar, an Thorn,
Elbing, Königsberg den 25. Februar 1669 (Danzig. A.).

[3] Vgl. H. Mack, Das Niedersächsische Quartier der Hanse im 16. Jahrhundert. Braunschweig. Magazin. Jahrg. 1895. S. 36—38.

der Quartierstadt Braunschweig nur noch Hildesheim in Betracht. Magdeburg hatte noch im Jahre 1662 sein Interesse an der Hanse bekundet, indem es sich mit Braunschweig und Hildesheim an den Vorberatungen für den angesagten Hansetag beteiligte. Wenige Jahre später büfste es den Rest seiner Unabhängigkeit ein. Vergeblich hatte es sich im Mai 1666 hilfesuchend an die bedeutenderen Hansestädte gewandt. Von allgemeinen Beteuerungen des guten Willens und der Teilnahme abgesehen, lautete der Bescheid des Lübecker Rats: wenn schon die im Jahre 1657 zu Gunsten Magdeburgs gethanen Schritte im geringsten nichts hätten verfangen wollen, so sei die Sachlage jetzt noch weit ungünstiger, weshalb es sich empfehle, (dem grofsen Kurfürsten gegenüber) »lieber in etwas zu cediren, denn es auf die extrema ankommen zu lassen« [1]. Nach der bald darauf erfolgten Huldigung hatten die alten Beziehungen Magdeburgs zur Hansa ihr Ende erreicht [2]. Anders stand es mit Hildesheim, das seine Selbständigkeit nicht völlig eingebüfst hatte. Doch waren die Grenzen zwischen den Rechten der Stadt und denen des Fürstbischofs streitig. Gewifs nicht zum wenigsten in dem Wunsche, dem letzteren gegenüber unter Umständen einen gewissen Rückhalt zu haben, hielt der Hildesheimer Rat es für nützlich, den Zusammenhang mit der Hansa aufrechtzuerhalten. In der Instruktion, die er den Braunschweiger Deputierten für den Hansetag von 1668 erteilte, ermangelte er nicht, nachdrücklich hervorzuheben, in welch »trübseligen und hochbedauernswürdigen Jammerstand« die Stadt seit Jahren geraten sei, und dafs sie als eine »Pflug- und Landstadt« an dem Handel und der Schiffahrt der Hansa gar keinen Anteil habe. Was die Stadt an die Hansa noch fesseln konnte, war also offenbar, abgesehen von der alten

---

[1] Schreiben des Rats von Lübeck an den von Magdeburg v. 1. Juni 1666 (Abschrift im Hamb. A.). Im Winter vorher war in Magdeburg über ein Hilfsgesuch Bremens verhandelt worden. Damals äufserte sich die zweite Klasse des städtischen Ausschusses dahin, die städtische Verwandtschaft unter den Städten dürfe nicht ganz und gar verlöschen. Dennoch wurde das Gesuch abgelehnt. (Nach einer gefl. Mitteilung des Herrn Stadtarchivar Dr. Neubauer in Magdeburg.)

[2] In dem (brem.) Protokoll der ersten Sitzung des Hansetages von 1669 heifst es: »Braunschweig hat nach Magdeburgk nichts durffen communiciren, weilen dieselbe nicht mehr sui iuris«.

Gewohnheit, die Hoffnung, unter Umständen von der ›Assistenz und Freundschaft‹ der bundesverwandten Städte Nutzen ziehen zu können.

Zahlreichere Städte umfaſste auch nach damaliger Anschauung noch das Kölner Quartier. Wahrscheinlich hat Köln das Lübecker Ausschreiben im Jahre 1669, ebenso wie 1651 und 1667, 14 rheinisch-westfälischen Städten übersandt. Doch nur von sechs Städten liegen Antworten vor[1]. Keine von ihnen war in der Lage, Mitglieder ihres Rats zum Hansetag zu entsenden. Einige beabsichtigten sich jedoch indirekt vertreten zu lassen. Die Osnabrücker beschlossen, den aus ihrem Stift stammenden Lübecker Ratsherrn Dr. Nikolaus Schomer zu bevollmächtigen. Die Duisburger ersuchten den Kölner Rat, sie mit vertreten zu lassen. Die Mindener faſsten beides ins Auge, sowohl die Beauftragung Schomers, dem sie im Juli 1668 für den Konvent dieses Jahres eine verspätete Vollmacht erteilt hatten, wie auch eine Vertretung durch den Kölner Deputierten. Die Dortmunder hielten es wenigstens für zweckmäſsig, mit einem aus ihrer Stadt gebürtigen Lübecker Syndikus des angesagten Hansetages wegen in Korrespondenz zu treten. Wesel und Soest zeigten noch gröſsere Zurückhaltung. Während letztere Stadt noch im Herbst des Jahres 1667 das ihr aus Köln zugekommene Einladungsschreiben ›alter Observanz nach‹ den Städten Brilon, Rüden, Geseke, Attendorn, Arnsberg und Werl zustellen lieſs[2], ist davon 1669 nicht mehr die Rede. Für das geplante Verteidigungsbündnis zeigte allein die Reichsstadt Dortmund eine gewisse Sympathie; nur müsse der Sekuritätspunkt ›also befestigt werden, daſs alle Interessirte desselben auf den Erheischungsfall mit Nachdruck möchten zu genieſsen haben‹. Auch die kommerzielle Seite des Programms übte nur geringe Anziehung aus. Fast durchweg wird in den erwähnten Briefen über finanziellen Notstand oder Rückgang des Handels infolge der vergangenen Kriegszeiten geklagt und betont, daſs die Geschicke der hansischen Kontore und so manche andere im kommerziellen Interesse auf die Tagesordnung gesetzten Fragen für Städte, die soweit vom Meere

---

[1] Köln A.
[2] Soest an Köln, den 12. Oktober 1667 (Köln A.).

entfernt lägen, von geringem Belang seien. Dennoch kommt mehrfach eine gewisse Pietät für das ehrwürdige Bündnis, an dem man früher lebhafteren Anteil genommen hat, zum Ausdruck. Nirgends tritt die Neigung hervor, den alten Verband gänzlich zu lösen. Die erwähnte Erklärung des Ausschreibens, daſs die von dem Konvent fernbleibenden Städte sich stillschweigend von dem Bunde ausschlössen, muſste daher Befremden erregen. Wenigstens behaupteten die Duisburger, nicht einzusehen, wie sie von einigen wenigen Städten, wenn es auch die vornehmsten seien, angedrohtermafsen der von dem alten Bündnisse dependirenden Gerechtsame beraubt werden könnten [1].

Die wendischen Städte waren dem Herkommen gemäſs von Lübeck direkt geladen worden [2]. Unter diesen begrüſste nur Rostock die Ansetzung des Konvents mit einer gewissen Freudigkeit. Die Stadt — so klagte der Rostocker Rat im Jahre 1662 und aufs neue im Jahre 1669 — hatte namentlich zufolge der ihr ›auf dem Halse liegenden beschwerlichen und verderblichen Licenten‹ seit dem dreiſsigjährigen Kriege mehr als irgend eine andere an der Ostsee gelitten. Um so erwünschter erschien es im Interesse des so sehr darniederliegenden Rostocker Handels, ›daſs der status hanseaticus durch alle dienliche Mittel und Wege

---

[1] Der Rat von Duisburg an den von Köln den 3. Mai 1669.

[2] Lüneburg, das früher bekanntlich zu den angesehensten Städten des wendischen Quartiers gezählt wurde, scheint zum Hansetage von 1669 nicht mehr geladen worden zu sein. Nach im Dezember 1650 gehörte Lüneburg zu denjenigen Städten, die der Lübecker Rat von seiner Absicht, demnächst wieder einen Hansetag zu berufen, in erster Linie verständigte. Hierauf erfolgte eine zustimmende Erklärung des Lüneburger Rats. Auch die Deputierten der 4 ordines in Lüneburg bekundeten (am 14. August 1651) ihre Sympathie für diese ›so hoch nöetig‹ alfs in gemein nützliche wiederzusammentretung‹; sie empfahlen indessen der Vorsicht halber, vor der Beschickung des Konvents bei dem Landesherren ›mit einigen unterthäniegen notification‹ einzukommen. Doch schon die am 22. März 1662 ergangene Aufforderung zur Beschickung des auf den 26. Mai d. J. angesetzten Hansetags wurde entschieden abschlägig beantwortet. Bürgermeister und Rat von Lüneburg erklärten (am 2. Mai d. J.) unter Hinweis auf die veränderte Lage ihrer Stadt, daſs sie weder den jetzt anberaumten, noch auch künftige Konvente zu beschicken im stande seien. Trotzdem erfolgte im Jahre 1667 eine nochmalige Berufung, die aber begreiflicherweise ebenfalls abgelehnt wurde. Lüneburg. A.

restabilirt« werde[1]. Eine ganz andere Sprache führten die im
westfälischen Frieden an Schweden gefallenen Hansestädte, denen
zufolge ihrer Verbindung mit dem mächtigen nordischen Reich
der Kamm etwas geschwollen war. In einer gemeinsamen Erklärung, die sich auf den 1668 angesetzten Hansetag bezog,
wiesen die Städte Stralsund, Stettin, Greifswald und Anklam
darauf hin, dafs 'sie durch die jüngst zwischen den nordischen
Königen und Reichen getroffenen pacificationes weit mehr erhalten, als sie per confoederationes hanseaticas je beanspruchen
und erlangen könnten[2]. Die gleiche Anschauung kommt in
dem Schreiben zum Ausdruck, mit dem Stralsund am 12. Mai
1669 sein Fernbleiben von dem Hansetage dieses Jahres ent-
schuldigte. Nicht minder geringschätzig äufserte sich der Rat
von Wismar in seinem an Lübeck gerichteten Brief vom 27. Mai
1669 über die Hansa. Er meint, es sei von ihr »mehr umbra
als res ipsa übrig, auch gar keine Hoffnung zu machen, dafs
dieses Bündnis in vorigen Flor restauriert werden sollte«[3]. So-

---

[1] Rostock den 17. Mai 1662 und den 14. Mai 1669 (Braunschw. A.).

[2] Gemeinsames Schreiben der Bürgermeister und Räte der »Pommerschen
Anseeh Städte« Stralsund, Stettin, Greifswald und Anklam dat. Stralsund,
den 8. Juni 1668, ergänzt durch das loco voti verfafste Schriftstück: »Ohn-
fürgreiffliches Bedencken, welches von dehnen Pommerschen Ansee-Städten ...
auf die communicirte Articulos seu capita deliberanda uffgesetzet ....«.

[3] Diese pessimistische Auffassung kommt auch in dem 1668 verfafsten
Schriftstück: »Unvergreiffliches Bedencken, so über dehnen zur Deliberation
bey jetzigen Anseetage proponirten puncten die Stadt Wifsmar ihres voti
halben abgegeben und respective vorbedungen undt aufbeschieden haben
will« zum Ausdruck. Es mögen hier einige besonders charakteristische
Stellen folgen: »Inmittelst aber das Vermuhtete (die Wiederaufrichtung der
Hansa nach dem Jahre 1628) so gahr zu rücke geblieben, das auch alles mehr
und mehr in contrarium abgelauffen, die Handelungen und negotien von denen
Niederlanden grössesten theils angezogen, die vornehmbsten Potentaten die-
selbige auff ihre Unterthanen also befestiget undt confirmiret, das gleichsamb
alle Hoffnung zu denen vorigen immunitäten in anderen Königreichen verschwunden, ja gahr die gesambte societät nicht mehr agnosciret werden
will« — — »so weit sich Unsere Handlung annoch erstrecket, geniessen
wir in derselbigen der guten Vorsorge Unseres Allergnädigsten Königes und
Herrn undt wissen die beneficia, so wir defsfallfs im Oresundt, auch anderen
Reichen und Ländern erhalten, nicht zu verbefsern. Undt ob woll, wafs die
Löbliche Hansische societät hiebey zu suchen gewillet, sich etwas weiter und
auf wiedererhaltung der vorigen immunitäten in verschiedenen Königreichen

wohl von Wismar wie von den pommerschen Städten wurde
überdies vorwurfsvoll daran erinnert, dafs sie in den Zeiten des
dreifsigjährigen Kriegs leicht hätten zu Grunde gehen können,
ohne von der Hansa Trost oder Hilfe zu empfangen. Trotzdem
beabsichtigten auch diese Städte nicht, sich von der Hansa los-
zusagen. Vielmehr verwahrten sich die Stralsunder, ähnlich wie
die Duisburger, gegen die Auffassung, dafs das Nichtbeschicken
des angesagten Konvents als Austritt aus dem Bunde und Verzicht auf dessen Privilegien angesehen werde. Selbstbewufst
fügen sie hinzu, man werde wohl ihre Ausschliefsung um so
weniger beabsichtigen, als sie stets, soweit die Zeitverhältnisse es
verstatteten, der hansischen Societät das Ihrige beigesteuert hätten
und dieser durch ihre Bundesgenossenschaft sowohl bei ihrem
Könige als auch anderer Orten nicht wenig Hilfe und Nutzen
zu erwirken vermöchten.

Alle diese schwedisch gewordenen Hansestädte gaben jedoch
in ihren Erklärungen unzweideutig zu erkennen, dafs sie mit
ihren bisherigen Bundesgenossen nur soweit gemeinsame Sache
machen könnten, als dies mit ihren Pflichten und Rücksichten
gegen den schwedischen König vereinbar sei. Es erscheint daher
begreiflich genug, dafs auf ihr Verbleiben im Bunde von denjenigen Städten, die sich gröfserer Unabhängigkeit erfreuten, kein
sonderlicher Wert mehr gelegt wurde. Bemerkenswerterweise

---

undt Ländern, der sicherheit zur See, wan hohe Potentaten undt vornehme
Respubliquen mit einander in Kriegsactiones gerahten, erstrecket, so achten
wir dennoch, das solche sachen weit schwerer zu negotiiren oder zu erhalten
sein werden, alfs dafs man defsfallfs die geringste Kosten verwenden möchte.
Die Uhrsachen, worumb in vorigen Zeiten in so vielen Königreichen
undt Ländern solche immunitäten undt sicherheit bey vorfallenden Kriegs
Leufften den Hansischen Bundes Verwandten indulgiret undt befestiget, seindt
so gahr weggefallen, dafs unsers ermefsens kein eintziger Potentat oder
Respubliq einige reflexion fürters darauff machen werde. Das den so gahr
ohnerheblichen Uhrsachen undt allein aufs affection zu den Hänsischen Bundts
Verwandten einige Potentaten oder Respubliquen den zu ihrer Unterthanen
gröfsesten nutzen befesteten Händel hinwieder solten auf die Hansee-Städte
kommen lassen, das Sie denen imposten, womit die Hänsischen so woll alfs
andere frembde beleget, etwas abbrechen, ihre einkünffte ohne gröfseste
uhrsache auf das weinigste vermindern solten, erscheinet Unfs allerdings in-
practicabel und würde hierumb Unsers behaltens weder Zeit noch Uncosten
vergeblich zu spendiren seine.

war in einem Brief, den der hamburgische Syndikus Vincenz Garmers Ende 1668 nach Strafsburg richtete, der Wunsch der Hansa nach einer Einigung mit den oberdeutschen Reichsstädten u. a. dadurch motiviert, dafs es gelte, für die an Schweden gefallenen Städte Ersatz zu erlangen[1].

Ein Resultat hat dieser Versuch, eine Annäherung zwischen der Hansa und den oberdeutschen Reichsstädten herbeizuführen, bekanntlich ebenso wenig gehabt, wie die ähnlichen Bestrebungen im 16. und im Anfang des 17. Jahrhunderts. Immerhin ist es nicht ohne Interesse, zu beobachten, dafs das Annäherungsprojekt in dem Zeitpunkt, den wir ins Auge fassen, von Hamburg und Strafsburg, den beiden Städten, deren Freiheit in jener Periode durch zwei auswärtige Mächte bedroht war, am eifrigsten betrieben wurde. Bereits einige Jahre vor dem Konvent von 1668 hatte Garmers — ein Mann von aufserordentlicher Begabung und von kühnen, hochfliegenden Ideen, der nur leider als ein Ikarus seinen Flug allzuhoch genommen, — in Regensburg einen der angesehensten der damaligen Strafsburger Politiker, Joh. Kaspar Bernegger[2], für das erwähnte Projekt zu gewinnen gesucht und dabei der Hoffnung Ausdruck gegeben, dafs auch die Generalstaaten, die auf Grund der freilich abgelaufenen Verträge von 1645 und 1646 noch immer als Bundesgenossen der Hanse-

---

[1] Der Brief von Garmers ist nicht mehr erhalten. Doch heifst es in einem Schreiben der Strafsburger »Dreizehner« an die Magistrate von Nürnberg, Frankfurt und Ulm vom 7. Dezember 1668: »Es ist von vertrawten orten aufs an Uns gebracht worden, ob solten die Erb. Hanseestätt im werck begriffen sein, nachdem durch die jenige satisfaction, welche von gesampten Reichs wegen der Cron Schweden bey den Westphalischen Fridenstractaten verwilligt worden, Ihr corpus einigen abgang erlitten, selbigen durch genawere renovation Ihres bunds und ersuchung ein und anderer Erb. Frey: und Reichsstätt umb die Beytrettung widrumb zu ersetzen«. Dafs diese Äufserung einem Briefe des Syndikus Garmers vom 25. November d. J. entnommen war, ergiebt sich aus dem Protokoll der Strafsburger Verordneten vom 6. Dezember 1668 (Strafsb. Stadtarchiv).

[2] Joh. Kasp. Bernegger, Sohn des berühmten Gelehrten Matthias Bernegger, 1612 in Strafsburg geboren, 1638—1668 städtischer Registrator und Sekretär, wurde 1668 in das Kollegium der Funfzehn, 1670 in das der Dreizehn und für das Jahr 1675 zum Ammeister von Strafsburg gewählt. Er starb am 28. Mai 1675. (Nach gefl. Angaben des Herrn Archivar Dr. O. Winckelmann in Strafsburg.)

städte galten[1], hinzutreten würden[2]. Im November 1668 konnte Garmers auf Grund der vorausgegangenen hansischen Verabredungen vom Juli d. J. seinen Antrag in mehr offizieller Weise erneuern. Man übersah in Strafsburg keineswegs, dafs manche Bedenken gegen den Antrag sprachen: die weite Entfernung der Städte von einander, die naheliegende Möglichkeit, dafs Bremen vom König von Schweden, Hamburg vom König von Dänemark bedroht würde, in welchem Fall man, wenn das Bündnis zu stande gekommen, den gefährdeten Städten mindestens mit Geld beistehen müfste, woran es der eigenen Stadt nur zu sehr gebrach. Indessen überwog doch die Vorstellung, wie sehr erwünscht es sei, dafs man sich einen »Rücken« mache. In einer Zeit, die für alle Reichsstädte gefahrdrohend war, hoffte man durch das Eingehen auf den Vorschlag von Garmers am ehesten aus der Isolierung herauszukommen[3]. Unter den Beweggründen, die dargebotene Hand zu ergreifen, wurde u. a. angeführt, dafs man durch den Rückhalt an der Hansa auch den Schweizern bündnisfähiger erscheinen werde[4]. Nichts ge-

---

[1] In einem Schreiben an Bernegger (vom 21./31. Mai 1670) bemerkt Syndikus Garmers, dafs, obwohl das Bündnis, das Hamburg und Bremen 1645 mit den Generalstaaten abgeschlossen, nach Ablauf von 15 Jahren erloschen sei, »sie dennoch allemahlen Unfs: Unseren lieben Bundgenossen schreiben« (Strafsb. A.). Auch wurden in dem während des Hansetages von 1669 konzipierten Kreditiv für den zum hansischen Residenten im Haag ernannten Dr. Huneken die Generalstaaten »Hochgeneigte und Hochgeehrte Bundsgenossen« angeredet. Der Bevollmächtigte von Danzig wandte freilich dagegen ein: »nomine hansae sey nit zu schreiben Bundtgenofsen, denn obgleich singulae civitates Bundgenofsen der Herren Staadten sein, so wifse doch nicht, das ratione foederis hansae solches jemahls geschehen«.

[2] Bemerkenswert ist, dafs damals auch die Kölner auf die Heranziehung der Generalstaaten zu einem von der Hansa anzubahnenden Verteidigungsbündnis Hoffnungen setzten. Nachdem sich der Kölner Syndikus v. Falckenberg (s. S. 29) am 3. Juni 1669 in Bremen aufgehalten, schrieb der Bremer Rat an Syndikus Wachmann: Köln sei nicht abgeneigt in ein foedus arctius einzutreten und empfehle F., dafs mit den Niederlanden »gantzlich geschlossen und also ein ansehnlicher bund gemachet muchte«.

[3] Protokoll der Strafsburger Verordneten vom 6. Dezember 1668, der Dreizehner vom 7. Dezember 1668 (Strafsb. A.).

[4] »Es würde sich auch dardurch hiefsige Stadt bey den Herren Schweitzern desto considerabler machen undt desto leichter in selbigen bund mit einkommen können« (Protokoll der Dreizehner).

ringeres scheint den Strafsburger Politikern, die den Anschlufs an die Hansa befürworteten, Ende 1668 — also zwischen dem ersten und dem zweiten der sogenannten Raubkriege Ludwigs XIV. — vorgeschwebt zu haben, als ein republikanisches Kettenbündnis, das die Vereinigten Niederlande, die Hansa, die oberdeutschen Reichsstädte und die Eidgenossenschaft umfassen sollte.

Solche phantastische Hoffnungen lagen den anderen ausschreibenden Reichsstädten fern. Die Frankfurter erwogen kühl, dafs der von den Hansestädten zu erwartende Beistand einer gröfseren Macht gegenüber nicht viel fruchten würde, während man bei Angriffen eines minder mächtigen Bedrängers nähere Hilfe finden könne. Dazu kam die Befürchtung, dafs das geplante Bündnis von grofsen Herren und Fürsten übel vermerkt werden dürfte, und endlich die Abneigung, sich neue finanzielle Lasten aufzuhalsen. Verwandten Anschauungen gaben die Ulmer Ausdruck; auch sie meinten, dafs man sich, namentlich mit Rücksicht auf die »geldklemmen« Zeiten, vor übereilten Schritten hüten müsse. Ebenso wenig vermochten sich die Nürnberger für die Sache zu erwärmen. Sie hielten dafür, man solle zunächst abwarten, was der Reichstag zu Regensburg zum Besten der allgemeinen Sicherheit beschliefsen werde. Kurz und gut, aus der Korrespondenz, welche die süddeutschen Reichsstädte mit einander führten, ist ersichtlich, dafs bei Frankfurt, Ulm und Nürnberg die Bedenken gegen das Projekt überwiegend waren [1]. Hiervon verlautete jedoch in Hamburg nichts. Vielmehr trafen hier Schreiben aus Frankfurt und Nürnberg ein, die in Aussicht stellten, dafs man die Sache in weitere Überlegung ziehen werde. Waren diese Kundgebungen wenigstens nicht ablehnend, so klangen die aus Strafsburg an Syndikus Garmers gerichteten Briefe in einzelnen Wendungen sogar verheifsungsvoll [2]. Das Ergebnis der Sondierungen mufste daher dem Hansetag von 1669, dem die erwähnten Schriftstücke vorgelegt wurden, als ein günstiges erscheinen.

Dieser Hansetag wurde am 29. Mai im »neuen Gemach«

---

[1] Frankf. und Strafsb. A.
[2] Abschriften in dem Aktenband Hanseatica XXXV des Braunschweiger Stadtarchivs.

(d. h. in der Kriegsstube) des Lübecker Rathauses eröffnet [1].
Die Vertreter der Direktorialstadt waren der Bürgermeister Lic.
Joh. Ritter, der Syndikus Dr. Bernhard Diederich Brauer und
die Ratsherren Gotthard Brömse und Friedrich Plönnies. Der
fünfte Bevollmächtigte Lübecks, der Sekretär Siricius, war durch
Krankheit am Erscheinen behindert. Bremen war durch Syndikus
Dr. Wachmann, Hamburg durch den Syndikus Dr. Vincenz
Garmers und den Ratsherrn Caspar Westermann, Braunschweig
durch den Syndikus Joh. Burchard Baumgart, Danzig durch den
Ratsherrn Christian Schröder vertreten. Der Bevollmächtigte Kölns,
Syndikus Lic. Peter Ludwig von Falckenberg [2] traf verspätet in
Lübeck ein und beteiligte sich erst vom 8. Juni ab an den
Sitzungen [3]. Die Räte von Rostock und Osnabrück hatten zwar
niemand aus ihrer Mitte zu entsenden vermocht, doch war von
ersterem der lübeckische Syndicus Dr. Michaelis, von letzterem —
wie bereits erwähnt — der lübeckische Ratsherr Dr. Nicolaus
Schomer zum Stimmführer ernannt worden. Da aufserdem der
Abgesandte Braunschweigs auch auf diesem Konvent für Hildes-
heim votierte [4], so waren im ganzen neun Städte vertreten.

---

[1] Als Hauptquellen für die Geschichte dieses letzten Hansetags sind
von mir benutzt worden: der Recefs und das offizielle Protokoll des Konvents, ferner das von letzterem wesentlich abweichende Protokoll des bremischen
Bevollmächtigten Syndikus Wachmann, aufserdem ein allerdings nur unvollständig erhaltener Bericht in den Braunschweiger Akten und zwei Schriftstücke des Kölner Bevollmächtigten: dessen offizieller Bericht an den Kölner
Rat (Lübeck den 21. Juni st. n. 1669) und eine mehr tagebuchartige Aufzeichnung.

[2] Er selbst zeichnet: Peter Ladowig von Falckenberg.

[3] Er erklärte den übrigen Gesandten gegenüber seine Verspätung durch
die freimütige Erklärung, »dass meine Herren Principalen und obern zu-
forderist einen ernst und einigkeidt verspuren wolln.«

[4] Über die Ansichten Hildesheims bezüglich der meisten auf dem Hansetage von 1669 verhandelten Gegenstände war der braunschweigische Syndikus
Baumgart schon durch die Instruktion für den Konvent von 1668 unterrichtet. Ergänzende Weisungen vermochte er aus einem Schreiben des Hildesheimer Rat an den von Braunschweig vom 10. Mai 1669 zu entnehmen. In
der ersten Sitzung des Konvents von 1669 erklärte er, dafs er die Vollmacht
Hildesheims noch von der Post erwarte. Ob sie noch während der Tagung
eingetroffen, vermag ich nicht festzustellen. Dafs Baumgart jedoch mehrfach
für Hildesheim mitvotierte, ergiebt sich aus den Protokollen der 9. und

Bereits in den beiden ersten Sitzungen (am 29. Mai morgens
und nachmittags) wurden die eingegangenen Entschuldigungs-
schreiben der Städte des wendischen und des Danziger Quartiers
mitgeteilt; die Verlesung der Briefe aus dem westfälischen
Quartier konnte erst nach dem Eintreffen des Kölner Bevollmächtigten in der 14. Sitzung erfolgen. Von sofortiger Aus-
stofsung der ferngebliebenen Städte war selbstverständlich nicht
die Rede. Vielmehr waren die meisten Stimmen dafür, in der
Hoffnung auf künftige bessere Zeiten dem Bunde eine möglichst
grofse Zahl von Städten zu erhalten. Es wurde deshalb anfänglich nur empfohlen, die dieses Mal nicht vertretenen Hansestädte zum nächsten Konvent aufs freundlichste einzuladen und
sie in gleicher Weise aufzufordern, sobald sich ihre Lage günstiger
gestaltet haben würde, für das Bündnis wieder gröfsere Opfer
zu bringen. Erst als im weiteren Verlauf der Beratungen die
finanziellen Verhältnisse des Bundes etwas genauer ins Auge gefafst worden waren, hielt man es für gut, den an die ferngebliebenen Städte zu richtenden Zuschriften eine etwas schärfere
Fassung zu geben[1]. Gelegentlich kam überhaupt der Wunsch
zum Ausdruck, den Bund auf eine geringe Zahl wirklich leistungs-
fähiger Mitglieder beschränkt zu sehen. Auch wurde wohl die
Ansicht geltend gemacht, dafs nur eine solche Stadt als Glied
der Hansa betrachtet werden könnte, die sui iuris sei, d. h. —
wie die auf Anfrage des Danziger Abgesandten gegebene Erklärung lautete — die das Recht habe, eigene Besatzung zu
halten, und die Hansetage beschicken dürfe, ohne dafür die
Erlaubnis ihrer Obrigkeit einholen zu müssen. Soweit es sich
jedoch um die Erneuerung der alten hansischen Konföderation
handelte, erschien es nicht zweckmäfsig, es mit diesen Be-

---

11. Sitzung. Auch wird Hildesheim in der Urkunde, durch welche Dr. Brauer
zum hansischen Syndikus ernannt ward, (vgl. S. 37) unter den Städten aufgeführt, in deren Namen die Bestallung speciell erfolgte.

[1] Nach der von den Beschlüssen der ersten Sitzungen abweichenden
Angabe des Recesses sollte den auf dem Konvent nicht vertretenen Städten
von dem Direktorium und den Quartierstädten geschrieben werden: »wan sie
bey dem foedere Hanseatico hinfüro verbleiben wollten, dafs sie sich darüber
forderlichst erkleren und der gemeinen Cassa das Ihrige ohnverlengt sub poena
exclusionis beitragen«. Vgl. S. 40.

dingungen allzu streng zu nehmen. Hatte doch selbst das auf
dem Konvent von 1669 vertretene Osnabrück fürstbischöfliche
Besatzung in seinen Mauern[1]. Nur für das geplante engere
Bündnis kamen, wie erwähnt, ausschliefslich solche Städte in
Betracht, die sich noch einer gewissen politischen Selbständigkeit
erfreuten.

Dem Konvent lag demnach ein zwiefaches Unionswerk ob.
Es galt die alte, wesentlich dem Handelsinteresse dienende
hansische Vereinigung in so weitem Umfange wieder herzustellen,
wie die veränderten Verhältnisse es irgend gestatteten, und
anderseits eine engere städtische Union zum Zweck wechselseitiger
Verteidigung ins Leben zu rufen.

Das einigende Band für das weitere Bündnis sollte die in
zeitgemäfser Weise erneuerte »Föderationsnotul von 1604« bilden.

Bei der Erörterung des 3. Artikels dieser Urkunde, der die
Befolgung der hansischen »Vereinigungen, Statuten und Ordnungen« einschärfte, wurde einstimmig beschlossen, dafs die
schon im Jahre 1604 verfügte Herstellung eines Kompendiums
der hansischen Statuten nunmehr in zweckentsprechender Weise
ins Werk gesetzt werde[2]. Der Nachdruck, der hierauf gelegt
ward, läfst erkennen, dafs wenigstens die anwesenden Vertreter
der Hansestädte nicht daran zweifelten, das Bündnis auf der
alten Grundlage wieder errichten zu können.

Die folgenden Artikel der Vorlage gaben zu verschiedenen
Änderungen Anlafs.

Der vierte Artikel bestimmte in der älteren Fassung: wenn die
Einberufung eines Hansetags erforderlich sei, »so solle darob das

---

[1] »Ofsnabrück ist gefraget worden, ob solche Stadt auch Ihr eigen
praesidium hette undt also ad foedus Hanseaticum sich qualificiren könte etc.
Respondit: hette zwar ein fürst. praesidium certis conditionibus et pactis eingenommen, de reliquo aber were die Stadt quantum ad jura et privilegia in
voriegem stande«. (Protokoll der 1. Sitzung.)

[2] In der zweiten Sitzung votierte Danzig: »Es were nöttig, statuta practi-
cabilia auffzusetzen, die inter deliberanda künfftig proponiret undt secundum
interesse cujusque civitatis approbiret undt in allen Stätten observiret werden
mögten. Bittet, dass solches geschehen möge, undt solch sein petitum ad
recessum zu bringen. Womit andere vota einig«. In der 16. Sitzung, bei
der nochmaligen Durchberatung der Notul, wiederholte Danzig diesen Antrag,
»womit omnes einig«.

notwendige Ermessen und Ausschreiben zu thun, bei einem Ehrbaren Rath der Stadt Lübeck und anderen wendischen Städten,
wie von Alters herkommen, nachmals stehen«. Diese Bevor-
zugung der wendischen Städte, die den Verhältnissen nicht mehr
entsprach, wurde begreiflicherweise beanstandet, und wenn auch
der konservative Sinn der Mehrheit nicht zuliefs, auf die Erwähnung dieser Städte gänzlich zu verzichten, so wurde doch
beschlossen, dafs die in der Vorlage aufgeführten Befugnisse derjenigen wendischen Städte, die nicht mehr im Besitz der früheren
Freiheit seien, auf Bremen übergehen sollten [1].

In dem fünften Artikel, der von den Hansetagen selbst
handelte, wurde die Erklärung eingefügt: man wolle auf den
Konventen nach aller Möglichkeit dahin trachten, »dafs nicht auf
eine oder andere Stadt allein, sondern auf alle zugleich möge
reflectirt und gesehen werden«; dagegen erhielt die Strafbestim-
mung wider diejenigen Städte, welche den Konvent ohne erhebliche Ursache gar nicht oder doch nicht zum bestimmten Termin
beschicken würden, eine abgeschwächte Fassung.

Der sechste Artikel der Vorlage verpflichtete die Städte,
alles, was auf den Hansetagen über die Kontore, die Privilegien
und den von ihnen herrührenden Handel, sowie über die Be-
strafung derjenigen Städte, welche die hansischen Recesse,
Statuten und Ordonnanzen übertreten, einmütig oder durch Stimmenmehrheit beschlossen worden, unweigerlich und ungesäumt zu
befolgen. In der Notul von 1669 wurde dagegen die Verpflichtung, sich Mehrheitsbeschlüssen zu fügen, auf Beschlüsse
über Kontorangelegenheiten beschränkt und ausdrücklich hinzugefügt: »Wann aber ausser diesen Kontorsachen etwa circa con-
tributiones, Extraordinari-Anlagen und dergleichen etwas vorkommen sollte«, darin sei die Stimmenmehrheit nicht entscheidend,
»sondern diese und dergleichen Sachen sollen durch gemeine,
freiwillige Beliebung geschlossen werden«.

Der siebente Artikel, der sich speciell mit den Kontributionen
beschäftigte, erfuhr eine durchgreifende Umgestaltung, auf die in
einem anderen Zusammenhang näher eingegangen werden mufs.

---

[1] »idque ob rationem praesentium temporum und recessum de anno
1629« (Protokoll der 16. Sitzung).

Im übrigen wurden mit der Vorlage nur geringere Änderungen vorgenommen.

Die in solcher Weise erneute und modifizierte Föderationsnotul sollte vorbehältlich der binnen dreien Monaten zu beschaffenden Ratifikation vom nächsten Johannistage an zehn Jahre gelten.

Ein gewagteres und weiter aussehendes Unternehmen war die Herstellung des geplanten städtischen Verteidigungsbündnisses. Lübeck, das bei der Vorbesprechung im Jahre 1668 mit seinem Widerspruch zurückgehalten, bekämpfte das Projekt auf dem Konvent des Jahres 1669 anfänglich durch Einwände der verschiedensten Art: zur Zeit sei keine so grofse Gefahr vorhanden, Armut und Machtlosigkeit der meisten Städte hinderten etwas Erkleckliches auszurichten, Argwohn und Mifsgunst der Machthaber würden durch ein solches Bündnis nur verstärkt. Lübeck empfahl daher, ebenso wie im Jahre 1641, sich mit der Unionsnotul von 1604 zu begnügen. Die meisten anderen Städte hielten jedoch eine bestimmtere Formulierung der Beistandspflicht für geboten, damit — wie der Vertreter Bremens erklärte — »wenn eine Stadt angefochten, sie alle angefochten würden«. Gegenüber der Besorgnis Lübecks, dafs ein mehr ins einzelne gehendes Verteidigungsbündnis das Mifsfallen der Fürsten erwecken könne, hob der Wortführer Hamburgs nicht ohne Grund hervor, dafs, wenn man der Notul von 1604 gemäfs dem Bedränger einer verbündeten Stadt Proviant und Munition und dergleichen versage, dies auch schon als feindseliges Verhalten angesehen werden könne, weshalb es unbedenklich sei, speciellere Verbindlichkeiten einzugehen. Aufserdem erinnerte er an das »beneficium Polyphemi«; wenn Bremen, Hamburg und Braunschweig gefressen, würden die Lübecker sehen, wie sie führen. Der Mehrheit nachgebend, erklärte sich schliefslich auch Lübeck bereit, sich an der Formulierung eines »Provisional- und Eventualprojekts« zu beteiligen.

Bei der Beratung wurden die Satzungen des 1641 zwischen Lübeck, Bremen und Hamburg abgeschlossenen Bundesvertrages zu Grunde gelegt[1]. Es galt, die Vorlage nicht nur formell zu

---

[1] Die Notul von 1641 mit Bezeichnung der 1669 vereinbarten Änderungen im Braunschw. A., das dementsprechend formulierte neue Unionsprojekt im Frkf. u. Strafsb. A.

verbessern, sondern sie auch den veränderten Verhältnissen an-
zupassen. Man durfte nicht aufser Acht lassen, wie sehr in der
letzten Zeit einerseits die Macht der Fürsten, andrerseits ihr Übel-
wollen und Mifstrauen gegen die freien und halbfreien Städte
zugenommen. Vorsicht war daher geboten. Auch den hamburgischen Bevollmächtigten erschien es unbillig, zu verlangen, dafs
man den Dorn aus eines andern Fufs ziehen und in den seinigen
stecken solle. Trotzdem bezweckten die vorgeschlagenen Modifikationen keineswegs nur Abschwächung, sondern hin und wieder
eine wesentliche Verschärfung der in der Vorlage enthaltenen
Bestimmungen. Um davon abzuschrecken, dafs Einwohner einer
Hansestadt dem Bedränger einer verbündeten Stadt Proviant,
Munition oder dergl. zuführten, war in dem Vertrag von 1641
mit »Konfiskation der Güter und andern unnachläfslichen Be-
strafungen« gedroht worden. Das erschien jedoch jetzt »wegen
der häufigen Übertretung dieses Artikels« nicht ausreichend. Der
neue Entwurf bestimmte, ganz abgesehen von der Konfiskation
des wider Verbot Verabfolgten, dafs »die Kontravenienten nicht
allein (für) unehrlich und aller Ehrenämter überall unfähig ge-
achtet, sondern auch aus gemeiner Städte Verwandtnis ausgeschlossen sein und bleiben« sollten.

Auch war man geneigt, nach dem Vorgange der Vereinbarungen von 1630, genauere Angaben über die Hilfsleistungen,
zu denen die einzelnen Bundesglieder im Fall der Bedrängnis
einer verbündeten Stadt verpflichtet sein sollten, in einem Nebenrecefs zusammenzufassen. Es wurde vorgeschlagen, die Kon-
tingente auf 2—300 Mann festzusetzen, doch hielt man es für
zweckmäfsig, dafs zur Unterstützung entfernter gelegener Städte
statt Truppenhilfe ein entsprechender Geldbetrag geschickt
werde[1]. Übrigens wurde die endgültige Regelung solcher Einzelheiten der Verständigung mit den oberdeutschen Reichsstädten
vorbehalten.

Dafs die Bundesgenossenschaft der nicht zur Hansa gehörigen
bedeutenderen Reichsstädte erwünscht sei, darüber herrschte
auch auf dem Konvent von 1669 keine Meinungsverschiedenheit.
Ja auch das Heranziehen von leistungsfähigen Städten, die weder

---

[1] Garmers an Bernegger den 19. Juni 1669 (Strafsb. A.).

Reichs- noch Hansestädte waren, scheint man ins Auge gefafst
zu haben[1].

Die Fortsetzung der Verhandlungen mit den Reichsstädten
wurde vom Konvent dem hamburgischen Syndikus Garmers in
formellster Weise übertragen. Hamburgischerseits wurde überdies empfohlen, dafs Köln bei den ihm benachbarten Städten
in gleichem Sinne zu wirken suche. Ob aber auch nur von den
Hansestädten eine etwas gröfsere Zahl sich an einem solchen
Bündnis beteiligen werde, war von vornherein zweifelhaft, da
ausdrücklich ausgemacht war, dafs das Bundesprojekt nicht nur
den Räten, sondern auch den Bürgerschaften der in Betracht
kommenden Städte zur Prüfung unterbreitet werden und vor
deren Gutheifsung nicht verbindlich sein sollte.

Neben der Wiederaufrichtung des alten hansischen Bündnisses
und der Begründung einer engeren Union hätte auf dem Lübecker
Konvent — so sollte man meinen — die Förderung der hansischen Handelsinteressen den Hauptgegenstand der Erörterungen
bilden müssen. Thatsächlich kamen sie jedoch so gut wie gar
nicht zur Sprache. Erst in einer der letzten Sitzungen schlug
Lübeck vor, man möge auf diesem Hansetage auch über Schritte
zur Besserung des Handels beratschlagen. Die Diskussion
wurde jedoch durch die Bemerkung des bremischen Deputierten
abgeschnitten: dies sei nur gut Geld nach bösem werfen. Offenbar schienen die kommerziellen Aussichten damals noch trüber
zu sein, als im vorausgegangenen Jahre. Allerdings wurde in
den Recefs von 1669 der Wunsch aufgenommen, dafs der 1655
mit Frankreich abgeschlossene Handelsvertrag auf weitere 15 Jahre
verlängert und hinsichtlich des Fafsgeldes zu Gunsten der Hansestädte modifiziert werde. Im übrigen aber beschied man sich,

---

[1] Der letzte Artikel, der in dem Vertrag von 1641 mit den Worten
beginnt: »Letztlich soll auch hiemit andern Hansee-Stetten der Zutritt zu
dieser Vergleichung unbesperret, sondern offen bleiben«, lautet in dem Projekt von 1669: »Letzlich soll auch hiemit andern Reichs-, Hansee- und ver-
mögenen Stätten, so diese confoederation mit überzunemmen undt die würck-
lichkeit zu praestiren mächtig sein, der Zutritt zu dieser einigung unbesperret,
sondern offen verbleiben, und dieselbe nach gemeinem Rath darein genommen
werden«.

die günstigere Gestaltung »der Lage des Handels in der Ostsee und Westsee auf bessere Tage auszustellen«.

Dafs man jedoch trotz der unerfreulichen Gegenwart an der Zukunft der Hansa nicht verzagte, beweist u. a. auch die auf dem Konvent erfolgte Verständigung über die Wahl eines hansischen Syndikus, sowie eines neuen hansischen Residenten im Haag.

Die Frage der Wiederbesetzung des Postens eines hansischen Syndikus war seit 1666 brennend geworden; denn der Lübecker Gloxin, der bis dahin neben der Verwaltung des städtischen Syndikats auch die Funktionen eines hansischen Syndikus ausgeübt hatte, war hierzu nicht mehr im Stande, seitdem er Bürgermeister geworden. Bereits auf dem Kommunikationstage von 1668 hatten deshalb die anwesenden Bevollmächtigten sich übereinstimmend dafür ausgesprochen, dafs eine Neubestellung stattfinden müsse. Während aber bereits damals lübeckischerseits vorgeschlagen wurde, einen lübeckischen Syndikus mit dem hansischen Syndikat zu betrauen, ging aus den Äufserungen der Vertreter Bremens und Hamburgs hervor, dafs Bremen einem hamburgischen Syndikus, insbesondere dem Dr. Garmers, Hamburg dagegen einem bremischen Syndikus den Vorzug zu geben geneigt war. Auch im Jahre 1669 kam man erst nach längeren Diskussionen zum Ziel. Die Lübecker erklärten, dafs der hansische Syndikus notwendig am Sitz des Direktoriums und des hansischen Archivs wohnen müsse, und beriefen sich zur Unterstützung ihres Anspruchs auf frühere hansische Beschlüsse. Syndikus Garmers, der Wortführer Hamburgs[1], wandte dagegen ein, dafs, was für das alte Bündnis vereinbart worden, nicht ohne weiteres auch für das neu zu errichtende Geltung habe. Er erklärte zugleich, von dem Hamburger Rat angewiesen zu sein, für den bremischen Syndikus Wachmann zu stimmen. Da letzterer jedoch keine grofse Neigung bekundete, das hansische Syndikat zu übernehmen, so trug Garmers kein Bedenken, der von Lübeck vertretenen Ansicht gegenüber es für zweckmäfsig zu

---

[1] Dafs er dies bei dem erwähnten Anlafs war, ergiebt sich aus einem Brief des Syndikus Wachmann an den Bremer Rat vom 7. Juni 1669 (Brem. A.).

erklären, dafs der hansische Syndikus an einem Ort wohne, an
welchem vornehmer Potentaten Gesandte residierten, bei denen
alsdann mit weniger Aufwand das erreicht werden könne, wozu
man sonst kostspieliger Gesandtschaften bedürfe. Es hatte das
Ansehen, als ob er durch diese Ausführung seine eigene Kan-
didatur empfehlen wollte [1]. Indessen trat jetzt nicht einmal der
bremische Bevollmächtigte für ihn ein. So kam es, dafs der
von Lübeck empfohlene Syndikus Dr. Brauer durchdrang.

Erfolgreicheren Widerstand fanden die Lübecker bei der
Wahl des Residenten. Nicht der von ihnen zum Nachfolger des
berühmten Lieuw van Aitzema ausersehene Dr. Daniel Lipstorp,
sondern der Kandidat Bremens, Dr. Huneken, erhielt die Stimmenmehrheit. Auch die Lübecker versprachen, es ein Jahr mit
letzterem versuchen zu wollen. Der Abgesandte Danzigs behielt
freilich seiner Regierung die Entscheidung vor, und da überdies
der kölnische Gesandte darauf hinwies, dafs seine Vaterstadt
einen eigenen Agenten im Haag halte und auf diesen nicht verzichten könne, so wurde im Recefs zwar die Ernennung Hunekens
zum hansischen Residenten bei den Vereinigten Niederlanden
angeführt, jedoch mit dem bemerkenswerten Zusatz, »dafs der
Korrespondenz und Negotien halber jede Stadt ihre vor Alters
gehabte Freiheit ihn oder einen andern dazu zu gebrauchen sich
vorbehalte«.

Schon aus dem Mitgeteilten erhellt, dafs es bei den Verhandlungen des Konvents nicht an Differenzen fehlte. Neben
sachlicher Meinungsverschiedenheit kam nicht selten Animosität,
Mifstrauen und Eifersucht zum Ausdruck. Mit erhöhten Schwierigkeiten war die Erörterung aller derjenigen Fragen verbunden,
bei denen der Geldpunkt eine erhebliche Rolle spielte.

Ein fast unlösbares Problem bot der Stahlhof dar. Der
Verzicht auf die Baustätte und die an ihr haftenden, einst so
hoch gehaltenen Rechte wurde von den meisten Abgesandten
für schimpflich gehalten [2]. Andrerseits beteuerten mit bemerkens-

---

[1] Lübeckischerseits wurde bemerkt: »Hamburg contradicire sich selbsten,
in dem selbiges sein votum auff den Bremischen Herrn Syndicum abgibt und
doch solche rationes anziehet, welche auf Hamburg quadriren, also unter
diesem voto ein anders geredet, ein anders aber intendiret werde«.

[2] Der Abgesandte Danzigs schlug allerdings in der achten Sitzung vor,

werter Einmütigkeit die auf dem Konvent vertretenen Städte
durch den Mund ihrer Bevollmächtigten und so manche der
übrigen in dem Schreiben an ihre Direktorialstadt, dafs sie seit
geraumer Zeit von dem nunmehr eingeäscherten Kontor geringen
oder gar keinen Nutzen gezogen. Demgemäfs war auch die
Bereitwilligkeit, für den Wiederaufbau Aufwendungen zu machen,
nicht sehr grofs. Am weitesten liefs sich Hamburg heraus. Es
erbot sich gegen Gewährleistung bestimmter Vorteile eine Anzahl
von Ruthen des Areals bebauen zu lassen, doch auch dies nur
unter der Bedingung, dafs von anderen Städten ebenfalls eine
gewisse Beteiligung an dem Bau zugesichert werde. Dies geschah
jedoch entweder gar nicht, oder doch nur in so behutsamer und
verklausulierter Weise, dafs dadurch wenig gewonnen war.
Schliefslich verständigte man sich dahin, dafs alle Städte, die
bei dem Stahlhof interessiert seien, sich innerhalb einer bestimmten Zeit wegen ihrer etwaigen Beteiligung an dem Wiederaufbau zu entschliefsen hätten, und dafs nach Ablauf dieses
Termins den drei Städten Lübeck, Bremen und Hamburg obliegen sollte, ohne Rücksicht auf diejenigen Städte, die sich bis
dahin nicht geäufsert, die zum Besten der hansischen Gesamtheit gebotenen Mafsregeln in dieser Angelegenheit zu ergreifen[1].

Hinsichtlich der Jahresbeiträge war in den Briefen der nicht
durch eigene Bevollmächtigte vertretenen Städte fast durchweg
der Wunsch zum Ausdruck gelangt, mit Nachforderungen völlig
verschont und in Zukunft nur nach Mafsgabe der sehr ver-
minderten Kräfte oder auch wohl nur im Verhältnis zu dem von
den hansischen Privilegien zu erwartenden sehr geringen Vorteil
belastet zu werden. Recht verschiedene Phasen durchlief die Erörterung dieses Punktes unter den anwesenden Abgesandten. Die
Frage, wie es mit den rückständigen Beiträgen zu halten sei,
spielte allerdings für die auf dem Konvent vertretenen Städte
keine hervorragende Rolle. Lübeck hatte erhebliche Vorschüsse

---

»ob man dem Könige den gantzen platz nicht wolle abtretten, jedoch mit
Vorbehalt aller jurium et privilegiorum sub conditione coæquationis cum
Anglis« ; doch wurde darauf nicht näher eingegangen.

[1] Nach dem Protokoll des Konvents, mit dem der Bericht in den
Braunschweiger Akten im wesentlichen übereinstimmt. Die Angaben des
Recesses über diesen Punkt sind unzulänglich.

gemacht, Bremen und Hamburg waren wenig oder gar nicht im Rückstande[1], Danzig und Braunschweig, die seit 1628 bezw. 1629 nichts beigetragen, waren bereit, wenigstens einen Teil des Rückstandes nachzuzahlen. Größere Erregung rief die Frage hervor, ob die Jahresbeiträge in Zukunft den veränderten Verhältnissen entsprechend anders normiert werden sollten. Nicht ohne Grund fanden die Lübecker es unbillig, stärker als Hamburg und Bremen belastet zu werden. Statt wie bisher 100 Thaler wollten sie nur 60 wie Bremen oder höchstens 80 wie Hamburg beisteuern. Kaum aber verlautete, daß Lübeck eine derartige finanzielle Erleichterung für sich beantrage, als alle übrigen Städte Gründe anzuführen wußten, weshalb sie einen ähnlichen Anspruch auf Entlastung hätten. Um solche Wirkungen des gegebenen Beispiels rückgängig zu machen, sah sich Lübeck gemüßigt, seinen Antrag zurückzuziehen. Es war daher Aussicht vorhanden, daß die alten Ansätze neue Gültigkeit erlangten, als am 8. Juni nachmittags der am Abend zuvor eingetroffene Kölner Syndikus von Falckenberg in der Sitzung erschien. Dieser erklärte zunächst, daß seine Auftraggeber sich in keiner Weise zur Erlegung der rückständigen Beiträge verpflichtet fühlten, da während der letzten Zeit gar kein Bündnis bestanden habe und sich die Seestädte inzwischen wohl nie danach erkundigt, ob Köln noch stehe oder ob es gefallen sei. Kämen die Verhandlungen zu einem erwünschten Ende, so würde Köln in Zukunft seinen Beitrag richtig bezahlen; doch müßte er um die Hälfte oder doch um ein Drittel ermäßigt werden. Durch diese Kundgebung war das mühsam angebahnte Einvernehmen über die Beitragspflicht wieder in Frage gestellt. »Nicht mehr als alle Pfeile seien auf ihn losgegangen«, berichtet Falckenberg. Um ein gewisses Entgegenkommen zu bekunden, erklärte er sich bereit, vorbehältlich der Zustimmung seiner Kommittenten sich auf 80 Thaler einzulassen. Dies wurde jedoch von Braunschweig und Danzig nicht für genügend erachtet. Lübeck, Bremen und Hamburg, die offenbar besorgt waren, daß die rheinische Schwesterstadt, die nach langem Zögern sich dem Bunde wieder

---

[1] Sie hatten während der letzten Jahre keine annua gezahlt, dafür aber andere Lasten im hansischen Interesse übernommen. Vgl. S. 41.

zuzuwenden geneigt war, durch übergrofse Ansprüche zurück-
gestofsen werde, suchten zu vermitteln. Man verfiel auf den
seltsamen Ausweg, dafs an der alten Matrikel nichts geändert,
für Köln jedoch ein mit dem Direktorialsiegel versehener Revers
ausgestellt werden sollte, in dem Lübeck sich verbindlich machte,
den Bürgermeistern und dem Rat von Köln solange nach Erlegung von 80 Thalern jährlich ihr ganzes Kontingent zu
quittieren, bis diese sich wieder zur Zahlung nach der alten Taxe
bereit erklärten[1]. Um des lieben Friedens willen ging Falckenberg hierauf ein. Er hatte jedoch offenbar das Gefühl, dafs ihm
zu stark zugesetzt sei. Auch machte er seinem Unmut Luft,
indem er äufserte, »dafs dies der Weg einer Vertraulichkeit, um
andere Reichsstädte zu allicieren, nicht sei; Köln auch ohne diese
Konföderation, wann der Bogen gar zu hart gespannet werde,
nähere Mittel an Hand nehmen könnte, gleichwohl dem alten
Bund zu Ehren also weit sich ausgelassen hätte«.

Das Endresultat der Beratungen über die Jahresbeiträge war
folgendes. Die Entscheidung über die Nachzahlung der Rück-
stände wurde dem nächsten Konvent vorbehalten. Hinsichtlich
der künftigen Beiträge aber bestimmte die für alle Hansestädte
vereinbarte Föderationsnotul im 7. Artikel, dafs fortan jede
Stadt alljährlich, so lange die Konföderation währe, um Johannis
ihre Quote in simplo (»alle Multiplikation ausgeschlossen«) dem
alten Anschlage gemäfs nach Lübeck einschicken solle. Hinzugefügt ward, dafs, wenn eine Stadt zwei Jahre hinter einander
säumig geblieben und vom Direktorium auch zum dritten Male
vergeblich gemahnt worden, sie von dem hansischen Bündnisse
und dessen Rechten und Privilegien ausgeschlossen sein solle,
»sie habe sich denn vorher mit den anderen des Nachstandes
halber billig vertragen«. Endlich heifst es, dafs jeder in dieser
Versammlung von der einen oder anderen Stadt erhobene Anspruch auf Ermäfsigung der künftigen Beiträge »amore foederis
dieses Mal hintangesetzt« sei. Der Wert dieser Bestimmungen
wurde allerdings, ganz abgesehen von dem Zugeständnis an Köln,
schon durch den bereits erwähnten Umstand geschmälert, dafs die

---

[1] Der Revers vom 10. Juni 1669 findet sich unter den Kölner Akten.

Föderationsnotul erst nach erfolgter Ratifikation Geltung erlangen sollte.

Am unerquicklichsten waren die Verhandlungen über die
von der Direktorialstadt im hansischen Interesse gemachten Aus-
lagen. Da dem Lübecker Rat begreiflicherweise an der Begleichung seiner Forderungen, die er, abgesehen von den Bau-
kosten für das Antwerpener Haus, auf 58 000 Thaler schätzte,
sehr gelegen war, hatte er seine Bevollmächtigten instruiert, die
Prüfung der Rechnungen womöglich zuerst auf die Tagesordnung zu bringen. Sie waren dabei aber allseitigem Widerspruch begegnet. Mit vollem Recht wurde von einem der
hamburgischen Bevollmächtigten darauf hingewiesen, dafs »der
punctus der Rechnung ein Stein des Anstofses sein dürfte«,
weshalb es sich empfehle, erst die wichtigeren Angelegenheiten
zu erledigen. Als schliefslich die lübeckischen Forderungen zur
Verhandlung kamen, wurden sie teils aus sachlichen, teils aus
formalen Gründen beanstandet. Bremen und Hamburg machten
Gegenforderungen geltend, da auch sie nicht unerhebliche Aus-
lagen für die Hansa bestritten hatten. Die Deputierten anderer
Städte hoben hervor, dafs die Rechnungen ihren Obrigkeiten
noch gar nicht vorgelegt worden, und dafs sie deshalb völlig
ohne Instruktion seien. Somit konnte man über diesen Punkt
auch nicht einmal zu einer scheinbaren oder vorläufigen Verständigung gelangen.

In den am 10. und 11. Juni stattfindenden Schlufssitzungen
galt es, sich über die endgültige Feststellung des Recesses zu
einigen. Da es dabei aufs neue zu lebhaftem Wortgeplänkel
kam, hielt man es für das beste, ihn möglichst kurz abzufassen,
so dafs sich die Meinungsverschiedenheiten, die bei der Beratung obgewaltet hatten, darin nur unvollkommen wieder-
spiegeln.

In dieser Gestalt wurde der Recefs, jedoch nicht ohne dafs
auch zum Schlufs noch allerlei Bedenken geäufsert wurden und
nur unter Vorbehalt der Ratifikation, am 11. Juni nachmittags
angenommen [1].

---

[1] Da keiner unterschreiben und untersiegeln wollte, so beschlofs man,
um nicht unverrichteter Sache auseinander zu gehen, »dafs clausula ratifica-

»Daruf ein trencklein Weins hinbracht
und einer dem andern eins zugebracht«.

Mit diesen fröhlichen Worten schliefst Falckenberg eine seiner Aufzeichnungen über den Verlauf des Konvents. Zu besonderer Fröhlich-
keit gaben die Ergebnisse der Verhandlungen allerdings keinen Anlafs.
Am wenigsten befriedigt war der Lübecker Rat. Zwei
Tage nach dem formellen Schlufs der Sitzungen rief er deshalb
die Bevollmächtigten, die noch der Einhändigung des für jeden
besonders ausgefertigten und mit dem Lübecker Siegel zu ver-
sehenden Recesses harrten, aufs neue zusammen, um ihnen ans
Herz zu legen, dafs sie ihren Obrigkeiten die Billigkeit der
lübeckischen Forderungen vorstellen und deren Begleichung auf
einem demnächst anzusetzenden Liquidationstage anempfehlen
möchten. Die Gesandten hielten es um so weniger für geboten,
um dieses unliebsamen Gegenstandes willen nochmals in Verhandlungen einzutreten, als sie nicht mehr vollzählig waren.
Die Bevollmächtigten Hamburgs hatten sich bereits am 11. auf
die Heimreise begeben. Die übrigen begnügten sich, durch den
Mund des Kölner Abgesandten zu erklären: da der Hansetag
geschlossen und, was hinsichtlich der Lübecker Rechnungen vorgebracht worden, aus dem Protokoll genugsam zu ersehen sei,
so könne man auf die Sache nicht nochmals zurückkommen und
noch weniger sich zu einem Liquidationstage verstehen.

Nicht nur aus diesem unerfreulichen Nachspiel, sondern aus
der Gesamtheit der Verhandlungen des Hansetages gewinnen
wir den Eindruck, dafs die Hansa im alten Sinne des Wortes
nicht mehr lebensfähig war. Dennoch ist die Sachlage nicht so
aufzufassen, als hätte man beim Auseinandergehen der zu diesem
Konvent abgeordneten Ratsherren und Syndici gleichsam die
Totenglocken der Hansa läuten hören, als wären die Zeitgenossen
sich dessen bewufst gewesen, dafs dieser Hansetag ohne Nach-
folge bleiben sollte.

Es bedarf der Erwähnung kaum, dafs das Projekt eines
städtischen Verteidigungsbündnisses, das scheinbar bedeutsamste
Ergebnis der Beratungen, auf dem Papiere blieb. Immerhin

toria cuiusque dominorum superiorum in fine hinzugethan und alle exemplaria
solcher gestalt ohne unsere unterschreibungk mitt dem Lübeckischen Siegell
besiegelt werden solten« (Brem. Protokoll).

wurden noch eine Zeitlang Hoffnungen auf seine Verwirklichung
gesetzt. Bereits am 19. Juni sandte Garmers den auf dem
Hansetag vorläufig formulierten Bündnisentwurf nach Strafsburg [1].
Zugleich stellte er in seinem an Bernegger gerichteten Schreiben
in Aussicht, dafs, falls die oberdeutschen Reichsstädte auf das
Projekt näher einzugehen geneigt wären, im September zu Worms
oder Erfurt oder an einem anderen günstig gelegenen Ort von
beiderseits zu ernennenden Deputierten weiter verhandelt werden
könne. Offenbar zur Beschwichtigung derjenigen, die besorgten,
dafs die Sache unliebsames Aufsehen erregen dürfte, fügte er
hinzu, ihm sei vom kaiserlichen Hofe die Kunde geworden, dafs
die geplante Union dem Reichsoberhaupt nicht mifsfallen werde.

Während diese Eröffnungen in Strafsburg mit Befriedigung
aufgenommen wurden, vermochten sie die übrigen ausschreibenden
Reichsstädte nicht umzustimmen. Der Frankfurter Rat wurde durch
das, was er von dem Projekt erfuhr, nur in der Ansicht bestärkt,
dafs die Unterstützung, die eine oberländische Stadt durch das
beabsichtigte Bündnis erlangen könnte, «wider eine und andere
etwa zu besorgende Anfechtung sehr wenig und endlich so viel
als nichts helfen würde«. Er empfahl jedoch vorläufig noch
immer ein dilatorisches Verhalten. Noch weit abweisender
äufserten sich Ulm und Nürnberg. Trotzdem hielt der Rat von
Strafsburg es für richtig, die Brücken, die zur Verständigung
mit der Hanse führen konnten, nicht abzubrechen.

Noch im Anfang des Jahres 1670 harrte man in den Hansestädten günstiger Nachrichten aus Süddeutschland. Nicht nur
vom Hamburger Senat, sondern auch von Lübeck, Bremen und
Köln wurde bei Syndikus Garmers angefragt, wie es um die
Sache stehe. Den Kölnern wäre es bei ihren damaligen Kon-
flikten mit ihrem Erzbischof unzweifelhaft sehr erwünscht gewesen, wenn das Bündnisprojekt Gestalt gewonnen hätte [2]. Im

---

[1] Das Folgende nach Akten der Archive in Strafsburg und Frankfurt.

[2] Nach Ennen, Frankreich und der Niederrhein oder Geschichte von
Stadt und Kurstaat Köln seit dem dreifsigjährigen Kriege (Band 1, S. 214)
hätte der Kölner Magistrat in seiner damaligen Bedrängnis Hamburg und
Lübeck durch besondere Deputationen um Beistand angerufen, wäre aber
abschlägig beschieden worden. — In einem Postskriptum zu seinem am
21./31. Mai 1670 an Bernegger gerichteten Brief schreibt jedoch Garmers:

Mai wandte Garmers sich nochmals mit einem Schreiben an Bernegger, aus dem ersichtlich ist, dafs er das Projekt noch nicht aufgegeben hatte. Sicher waren die Strafsburger am wenigsten dafür verantwortlich zu machen, wenn die Sache nicht zum gewünschten Ende gedieh. Gerade im Frühjahr 1670 hatten sie, zufolge der Bedrohung Kölns mit Besorgnis für die eigene Sicherheit erfüllt, einen erneuten Versuch gemacht, das Ziel, wenn auch auf dem entgegengesetzten Wege, zu erreichen. Sie verfolgten den Plan, dafs zunächst die vier ausschreibenden Reichsstädte ins Einvernehmen miteinander treten sollten, um sich dann auch mit anderen bedeutenderen Reichsstädten, insbesondere aber mit den Hansestädten [1] »zu Konservation des Ehrbaren Städtewesens« zu verbinden. Zur Beförderung dieses Projekts war der Strafsburger Syndikus Joh. Jacob Frid nach Frankfurt gesandt worden. Die Frankfurter hatten jedoch an den Strafsburger Vorschlägen viel auszusetzen; sie verwarfen nsbesondere aufs neue die Verbindung mit den Hansestädten. Trotzdem gaben sie ihre Einwilligung dazu, dafs im gemeinsamen Namen Strafsburgs und Frankfurts an Nürnberg und Ulm geschrieben wurde, um bei diesen die Veranstaltung einer Konferenz anzuregen, auf der über die geeigneten Mittel zur Abwehr der dem gesamten städtischen Kollegium, wie den einzelnen Städten drohenden Gefahr beraten werden sollte. Die Antwort aber fiel so aus, dafs man daraus, wie der genannte strafsburgische Syndikus konstatierte, »einen schlechten Eifer zu Konservation

---

»Dominis Coloniensibus habe nomine meorum principalium per litteras ad Synd. Falckenberg suppetias offeriret«. Im Histor. Archiv der Stadt Köln findet sich nach gefl. Mitteilung des Herrn Dr. Keussen keinerlei auf das erwähnte Hilfsgesuch bezügliches Material.

[1] Wie grofses Gewicht strafsburgischerseits bei diesem Projekt auf den Anschlufs der Hansestädte gelegt wurde, erhellt aus Frids in Frankfurt verfafster Denkschrift (vom 11. Mai 1670), wo es heifst: »Solte man aber nach wie vor, ohnerachtet gewifslichen die dazumalen angezogene rationes der erheblichkeyt nicht wären, dafs sie nicht ohne sonderbahre müh widerlegt werden könten, bedencklich finden, die jetzvermeldete Beytrettung der Hansee Stätt zu belieben, so dörfte wohl rathsamer sein, das werck, in dem solcher gestalten schlechter nutz darvon zu hoffen, allerdings fallen zu lafsen, als mit weniger reputation und ohne sonderbahre frucht etwas anzugreiffen und zu understehen« (Frkf. A.).

des reichsstädtischen Wesens« wahrnehmen konnte. So lange sich keine andere dispositio animorum zeige — bemerkt Frid ferner — würden seine Oberen die Hand schwerlich weiter anschlagen, sondern alles dem lieben Gott und der Zeit befehlen [1]. Anscheinend trat bereits im folgenden Jahre ein Wandel der Gesinnungen ein. Im August 1671 kam es thatsächlich zu einer Konferenz von Deputierten der vier ausschreibenden Städte. In Ulm wurde über die Herstellung eines »näheren reichsstädtischen Vereins« beraten. Den Kern sollten die ausschreibenden Städte bilden und diesen sich später 25 aus der Zahl der übrigen Reichsstädte anschliefsen [2]. Indessen fehlte viel daran, dafs die Deputierten auch nur über die Grundzüge des geplanten Bündnisses zu vollem Einverständnis gekommen wären. Eine Reihe wichtiger Punkte mufste zu weiterer Überlegung ausgesetzt werden. Wochenlang wurde über dieselben korrespondiert, doch ohne Ergebnis. Schliefslich zerrann auch dieses Projekt im Sande.

Dafs wenigstens der Anlauf zu einer solchen Einigung genommen wurde, und dafs auch Nürnberg und Ulm, die noch ein Jahr zuvor die Lage der Städte für gar nicht so besorgniserregend gehalten, vorübergehend anderen Sinnes geworden, erklärt sich aus dem Fall Braunschweigs, der auch in den oberdeutschen Städten peinliches Aufsehen erregt hatte [3].

Von noch gröfserer Bedeutung, als für diese, war er für die Hansestädte.

Kaum war am 21. Mai 1671 die Kunde, dafs die Stadt

---

[1] Aus einem Schreiben des Strafsburger Syndikus Frid an Syndikus Dr. Glock in Frankfurt v. 4. September 1670.

[2] Zu dieser Auswahl von 25 der angeseheneren Reichsstädte gehörten selbstverständlich auch solche, die damals oder in früheren Zeiten zu den Hansestädten gerechnet wurden (Köln, Lübeck, Dortmund, Goslar). Einer Heranziehung von Hansestädten, die nicht zugleich auch als Reichsstädte anerkannt waren, blieb die Mehrheit der ausschreibenden Städte offenbar fortdauernd abgeneigt. Nur die Strafsburger mögen solche mit im Auge gehabt haben, da sie im achten der von ihnen für die Ulmer Konferenz zusammengestellten Deliberationspunkte die Erwägung empfahlen, »wie allen falls, da eine solche ängere verständnufs angerichtet würde, mann sich einen starcken rucken anderer orten machen könte«.

[3] Protokoll der Strafsburger Verordneten vom 16. Juni 1671, der Dreizehner vom 26. Juni d. J.

Braunschweig von vier Herzögen des Hauses Braunschweig-
Lüneburg mit Heeresmacht bedroht werde, nach Hamburg gelangt, als sich der hamburgische Rat mit der dringenden Aufforderung nach Lübeck und Bremen wandte, geeignete Maſs-
regeln zu ergreifen, um der bedrängten Stadt zu helfen. Dies entsprach den alten Traditionen, sowie den Grundsätzen der zwei Jahre
zuvor geplanten engeren Union. Als ob es jedoch mit dem Projekt
von 1669 nie Ernst gewesen, äuſserte Lübeck in seinem Ant-
wortschreiben: es habe mit dem Hansebunde jetzt gar eine
andere Beschaffenheit, als es vor Zeiten gehabt, und sei zwischen
den Ehrbaren Städten jetzt fast gar keine Obligation, einander
in dergleichen widrigen Fällen sich anzunehmen, vorhanden [1].
Immerhin war Lübeck nicht abgeneigt, mit Hamburg und Bremen
gemeinsam eine diplomatische Aktion anzubahnen. Eine solche
erfolgte in der That. Am 6. Juni abends trafen die Vertreter
von Lübeck, Bremen und Hamburg im Hauptquartier der verbündeten Herzöge zu Riddagshausen ein. Sie lieſsen ihre Beglaubigungsschreiben den Herzögen durch einen hamburgischen
Trompeter überreichen, und wurden zufolgedessen am nächsten
Tage von allen vier Herzögen zur Audienz zugelassen und vom
Herzog Rudolf August sogar zur Tafel geladen. Ihre Vermitte-
lungsversuche aber wurden schroff zurückgewiesen. Schon war
die Einnahme herzoglicher Besatzung, sowie die Huldigung für
Braunschweig unabwendbar. Die Diplomaten der Schwesterstädte hielten es daher für das Geratenste, schleunigst wieder
von dannen zu ziehen [2]. Wie die Umstände lagen, würde auch
eine energischere Aktion der hansischen Bundesgenossen Braunschweig nicht geholfen haben. Vergleicht man aber ihre dies-
malige Intervention mit der zu Anfang des Jahrhunderts zu
Gunsten Braunschweigs erfolgten, so erhellt, daſs es jetzt in der
That mit dem Hansebunde gar eine andere Beschaffenheit hatte.

Der Fall von Braunschweig bewirkte eine weitere Veränderung in den hansischen Verhältnissen. Noch im Jahre 1669
hatte man in Hamburg, von den sonstigen Föderationsplänen

---

[1] Der Rat von Lübeck an den von Hamburg, den 30. Mai 1671
(Lüb. A.).

[2] Bericht des bremischen Abgesandten Dr. Nicolaus Zobel an den Rat
von Bremen. Wolfenbüttel, den 9. Juni 1671 (Brem. A.).

abgesehen, die Eventualität ins Auge gefaſst, daſs Braunschweig
mit Lübeck, Bremen und Hamburg zu einem Vierstädtebündnis
zusammentreten könne. Nun war auch dieses Gemeinwesen
nicht mehr sui iuris, also im strengeren Sinne des Wortes nicht
mehr bündnisfähig. Seit dem Jahre 1671 bestand die Hansa
thatsächlich nur aus den drei Städten Lübeck, Bremen und
Hamburg. Von einer formellen Auflösung des älteren Bündnisses war jedoch auch jetzt nicht die Rede. Noch im
weiteren Verlauf der siebziger Jahre verhandelten hansestädtische
Deputierte wiederholt im Namen von Lübeck, Bremen und Hamburg »und der übrigen Hansestädte«. Ja noch im Januar 1684
wurde der Lübecker Rat von Kaiser Leopold — als ob noch
alles beim alten sei — aufgefordert, schleunigst einen hansischen
Konvent zu berufen, es gälte, die Städte angesichts der drohenden Türkengefahr zur Leistung eines angemessenen Beitrages
zu veranlassen. Der Lübecker Rat wurde durch solches Ansinnen in die gröſste Verlegenheit versetzt. Dem Hamburger
Rat schrieb er: So gerne er auch kaiserlicher Majestät an die
Hand gehen wolle, so vermöge er doch nicht abzusehen, auf
welche Art »die allergnädigst desiderirte Zusammenberufung derer
vormals gewesenen Hansestädte« ins Werk zu richten sei, »da
eines jeden Orts Zustand anjetzo ganz verändert und nur Ew.
Ehrb. Wohlweisheiten nebst denen Ehrbaren zu Bremen und uns
das hansische Bündnis einigermassen halten«. Auch in Hamburg und Bremen war man der Ansicht, daſs eine Zusammenkunft der sämtlichen Hansestädte »wohl nicht practicabel« sei[1].

Aus dem Mitgeteilten dürfte zur Genüge hervorgehen, daſs
es unmöglich ist, genau anzugeben, wann sich die alte Hansa
in das hansische Dreistädtebündnis verwandelt hat. Wie wir
sahen, traten Lübeck, Bremen und Hamburg schon 1629 als
Hauptträger des Bündnisses hervor, doch galt neben ihnen noch
mehrere Jahrzehnte hindurch eine nicht geringe Anzahl von
Städten als zur Hansa gehörig[2], und legten manche von diesen

---

[1] Schreiben des Rats von Lübeck an die Räte von Hamburg und Bremen
vom 21. Februar 1684 und Antwort der letzteren vom 29. Februar bezw. vom
17. März (Hamb. u. Brem. A.).

[2] Allerdings findet sich bereits in einem Schreiben des Lübecker Rats

noch eine Weile erhebliches Gewicht darauf, zu den Gliedern der alten Gemeinschaft gezählt zu werden. Je mehr jedoch das Bundesverhältnis für die meisten Bundesstädte zu einer blofsen historischen Reminiscenz verblafste, um so deutlicher wurde es, dafs die Hansa nur noch von den Städten Lübeck, Bremen und Hamburg aufrechterhalten ward.

Für das Verständnis des geschichtlichen Zusammenhangs mufs namentlich Gewicht darauf gelegt werden, dafs diese drei Städte trotz ihrer geringen Zahl das alte niemals aufgelöste Bündnis fortsetzten. Von einigem Belang war es freilich auch, dafs sie sich seit dem Abkommen von 1630 als näher verwandte Städte betrachteten. Doch darf die Bedeutung dieses Vertrags nicht überschätzt werden. Solche engere Bündnisse hatte es ja innerhalb der Hansa schon früher gegeben. Aufserdem ist zu beachten, dafs das Abkommen von 1630, wie erwähnt, schon im Jahre 1641 erheblich abgeschwächt wurde und nach Verlauf weiterer zehn Jahre, da keine Erneuerung erfolgte, vollends aufser Kraft trat [1].

Als während der folgenden Jahrzehnte Bremen mehrfach durch schwedische Anfechtungen in Gefahr geriet, zeigten sich Lübeck und Hamburg allerdings zur Intervention bereit; doch entsprachen ihre Leistungen dem Ernst der Sachlage keineswegs, da — von anderen Umständen abgesehen — die Rücksicht auf Schweden Hamburgs und in noch höherem Grade Lübecks Thatkraft und Opferwilligkeit beeinträchtigte [2]. Noch weniger hatte sich Hamburg während seiner Konflikte mit Dänemark 1679 und 1686 des Beistandes der Schwesterstädte zu erfreuen. Im

---

an den von Hamburg vom 10. Februar 1661 die Äufserung, »dass die Zahl der 72 (Hansestädte) beinahe auf 7 gekommen« (Hamb. A.).

[1] Diese Thatsache wird oft übersehen. Bemerkenswert ist übrigens, dafs sich Bremen im Jahre 1662 um die Erneuerung des engeren Bündnisses unter den drei Städten bemühte, jedoch mit seinen Vorschlägen nicht durchzudringen vermochte (Brem. A.). Charakteristisch ist auch die Mitteilung in einem Brief des Rats von Frankfurt an den von Strafsburg vom 2. Mai 1669, er habe vernommen, »dass die ... von anno 1641 biss 1651 im schwang geloffene confoederation keine Statt einen Reichsthaler uncosten gestanden haben solle« (Strafsb. A.).

[2] Vgl. Adolf Köcher, Geschichte von Hannover und Braunschweig 1648 bis 1714, Band 1, namentlich S. 494.

Jahre 1679 liefsen es die Bremer allerdings nicht an Bekundung ihres guten Willens fehlen. Nachdem das Gerücht von der Bedrohung Hamburgs zu ihnen gedrungen, suchten sie sich mit Lübeck wegen etwaiger gemeinsamer Schritte ins Vernehmen zu setzen, da die hansestädtische Verwandtschaft erfordere, dafs man sich nach dem Sachverhalt genauer erkundige und »zu gütlicher Auslangung« behilflich erscheine. Als jedoch der Hamburger Rat unter Hinweis auf den »geldfressenden grofsen Unfall«, in welchem man stecke, die Bremer um Rückerstattung der Summe ersuchte, die er ihnen zur Zeit ihrer eigenen Bedrängnisse vorgeschossen, da erklärten sie hierzu wegen der unerfreulichen Beschaffenheit ihrer Finanzlage aufser Stande zu sein[1]. Während der gröfseren Gefahr, in die Hamburg im Jahre 1686 geriet, hielten sich Lübeck und Bremen völlig abseits.

Dafs damals, fünf Jahre, nachdem Strafsburg eine französische Stadt geworden, nicht auch Hamburg fremder Gewalt unterworfen wurde, verdankte es, abgesehen von der rühmlichen Haltung der eigenen Bürger, namentlich dem grofsen Kurfürsten, dem gar sehr daran gelegen war, »dafs ein solches vornehmes Emporium und Schlüssel des Reiches nicht in auswärtiger Potentaten Gewalt und Botmäfsigkeit gerate«. Aufserdem ist der Stadt jener Zeit der Einflufs vieler anderen deutschen und aufserdeutschen Regierungen zu gute gekommen. Dafs Hamburg das Glied einer Verbindung von Städten war, kam jedoch während der Ereignisse des Jahres 1686 in keiner Weise zur Geltung. In politischer Beziehung waren die drei Hansestädte damals eben völlig gesonderte Existenzen.

Auch in kommerzieller Beziehung bewegten sie sich vielfach auf getrennten Wegen. Die tüchtigen Eigenschaften der Hansen lebten zum guten Teil in den drei Städten fort; aber sie wurden nicht sowohl zum Frommen der hansischen Gesamtheit, als zum Besten der einzelnen Gemeinwesen bethätigt. Jede der drei Städte suchte, so gut sie konnte, ihr besonderes Handelsinteresse zu fördern, und es fehlte infolge dessen nicht an Mifshelligkeit und Rivalität. Trotz alledem ging der Zusammenhang der Städte

---

[1] Bremen an Lübeck den 29. September, Hamburg an Bremen den 7. Oktober, Bremen an Hamburg den 13. Oktober 1679 (Brem. A.).

nie verloren. Es ist bekannt, dafs Hamburg im Laufe des 17. und 18. Jahrhunderts den beiden anderen Städten erheblich voraneilte. In einer Flugschrift vom Jahre 1675 wird behauptet, der Hansabund sei »bis dato gröfstenteils durch den florisanten Staat Hamburgs« erhalten worden [1]. Diesen seinen Aufschwung verdankte Hamburg nicht nur der klugen Benutzung günstiger Umstände, sondern auch der selten ermattenden Ausdauer in der Überwindung aufserordentlich ungünstiger Verhältnisse. Doch würde Hamburg seine relativ bedeutenden Erfolge nicht erreicht haben, wenn es nur als isolierte Stadt, nicht als Hansestadt aufgetreten wäre.

Bei dem seit der Mitte des 17. Jahrhunderts so bedeutend gewordenen hansischen Handelsverkehr mit Frankreich war Hamburg in erster Linie beteiligt. Wie Hamburg es gewesen, das durch Entsendung zweier seiner Ratsherren nach Paris den am 10. Mai 1655 vereinbarten Handelsvertrag zwischen Ludwig XIV. und den Städten der deutschen Hansa (Villes et Citez de la Hanse-Teutonique) zu Stande gebracht hatte, so wurde auch beim Ablauf dieses Vertrages, sowie nach Beendigung des spanischen Erbfolgekrieges von Hamburg zuerst auf erneute Verhandlungen mit Frankreich gedrungen, um die Prolongierung des Vertrags von 1655 oder einen neuen und womöglich günstigeren Traktat zu erwirken. Lübeck zeigte den hamburgischen Anregungen gegenüber nur mäfsigen Eifer, Bremen sogar hin und wieder ein gewisses Widerstreben. Hamburg drohte daher wiederholt für sich allein vorgehen zu wollen. Indessen hätte es schwerlich im Interesse dieser Stadt gelegen, bei den Verhandlungen in Paris auf die Kontinuität mit den früheren Abmachungen zwischen Frankreich und den Hansestädten zu ver-

---

[1] Hamburgs Wohlstand gutt vor Deutschland ... zum Druck befördert durch Sincerum Germanum. Anno 1675. Bemerkenswert ist übrigens, dafs sich der Verfasser dieser dem Preise Hamburgs gewidmeten Schrift gegen diejenigen wendet, die das hansische Bündnis »itziger Zeit zu gering oder wohl gar erstorben halten«. Obgleich »die meisten im Anfange dabey befindlich gewesene Städte theils gantz davon-gerissen und separiret, theils aber sehr verringert und geschwächet worden: Jedennoch ist es Gottlob nicht gantz erloschen, es ist noch in Werth und Grofsachtung bey allen Potentaten, es sind noch in Wohlstande Lübeck, Brehmen, Dantzig, Wissmar« etc. etc.

zichten. Der am 28. September 1716 abgeschlossene neue Handelsvertrag nahm französischerseits auf die Begünstigungen Bezug,
welche die französischen Könige von Ludwig XI. bis auf Ludwig XIV. den Hansestädten erwiesen hatten. Dem entsprach es,
dafs nicht Hamburg allein, sondern die drei Städte Lübeck,
Bremen und Hamburg als Rechtsnachfolger der alten Hansa den
anderen Kontrahenten bildeten[1].

Als Erben oder Rechtsnachfolger der alten Hansa waren
die drei Städte überhaupt befugt und verpflichtet, soweit wie möglich an den Traditionen des alten Bündnisses festzuhalten. Gemeinsam
bemühten sie sich, für die allerdings immermehr an Bedeutung
verlierenden hansischen Kontore Sorge zu tragen. Gemeinsam
ernannten sie auch fernerhin die Stahlhofsmeister, nicht minder
die politischen Agenten oder Residenten im Haag, in London,
Paris, Madrid, Kopenhagen und später auch in St. Petersburg,
ebenso die Konsuln an verschiedenen Plätzen der pyrenäischen
Halbinsel. Wiederholt vereinigten sie sich zu gemeinsamen
Schritten, um bei europäischen Friedensverhandlungen zu erwirken,
dafs die Bestätigung ihrer Rechte in die zu vereinbarenden
Traktate aufgenommen würde. Gemeinsam waren sie ferner
einmal über das andere bestrebt, es durchzusetzen, dafs ihnen
gestattet werde, während der Dauer von Reichskriegen neutral
zu bleiben.

Da ihnen letzteres freilich bis zum Jahre 1803 fast nie in
dem gewünschten Umfang zugestanden wurde, so fanden sie
stets aufs neue Veranlassung, in Denkschriften auseinander zu
setzen, dafs das Reich die Schiffahrt der Städte nicht zu schützen
vermöge, dafs sie in Kriegszeiten nur durch allseitig anerkannte
Neutralität ihren Seehandel aufrecht zu erhalten vermöchten, dafs
die Erhaltung dieses Seehandels für das gesamte Deutschland
von segensreichster Bedeutung, sein Verlust für das Vaterland
von unberechenbarem Nachteil sein werde. Man hatte in den

---

[1] Nur ganz besondere Umstände brachten es zuwege, dafs Hamburg im
Jahre 1769 in ein separates Vertragsverhältnis zu Frankreich trat. Im Jahre
1760 hatte Ludwig XV. zufolge eines Konflikts mit Hamburg dieser Stadt
die Wohlthaten des Vertrages von 1716 entzogen. Nachdem der Konflikt
beigelegt worden, war Hamburg darauf angewiesen, sich mit der französischen
Regierung über ein neues Abkommen zu verständigen.

Hansestädten im 17. und 18. Jahrhundert das volle Bewufstsein
— und that sich etwas darauf zu gute —, dafs Deutschland fast
nur durch den hansischen Handel an dem Weltverkehr Anteil
habe. Um diesen Verkehr aufrecht zu erhalten, erschien es erwünscht, mit allen Seemächten auf gutem Fufse zu stehen.

Um ihres Welthandels willen hatten die Hanseaten mehr, als
die meisten übrigen Deutschen, von dem Übermut und der Willkür
des Auslands zu leiden. Andererseits gewöhnten sie sich auch
mehr, sich in die Eigenart fremder Völker zu schicken, deren
Besonderheiten zu verstehen, ja auch wohl sie zu schätzen, mitunter sie zu überschätzen. Insofern waren sie kosmopolitisch.
Und doch blieben sie im Grunde ihres Wesens deutsch, deutsch
mit specifisch niederdeutscher, hanseatischer Färbung. Zeitweilig
waren sie die einzigen oder doch die Hauptrepräsentanten echten
deutschen Bürgertums. Bei ihnen hat sich die alte bürgerliche
Kultur der deutschen Städte, die fast überall sonst im Laufe des
17. Jahrhunderts zu Grunde gegangen oder doch gesunken war,
fortdauernd auf einer gewissen Höhe gehalten. Es erklärt sich
das eben aus dem Umstand, dafs sie Seehandelsplätze, dafs sie
Hansestädte waren. Ohne Anspannung aller Kräfte und ohne
rastlose Bethätigung des Gemeinsinnes hätten sie sich als solche
nicht zu behaupten vermocht. Freilich traten auch bei ihnen
Mifsstände und Mängel, ja selbst hin und wieder Anzeichen der
Erstarrung hervor. Man denke an das allzulange Festhalten an
einer exklusiv stadtwirtschaftlichen Handelspolitik, überhaupt an
das zähe Beharren beim Überlieferten, auch wenn es veraltet
war, an so manchen »Bookesbüdel« — um althamburgisch zu reden.
Indessen war die Erstarrung nie so vollständig, dafs nicht einige
elektrische Funken genügt hätten, um neues Leben in die hansischen Gemeinwesen zu bringen. Solche belebende Wirkungen
übten die von Holland gekommenen handelspolitischen Anregungen, ferner auch die wirtschaftlichen und sonstigen Bestrebungen des aufgeklärten Absolutismus in Deutschland, der
Aufschwung des deutschen Geisteslebens, endlich die französische
Revolution, die Fremdherrschaft und die nationale Erhebung des
Jahres 1813. Diese Wirkungen im einzelnen verfolgen, hiefse
ein Gemälde der hansestädtischen Kulturentwicklung während
eines Jahrhunderts entrollen. In diesem Zusammenhang genüge

es, kurz darauf hinzuweisen, wie sehr die zuletzt erwähnten Ereignisse zur Belebung des hansischen Gemeinsinns beigetragen haben.

Im Jahre 1796 hatte der französische Minister Delacroix in einem an Reinhard, den Gesandten der Republik bei den Hansestädten, gerichteten Brief die Äußerung gewagt: »der Hansabund besteht nicht mehr«. Darauf suchte der bremische Syndikus von Post durch eine Zusammenstellung der den Städten zustehenden Rechte und durch den Hinweis auf ihre gemeinschaftlichen politischen und handelspolitischen Lebensäußerungen, sowie auf ihre von den verschiedensten Staaten anerkannte Sonderstellung darzuthun, daß sie in der That die Erben der alten Hanse seien [1].

Die Welt über die Fortexistenz einer durch gleiche Interessen verbundenen und mit besonderen Rechten ausgestatteten hansischen Gemeinschaft aufzuklären, erschien jener Zeit um so dringender geboten, als bei dem bevorstehenden Friedensschluß umfassende Veränderungen in dem Zustande des deutschen Reiches zu gewärtigen und nächst den geistlichen Fürstentümern die Reichsstädte am meisten bedroht waren. Auch mußte es einleuchten, daß die Hansestädte vereinigt ihre Interessen in diesem kritischen Zeitpunkt besser zur Geltung zu bringen vermochten, als wenn jede von ihnen für sich allein zu wirken suchte. In der That hat bereits seit dem Anfang des Jahres 1795 zwischen den Hansestädten ein lebhafter mündlicher und schriftlicher Meinungsaustausch darüber stattgefunden, welche Wünsche bei den schon damals erwarteten Reichsfriedensverhandlungen zu äußern seien. Bemerkenswerterweise ließ in der Folge namentlich der erwähnte den Hansestädten freundlich gesinnte französische Gesandte Reinhard sich angelegen sein, ihnen ein einträchtiges und gemeinsames Vorgehen anzuempfehlen, und so kamen teilweise unter seinem Einfluß die hansestädtischen Desiderien zu stande, welche dem Kaiser nicht minder als den Regenten der französischen Republik unterbreitet wurden. Die Aufgabe, gleichzeitig auch die öffentliche Meinung den Hansestädten günstig zu stimmen, übernahm in erster Linie der bekannte Hamburger National-

---

[1] Vgl. meine Abhandlung »Reinhard als französischer Gesandter in Hamburg u. s. w.« in diesen Geschichtsblättern Jhrg. 1875 S. 57.

ökonom und Publizist Joh. Georg Büsch, der in einer Reihe von
Schriften gleichsam als Anwalt der Hansestädte auftrat und zu
erweisen suchte, daſs die Erhaltung ihrer Unabhängigkeit und
die allgemeine Anerkennung ihrer Neutralität in Kriegszeiten im
universalen Handelsinteresse geboten sei. Wie Büsch im letzten
Jahrzehnt des 18. Jahrhunderts, lieſsen sich im Beginn des
19. Jahrhunderts der Göttinger Gelehrte Saalfeld und der bekannte französische Emigrant Villers, später auch der aus Stralsund stammende hamburgische Schriftsteller J. L. von Heſs angelegen sein, die Existenzberechtigung der Hansestädte und ihren
aller Welt zum Segen gereichenden kommerziellen Beruf darzulegen und die ihnen feindseligen Gesinnungen und Tendenzen
zu bekämpfen.

Kaum minder wichtig als diese Bemühungen, den Hansestädten die Achtung der übrigen Staaten zu sichern, war das
gleichzeitig hervorgetretene Streben, das Selbstgefühl und das
Zusammengehörigkeitsbewuſstsein der Hanseaten aufs neue zu
beleben. Keiner hat in dieser Richtung nachhaltiger gewirkt,
als der Bremer Joh. Smidt. Das von letzterem seit 1799 herausgegebene »Hanseatische Magazin« war ausdrücklich der Belebung
und Veredelung des hanseatischen Gemeinsinnes gewidmet. Auch
als praktischer Politiker wirkte er in diesem Sinne und suchte
er in allen wichtigen Fragen eine Verständigung unter den drei
Senaten herbeizuführen. So wurde er der Urheber und Träger
einer neuen hanseatischen Politik, der es an idealen Antrieben
nicht fehlte. Diese Antriebe waren freilich sehr wechselnder
Art. Im Jahre 1806, bei der Auflösung des heiligen römischen
Reiches, stellte Smidt als Ziel hin, daſs die Städte, unter einander
innig verbunden, im Besitz allgemein anerkannter Neutralität und
dadurch den Gegensätzen der waffenstarrenden Welt entrückt,
sich nicht nur durch ihren kommerziellen Betrieb, sondern durch
mustergültige innere Einrichtungen, sowie auch durch Pflege der
Wissenschaften und Künste die allgemeinen Sympathien erringen
und bewahren sollten. Doch schon wenige Jahre später kam
Smidt unter dem Einfluſs der Zeitereignisse zu der Erkenntnis,
daſs die von ihm so eifrig verfochtene Idee der hansestädtischen
Neutralität eine veraltete und chimärische sei. Mehr und mehr
stellte er sich auf nationalen Boden.

Überhaupt trug ja auch in den Hansestädten nicht minder als im übrigen Deutschland die Zeit der Fremdherrschaft zur Erweckung patriotischer Gesinnungen bei. Mit diesen stand die Wiederbelebung des hansischen Gesamtbewußtseins nicht im Widerspruch. Im Gegenteil. Deutscher und hanseatischer Sinn stärkten und stützten einander. Dies veranschaulicht u. a. die im Frühjahr 1813 in Hamburg von Ferdinand Beneke herausgegebene kleine Schrift: »Heergeräth für die hanseatische Legion«, in der die jungen Hanseaten unter Berufung auf die glorreiche hansische Vorzeit zur Befreiung des deutschen Vaterlandes angefeuert wurden. Hiervon zeugt an und für sich schon der Name und die Bestimmung der im Frühjahr 1813 organisierten hanseatischen Legion, wie der im Sommer desselben Jahres unter Führung des wackeren Mettlerkamp zusammengetretenen hanseatischen Bürgergarde. Nicht minder äußerte sich in der im August 1813 erfolgten Konstituierung eines interimistischen Direktoriums der hanseatischen Angelegenheiten hansestädtischer und deutschnationaler Sinn in innigem Verein. Die Mitglieder desselben erklärten sich — wie es in dem Protokoll der ersten Sitzung ausdrücklich heißt — »kraft annoch bestehenden Hansabundes« zur Wahrnehmung der hansestädtischen Interessen befugt und verpflichtet, solange die Städte selbst noch in der Gewalt der Fremdlinge seien; und ihren Beschlüssen über die hanseatische Bürgergarde und die hanseatische Legion schickten sie die Bemerkung voraus, daß sie die Kriegsteilnahme der Städte als doppelt begründet erkennten: »in der natürlichen eigenen Verteidigung gegen fremde Gewalt und in teutscher Nationalverpflichtung«.

Die Legion, die Bürgergarde, das Direktorium zeigten zunächst nur Hamburg und Lübeck, die den Jubel der Frühlingstage des Jahres 1813 und dann die schreckenvolle Wiederkehr der französischen Gewaltherrschaft miteinander geteilt hatten, innig verbunden. Seitdem aber Bremen im Herbst 1813 seine Freiheit endgültig wiedererlangt hatte, schlossen sich auch wackere Männer und Jünglinge dieser Stadt der hanseatischen Legion an, und unter den hanseatischen Staatsmännern trat Senator Smidt aufs neue in den Vordergrund. Mit rastlosem Eifer war er im Hauptquartier der verbündeten Monarchen, wie auf dem Wiener Kongreß bemüht, dafür zu wirken, daß nicht nur seiner Vaterstadt, sondern den Hansestädten insgesamt in dem wiedererstehenden Deutschland die Stellung eingeräumt werde, die ihnen seiner Ansicht nach um ihrer Vergangenheit und ihrer Bedeutung willen gebührte. »Der einzige Hanseat reineren Sinnes sind Sie«, schrieb ihm Friedr. Perthes im Sommer 1814[1] in freundschaftlicher Übertreibung. Sicher zutreffend schrieb später ein süddeutscher Diplomat: »An Smidts curriculum vitae hat man eine gute Spindel, hanseatische Geschichten und Geschicke daran abzuwinden«[2]. Diesem Wink in einer ausführlichen Biographie Smidts zu entsprechen, wäre gewiß eine lohnende Aufgabe. Hier möge es genügen hervorzuheben, daß ihm in der That keine hanseatische Angelegenheit fremd war. Specieller sei außerdem zunächst daran erinnert, welchen Anteil er an der Begründung des Lübecker Oberappellationsgerichts hatte[3], und wie eifrig er beim deutschen Bundestage, sowie bei den seit der Gründung des Zollvereins stets aufs neue angeregten Erörterungen über die Möglichkeit einer gesamtdeutschen Wirtschaftspolitik die hanseatischen Interessen vertrat und sie auch vom nationalen Standpunkte zu verteidigen suchte.

Wie sehr die hanseatischen Interessen sich mit den nationalen Interessen deckten, das hätte den Zeitgenossen allerdings schon mancher jener in dem Menschenalter nach den Freiheitskriegen von den Hansestädten geschlossenen Handelsverträge vor Augen führen müssen, durch welche sie noch mehr, als zuvor, befähigt wurden, »die Weltmärkte des Zollvereins, die Vorposten deutscher Gewerbsmacht« zu bilden. Diese Verträge waren das Werk von Männern, wie der Hamburger Syndikus Karl Sieveking und der Bremer Senator Joh. Karl Friedrich Gildemeister, die durch weiten Blick und hanseatischen Gemeinsinn ausgezeichnet waren[4].

Daß neben der gut hanseatischen Anschauungs- und Denkungs-

---

[1] Brem. A.

[2] Der bayrische Gesandte Joh. von Hormayr in einem Brief an Syndikus K. Sieveking vom 14. April 1846 (Hamb. A.).

[3] Vgl. die Abhandlung von W. von Bippen über die Gründung des Lüb. Appellationsgerichts in diesen Geschichtsblättern Jahrg. 1890/91. S. 34 ff.

[4] Über ihre Verdienste um das Zustandekommen des Handelsvertrages mit Brasilien vgl. Ernst Baasch, Beiträge zur Geschichte der Handelsbeziehungen zwischen Hamburg und Amerika, S. 179—190.

art solcher Männer sich in den Städten und ihren Kaufmann-
schaften auch minder ideale Auffassungen und Gesinnungen
geltend machten, dafs aufs neue Rivalitätsregungen hervortraten,
dürfte in der Natur des kaufmännischen Wettbewerbs begründet
erscheinen. Das hanseatische Zusammengehörigkeitsgefühl konnte
dadurch jedoch nicht getilgt werden. In überaus segensreicher
und herzerquickender Weise äufserte es sich durch die Hilfs-
bereitschaft, die Bremen und Lübeck an den Tag legten, sobald
(im Mai 1842) die Schreckenskunde von dem Hamburger Brand
zu ihnen gelangt war; und wenn sich auch für die Hamburger
glücklicherweise keine Gelegenheit fand, die Liebesbeweise Lübecks
und Bremens in ganz entsprechender Weise zu erwidern, so bot
sich ihnen dafür bald genug ein erfreulicherer Anlafs, ihre
hanseatischen Gesinnungen zu bekunden: das Bürgermeisterjubiläum von Joh. Smidt, der bereits 1843 wegen seiner hoch-
herzigen Bemühungen während der Katastrophe des vorangegangenen Jahres das Hamburger Bürgerrecht erhalten und dem
an seinem Ehrentage, den 26. April 1846, vom Senate Hamburgs, aber auch aus anderen Kreisen dieser Stadt unter besonderer Anerkennung seiner Verdienste um die hanseatische
Gemeinschaft die wärmsten Glückwünsche zu Teil wurden.

Unzweifelhaft hat die geistige Bedeutung hanseatischer
Staatsmänner wie Johann Smidt und Karl Sieveking aufs er-
heblichste dazu beigetragen, dafs der Name »Hansa« trotz gelegentlicher Anfechtung, die den Hansestädten widerfuhr, während
der auf die Freiheitskriege folgenden Jahrzehnte in Ehren blieb.
In anderer Weise wirkte hierauf auch die erneute Beschäftigung
mit der älteren hansischen Geschichte.

Bemerkenswert ist, dafs man gerade in Hamburg trotz des
mehr modernen Charakters seiner äufseren und inneren Entwicklung dem Studium der hansischen Vergangenheit stets aufs
neue besonderen Eifer gewidmet hat. Schon im Anfang des
vorigen Jahrhunderts befafste sich der hamburgische Archivar
Nicolaus Wilckens mit Forschungen über hansische Geschichte,
von denen seine Schrift über die im Jahre 1606 unter-
nommene hansische Gesandtschaft nach Spanien Zeugnis giebt.
Unter den Gelehrten, die gegen Ende des vorigen Jahrhunderts
in Hamburg wirkten, hat sich namentlich Johann Georg

Büsch über die älteren hansischen Verhältnisse zu unterrichten gesucht und abgesehen von sonstiger gelegentlicher Ver-
wertung dieser Studien noch kurz vor seinem Tode für
Joh. Smidts hanseatisches Magazin einen Abriſs der Geschichte
der Hansa geliefert. Zu weiterer Vertiefung in die hansische
Vorzeit regte die Periode der Fremdherrschaft an. Im Auftrage
der Kommerzdeputation, doch zugleich zur Befriedigung seines
eigenen Wissens- und Thätigkeitsdrangs verfaſste Joh. Georg
Mönckeberg (der nachmalige Senator) in der Zeit der Franzosen-
herrschaft eine umfangreiche Darstellung der Geschichte der
Hansa. Während diese auf mühseligen Studien beruhende
— zur Zeit im Hamburger Staatsarchiv aufbewahrte — Arbeit
niemals gedruckt wurde, trug die bereits erwähnte, beim Beginn
der Freiheitskriege veröffentlichte Schrift von Ferd. Beneke
»Heergerät für die hanseatische Legion« durch ihren historischen
Rückblick dazu bei, die hansische Geschichte in weiteren
Kreisen populär zu machen. Daſs dann etwas später, als die
Ära der kritischen Geschichtsforschung begonnen hatte, Joh.
Martin Lappenberg, der Mann, den der Verein für hansische
Geschichte als seinen geistigen Ahnen verehrt, der hansischen
Forschung neue Bahnen eröffnete, ist in der gesamten wissen-
schaftlichen Welt zur Genüge anerkannt. Eher dürfte es in
Vergessenheit geraten sein, daſs Lappenbergs grundlegendes
und vielumfassendes Wirken wenigstens in einzelnen Punkten
durch die Forschung von Professor Wurm ergänzt ward. Wurm
hat insbesondere die Geschichte der Hansestädte seit dem
16. Jahrhundert zum Gegenstand eingehender Studien gemacht,
von denen freilich sein auf der hamburgischen Stadtbibliothek
aufbewahrter handschriftlicher Nachlaſs fast mehr, als seine
Publikationen, Zeugnis giebt. Übrigens darf nicht übersehen
werden, daſs seine gründliche Kenntnis der hansischen Entwicklung nicht nur seinen historischen Arbeiten, sondern auch
seinen zahlreichen Schriften völkerrechtlichen, staatsrechtlichen
und staatswirtschaftlichen Inhalts zu gute gekommen ist.

Vielleicht hat keine von Wurms wissenschaftlichen und
politischen Schriften und Kundgebungen so groſsen Erfolg gehabt,
wie die Rede über das nationale Element in der Geschichte der
Hansa, die er 1847 auf dem Germanistentag in Lübeck hielt,

wo ja auch von anderer Seite der Hansa im patriotischen Sinne
gedacht wurde. Der historische Boden, auf dem man sich bewegte, gab dazu die Anregung.

Wenn irgendwo in der Welt, hat sich in Lübeck gezeigt,
dafs den historischen Traditionen eine Macht innewohnt. Die
Erinnerung an die glänzende hansische Vergangenheit hat dieser
Stadt nicht nur über trübe Zeiten hinweggeholfen, sondern ihr
auch die pietätsvollen, ja die ehrfurchtsvollen Sympathien des
übrigen Deutschlands gesichert. Diese Sympathien sind den
Hansestädten in ihrer Gesamtheit zu gute gekommen. Gewifs
nicht wenig erhöht wurden sie durch die sinnigen und melo-
dischen Verse des Lübecker Dichters, aus denen uns der Preis
der alten Hansa wehmütig und hoffnungsvoll zugleich entgegentönt.

Unzweifelhaft hat daher auch Geibel seinen Anteil daran,
wenn der Name ›Hansa‹ weithin in deutschen Landen wieder
populär ward, und wenn sich mit ihm romantische Vorstellungen
verbanden, ähnlich denen von der untergegangenen Herrlichkeit
des mittelalterlichen Kaisertums, die nicht völlig vor der Prüfung
des kritischen Historikers bestehen, dennoch aber beim Werde-
gang des neuen Deutschlands einen überaus wirksamen Faktor
gebildet haben.

Anderseits mufsten ja auch die thatsächlichen Verhältnisse,
die Wehrlosigkeit Deutschlands auf dem Weltmeer, zufolge deren
deutsche Interessen der Willkür des kleinsten Seestaats preisgegeben waren, erheblich dazu beitragen, die Zeiten, in denen
die Hansa den Deutschen eine respektable Stellung auf dem
Meere sicherte, in verklärendem Lichte erscheinen zu lassen.
Erneuerung der Hansa erschien daher gleichbedeutend mit Erneuerung der Seemachtstellung des deutschen Volkes.

Bereits im Jahre 1836 hatte Karl Sieveking in Hamburg
das Projekt einer ›erneuerten deutschen Schiffahrtshanse‹ entworfen, zu deren Mitgliedern sämtliche deutsche Seeuferstaaten
gehören sollten, und als deren Hauptaufgabe bezeichnet war,
diejenigen Mächte, von denen die deutsche Flagge Zurücksetzungen
erführe, durch Retorsionsmafsregeln zur Respektierung der
deutschen Interessen anzuhalten [1].

---

[1] Das Projekt ist vollständiger mitgeteilt in meiner Schrift: Aus drei Jahrhunderten der Hamburgischen Geschichte, S. 163 f.

Phantastischer ist das Projekt, das der Oberbürgermeister Roemelt von Kottbus im Jahre 1843 dem Könige von Preußen unterbreitete [1]. Nach seinem Vorschlag sollten sämtliche deutschen Städte, die über 10 000 Einwohner zählten, — ohne Rücksicht auf ihre Staatszugehörigkeit — befugt sein, sich zu einem neuen Hansabunde zu verbinden, als dessen Zweck er angab, durch Gründung von Handels- und Kriegsflotten, durch Anlegung von Faktoreien, sowie durch Erwerbung von Häfen und Küsten in fremden Weltteilen den Deutschen eine möglichst umfassende Teilnahme am Welthandel zu verschaffen und sie aus der wirtschaftlichen Abhängigkeit von England zu erlösen. Den einzelnen Mitgliedern dieser neuen Hansa hatte Roemelt ein hohes Maß von Selbständigkeit, ähnlich wie es einst die Reichsstädte besessen, und der Handelskonföderation selbst eine Stellung zugedacht, durch die sie sowohl mit den einzelnen Staaten, wie mit dem deutschen Bunde in mehr als einer Hinsicht kollidieren mußte. Es bedarf daher der Erwähnung kaum, daß seine Vorschläge die Billigung des Königs nicht erlangen konnten. Roemelt war jedoch von der Heilsamkeit seines Plans so durchdrungen, daß er ihn 3 Jahre später (im Frühling 1846) in etwas modifizierter Gestalt dem Magistrat und den Stadtverordneten der preußischen Hauptstadt vorlegte. Berlin — so empfahl er — sollte sich im industriellen und kommerziellen Interesse Deutschlands an die Spitze eines Bündnisses norddeutscher Städte stellen, dem norddeutschen Bunde werde bald ein süddeutscher folgen, und die gemeinsame Aktion beider werde dem Vaterland jene Teilnahme am Welthandel verschaffen und sichern, »ohne welche heute ein Volk auf den Ruhm einer großen Nation nicht Anspruch machen kann«. Begreiflicherweise konnten auch die Berliner Stadtväter sich auf Roemelts Antrag nicht einlassen, schon weil der Gegenstand außerhalb ihrer Kompetenz lag. In einem erneuten Schreiben an den Berliner Magistrat vom 5. September 1846 beschränkte sich daher Roemelt darauf, in

---

[1] Prinzipien zur Wiederherstellung des Hanseatischen Bundes. Eingabe an den König, Kottbus, den 10. August 1843. Abschrift unter den Papieren aus dem Nachlaß von Prof. Wurm auf der Hamb. Stadtbibliothek. Derselben Fundstelle entstammen die weiteren Angaben über Roemelts Projekte.

Anregung zu bringen, dafs Berlin einen Kongrefs von Vertretern
aller deutschen Handels- und Fabrikstädte ausschreibe, auf dem
über die Mittel zur Erweiterung des auswärtigen, namentlich des
überseeischen Absatzes der deutschen Industrieprodukte zu beraten sei. In der Stille hoffte er, dafs aus einem solchen Kongrefs
sich der gewünschte Städtebund entwickeln werde. Da jedoch
auch sein abgeschwächter Vorschlag in Preufsen keinen Anklang
fand, verfiel er auf die Idee, Hamburg zum Ausgangspunkt
seiner Bestrebungen zu machen. Er hoffte, dafs der Senat oder
die patriotische Gesellschaft in Hamburg die Sache in die Hand
nehmen würde. Professor Wurm, an den er sich deswegen
wandte, gab ihm jedoch zu erkennen, dafs er voraussichtlich
von beiden Stellen ablehnende Antworten zu gewärtigen habe.
Im übrigen geht aus dem Brief Wurms hervor, dafs er in den
Entwürfen von Roemelt einen gewissen berechtigten Kern anerkannte. Wie konnte es auch anders sein! War Wurm auch
von aller Neigung zur Projektenmacherei frei, so hatte er sich
doch zu dem Glauben, dafs der Hansa noch eine grofse Zukunft
bevorstehe, oft genug bekannt. Sicher von ihm stammt jener
Glückwunsch, den die Weserzeitung am 26. April 1846 zum
Bürgermeisterjubiläum Johann Smidts veröffentlichte und in dem
es heifst: »Die Rolle der deutschen Hansestädte ist nicht aus-
gespielt, sie wird neu anheben im neuen, im einigen Deutschland«.

Das neue, einige Deutschland ist inzwischen erstanden.
Fragen wir nun, ob jene Prophezeihung in Erfüllung gegangen,
so ist es nicht ganz leicht, mit Ja oder Nein zu antworten. Die
drei Hansestädte bestehen als Glieder des Reiches fort. Bis
heute weisen ihre Institutionen grofse Ähnlichkeit auf. Gemeinsam
ist ihnen das hanseatische Oberlandesgericht nebst der Anwalts-
kammer, die Alters- und Invaliden-Versicherungsanstalt und die
diplomatische Vertretung in Berlin. Zwei Regimenter, zum
wesentlichen aus Söhnen dieser Städte gebildet, tragen den
hanseatischen Namen und haben ihn im Kriege von 1870 aufs
neue zu Ehren gebracht. Man könnte die Hansestädte noch
jetzt als näher verwandte, enger verbundene deutsche Städte
oder Staaten bezeichnen, wenn nicht das einigende Band, das
alle deutschen Staaten umschlingt, jedes Sonderbündnis aus-
schlösse. Noch immer leben in den drei Städten die hanseatischen

Traditionen fort und werden vielleicht höher gehalten, als je zuvor, aber sie haben aufgehört, ein Sondereigentum dieser Städte zu sein. Der kaufmännische und seemännische Wagemut, gepaart mit kluger Besonnenheit, die Fähigkeit, in der Fremde festen Fuß zu fassen, verbunden mit Heimatsliebe und Festhalten an der heimischen Art, diese und so manche andere Vorzüge der Hanseaten sind nun Gemeingut der Deutschen geworden, und hinzugekommen ist das köstliche Besitztum, das ihnen Jahrhunderte fehlte, der nie versagende Schutz von Kaiser und Reich.

II.

DIE AUSGRABUNGEN BEI FALSTERBO.

VON

DIETRICH SCHÄFER.

An der äufsersten Südwestecke Schwedens, auf der meer-
umströmten, jetzt verödeten Landzunge von Skanör und Falsterbo,
die einst im hansischen Verkehrs- und Erwerbsleben eine so
hervorragende Rolle spielte, sind in den Jahren 1887—1890
und jetzt wieder im August dieses Jahres (1899) eine Reihe von
Ausgrabungen vorgenommen worden, an denen die hansische
Geschichtsforschung ein gewisses Interesse hat. Ich habe vom
12.—25. August den neuen Arbeiten beiwohnen können und bin
seiner Zeit den älteren mit Aufmerksamkeit gefolgt; im folgenden will ich versuchen, über das Geschehene zu berichten.

Das Unternehmen begann gegen Ende Juli 1887. Ich hatte
damals gerade »Das Buch des lübeckischen Vogts auf Schonen«
(Hans. Geschichtsquellen IV) veröffentlicht; die Vorrede ist vom
10. Juni 1887 datiert. Die neuen Forschungen erregten natürlich mein lebhaftestes Interesse. Allerdings sagte ich mir und
sprach das auch alsbald gegen Bekannte aus, dafs ein irgendwie
bedeutender Erfolg im höchsten Grade zweifelhaft sei. Über die
weitaus meisten Fragen konnte ja durch Ausgrabungen überhaupt
keine Auskunft erlangt werden, und für die Punkte, in denen
der Spaten helfen konnte, lagen die Verhältnisse recht ungünstig.
Die von Deutschen und Dänen, Kaufleuten und Fischern aufgeführten Bauten waren fast durchweg vergänglicher Natur, die
Wohnstätten so gut wie ausnahmslos aus Holz erbaut. Unter
all den Buden, die in den Verkaufseintragungen der Lübecker
Fitte erwähnt werden, ist nur eine einzige »steinerne« (Vogtsbuch § 342); sie war von einem Manne erbaut, der die Zoll-
verwaltung in Händen hatte, und sollte zeitweise Zöllnerzwecken
dienen. Auch bei ihr hat man übrigens nur an Fachwerk zu
denken. Von einer anderen Bude heifst es, dafs sie mit Stein

gedeckt war (§§ 335, 491). Das Verbot, die Bude zu verbrennen, wenn man vom Lande zieht (Motbok § 75, Vogtsbuch
S. 95), spricht deutlich genug. Dazu bedenke man die Holz-
armut der Gegend, deren Bewohner noch heute zu den not-
dürftigsten Brennmitteln ihre Zuflucht nehmen: Weidenschöfslingen,
Kuhdünger! Kein Zweifel, dafs alles Holz, was etwa nach dem
Aufgeben der Niederlassungen zurückgelassen wurde, von den
Ortsbewohnern, sofern es nicht im Boden verdeckt war und
unbemerkt blieb oder allzu schwer zu gewinnen war, in Gebrauch
genommen worden ist. Und dem gleichen Schicksal sind auch
die Steinbauten nicht entgangen. Regierung und Private haben
gewetteifert, die schönen, grofsen Ziegelsteine für Neubauten
nutzbar zu machen. Auch die beiden königlichen Schlösser,
zweifellos weitaus die stattlichsten und festesten Gebäude der
ganzen Halbinsel, sind diesem Schicksale nicht entgangen; sie
sind bis auf den Boden oder richtiger bis in den Boden hinein
verschwunden. Nur die Gotteshäuser der beiden Ortschaften
haben sich erklärlicherweise durch den Lauf der Jahrhunderte
unversehrt erhalten. Dafs die hunderterlei gröfseren und kleineren
Gegenstände des täglichen Bedarfs den Wechselfällen der Jahrhunderte wesentlich glücklicher entgangen sein sollten als die
von vornherein mehr auf Dauer berechneten, mufste in hohem
Grade unwahrscheinlich erscheinen. Wer der historischen Überlieferung nachgeht, kann kaum zu einer andern Vorstellung gelangen, als zu der schon durch allgemeine Erwägungen nahe-
gelegten, dafs alles, was von Wert war, für die Geschäftszeit
hinübergebracht, nach Ablauf derselben aber wieder heimgeführt
wurde.

Trotzdem mir also völlig klar war, dafs zu den auf historischem Wege gewonnenen Kenntnissen die Ausgrabungen im besten
Falle nur erwünschte Beiträge liefern konnten, verhehlte ich mir
doch keinen Augenblick, dafs die Wissenschaft allen Anlafs hatte,
sich über das schwedische Beginnen zu freuen. Verschiedene
von meinen Ergebnissen, besonders die topographischen, liefsen
doch an Sicherheit und Klarheit zu wünschen übrig. Sie konnten,
je nachdem, bestätigt, berichtigt, ergänzt oder geklärt werden.
Ich versuchte daher, mich möglichst rasch mit der Leitung der
Ausgrabungen in Verbindung zu setzen. Vom Stockholmer

Reichsmuseum beauftragt worden war ein Herr Karlin, bis dahin Student der philosophischen Fakultät in Lund. Mein Versuch blieb völlig erfolglos. Die Antwort, die ich erhielt, konnte mich nicht im Zweifel lassen, dafs meine Anwesenheit nicht erwünscht war, geschweige denn eine etwaige beratende Mitwirkung, von der ich mir gedacht hatte, dafs sie freudig aufgenommen werden würde. Es blieb also nichts anderes übrig als zu warten, bis die Ergebnisse der Untersuchungen veröffentlicht werden würden, was ich mit um so gröfserer Ruhe thun konnte, als Zweifel, dafs eine solche Veröffentlichung geschehen werde, überhaupt nicht auftauchen konnten.

Gegen meine und aller anderen an der Frage Interessierten berechtigte Erwartung ist aber eine solche Veröffentlichung nie erfolgt. Nie hat Karlin eine Zeile geschrieben über das, was er forschend dort gearbeitet hat und nie hat das Reichsmuseum in Stockholm, trotzdem Karlin seine Arbeiten im Auftrage desselben durch vier Sommer (1887—1890) fortsetzen konnte, der Welt irgendwelche Kunde gegeben über das, was geschehen ist. Wie mir schon indirekt bekannt geworden war und vom Vorsteher des Reichsmuseums, Reichsantiquar Hans Hildebrand, selbst am 12. August dieses Jahres in Hvellinge bestätigt wurde, hat Karlin auch dem Reichsmuseum niemals einen schriftlichen Bericht eingereicht. Offiziell weifs also die wissenschaftliche Welt nichts, rein gar nichts, mit einer einzigen, unten näher zu besprechenden Ausnahme.

Nun ist aber auf anderem Wege Kunde über Karlins Arbeiten und Ergebnisse in weitere Kreise gedrungen. In den 80er Jahren interessierte sich Dr. Otto Rüdiger sehr lebhaft für die hansisch-nordischen Beziehungen. Im Vorwort zum »Vogtsbuche« habe ich hervorheben können, welchen Einflufs seine Mitteilungen auf meine Entschliefsungen gehabt haben. Um die Zeit, als Karlin seine Thätigkeit begann, folgte Rüdiger mit grofser Aufmerksamkeit den einschlägigen Auslassungen nordischer Tagesblätter. Am 5. und 6. Oktober 1887 brachten die »Hamburger Nachrichten« einen Artikel von ihm, betitelt »Hansische Forschungen und Ausgrabungen«, der mein Buch und Karlins Arbeiten besprach. Letzteres geschah auf Grund von Berichten, die in Göteborgs Handels- och Sjöfarts-Tidning

5*

vom 9., im Sydsvenska Dagblad Snällposten vom 9. (Morgen-
und Abend-Ausgabe) und im Skånska Aftonblad vom 11. August
gestanden hatten; dazu konnte Rüdiger noch über Mitteilungen
des Bürgermeisters von Skanör-Falsterbo, Herrn von Mühlenfels,
verfügen. Diese Zeitungsberichte habe ich nun gelegentlich
meines diesjährigen Besuches in Schweden auch lesen, mir von
Herrn von Mühlenfels persönlich berichten lassen können. Jene
sind natürlich, wie es der Durchschnittsgeschmack des schwedischen Zeitungslesers fordert, stark feuilletonistisch gehalten,
mit irgend welcher selbständigen Kenntnis der historischen Hergänge nicht beschwert. Sie wimmeln von Irrtümern und Un-
gereimtheiten, und Karlins mündliche Mitteilungen scheinen nicht
dazu beigetragen zu haben, richtigere und klarere Vorstellungen
zu schaffen. Jedenfalls ist nach den Äußerungen der Berichterstatter Karlin verantwortlich zu machen für die Vorstellung,
daß das Leben auf den Niederlassungen bei Skanör und
Falsterbo sein entscheidendes Gepräge durch Mord und Tot-
schlag erhalten habe. Die Auffindung menschlicher Gebeine in
der dänischen Kirche (gewiß nichts Verwunderliches) bietet den
Anlaß für die betreffenden Auslassungen. Richtig ist, daß wir,
abgesehen von den doch auch nicht deutlich erkennbaren Ereignissen des Kriegsjahres 1311, nichts, schlechterdings gar nichts
wissen von irgend welchem wirklichen Kampfe, der auf der
Halbinsel von Skanör und Falsterbo ausgefochten worden wäre.
Über mehr oder minder blutige gelegentliche Raufereien ist es,
so weit unsere Kenntnis reicht, nie hinausgekommen, und auch
diese fallen fast ausschließlich in eine durch die Unsicherheit
der staatlichen Besitzverhältnisse schwierige Periode, die der
schwedischen bezw. holsteinischen Occupation unter König
Magnus. An keinem der zahlreich aufgegrabenen Skelette ist
meines Wissens bis jetzt nachgewiesen worden, daß sein Besitzer
eines gewaltsamen Todes gestorben wäre. Das Strafregister des
dänischen Zollbuches von 1494, das doch authentisch ist, zeigt
eine geradezu bescheidene Zahl von gebüßten Gewaltthaten und
diese sind ausnahmslos leichtere Fälle. Gegenüber der uns zu
Gebote stehenden Kenntnis kann man kaum anders als annehmen,
daß das Gefühl der Verantwortung für den Fortgang des Betriebes, auf dem das Wohl aller beruhte, es den obrigkeitlichen

Autoritäten verhältnismäfsig leicht gemacht hat, unter den Tausenden kräftiger und wohl bewehrter Männer den Frieden zu erhalten. Als im August 1463 mehr als 20 000 Bewaffnete einander kampf-bereit gegenüber standen, gelang es doch, den Zwist zwischen Dänen und Deutschen ohne Verlust von Menschenleben zu schlichten. Die moderne Phantasie ist ja überall geneigt, sich das Mittelalter viel rauher und roher vorzustellen, als es in Wirklichkeit war, und so habe ich mich denn auch nicht allzu-sehr gewundert, dafs sogar ein Wissenschaftsmann aus meinen Mitteilungen über den letzterwähnten Vorfall herausgelesen hatte, es seien 1463 auf dem Skanör-Felde 20 000 Menschen erschlagen worden, und dafs Zeitungskorrespondenten sich das dortige mittelalterliche Leben gleichsam als ein blutüberströmtes vor-stellen. Auch die Verhältnisse des dort auftretenden Teiles der besseren Hälfte der Menschheit haben letztere in ihren Berichten mehr pikant als historisch besprochen. So ein Feuilleton mufs ja entweder gruseln machen oder prickeln und kitzeln.

Durchaus populäre Tendenzen verfolgte auch ein Aufsatz, der nach dem vollen Abschlufs von Karlins Grabungen in der jetzt eingegangenen dänischen Zeitschrift »Museum« 1891, I, S. 155—182 erschienen ist, und auf den mich Bibliothekar Weeke von der grofsen Kgl. Bibliothek in Kopenhagen aufmerksam machte, als ich jetzt von Falsterbo nach Kopenhagen kam. Er ist be-titelt: »Fortid og Nutid i Skanör og Falsterbo«, übersetzt aus dem Schwedischen und hat einen Herrn C. Correus zum Ver-fasser, der jetzt einen kleinen Handel in Malmö betreiben soll. Genannter Herr Correus zeiht mein Buch der »Unzuverlässigkeit«, trägt aber trotzdem kein Bedenken, drei Viertel seines Aufsatzes (und das nicht ohne grobe Mifsverständnisse) aus dem unzu-verlässigen Buche abzuschreiben. Irgendwelche Mühe, die Un-zuverlässigkeit nachzuweisen, nimmt er sich nicht. Er wieder-holt dann weiter, was schon in den erwähnten Zeitungsberichten stand, nur auf die Arbeiten am Schlosse geht er näher ein als diese. Sie sind von Karlin offenbar später vorgenommen worden. So lange nicht das Gegenteil erwiesen ist, halte ich es für aus-gemacht, dafs alle diese Artikel und Aufsätze von Karlin inspiriert sind. Sie sparen mit seinem Lobe nicht.

Nach den angeführten Quellen läfst sich über Karlins Ausgrabungen etwa das Folgende sagen.

Karlin ist auf den Gedanken, die alten hansischen Niederlassungen »auszugraben«, gekommen, ohne von meinem Buche
zu wissen. Als er sich dem Bürgermeister von Skanör-Falsterbo
vorstellte, war ihm dasselbe nicht bekannt. Herr von Mühlenfels,
dem ich aus Dankbarkeit für die im Jahre 1882 erfahrene
Förderung eines der ersten Exemplare zugesandt hatte, hat es
ihm gezeigt. Auf Grund des meinem Buche beigefügten
Kärtchens über Falsterbo hat dann Karlin seine Ausgrabungen
begonnen. So konnte er gleich in den ersten Tagen (gegen
Ende Juli begann, soweit ich habe erfahren können, die Arbeit,
am 9. August schon brachten die Gotenburger und Malmöer
Zeitungen die erwähnten Berichte) die dänische Kirche ausgraben,
die er genau an der Stelle fand, wo ich nach den Urkunden
geglaubt hatte, sie eintragen zu sollen, und konnte Schritte thun,
sich eine Meinung zu bilden über die Lage der Danziger Fitte.
Nur wer mein Buch gelesen hat, kann überhaupt
wissen, dafs hier eine Frage vorliegt, deren Lösung
versucht werden kann.

Karlin soll dann eine Tonne gefunden haben, auf deren
Boden der »preufsische Adler« eingebrannt war, und Steinlagen,
die als Stützen von Grenzkreuzen aufgefafst werden konnten.
Die beiden eben genannten Zeitungen erwähnen mein Buch
nicht, aber den Berichterstatter des Skånska Aftonblad wies
Karlin auf meine »auf Archivstudien beruhende« Karte hin, bemerkte jedoch, dafs dieselbe »in vielen Punkten auf Grund der
Ausgrabungen berichtigt werden müsse«, und fügte hinzu: »Das
Archiv, welches da unten liegt, ist für mich die einzige zuver-
lässige Urkunde; aber die Schäfersche Karte spart mir Archivstudien, und deshalb benutze ich sie«.

Karlin hat aber auch verschiedenes ganz unabhängig von
meiner Arbeit unternommen. Dahin gehört zunächst die Ausgrabung des Schlosses. Dessen Lage ist unverkennbar. Aber
durch die Ausgrabung wurde ein genauerer Einblick in Art und
Umfang des Baues ermöglicht. Doch sind auch hier die Schwierigkeiten keineswegs erledigt. Wie das Vorhandene jetzt blofsgelegt
ist, mufs man annehmen, dafs gegen Norden und Osten drei,

gegen Süden und Westen nur zwei Mauern vorhanden waren. Auch diese Zahl wird nur erreicht, wenn man die Mauer, die unmittelbar, nur getrennt durch einen Zwischenraum von reichlich ¹/₂ Meter den »Kern« (schwedisch kärnan) der Burg umgab, mitrechnet. Dazu hat Karlin geradezu neue Schwierigkeiten geschaffen. Nach der Aussage Lundbergs, eines verständigen und zuverlässigen alten Seemannes, der als einziger Falsterbo-Mann bei den Ausgrabungen Karlins mitwirkte, hat Karlin am Mauerwerk, an den Fundamenten und besonders an den Mauerecken eine Reihe von Restaurationen vorgenommen, die als solche auch durch die verwendeten Ziegelsteine und den Mörtel erkennbar sind. Dr. Hjalmar Stolpe, zweiter Amanuensis am Reichsarchiv in Stockholm, als Ausgraber von Björkö der archäologischen Welt wohlbekannt, der am 25. August dem Schlosse eine nähere Untersuchung widmete, sprach sich auf das allerschärfste über Karlins Verfahren aus. Es erscheint nicht sicher, dafs die Schlofsecken wirklich an den Stellen zu suchen sind, wo sie zur Zeit aus zusammengemauerten Findlingsblöcken aufgerichtet erscheinen. Auf der hier beigegebenen Karte ist nur das innere Viereck, der »Kern«, als allein feststehend wiedergegeben.

An der Südseite des Schlosses hat Karlin ein prahmartiges Fahrzeug aufgedeckt, das bei meiner Ankunft vom Sande fast verschüttet war. Dr. Söderberg, der neue Leiter der Ausgrabungen, erklärte sich einverstanden, dafs es neuerdings blofsgelegt werde. Es erwies sich als ein einer Hamburger Schute oder einem Lübecker Stecknitzfahrer nicht unähnliches Gebilde von starkem Eichenholz, das 13,50 Meter lang und 3,50 Meter breit war. Architekt Wåhlin aus Malmö, dem ich für manche Freundlichkeit zu Dank verpflichtet bin, fertigte mir eine Zeichnung, nach der in Lübeck ein den Sammlungen des Altertums-Vereins einverleibtes Modell hergestellt werden soll. Am hinteren Ende des Prahmes zu beiden Seiten desselben befestigte starke Bohlen, die ostwärts in den anstehenden Erdwall hineinreichten, brachten mich auf den Gedanken, in dieser Richtung weiter nachzuforschen, und ich stiefs nach wenigen Stunden Grabens am 24. August in einer Entfernung von kaum einem Meter vom ersten Schiff auf die Spitze eines zweiten, in seinem Vorderteil besser erhaltenen, das durch einen Terrain-Querschnitt 12 Meter weiter östlich als

ein ungefähr gleicher Prahm wie der erste festgestellt wurde.
Am nächsten Tage machte Dr. Stolpe einen Versuch westlich
vom ersten Prahm und stiefs dort auf einen dritten, so dafs an
der Südseite des Schlosses mindestens drei derartige Fahrzeuge
liegen, die zusammen in gerader Linie sich fast 50 Meter weit
erstrecken. An der südlichen Seite des Hinterteils vom zweiten
Prahm lag inmitten zahlreicher Knochen verschiedener Nutz-
tiere ein taschen- oder beutelartiger Gegenstand mit 5 wohl-
erhaltenen Knöpfen (der sechste fehlte). Es ist zu erwarten,
dafs die schwedische Akademie und das Reichsmuseum dem
Schlosse und seiner Umgebung in den nächsten Jahren weitere
Aufmerksamkeit zuwenden werden, wobei allerdings der Wunsch
nicht unterdrückt werden kann, dafs auch das wichtigere und
wahrscheinlich interessantere Schlofs von Skanör nicht vergessen
werde. Die Hypothese von Hafenanlagen am Schlosse, die in
Correus' Aufsatze aufgestellt wird, näher zu besprechen, ist zur
Zeit noch kein Anlafs; ich will nur bemerken, dafs ich sie für
völlig verfehlt halte. Das Schlofs hat mit seinen Einrichtungen
für hansische Geschichte nur ein sekundäres Interesse.

Nach den erwähnten Berichten ist Karlin weiter auf den
Gedanken gekommen, dafs es auf den Fitten Kanal- oder Hafenanlagen gegeben habe. Pfahlreihen mit Planken, die sich in
der Gegend gefunden haben, wo auf meiner Karte der nördliche
Teil der Westgrenze Rostocks liegt, haben ihn auf diese Idee
gebracht. Er ist ferner zu der Ansicht gelangt, dafs die dänischen
Fischerbuden nicht auf dem jetzt sogenannten, im Mittelalter
nicht erwähnten Refvel, sondern diesseit, östlich vom Wasser
Flommen gelegen haben. Allerdings wird da die Auffassung
nicht ganz klar, denn es heifst in den Berichten auch, dafs sich
zwischen Fiden und Flommen in den Wellenlinien des Bodens
noch deutliche Spuren der alten L ü b e c k e r Buden fanden. Dafs
Karlin allerlei Funde dem Boden entnommen hat, ist so gut wie
selbstverständlich. Die Berichte sprechen von Münzen (besonders
aus der Zeit König Johanns, die bei den Ortseingesessenen sogenannten sandhullpenningar), Perlen, Flöfshölzern und Senk-
steinen für Netze, Schuhwerk, Nägeln, Bratrosten (halster), Rasier-
pinseln aus Fischflossen, Wetzsteinen, Scherben verschiedener
Art und natürlich zahlreichen Tonnen, von denen einige Haus-

marken zeigen, von Interesse aber nur die eine ist, die den »preufsischen Adler« führen soll. In den Häusern der gegenwärtigen
Bewohner soll Karlin Siegburger Krüge, auch einen »Frächener«
Krug aufgestöbert haben, von denen der letztere eine Inschrift
haben soll. Von den gefundenen bezw. angekauften Sachen
haben einige im Stockholmer Museum Aufstellung finden sollen,
sind aber nach näherer Prüfung zurückgewiesen worden. Was
mir weiter authentisch bekannt geworden ist, teile ich am
Schlusse mit.

Fafst man das Gesagte zusammen, so hatte Karlin keinen
Anlafs, mit den Erfolgen seiner Arbeit besonders unzufrieden zu
sein, und er ist dies allem Anschein nach auch nicht gewesen.
Konnte er in wichtigen Punkten vor einem wissenschaftlichen
Publikum auch nicht mehr aufrecht erhalten, als dafs er meine
Annahmen bestätigt habe, so war doch auch das schon ein
Erfolg; an andern Stellen konnte er meine Bemerkungen ergänzen
oder mir eigene Meinungen entgegensetzen. Es war also kein
Anlafs, mit den Ergebnissen hinterm Berge zu halten, sie nicht
in üblicher Weise der wissenschaftlichen Welt vorzulegen. Warum
das dennoch unterblieb, darüber giebt der Schlufs von Rüdigers
Aufsatz eine Aufklärung, die ich für authentisch halten mufs, da
sie mir auch von anderer Seite bestätigt wurde.

Die Akademie der Wissenschaften zu Kopenhagen stellte
für das Jahr 1887 die Preisaufgabe, »die Geschichte Skanörs
und Falsterbos im Mittelalter, die Fischerei, welche von dort im
Sunde und in der Ostsee getrieben wurde, den gleichzeitig stattfindenden Handel und Umsatz, die Stellung der Regierung zu
den Einwohnern und den Fremden, sowie das ganze sociale und
rechtliche Leben, welches sich in diesen Städten entwickelte,
aufzuhellen«. Als Preis war eine Goldmedaille im Werte von
320 Kronen ausgesetzt.

Ich habe niemals auch nur einen Augenblick daran gedacht,
mich um diesen Preis zu bewerben. Als er ausgeschrieben wurde,
war mein Buch so gut wie fertig gedruckt, konnte also schon
aus äufserlichen Gründen gar nicht als Bewerber auftreten, und
dazu war die Preisaufgabe, was ja nach dem Stande der der
Akademie zugänglichen Kenntnisse ebenso erklärlich wie entschuldbar war, nicht richtig gestellt. Sie schob die Städte Skanör

und Falsterbo in den Vordergrund, die eine ganz nebensächliche Rolle spielen, und verlangte zunächst eine Geschichte dieser Städte, über die alles, was irgendwie von Belang ist, in meinem Buche nebenher gesagt ist. Die Veröffentlichung meines Buches mufste ja der Akademie die Lage der Dinge in rechtem Lichte zeigen. Das Ausschreiben der Preisaufgabe hat nun aber doch insofern ein Ergebnis gehabt, als Karlin aller Wahrscheinlichkeit nach durch sie zuerst auf den Gedanken gebracht worden ist, bei Skanör und Falsterbo zu graben. Es ist ihm möglich erschienen, eine Aufgabe mit dem Spaten zu lösen, die vor allem zunächst historisch studiert sein wollte. Dafs er diese Meinung noch aufrecht erhalten hat, nachdem er mit meinem Buche bekannt geworden war, wirft allerdings auf seine wissenschaftliche Urteilsfähigkeit ein ganz bedenkliches Licht. · Wer das Buch auch nur oberflächlich liest, dem mufs sofort klar werden, dafs hier zunächst die historische Tradition das Wort hat, dafs die Schaufel nur subsidiär eingreifen kann. Wir sind nicht im 9., 10., 11. oder 12., sondern im 13., 14., 15., 16., ja 17. Jahrhundert. Der Gedanke an die Preisaufgabe soll es dann gewesen sein, der Karlin zu seinem Versteckenspielen veranlafst hat. Nach Rüdigers Bericht hat Karlin für den 5. November 1887 einen Vortrag in Gotenburg angekündigt vor einer Gesellschaft, von der eine namhafte Geldsumme für die Ausgrabungen erwartet wurde. Der »Vortrag solle aber bei geschlossenen Thüren gehalten werden«, weil, wie nach Rüdiger das Stockholmer Aftonblad am 4. Oktober 1887 verkündete, Karlin nicht wolle, dafs »dänische und deutsche Mitbewerber mit seinem Kalbe pflügen«. Ich mufs gestehen, dafs ich beim Lesen dieser Nachricht hell auflachen mufste. Eine ähnliche Verkennung der Sachlage kommt bei wissenschaftlichen Aufgaben glücklicherweise selten vor.

Aus Karlins Bewerbung um den Kopenhagener Preis ist denn auch, wie mit Sicherheit vorauszusehen war, nichts geworden. Die Akademie hat ihre Medaille behalten und wird die Preisaufgabe gewifs nicht wiederholen.

Die Sache ist nun in ein ganz neues Stadium getreten durch die Bildung einer Aktiengesellschaft in Malmö, welche die Errichtung eines Seebades am Strande von Falsterbo und die Verbindung des Ortes mit Hvellinge, der nächsten Station der alten Bahn Malmö-Trelleborg, durch eine Eisenbahn plante. Als die Gesellschaft um die staatliche Konzession nachsuchte, legte sich das Reichsmuseum ins Mittel, und zwar, wie mir erzählt wurde, auf Karlins Antrieb. Es wurde den Petenten auferlegt, die Kosten einer weiteren Untersuchung des Geländes um Falsterbo bis zum Belaufe von 5000 Kronen (Karlin soll zwischen 6000 und 7000 Kronen verausgabt haben) zu tragen, und Dr. Sven Söderberg, Dozent der nordischen Philologie und Archäologie an der Universität Lund, wurde vom Reichsmuseum mit der Leitung der neuen Arbeiten beauftragt. Er begann sie am 2. August 1899.

Diese Hergänge waren Anlaſs geworden, daſs Karlin, der erwartet haben soll, daſs er abermals beauftragt werden würde, neuerdings vom Reichsmuseum zu einem Bericht aufgefordert wurde. Irgend etwas Schriftliches hat auch diese Aufforderung nicht aus ihm herauszubringen vermocht; doch aber hat er im April dieses Jahres dem Museum eine Karte oder richtiger ein Kärtchen der fraglichen Gegend übersandt. Sie bildet die oben S. 67 erwähnte Ausnahme. Eine Nachzeichnung derselben liegt mir vor. Als Maſsstab ist 1:8000 angegeben; doch erscheinen die meisten Dimensionen nicht gröſser als auf meinem Kärtchen im Maſsstab 1:10000. Sie scheint auf Grund des von der Eisenbahngesellschaft aufgenommenen Planes im Maſsstab von 1:2000 flüchtig hingeworfen zu sein. Karlin zeichnet eine »alte Strandlinie« ein, die weit innerhalb der gegenwärtigen liegt. Sie geht dicht um die sogenannte »Kullbakka« herum und hält sich an der Südwestküste zwischen 70 und 170, an der Westküste gegen 400 Meter innerhalb des jetzigen Strandes, läuft an letzterer noch östlich vom Wasser Flommen. An irgend einem bindenden Beweise für eine Veränderung, Hebung bezw. Anschwemmung, der Küste in diesem Umfange fehlt es vollständig. Karlin scheint teilweise die Grenze desjenigen Terrains, auf dem sich eine Kultur-schicht nachweisen läſst, mit der »alten Strandlinie« identifiziert zu haben. Wäre diese verlaufen, wie er sie einträgt, so hätte das Schloſs fast zur Hälfte in der See gestanden. Er verlegt es auf seiner Karte 250 Meter von der Küste, während der

»Kern« noch nicht 150 Meter von dieser entfernt liegt. Die Karte ist so flüchtig wie nur möglich gearbeitet.

Merkwürdig aber ist, dafs sie ein ganzes Kanalsystem zeigt, das die Fitten und Läger nach verschiedenen Richtungen durchschneidet. Wollte man sich genau an den Mafsstab der Karte halten, so müfsten diese Kanäle eine durchschnittliche Breite von 20 Metern gehabt haben. Der hauptsächlichste unter ihnen ist der, welcher nach der Karte die Grenze zwischen der Lübecker und der Danziger Fitte bildet. Er zweigt sich unmittelbar nördlich von Kullbakka vom Meere ab, geht zunächst etwa 300 bis 400 Meter mit einer Krümmung nordöstlich, dann 400— 500 Meter direkt nördlich. Am Anfange und am Ende schreibt Karlin ein »preufsischer Graben«. Ihm schwebt dabei zweifellos die Stelle Vogtsbuch Einleitung S. CV vor, die ich dem Lübecker Stadtarchiv entnahm. Östlich von diesem »preufsischen Graben« zeichnet er die Lübecker, westlich die Danziger Fitte ein. Ein zweiter Kanal durchschneidet diesen »preufsischen Graben«. Er beginnt am Weststrande, geht an der Südgrenze der Danziger Fitte entlang und weiter in östlicher Richtung, bis er 300—400 Meter von seinem Anfange nach Süden umbiegt, um mit einer ungefähr gleich langen Fortsetzung am Südstrande auszulaufen. In der Biegung, das will sagen westlich bezw. südlich von diesem Kanal ist die deutsche Kirche eingetragen, genau an der gleichen Stelle wie in meiner Karte, was unwiderleglich beweist, dafs Karlin in diesem Punkte von mir abhängig ist; denn meine Karte irrt hier; die deutsche Kirche lag an anderer Stelle. Ein dritter, kürzerer, etwa 240 Meter langer Kanal läuft südwestlich vom Schlosse in gerader Linie vom »preufsischen Graben« hinüber nach dem Südstrande, Richtung Nordwest nach Südost. Insgesamt zeigen Kanäle und alte Strandlinie die folgende Gestalt, bei deren Ansehen es gut ist, die Karte im Vogtsbuche zum Vergleich heranzuziehen.

Aufserhalb der hier wiedergegebenen Linien ist Refvel, Flommen, überhaupt der gegenwärtige Strand eingetragen.

Von den übrigen in Frage kommenden Lokalitäten zeigt die Karte nur noch Schlofs und dänische Kirche.

Dann aber finden sich zwei bezw. drei Eintragungen, über deren Bedeutung man so gut wie vollständig im Unklaren bleibt.

Östlich von der dänischen Kirche, doch noch aufserhalb des
›preufsischen Grabens‹, findet sich ein Haus lokalisiert, auf das
am Rande mit dem Namen ›Salterier‹ hingewiesen ist. Dicht
daneben beginnt an der Westseite des ›preufsischen Grabens‹
eine Linie, die an beiden Seiten von Punkten begleitet wird.
Sie läuft südwestwärts am ›Graben‹ entlang, geht dann über

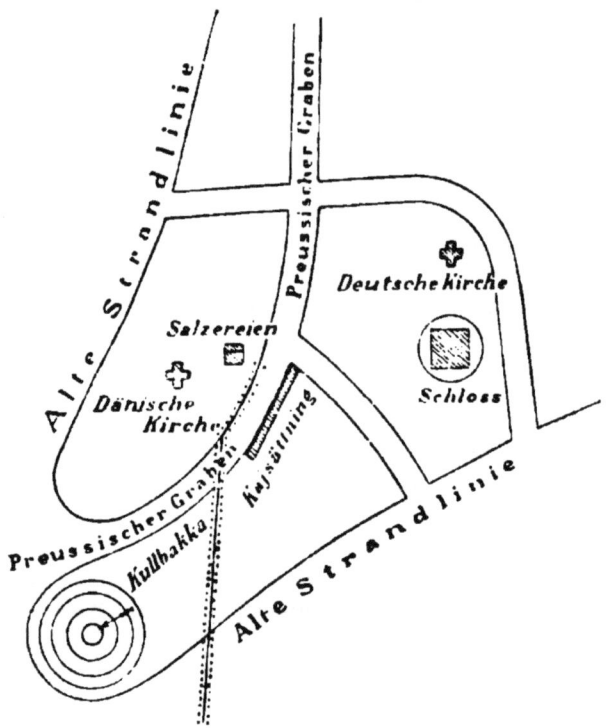

diesen hinüber und, Kullbakka westlich lassend, südlich bis an
den Strand und zwar wunderbarer Weise sogar bis an den gegenwärtigen Strand! Dieser Linie gegenüber am Ostufer des
›Grabens‹ von der Ecke an, wo sich der Südwestkanal rechts
abzweigt, läuft eine Strichzeichnung am ›Graben‹ entlang bis
in die Nähe der Stelle, wo die punktierte Linie diesen über-
schreitet, die durch eine Hinweisung am Rande der Karte als

»Kajsättning« bezeichnet ist. Hinter diese Strichzeichnung in den Winkel zwischen »Graben« und Südwestkanal ist »Rostock« eingetragen. »Kajsettning« bedeutet, was wir auf deutsch mit Bollwerk, mittelniederdeutsch kaje bezeichnen; »Salterier« wäre mit Salzereien zu übersetzen. Die doppelt punktierte Linie trägt auf der Karte keinen Namen.

Ehe ich mich auf eine Kritik dieser Karte einlasse, will ich darlegen, welche Folgen sie gehabt hat.

Dr. Söderberg begann mit dieser Karte in der Hand und ohne jede weitere Kunde über Karlins Grabungen am 2. August seine Arbeit und kam auf den Gedanken, den Kanälen nachzuspüren. Er machte den Anfang mit dem Kanal, der auf Karlins Karte vom West- zum Südstrande durchgeht. Ungefähr in der Gegend seiner Biegung, also nördlich der Stelle, wo auf Karlins wie meiner Karte die deutsche Kirche eingezeichnet ist, liefs er eine Reihe von Einschnitten herstellen, deren wesentlichste auf der Begleitkarte wiedergegeben sind. Er traf etwa 40 cm unterhalb des Grundwasserstandes auf eine alte Wassergrenze, bei der er zu beobachten glaubte, dafs sie nach beiden Seiten hin sich dem Stande des Grundwassers nähere, also ein muldenförmiges Bett bilde, in welchem der Grund des Karlinschen Kanals gesehen werden könne. Auf Tonnen stiefs man bei diesen Grabungen häufig, und ihre Anordnung schien Dr. Söderberg einen Beleg zu liefern, dafs sie die Einfassung des Kanals gebildet hätten.

In diesem Stande traf ich die Arbeiten, als ich am Sonntag den 13. August mittags in Falsterbo eintraf. Ich war unterm 22. Juni vom Bahndirektor (Trafikchef) von Essen in Malmö, der die Leitung der Bahnangelegenheiten in Händen hat, gebeten worden, doch, wenn möglich, hinüber zu kommen und den Ausgrabungsarbeiten beizuwohnen. Nachdem ich mich davon überzeugt hatte, dafs sowohl dem unmittelbaren Leiter der Arbeiten, Dr. Söderberg, wie dem Auftraggeber Reichsantiquar Dr. Hans Hildebrand in Stockholm mein Kommen genehm sein würde, war ich der Aufforderung gern gefolgt. Ein Interesse, das man an irgend einem Punkte einmal für Kleinarbeit gefafst hat, erlischt ja so leicht nicht wieder, und dazu führte mich die geplante Orientierung über die Sundzollregister ohnehin in die

Gegend. Ich wurde von Dr. Söderberg auf das freundlichste aufgenommen und habe jede Auskunft von ihm erlangt, die zu erfragen mir wünschenswert erschien. Mit Reichsantiquar Dr. Hildebrand habe ich gelegentlich eines zufälligen Zusammentreffens in der Nacht vom 12. zum 13. August in Hvellinge und auf einer Fahrt von dort nach Malmö sprechen können. Gleichzeitig traf ich auch Trafikchef von Essen, der am 21. August Falsterbo abermals aufsuchte. Ihm muß ich besonders dankbar sein für ein Exemplar des großen Planes im Maßstabe von 1:2000, das er mir schon nach Heidelberg sandte, und für anderweitige Förderung. Auch die beigegebene, nach jenem Plane vom Ingenieur Göransson angefertigte Karte verdanke ich ihm.

Als ich in Falsterbo eintraf, war ich nicht völlig auf die Materie vorbereitet. Mein vor zwölf Jahren veröffentlichtes Buch hatte ich seitdem nur ganz gelegentlich und für ganz vereinzelte Partien wieder in die Hand genommen und vor der Abreise zum Durchlesen nicht die Zeit gefunden. So war mir manches entfallen, was gegenwärtig sein muß, wenn man sich die Einzelheiten zurechtlegen will, und erst nach einigen Tagen und nachdem ich mein Buch wieder gelesen hatte, war ich wieder ganz in der Sache drin. Doch aber verhielt ich mich gegen die Kanaltheorie von vornherein vollständig ablehnend. Gegenüber den genauen Nachrichten, die wir haben über die Art und Weise, wie Fische und andere Waren zum bezw. vom Lande befördert wurden, bleibt für Kanäle zu diesem Zwecke kein Raum. So mühsam herzustellende und zu unterhaltende Verkehrsmittel müßten in den so umfassenden Aufzeichnungen von Jahrhunderten, die uns erhalten sind, doch irgend einen Niederschlag zurückgelassen haben. Die Vermutung Söderbergs, daß Karlin eine gedruckte oder handschriftliche Quelle für seine Kanalzeichnungen gehabt haben müsse, konnte ich nur auf das bestimmteste zurückweisen. Gegen die alte Wassermarke unterhalb des Grundwasserstandes konnte ich allerdings nichts sagen; ich bin in antiquarisch-geologischen Fragen zu unkundig, als daß ich da eine Meinung hätte abgeben und aufrecht erhalten können. Aber gegen die Deutung der Tonnen als Kanaleinfassung mußte ich den entschiedensten Widerspruch erheben.

Nie war mir an den Hunderten von Kanälen, die man in den
niederdeutschen und niederländischen Gebieten zu sehen Gelegenheit hat, ein derartiger Brauch vor Augen gekommen, und gewiſs
wären ja Tonnen ein fragwürdiges Mittel zur Befestigung von
Kanalrändern. Vor allem aber konnte ich nicht zugeben, daſs
irgendwo ein Reihenstand von genügender Länge beobachtet
werden könne; ich fand h ö c h s t e n s drei in einer Reihe
stehen (bei zweien kann ja von einer Reihe nicht die Rede
sein) und konnte nur annehmen, daſs diese Tonnen den Zwecken
gedient haben, auf die schon in den oben erwähnten ersten Berichten hingewiesen wird, nämlich einerseits als Wasserbehälter
für Brunnen- oder Regenwasser, andererseits als Sammlungs-
stellen für Unrat bezw. als Aborte. Die Entleerung einzelner
dieser Tonnen, besonders gröſserer (auch die Verschiedenheit
der Gröſse sprach gegen Reihenverwendung), machte die letzteren
Verwendungsarten zur vollständigen Gewiſsheit. Auch für
Brunnenverwendung finden sich unabweisbare Belege.

Der Verfolg der Ausgrabungen, besonders in den Tagen
vom 15.—17. August, gab denn der Kanaltheorie auch bald
den Todesstoſs. Die Spur des angeblichen Kanals wurde völlig
verloren und konnte trotz mehrerer Einschnitte in verschiedenen
Richtungen nicht wieder gefunden werden. Die Versuche, durch
Grabungen von einer Tonnengruppe zur andern eine Reihe aufzudecken, scheiterten vollständig. Dr. Söderberg kam zu der
Überzeugung, daſs die nachgewiesene Wassergrenze unter Grund-
wasserstand nur eine einst vorhandene stehende Wasser-
ansammlung belege. Er neigt zu der Ansicht, daſs die ganze
Halbinsel von Skanör und Falsterbo dereinst von wasserführenden
Niederungen, ähnlich der Ammeränna und Ettebeke, durchzogen
gewesen sei, eine Meinung, die zutreffend sein mag, die aber für
die Geschichte der hansischen Niederlassungen, abgesehen von der
Ettebeke und der aqua ab ecclesia Danica usque ad bodas grum-
boden vocatas defluens (Vogtsbuch, Einleitung p. CXII) so gut wie
belanglos ist. Da die Tonnen g r u p p e n als solche Reihen zu
bilden scheinen, so kam Dr. Söderberg auf den Gedanken, daſs
sie dazu dienen könnten, die Richtungen der Budenreihen festzustellen. Dem konnte im Augenblicke nicht weiter nach-
gegangen werden. Der Gedanke kann sich aber bei etwaigen

zukünftigen Untersuchungen vielleicht als fruchtbar erweisen. Nur könnte das gleiche Resultat müheloser und einfacher als durch Ausgrabungen, wahrscheinlich durch den Versuch erreicht werden, auf den ich Einleitung S. CXVII hingewiesen habe.

So führte eine Arbeit von mehr als zwei Wochen, ohne nennenswerte positive Resultate zu erzielen, eigentlich nur zu dem Nachweis, daſs Karlins Karte, die doch gleichsam sein offizieller Bericht sein sollte, haltlose Hypothesen enthielt. Daſs das der Fall sei, war aber auch auf anderem Wege klar geworden. Karlin zeichnet als Grenze der Lübecker und Danziger Fitte seinen Hauptkanal, den »preuſsischen Graben«, ein. Mir leuchtete auf den ersten Blick die Unmöglichkeit dieser Auffassung ein. Karlin muſs den Angelpunkt meiner topographischen Darlegungen, den Lübeck-Danziger Fittenstreit (Einleitung S. CII ff.), ganz aus den Augen verloren haben. Denn wie konnte ein Streit entstehen, wenn beide Fitten durch einen schiffbaren Kanal getrennt waren? Nicht einmal ein Weg war zwischen ihnen. Auch der hätte ja den Streit verhindert. »Der Prutzen graven« (Einleitung S. CV) ist ein Weg, nicht ein Graben (fossa), wie aus § 433 zu ersehen ist, wo vom Stettiner Graben geredet und darunter der Weg verstanden wird, der (S. CXI) zwischen der Lübecker und der Stettiner Fitte vom Strande herauf landeinwärts führt. Auf S. CV selbst hätte sich Karlin daran stoſsen müssen, daſs genau dasselbe einmal als »der Prutzen graven«, das andere mal als »weg by der Prusse vitte« bezeichnet wird. Es handelt sich um den Weg, der aller Wahrscheinlichkeit nach an der Südseite der preuſsischen Fitte herauf nach der lübischen hinein führte und auf dieser bei der Vogtei und dem Gewandschneiderhause vorbei zum Schlosse hin (Einleitung S. CV, CXII)[1]. Preuſsische und lübische Fitte waren nur durch hölzerne Grenzkreuze geschieden, und Streit konnte entstehen, weil diese abhanden gekommen waren. Zu allem Überfluſs wurden diese nahe liegenden Erwägungen, die den hypothetischen Charakter von Karlins Karte

---

[1] Darnach ist S. CVII und CIX meiner Einleitung zu berichtigen, wo ich dieses Moment übersehen hatte.

völlig zweifellos machten, noch durch die bestimmte Aussage des oben erwähnten Lundberg bestätigt, dafs Karlin an verschiedenen Stellen, wo auf seiner Karte neues eingetragen war, den Spaten nie angesetzt hat!

Den irreführenden Angaben Karlins ist es zuzuschreiben, dafs Dr. Söderberg in der kurzen ihm zugemessenen Zeit (er wurde am 24. August durch andere Obliegenheiten von seiner Arbeit abgerufen) weit weniger erreichen konnte, als sonst möglich gewesen wäre. Doch verdanken wir ihm trotzdem neue Kenntnis. Eine Äufserung Lundbergs, dafs an einer Stelle etwa 130 Meter nordnordöstlich von der nordöstlichen Schlofsecke, ziemlich an der Stelle, wo auf meiner Karte cimiterium Teutonicorum eingetragen ist, ein Gerippe gefunden sei, brachte ihn auf den Gedanken, dort zu graben. Er widmete diesen Arbeiten besonders die letzten Tage seines Aufenthalts. Allerdings liefsen sich Mauerreste höchstens an der Südseite nachweisen. Nur an einer Stelle waren Granitfindlinge so zusammengelegt, dafs man annehmen kann, sie haben als Grundlage für eine Mauerecke, wahrscheinlich die nordwestliche, gedient. Aber die grofse Menge regelrecht eingelegter Leichen, und dann vor allem der Umstand, dafs man an einer Stelle, die man als Südwestecke der Kirche anzunehmen haben wird, einen Haufen zusammengelegter Gebeine fand, den man mit § 5 des Vogtsbuchs in Zusammenhang bringen kann, gaben doch gute Anhaltspunkte. Dort erzählt der Vogt Bernd Lütke, dafs er im Jahre 1504, weil die Kirche zu voll gewesen sei, wohl 50 Särge habe aufnehmen, die Bretter auf dem Kirchhof, die Gebeine aber in eine Ecke der Kirche habe eingraben lassen. Auch von der von Bernt Lütke erwähnten Pflasterung der Kirche (paviment) wurden Spuren gefunden. Auffallend war es für Dr. Söderberg, dafs sich nirgends Spuren von Pfeilern fanden, die die Kirche bei einer urkundlich beglaubigten Breite von 54 Fufs (Einleitung CXLV) und mit einem Kirchenboden, der als Lagerraum benutzt wurde, doch gehabt haben mufs. Er zerstreute aber dieses Bedenken durch die Annahme, dafs Boden und Dach von Holzpfeilern getragen wurden, die ihrerseits auf Holzbalken ruhten. Das Fehlen der als Fundament für diese nötigen Steine kann nicht zu sehr auffallen. Die Häuser von Falsterbo stehen

noch heute auf Fundamenten, die aus Findlingsblöcken zusammengelegt sind, und so können Falsterboleute und andere mit den
Ziegelsteinen auch die Grundlagen entführt haben. Mitten in
der Kirche findet sich noch ein grofser vereinzelter Granitstein;
er kann aber in seiner jetzigen Lage als Fundament nicht gedient
haben, da unter ihm ein Gerippe lag. Bedauerlich war, dafs
die Ausgrabung der Kirche in grofser Eile vollzogen werden
mufste, so dafs den einzelnen Leichen und ihrer Lage nicht die
erwünschte Sorgfalt gewidmet werden konnte. Die Nägel der
Särge fanden sich vor. Dafs damit die Lage der Lübecker
Kirche und zwar nicht da, wo sie auf meinem Kärtchen eingetragen ist, sondern in unmittelbarem Zusammenhange mit dem
cimiterium Teutonicorum, festgelegt ist, kann wohl kaum noch
bezweifelt werden. Bei reiflicherer Überlegung hätte ich es ja
auch vermeiden müssen, Kirche und Kirchhof von einander
zu trennen. Meine Karte steht geradezu in Widerspruch mit
meinen eigenen Darlegungen und Äufserungen, Einleitung
S. CXII und CXLIV. Die Einleitung S. CXLV angegebenen
Mafse scheinen genau zu stimmen.

Unter den Gegenständen, die sich hier fanden, ist wenig
Erwähnenswertes. Eine Axt, von der Gestalt eines Fleischerbeiles,
erklärte Lundberg auf das bestimmteste für das »Scharfrichterbeil« von Lübeck! Fragwürdig blieben ziemlich umfangreiche
Schichten einer hellbraunen Masse, die sich in der Tiefe von
etwa 60 cm ungefähr in der Mitte des Westteils fanden, und
die Dr. Söderberg für Bücher erklärte; trifft das zu, so kann es
sich nur um Papier, nicht um Pergament handeln. Mir will
diese Erklärung nicht in den Kopf. Wie sollte man dazu gekommen sein, hier einen solchen Haufen Bücher bezw. Papier
zurückzulassen, wohl ⅛ Cubikmeter?

Natürlich ging Dr. Söderberg auch der »Kajsättning«
Karlins nach. Aber hier versagte Lundbergs topographisches
Gedächtnis; er fand die Stelle nicht wieder. Sie nach Karlins
Karte zu finden, ist bei der Ungenauigkeit derselben ganz un-
möglich. Dagegen traf man ungefähr an der Stelle, wo Karlins
Salterier eingezeichnet sind, auf zwei Pfahlreihen mit Planken-
verbindung, in der man zunächst wohl die doppelt punktierte
Linie Karlins wiederfinden mufs. Ihre Ausdehnung und Be-

6 *

deutung klar zu legen, gestattete Dr. Söderberg aber die ihm
zugemessene Zeit nicht. Dr. Hjalmar Stolpe vom Reichsmuseum,
der von Kopenhagen, wo er sich gerade aufhielt, auf einige
Tage herüber kam, uns zu besuchen, war so freundlich, sich der
Sache etwas anzunehmen. Er kam am 25. August zu der Überzeugung, daſs es sich aller Wahrscheinlichkeit nach um eine
Abzugs- und Abfallsrinne handle. Die beiderseitigen Planken
sind 50—80 cm auseinander; die Pfähle stehen an ihrer Innen-
seite, also zwischen ihnen, in Entfernungen von 40—60 cm,
sind armstark und bilden keineswegs eine gerade verlaufende
Linie. Seitenzuführungen scheinen an verschiedenen Stellen gewesen zu sein. Der Inhalt verriet den Kloakencharakter zweifellos; von einem Kanal für Schiffahrtszwecke kann nicht die Rede
sein. Als ich am 5. September Dragör besuchte, wurde mir
völlig klar, daſs Dr. Stolpe recht hatte. Wer dort den Hof
des Besitzers Peter Jansen betritt, kann genau die gleiche Einrichtung wie die bei Falsterbo ausgegrabene noch heute in
Funktion sehen. In Betreff der Fortführung der Pfahlreihen
bis zum Südstrande auf Karlins Karte ist zu bemerken, daſs nach
Lundbergs Aussage Karlin auf dem südlichen Teile dieses Terrains überhaupt nie gegraben hat.

Zu der Einzeichnung der »Salterier« ist nach Lundbergs
Angabe Karlin veranlaſst worden, weil sich an dieser Stelle
Tonnen besonders zahlreich gefunden haben. Ich brauche kaum
zu erwähnen, daſs man überall auf sie stöſst. Gesalzen wurde
auf jeder Bude; auch hatte jede Bude ihren »Gälleraum«, die
meisten wohl auch ihr Schauer.

In den eingangs erwähnten Berichten wird einer »Lübecker
Bude« gedacht, an deren Stelle die Ortsbewohner noch in
Menschengedächtnis Lustbarkeiten abgehalten, einen »Tanzplatz«
gehabt hätten. Ältere Falsterboleute wuſsten nichts von einer
derartigen Erinnerung, aber Lundberg bezeichnete den Platz.
Nachgrabungen führten auf einen Lehmboden, womit wohl eine
Bude konstatiert war. Sie liegt im Felde Fiden unweit der
Südostecke.

In dem Terrain der Pfahlreihen (Abzugsgräben) kam
Dr. Söderberg auf den Gedanken, daſs die aqua ab ecclesia
Danica usque ad grumbodas, auf die ich ihn als auf die 1352

von den Lübeckern gewünschte Westgrenze ihrer Fitte aufmerksam machte, nicht, wie ich angenommen hatte, das Gewässer
»Flommen«, sondern ein jetzt verschwundenes sei, das man
aber noch in der grün zwischen der trockeneren Umgebung
hervorleuchtenden Niederung, die auf der Karte durch die Kurve
östlich der dänischen Kapelle angedeutet ist, erkennen könne.
Söderberg kam auf den Gedanken, weil er der Überzeugung ist,
daß der Refvel niemals bewohnt war. Der Landstrich wird
unter diesem Namen nie erwähnt. Bohrungen, denen ich beiwohnen konnte, vermochten irgend welche Kulturspuren nicht
zu belegen. Ob nicht trotzdem dort Fischerbuden gestanden
haben können, die doch nur durch wenige Monate des Jahres
benutzt wurden und ihren »grum« nach der bestehenden Ordnung in den Strand abzuführen hatten, muß ich dahingestellt
sein lassen. »Sveriges geologiska Undersökning« in Stockholm
erteilte auf Anfrage in freundlichster Weise den umgehenden
Bescheid, daß »seit dem Mittelalter eine auf Steigen des Landes
beruhende wesentliche Verschiebung des Strandes nicht stattgefunden habe, und daß es deshalb wahrscheinlich sei, daß der
Refvel schon im Mittelalter vorhanden war, obwohl seine Kon-
figuration durch die Einwirkung der Meereswogen mehr oder
weniger wesentliche Veränderungen erlitten haben könne.« Nach-
fragen bei ortskundigen Leuten ergaben keine einwandsfreien
Resultate. Lotsenvorsteher Kapitän Stjernberg in Skanör, der
seine Stellung seit 25 Jahren inne hat, erklärte, daß wegen
des Vorherrschens östlicher Winde der Südstrand zurückweiche,
der westliche am Sunde dagegen zunehme. Er verwies auf den
Hafen von Skanör, der versanden werde, wenn ihn nicht ein
südlich vom Eingange schräg ins Meer gebautes Bollwerk davor
schütze, auch darauf, daß der Refvel sich immer mehr nach
Norden verlängere. In der That zeigt Ljunggrens Karte (1853),
die der meinigen zur Grundlage gedient hat, die Nordspitze
wesentlich südlicher, als sie jetzt liegt; sie befindet sich jetzt
ziemlich gegenüber dem Nordende von Falsterbo-Wång. Entsprechend ist die Wasserverbindung nach dem Bakdjup, Slussan,
nordwärts gerückt. Der Leuchtturmswärter von Falsterbo aber,
der 21 Jahre auf seinem Posten ist, bemerkte, daß eben der
Hafenbau von Skanör dem Sande eine Ablagerungsstelle ge-

schaffen habe, und daſs er am Strande des Reſvel irgendwelche dauernde Veränderung nicht habe wahrnehmen können.

Der Grund, warum ich mich mit der Verlegung der Niederlassungen an die Ostseite des Wassers »Flommen« nicht rückhaltslos einverstanden erklären kann, liegt in der Schwierigkeit, die Niederlassungen nach den urkundlich beglaubigten Maſsen auf dem verfügbar bleibenden Platze unterzubringen. Von einem Grenzstein, der westlich von der Nordwestecke des Schlosses stand, soll man nach Einleitung S. CV die Breite der lübischen Fitte westwärts mit 124—133 Faden (212—227 Metern) herausmessen; daran soll sich die preuſsische Fitte anschlieſsen, welche nach der höchsten Angabe (S. CV) 290 Ellen (177 Meter, Danziger Maſs gerechnet), nach der niedrigsten (S. XLVI) 410 Schuh (123 Meter) breit · war; zusammen müssen also allermindestens 335 Meter herausgebracht werden. Der Raum zwischen dem Schlosse und der dänischen Kirche miſst aber nur 300 Meter, auch wenn man, was als unzulässig erscheinen muſs, unmittelbar von der Kirch-, bezw. Schloſsmauer ausgeht. Will man entscheidendes Gewicht auf das Vorhandensein einer Kulturschicht legen, so käme man noch mehr ins Gedränge. Denn westlich von der Danziger Grenze sollen noch die dänischen Fischerläger mit durchschnittlich 200 Ellen (130 Meter, nach dänischem Maſs) Platz finden, während die Kulturschicht, nach Söderbergs Bohrungen, doch ungefähr 45 Schritt westlich vom Felde Fiden endet.

Auch Karlin scheint, wie oben bemerkt, geneigt, die dänischen Fischer auf die Ostseite des Flommen zu verlegen. Lundberg zeigte uns nahe dem Nordende der Westgrenze des Feldes Fiden vier Steine, die so zusammengelegt waren, daſs ein etwa 25 Centimeter starker Pfahl zwischen ihnen eingesetzt werden könnte. Er erklärte, daſs nach Karlins Ansicht hier der Hauptgrenzpfahl der Danziger Fitte gestanden habe. Die eingangs erwähnten Berichte sprechen auch von Steinen, die Grenzkreuzen zur Stütze gedient hätten, und die gewöhnlich in gerader Linie und in bestimmten Entfernungen voneinander ständen. Ähnliches berichtete Lundberg und verwies auf Steine, die ich eher mit den dänischen Buden, wenn sie an dieser Stelle gestanden haben, in Zusammenhang bringen möchte. Obgleich die Danziger

Aufzeichnung von 1650 nur von vier Grenzkreuzen spricht,
die offenbar an den Ecken des Besitztums standen, kann man
Karlins Grenzpunkt nicht ohne weiteres ablehnen. Stellt man
sich auf seinen Standpunkt (ich muſs annehmen, daſs es sein
Standpunkt ist; authentisch weiſs man ja darüber nichts), so wird
man den fraglichen, auf der Karte eingetragenen Punkt als
Nordwestecke der Danziger Fitte auffassen müssen. Faſst man
ihn als Nordostecke, so kommt man mit dem Ausmessen der
Danziger Fitte und der dänischen Läger westwärts (über 250
Meter) fast ganz hinüber über Flommen. Bei der ersteren Auffassung aber ergeben sich ähnliche Schwierigkeiten wie bei der Söderbergs; doch verringern sich diese vielleicht, wenn man die Längen-
ausdehnung heranzieht. Nach der Waldemarschen Urkunde betrug
dieselbe 800 Ellen, nach der Ausmessung von 1650 dagegen
1650 Schuh[1]. Nehmen wir, um die Schwierigkeiten möglichst
zu verringern, die letztere, gröſsere Angabe (495 Meter), so
gelangen wir, an der Westgrenze des Feldes »Fiden« entlang
messend, ziemlich ans Ende, in die Nähe der Südwestecke dieses
Feldes. Dort wäre also der Punkt, bis zu dem, von der Nordwestecke des Schlosses aus gemessen, man mindestens 335 Meter
herausbringen soll. Und das ist in der That nicht unmöglich,
wenn auch knapp genug. Allerdings kann man sich nicht recht
vorstellen, wie die Lübecker dazu gekommen sein sollen, die
Breite ihrer Fitte in deren südlichem Teile nicht rechtwinklig
zur Westgrenze, sondern stark in der Schräge zu messen. Eine
weitere Schwierigkeit bleibt die, daſs es von dem südlichen
lübischen Grenz-(Eck)Kreuz heiſst, es stehe »vor der Prutzen
companien aver«, während doch andererseits die Thatsache, daſs
die Danziger durch ihre Ansprüche mit drei Seiten in die Lübecker
Fitte hineingerieten, es notwendig macht, letztere südlich über
die Danziger hinaus zu verlängern. Auch behält man ja westlich
der so begrenzten Danziger Fitte für die 130 Meter der dänischen
Fischerlager (vgl. Einleitung S. CXIII) keinen Raum mehr.

---

[1] Einleitung S. CV und XLVI Gralath II, 15 hat (wahrscheinlich nach
Lengenich) 1650 Schuh statt 650, wie Bertlings Abschrift mitteilt. Eine
Anfrage bei der Herzoglichen Bibliothek in Gotha und dem Stadtarchiv in
Danzig ergab, daſs die handschriftlichen Quellen in der That 1650 haben.

Man sieht, auch bei der Karlinschen Auffassung wird so wenig
wie bei der Söderbergschen alles klar. Aber ich stehe nicht an
anzuerkennen, dafs es trotz allem mehr Wahrscheinlichkeit hat,
wenn man den Refvel preis giebt und die dänischen Fischerläger auf die andere Seite des Flommen legt. Dafür scheint
auch die lange Reihe Terrainfalten zu sprechen, die man am
Felde Fiden entlang beobachten und als Spuren der Fischerbuden
auffassen kann. Auch pafst zu dieser Auffassung, dafs die Grum-
buden, von denen die Preufsen verlangen, dafs sie zehn Ruten
(48 Meter) von ihrer Fitte entfernt bleiben sollen (S. CXIII), durch
die starken Kulturläger gerade an dieser Stelle, nördlich und nordnordöstlich von Karlins Danziger Ecke, gleichsam festgelegt sind.
Ich habe demnach auf der anliegenden Karte die Danziger Fitte
auch dieser ·Auffassung entsprechend eingezeichnet und bedauere
nur, dafs Karlin seine Ansicht nicht selbst ausgesprochen und
der wissenschaftlichen Welt gegenüber vertreten hat. Für die
Breite der Danziger Fitte ist dabei die geringste Angabe (410
Schuh) angenommen worden, um die Schwierigkeiten möglichst
zu beseitigen. Das Franziskaner-Haus soll Karlin an der Stelle
gefunden haben, wo es auf meiner Karte eingetragen ist.

Die Verschiebung der Danziger Fitte ostwärts nötigt auch
zur Verlegung der Lübecker Fitte. Ich hatte angenommen, dafs
ihre Westgrenze mit der Westgrenze des Feldes ›Fiden‹ ziemlich
identisch sei, nun mufs man sie etwa 120 Meter weiter westwärts
rücken. Auch wird man die Stelle, wo nun Kirche und Kirchhof der Deutschen bestimmt nachgewiesen sind, wohl in das
lübische Gebiet einbeziehen müssen. Von der Kirche heifst es
1336 ausdrücklich: in fundo vitte Lubicensis sita (Einleitung
S. CXLIV). Allerdings werden dadurch die Grenzbeschreibungen
von 1504, 1513, 1528 nicht klarer. Nach ihnen erscheint als
Wendepunkt der Grenze im südöstlichen Teil der Fitte ein Kreuz,
dafs einerseits in der Nähe der auf Lübecker Gebiet gelegenen
Reperbude, andererseits in der Nähe eines Stralsunder Grenz-
kreuzes stand. Warum werden hier Kirche und Kirchhof nicht
erwähnt, die doch in dieser Gegend lagen? Oder stand die
Reperbude noch östlich oder südöstlich hinter beiden? Man
sieht, dafs die Zweifel im einzelnen keineswegs alle erledigt sind,
dafs aber die Gesamtlage der Fitten und Läger, wie sie beim

ersten Versuche von mir angeordnet wurden, doch als feststehend
betrachtet werden muſs. Komisch war es mir zu beobachten,
wie die Namen in Falsterbo im Einbürgern begriffen sind und
mir z. B. von Lundberg, wenn ich zweifelte, als etwas Un-
umstöſsliches entgegengehalten wurden. Dächte man sich mein
Buch vernichtet, wie etwa eine mittelalterliche Handschrift vernichtet werden konnte, so könnte ein Forscher zu dem Glauben
kommen, daſs er es mit einer alten Überlieferung zu thun habe.
Wohl eine Mahnung zur Vorsicht gegenüber mündlicher Tradition!

Noch will ich bemerken, daſs beim Punkte *a* nordöstlich
von der deutschen Kirche in 1¹/₂ Meter Tiefe der Stumpf eines
etwa 30 Centimeter starken Balkens ausgegraben wurde. Sollte
es sich um den Punkt handeln, wo 1346 die Fitten Stralsunds,
Greifswalds und Anklams zusammenstieſsen? (Einleitung S. CX).
Östlich davon, beim Punkte *b*, stieſs ich am 25. August in
1¹/₂ Meter Tiefe auf ein 2¹/₂ Meter langes, 60 Centimeter hohes
Plankwerk, das nach den in unmittelbarer Nähe gemachten
Funden ähnlichen Zwecken wie das Plankwerk beim oben erwähnten Abzugsgraben gedient zu haben schien. Hier zu graben,
wurde ich veranlaſst durch Äuſserungen Lundbergs, daſs man
hier 1854 auf Reste eines Bootes gestoſsen sei. An der Stelle,
wo jetzt das kleine Hotel steht, sind im Anfange der vierziger
Jahre Massen von Knochen ausgegraben und nach Malmö verkauft worden, also ähnlich wie von der Lagmansheide bei Skanör
(Einleitung S. XV). Daſs es sich um Ablagerungsplätze für
Schlachtereiabfälle handelt, ist mehr als wahrscheinlich. Auf
einem Ausfluge nach der Amme-Ränna am 13. August stellten
wir fest, daſs hier niemals ein künstlicher Kanal gewesen sein
könne, daſs es sich um einen ausschlieſslich natürlichen Wasser-
lauf handele. Eine Anfrage bei Sveriges geologiska Undersökning
bestätigte diese Überzeugung (vgl. Einleitung S. XIV).

Versucht man, die Hauptergebnisse der nun in fünf Sommern
vorgenommenen Grabarbeiten zusammenzufassen, so ist das Facit
allerdings ein dürftiges, ja recht dürftiges. Neben dem, was wir
aus andern Quellen wissen, verschwindet das durch die Ausgrabungen bekannt gewordene so gut wie vollständig. Einige
Fittengrenzen lassen sich vielleicht richtiger bestimmen; der
lübischen Kirche kann man ihren richtigen Platz anweisen; die

Prahmfunde bestätigen, dafs diese Zweige des Schiffahrtsbetriebes
sich im späteren Mittelalter in der gleichen Weise abspielten wie
heute, was kaum noch eines Beweises bedurfte. Ob von· den
in diesem Sommer gefundenen kleineren Gegenständen irgendwelche im Stockholmer Museum Aufstellung finden werden, bleibt
abzuwarten. Ich wüfste nicht einen einzigen zu nennen, der
unsere Kenntnis hansischen Lebens nennenswert bereicherte.
Das »Scharfrichterbeil« wird ja vielleicht seine Rolle spielen
gegenüber einem Publikum, von dem ein journalistischer Vertreter
(Skånska Aftonblad) in den gefundenen Krugscherben die Belege sieht für die »wilden Orgien«, die während der Marktzeit
zu Falsterbo gefeiert wurden, und die Umlandsfahrer, die 1335
nach Malmö zogen, die Ihrigen im Gericht zu schützen, sich erst
das nötige Quantum von »holländischem Mute aus ihren Krügen
und Bechern trinken« läfst. Als ob die Menschen des 15. und
16. Jahrhunderts nur getrunken hätten, sich zu berauschen! Ob
unter den Scherben ein einziger ist, der einem mittelalterlichen
Trinkgefäfs angehört hat, mufs zunächst als höchst zweifelhaft
erscheinen.

Gegenüber dem Umfange der aufgewandten Mittel sind
die Ergebnisse geradezu betrübend. Akademie und Reichsmuseum werden zu überlegen haben, ob sie die Arbeiten fortsetzen sollen. Entschliefsen sie sich dazu, so werden sie dreier-
lei zu beachten haben, erstens, dafs sie niemanden schicken,
der nicht im gründlichen Besitz derjenigen Kenntnisse über
Skanör und Falsterbo ist, die auf historischem Wege längst erworben sind, zweitens, dafs der Beauftragte ein geschulter Graber
ist, der anerkannte Beweise für seine Befähigung zu derartigen
Arbeiten geliefert hat, drittens, dafs gründlich erwogen wird, ob
nicht die ältere und reichere Kultur der Gemarkung von Skanör
zunächst berechtigt ist, die Aufmerksamkeit auf sich zu ziehen.
Nur die Erfüllung dieser Vorbedingungen sichert vor ähnlichen
Enttäuschungen, wie man sie leider erfahren hat. Wie Karlin
seine Aufgabe auffafste, dafür erhielt ich zu all den übrigen
Belegen vor meiner Abreise aus Schweden noch einen Beweis
der allertraurigsten, geradezu niederschmetternden Art. Mit einer
gewissen Spannung betrat ich unter der freundlichen Führung des
Professor Fürst, eines Direktorialmitgliedes, das kulturhistorische

Museum zu Lund, wo Karlins Funde von Falsterbo aufgestellt
sein sollten. Dort waren sie im untersten Fache eines mäfsig
grofsen Glasschrankes, eine Anzahl in Haufen liegender Scherben,
Knochen, Nägel und anderer in dieser Gestalt völlig wertloser
Sachen. Über ihnen drei Stücke von zwei verschiedenen Tonnen-
böden. Ich nahm sie in die Hand. Von Lübeck, nicht von
anderen Städten, wissen wir, dafs nach seiner Ordnung den
Fässern mit allerbestem Hering der lübische Adler auf den
Boden eingebrannt werden sollte. Aber wir wissen auch, dafs
dieses Zeichen ausgekratzt werden mufste, ehe die leere Tonne
nach Schonen zurückgeführt wurde. Es ist also nicht gerade
wahrscheinlich, dafs eine derartige Tonne auf Schonen gefunden
werden kann. Aber man mufste doch sehen. Und was sah
ich? Nicht den preufsischen Adler, der Karlin auf die Spur
der Danziger Fitte geleitet haben soll, sondern Teile ganz
gewöhnlicher Hausmarken! Es ist klar genug, warum das
Märchen in die Welt gesetzt ist! Und wenn Karlin bei seiner
Erfindung sich noch wenigstens orientiert hätte, welches das
Danziger Wappen ist. Wann hat denn Danzig einen »preufsischen
Adler« als Wappen gehabt?! Und wo waren alle die andern
Funde: der Rasierpinsel aus Fischflossen, die Bratroste, die
Siegburger und der »Frächener« Krug mit der »Inschrift«, in
dem Rüdiger schon einen hansischen Stammschoppen witterte?
Nirgends zu sehen. Im anstofsenden Schranke lagen noch eine
Anzahl znsammengebundener Fafsdauben. Ein anwesender
Assistent erklärte, Dr. Karlin habe noch eine Anzahl Sachen in
Privatverwahrung, die (nach vollen 9 Jahren!) noch nicht ge-
ordnet seien![1] Die Wissenschaft hat kein Interesse daran, sie

---

[1] Ich kann nicht unterlassen, vergleichsweise auf die Ausgrabungen bei
Dragör hinzuweisen, die in den Jahren 1895 und 1896 mit einem Aufwande
von wenigen hundert Kronen von dem verstorbenen Kopenhagener Museums-
assistenten Wilhelm Boje und Architekt Matthiesen ausgeführt wurden, zwar
auch nichts Bedeutendes zu Tage förderten, aber doch eine ganze Reihe netter
Funde ergaben, deren hübsche Zusammenstellung im Nationalmuseum zu
Kopenhagen vorteilhaft absticht gegen das, was das kulturhistorische
Museum zu Lund als »Funde von Falsterbo« verwahrt. Die eingelieferten
Berichte der Ausgraber, die im Archiv des Museums jedem zugänglich sind,
geben bis ins einzelnste die allergenaueste Auskunft über die durchgeführten
Arbeiten und die erzielten Ergebnisse. In Dragör selbst ist der Postmeister,

jemals »geordnet« zu sehen. Sie würde auch nichts, gar nich
verloren haben, wenn die »Funde von Falsterbo« noch an ihr
alten Stelle lägen und nicht in einem Winkel des Museum 1
Lund. Aber sie hat ein Interesse, Schwindel als Schwindel 1
bezeichnen und Mitarbeiter vom Schlage Karlins von ihre
Rockschöfsen abzuschütteln. Und das soll hiermit für die hau
sische Geschichtsforschung endgültig geschehen sein [1].

Herr Nicolaisen, eifrig mit der Erforschung der Ortsgeschichte auf Gru
archivalischer und archäologischer Studien beschäftigt, und es scheint oie
ausgeschlossen, dafs hier ähnliche Klarheit über die Verhältnisse erreic
wird wie zu Falsterbo, und dafs durch diese Forschungen auch die Kennt
der schonenschen Verhältnisse noch gefördert wird.

[1] Ich benutze die Gelegenheit, um zu bemerken, dafs sich im Laufe d
Jahre eine Reihe von kleinen Ergänzungen und Berichtigungen zu mein
Bande der Hansischen Geschichtsquellen ergeben haben. Zwei von ihr
möchte ich hier mitteilen, da ich sie dem jüngsten Besuche der Gegend v
danke. 1. An der Südwand des Chors der Kirche von Falsterbo ist e
Grabstein aufgerichtet, den ich 1882 nicht gesehen habe (in beiden Kirch
haben die Grabsteine durchweg andere Plätze erhalten). Er trägt die Inschri
Anno domini 1474 in sunte Simon et Juden dach (Okt. 28) do starf her Hinr
Dwingenberch, ratman to Rostk, vaget to Schone, den Got si gnedich (vgl. E
leitung S. CL). — 2. Den Ausdruck »rosengarthen« (S. 84 Anm. 1) erkl
mir der Lotsenvorsteher Kapitän Sternberg in Skanör für eine Lokalität, näml
den nordöstlichen Teil des nordwestlich von Skanör im Sunde liegenden Br
grundes, welchen letzteren die Karten angeben. Fischer und Seeleute bestätig
dafs dieser Ausdruck noch heute im Gebrauch ist. Wraker (S. 83) sind Fisch
die mit treibenden Netzen fischen, welche Art des Heringsfanges jetzt allt
bräuchlich ist. Bis vor kurzem wurde dazu eine besondere Art von Bo
benutzt, die als Wrak bezeichnet wurde, jetzt aber aufser Brauch gekommen i

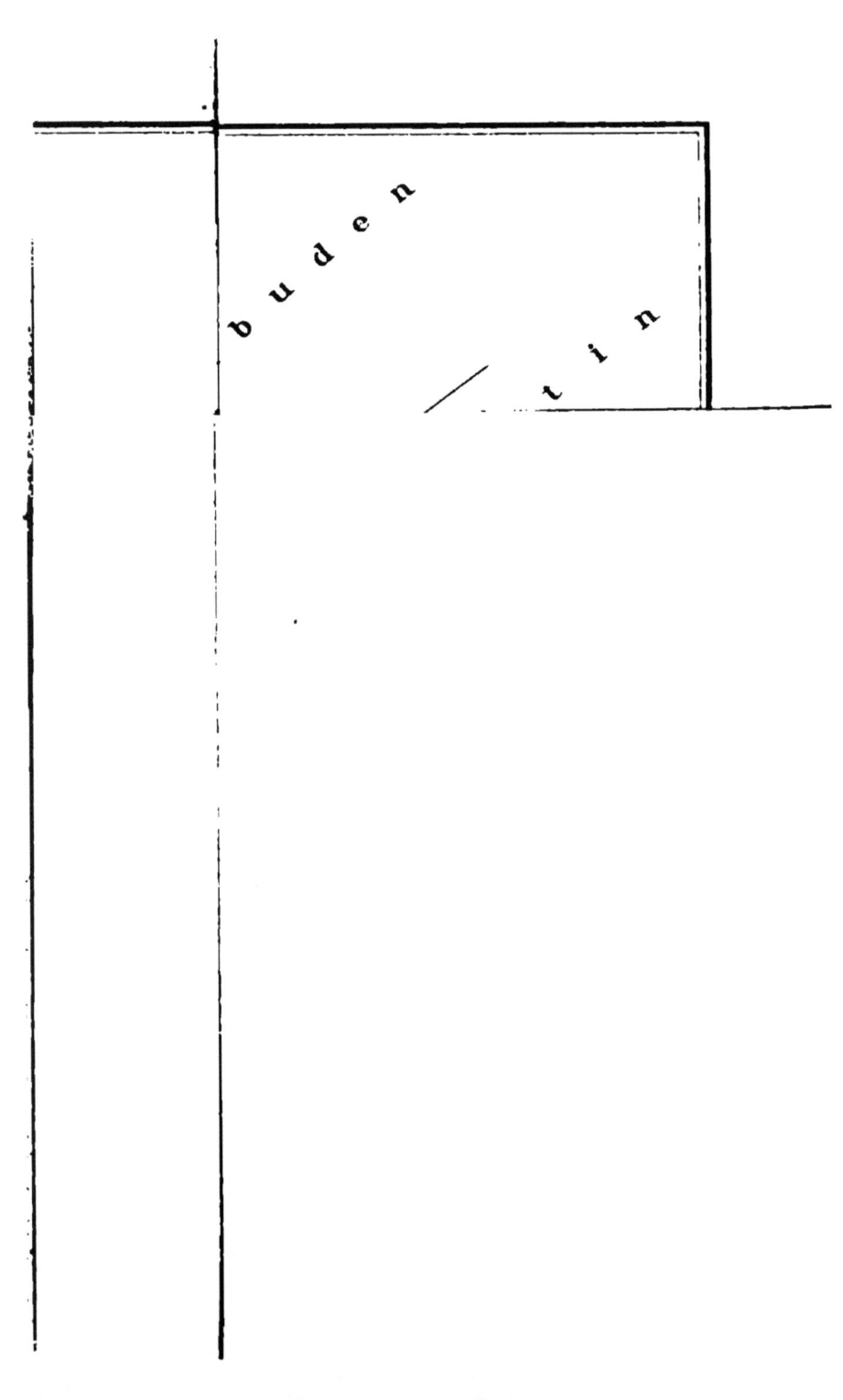

III.

ZUR ORIENTIERUNG
ÜBER DIE SUNDZOLLREGISTER.

VON

DIETRICH SCHÄFER.

Durch mehr als vier Jahrhunderte, von den Tagen Erichs des Pommern bis zu denen Friedrichs VII., ist im Sunde Zoll erhoben worden[1]. Es giebt in der Welt kein zweites Beispiel, dafs eine ähnliche Einrichtung an einer Meeresstrafse in solcher Dauer bestanden hätte.

Und der Sund war eine der befahrensten, wenn nicht die befahrenste aller Meerengen und ist es vielleicht heute noch. Seinen Verkehr durch den Lauf der Jahrhunderte statistisch feststellen zu können, hat für die Handelsgeschichte ein Interesse, das kaum durch andere Fragen übertroffen werden kann.

Die Lösung dieser Aufgabe aber ist im wesentlichen möglich. Band an Band stehen im Geheimarchive zu Kopenhagen die Rechnungen, welche Aufschlufs geben über die eingegangenen Gelder und auch über deren Verwendung. Das letztere hat ein fast ausschliefslich dänisches, finanzgeschichtliches Interesse; die Eintragung der gezahlten Gelder aber geht Europa, seit ungefähr einem Jahrhundert auch aufsereuropäische Länder an.

Die älteste erhaltene Rechnung ist vom Jahre 1497. Ihr folgt eine vom Jahre 1503 und weiter vom Jahre 1528. Mit dem Jahre 1536 beginnt eine erhaltene Reihe, die bis zum 9. März 1548 geht. Das Anschliefsende bis zum Jahre 1556 fehlt. Dann sind, mit Ausnahme von 1559, wieder die Jahre 1557—1569 vorhanden, doch ist 1558 durch Feuchtigkeit so mitgenommen, dafs es nur noch teilweise gelesen werden kann.

---

[1] Der Beginn fällt in die Jahre 1425—1429; aufgehoben wurde der Zoll 1857. Vgl. Fridericia in Dansk Historisk Tidsskrift IV, 5, S. 1 ff. und Schäfer in Hans. Geschsbl. 1875, S. 33 ff. Über die Ablösung (1857) vgl. Dansk Hist. Tidsskr. III, 1, S. 455 ff.

1570—1573 fehlen, aber von 1574 an ist die ununterbrochene
Reihe da, mit Ausnahme des Jahres 1659, wo der Zoll in schwedischer Mitverwaltung war. Also über drei Jahrhunderte zu-
sammenhängender statistischer Listen!

Das Material ist nicht gleichartig. Bis zum Jahre 1548 sind
allein die Schiffe mit den von ihnen gezahlten Geldern aufgeführt, nur in vereinzelten Fällen werden von 1536 an auch
die Ladungen berücksichtigt und (1537) Abgangs- und Bestimmungsort angegeben. Nur Wein und Kupfer, letzteres
allerdings erst vom Jahre 1537 an, machen eine Ausnahme und
werden gesondert aufgeführt. Die Schiffe stehen wohl in der
zeitlichen Folge, wie sie durchgegangen sind, doch ohne Datierung.

Der Jahrgang 1557 zeigt eine Änderung, von der man allerdings nicht wissen kann, ob sie gerade mit diesem Jahre einsetzte,
weil die Bände 1549—1556 fehlen. Die Eintragungen sind in
drei Gruppen geteilt, welche die Zeit vom 18. März bis Pfingsten,
von Pfingsten bis Bartholomäi (24. Aug.) und von da bis zum
23. November umfassen. Innerhalb dieser Gruppen sind sie
geordnet nach der Heimat der Schiffe. Voran stehen die Niederländer und die westlichen Hansestädte, das will sagen Bremen
und die weiter westlich gelegenen Glieder der Hanse (Register
paa the Nederlantzke oc Westerske anseestaeders schiif oc
godtz); es folgen die »osterschen« Städte, die erklärt sind als:
Danzig, Königsberg, Riga, Reval und pommersche Städte, dann
die wendischen Städte (Lübeck, Hamburg, Rostock, Stralsund,
Wismar), die Emdener (Emdener udi Ostfreeslandt), die Schotten,
die Engländer, dann noch ein Register über die wendischen
Städte, die keinen Zoll, aber Schreiber- und Tonnengeld geben.
Bei den Schotten und Engländern setzt eine für unsere Kenntnis sehr wertvolle Neuerung ein. Sie zahlen nämlich nur noch
für das Schiff, nicht mehr für die Ladung eine bestimmte runde
Summe; letztere wird prozentweise, mit 1 % des Wertes, verzollt und zu diesem Zweck für jedes Schiff in ihrem vollen Be-
stande mit Wertangabe für das Einzelne aufgerechnet! Alle
Durchgänge sind datiert. Sie beginnen z. B. am 18. März mit
7 Schiffen von Enkhuisen; es folgen am 20. März 1 von Haarlem, am 29. 2 von Hoorn und Amsterdam, am 6. April 9
u. s. w., z. B. am 1. Mai 4, am 2. dagegen 65, am 3. 36, am

6. 10, am 7. 15 u. s. w. bis zum 23. November. Ausgangs-
und Bestimmungsort werden angegeben.

Die Einteilung in drei Perioden hat man schon im nächsten
Jahre wieder fallen lassen, im übrigen die eben charakterisierte
Art der Eintragung festgehalten. Mit dem Jahre 1562 setzt aber
wieder eine bedeutungsvolle Neuerung ein. Es werden zum
erstenmale Leuchtfeuergelder gezahlt: »Blusszepenninge (fuyer-
pendinge, szom er oppebaridt af kiøpmandtsgoedtz)«. Sie werden
entrichtet von der Ladung, nicht vom Schiffe, und da Befreiung von
dieser neuen Auflage niemandem gewährt wurde, so werden von
jetzt an sämtliche Ladungen nach ihren Bestandteilen aufgeführt
und bewertet. Im Jahre 1567 kamen noch die Lastgelder
(Lastepenge) hinzu, die in ähnlicher Weise erhoben wurden, und
von denen auch niemand frei blieb, aufser in den ersten Jahren
die Lübecker. Für nahezu dreihundert Jahre bieten so diese Register
eine vollständige Übersicht über Heimat, Ausgangs- und Bestimmungsort der durch den Sund gehenden Schiffe, sowie über
Bestand und Wert ihrer Ladung. Ein beispielloses, ohne Vergleich dastehendes Material für die Geschichte des Seehandels
und der Seeschiffahrt!

Über die ältesten Jahrgänge gestatte ich mir einige zusammen-
fassende Mitteilungen. Die ersten Jahrgänge bis 1548 sind Hefte,
während die weiteren einen oder mehrere Bände einnehmen.
Bis 1548 ist zum Schlusse wohl die Summe des eingenommenen
Zolles, nicht aber die Gesamtzahl der durchgegangenen Schiffe
angegeben. Man mufs zählen. Solche Zählungen habe ich nur
für die Jahre 1497, 1503, 1528 vornehmen können. Von 1557
an wird die Zahl der Durchgänge am Schlusse verzeichnet; es
waren in diesem Jahre 2403, im Jahre 1563 dagegen 4115
Schiffe [1].

---

[1] Bei Falbe-Hansen und Scharling, Danmarks Statistik 3, S. 423ff., 494 ff.
ist die Zahl der Schiffe, die den Sund passierten, für die Jahre 1560—1870
zusammengestellt, doch ohne erkennbaren Grund der Unterschied gemacht,
dafs für die Jahre 1560—1808 die Zahlen für diejenigen Schiffe gelten sollen,
»die Sundzoll bezahlten«, von 1808—1870 aber für alle Schiffe, die den
Sund passierten. Die Jahre 1849—1857 sind ausgelassen, wofür ebenfalls
kein Grund angegeben wird.

1497.

Den Eingang bildet S. 1 und 2 ein Verzeichnis des für den König erhobenen Weinzolles, überschrieben: »Anno domini 1497 thette eftherschrevne er then Rynske win, som jeg hafver faet till told i thette aar, som for staar schrifvet paa myn herres nadis wegne etc.« (Das Nachgeschriebene ist der rheinische Wein, den ich in diesem Jahre als Zoll erhalten habe, wie vorgeschrieben steht von wegen meines gnädigen Herrn etc.). Es besteht aus 20 Eintragungen, in denen Name des Schiffers, sein Heimatsort, Menge des geladenen Weines und die Abgabe angegeben werden. Es wird gerechnet nach Ohm (heute und wahrscheinlich auch schon damals ca. 150 Liter), auch nach Stück, aber diese sind ungleich, mindestens doch 5 Ohm auf ein Stück.

Von den Eingetragenen sind je 2 von Kampen, Hamburg, Stralsund, Danzig, die übrigen Holländer, und zwar 4 von Amsterdam, 3 von Enkhuisen, je 2 von Dordrecht und ter Schellinge, 1 von Waterland (die Gemeinden an der Südersee nördlich und nordöstlich von Amsterdam bis Edam und Purmerende incl.).

Der gezahlte Zollsatz läfst sich aus den Eintragungen dieses Jahres nicht mit Sicherheit erkennen, doch wird aus den folgenden Jahrgängen völlig klar, dafs er grundsätzlich $1/30 = 3^1/3\,\%$ betrug. Die Berechnung ist aber vielfach nicht mit voller Genauigkeit durchgeführt, in einem Falle auch am Zolle nachgelassen worden, indem von einem Diener des Hochmeisters in Preufsen nur 2 Ohm von 13 Stück genommen werden. Der Zöllner fügt hinzu: »Jeg wor hannom nadigh for mestherens skyld ydermer æn the andre«. (Ich war ihm gnädig um des Meisters willen mehr als den anderen). Gezahlt wird der Zoll in Geld (durchweg in rheinischen Gulden, nur einmal zahlt ein Kamper eine Mark für zwei Ohm) oder in Wein, der einzeln zu Gelde gerechnet wird, einmal zu 7 Gulden für das Ohm. Erhaltenen Wein verkauft der Zöllner einmal zu 9 Gulden das Ohm, während er für eingekauften Wein in einem Falle 8 Gulden für das Ohm zahlt. Der Gesamtzoll für das Jahr beläuft sich auf $25^1/2$ Ohm Wein und 67 rheinische Gulden, was einer Gesamtdurchfuhr von rund 1000 Ohm (ca. 1500 Hektoliter) entspricht. Davon werden gegen 700 Ohm von Holländern geführt.

S. 3—22 sind die Schiffszölle verzeichnet unter der Überschrift: »Anno domini 1497 thette eftherschrevne er then told,
som jeg hafver opboret i thette aar, som for staar skrefvet paa
myn herris nadis vegne, siden jeg giorde hans nade siisth
reghenskap« (Das Nachgeschriebene ist der Zoll, den ich in diesem
Jahre erhoben habe, wie vorgeschrieben steht von wegen meines
gnädigen Herrn, seitdem ich ihm zuletzt Rechenschaft gethan
habe). Es folgen 731 Eintragungen, zumeist zweimal, bei der
Hin- und Rückfahrt. Ganz vereinzelte sind nur einmal eingetragen, andere dagegen auch 3, 4 oder mehrere Male, da sie
die Reise wiederholt machten. Das im einzelnen und zuverlässig
festzustellen, erfordert nicht geringe Mühe, da es nur möglich
ist durch genaues Verfolgen der vorkommenden Namen; die mir
zu Gebote stehende Zeit reichte nicht aus, auch nur für ein
Jahr einen solchen Versuch zu machen.

Der Zoll wurde für beide Fahrten, bei der Hin- und wieder
bei der Rückfahrt gezahlt. Es sind — wie beim Weinzoll —
Schiffer, Heimatsort und Geldsumme genannt, doch fehlen alle
Angaben über die Ladungen.

487 von den 731 Eingetragenen sind Niederländer (Holländer,
Westfriesen und Seeländer). Davon gehören nicht weniger als
190 ins Waterland. Allerdings werden mit dieser Heimat nur
58 direkt angeführt, aber es sind diesen hinzuzurechnen die von
Monnickendam: 48, Edam: 24, Ransdorp (Rarop, 6 Kil. ono.
von Amsterdam): 22, Broek (9 ¹Kil. no. von Amsterdam): 8,
Zuiderwoude (Surwolt, Syrwolt, Sörwolt, 3 Kil. sso. von
Monnickendam): 7, Landsmeer (Landsverck, Landsmerke,
Lansmeer, 7 Kil. nno. von Amsterdam): 6, Purmerland und
Purmerende (12 und 15 Kil. n. von Amsterdam): 4, Schelling-
woude (Schellingerwolt, 6 Kil. o. von Amsterdam, nördlich
am Pampus): 4, Zunderdorp (5 Kil. no. von Amsterdam): 4, Katwoude (Kattewold, 17 Kil. no. von Amsterdam): 3, Wormer
(15 Kil. w. von Edam): 2 ¹. Dem Waterland folgt Enkhuisen
(an der äufsersten Ostspitze Nordhollands) mit 101 Eingetragenen,

---

¹ Die Identifizierung mehrerer in den Registern genannter niederländi-
scher Orte verdanke ich der Unterstützung des Herrn Reichsarchivar Dr.
Riemsdijk im Haag.

von denen einmal nicht weniger als 24 gleichzeitig (S. 11, 12) durchgehen, dann erst Amsterdam mit 74, weiter ter Schelling (die Insel) mit 39, Hoorn (in der Ecke zwischen Waterland und Enkhuisen) mit 25, Stavoren (äufserste Südwestspitze von Westfriesland) mit 21, Dordrecht mit 9, Medemblik (Memelinck, Memlink) mit 8, Zieriksee (Seeland) mit 7, Veere (Seeland) mit 4, Hindelopen (im S. der Westküste von Westfriesland) mit 4 und Schiedam (westl. bei Rotterdam) mit 3, s'Gravezande (Skrawesant, Skrefsant, 14 Kil. w. von Delft) mit 2. Abgesehen von 25 Westfriesen und 11 Seeländern handelt es sich also ausschliefslich um Holländer und zwar abgesehen von den 14 Dordrechtern, Schiedamern und Gravezandern nur um Nordholländer, um die friesischen Insassen des alten Kennemerlandes, Leute bäuerlicher, ncht städtischer Siedelungsweise. Ich habe auf diese Thatsache, die aus einer Stelle der dänischen Registratur erhellte[1], schon früher hin gewiesen, und man kann das Licht, das damit auf die Entwickelung der Schiffahrt fällt, kaum überschätzen.

Hinter den Niederländern stehen die von den Hansen sogenannten Süderseeischen (Overijsselsche und Geldernsche) stark zurück. Es entfallen auf sie 76 Eintragungen, deren 70 allein auf Kampen (einmal 18 gleichzeitig), das also noch neben. Amsterdam seine Stellung behauptet, 3 auf Harderwijk, 2 auf Hasselt, 1 auf Deventer. — Ein Schiffer ist von Aardenborg (Flandern, bei Brügge).

Von den Ostseestädten sind Danzig, Kolberg, Greifswald, Anklam, Rügenwalde vertreten und zwar Danzig mit 114, Kolberg mit 15, Greifswald mit 5, Anklam mit 4, Rügenwalde mit 3 Eintragungen, zusammen 141. Aufserdem sind noch 21 Schotten verzeichnet: 7 von Dundee, 5 von Leith, 4 von Aberdeen, 4 von St. Andrews, 1 ohne Heimatsangabe, und 4 Dänen: 2 von Ystad, je 1 von Kopenhagen und Nestved. Sie führen fremdes, in 2 Fällen Danziger, in 2 Fällen schottisches Gut.

Die Schiffe der wendischen Städte sind in zwei Abteilungen eingetragen. S. 24 ist überschrieben: »Anno domini 1497 thette aer the, som told hafve gifvet af Østher stædherne, som her

---

[1] Kong Frederik den Førstes Danske Registratur S. 448. Vgl. Schäfer, Deutschland zur See S. 17.

efther schrevne staa i thette aar, som for star screvet siden jeg giorde myn heres nadhe siisth reghenskap«. (Dies sind die, die von den osterschen Städten Zoll gegeben haben, die hiernach geschrieben stehen in diesem Jahr, wie vorgeschrieben steht seitdem ich meinem gnädigen Herrn zuletzt Rechenschaft machte). Es folgen dann 19 Eintragungen, und zwar 9 von Hamburgern, 6 von Stralsundern, 4 von Lübeckern, sämtlich mit Zahlungen. Sie zahlen, weil sie entweder fremdes Gut geladen haben (2 Hamburger Danziger Gut, 2 Stralsunder schottisches, 1 Stralsunder Greifswalder und einer Kamper Gut), oder weil ihre Papiere nicht genügen, »nicht auf Gut lauten«. Bei den vier Lübeckern ist kein Grund des Zahlens angegeben.

S. 26 beginnt eine andere Abteilung, überschrieben: »Anno domini 1497 thette aer the, som encthet hafve gifvet i thette aar, som for staar screvet paa myn herris wegne af Osther staedherne, sidhen jeg giorde myn here siist reghenskap«. (Dies sind die, die nichts gegeben haben in diesem Jahre, wie vorgeschrieben steht von meines Herrn wegen von den osterschen Städten, seitdem ich meinem Herrn zuletzt Rechenschaft machte). Es folgen 45 Eintragungen, hinter jeder: »Gaf inthet« (gab nichts). 28 sind Stralsunder, 7 Hamburger, 4 Rostocker, 1 von Ystad, derselbe Oluf Køpman, der S. 23 als Danziger Gut führend verzeichnet ist, der also in Ballast zurückgekommen sein wird. Dreimal wird der »Danziger Paul Rickenbach von Stralsund« genannt: »Han hadde then gamle here konung Cristierns bref, at han skulde være toldfrii for Hinric Nedherhofs skyld i Dantzke etc.« (Er hatte des alten Herren König Christians Brief, dafs er zollfrei sein sollte um Hinrich Nedderhofs in Danzig wegen). Von Bernt Fechter von Danzig wird gesagt: »Jeg gaf hanom toldfrii for myn heris skyld, at han førde myn heris sendebudh i fiord til England«. (Ich gab ihn zollfrei um meines Herrn wegen, da er meines Herrn Gesandten im Vorjahr nach England führte). Willem Alfarssen von Enkhuisen giebt nichts: »Myn heris skib hade taget fran hanom hvat han hadde«. (Meines Herrn Schiff hatte von ihm genommen, was er hatte)[1]. Von den 45 Ein-

---

[1] Wahrscheinlich geprefst für den Krieg mit Schweden.

tragungen erfolgten also nur 39 auf Grund der Sundzollfreiheit der wendischen Städte.

S. 28 und 29 findet sich ein Verzeichnis der aus dem Sundzoll an den König geleisteten Zahlungen, bezw. für ihn gemachten Ausgaben des Jahres 1497.

Wie beim Weinzoll, so wird auch bei diesem Schiffszoll nicht gleich aus dem ersten uns erhaltenen Jahrgange die Art der Zahlungspflicht völlig klar; man erkennt sie aber mit Hilfe der folgenden Jahrgänge. Ganz frei sind außer den Unterthanen des Königs (Dänen, Schweden, Norweger) nur die wendischen Städte. Diese alle zahlen aber, wenn sie anderes als eigenes Gut führen (eine wendische Stadt z. B. auch für das Gut einer anderen!) oder ihre Papiere nicht in Ordnung sind. Alle andern Passanten zahlen unter allen Umständen vom Schiff mindestens einen Nobel. Danzig und die pommerschen Städte, Enkhuisen, Amsterdam, Monnickendam, Hoorn, Stavoren, Hindelopen, Kampen und die Schotten zahlen nur dann mehr, wenn sie fremdes Gut führen oder ihre Papiere nicht genügen oder fehlen, und zwar 2, Danzig 1497 einmal 3 Nobel, wahrscheinlich weil es sich um fremdes Gut und ungenügende Papiere zugleich handelte. Einmal zahlt ein Danziger 2 Nobel, weil sein Schiff nach Anklam gehört. Dreimal im Jahre 1497 führen Danziger Kamper, dreimal schottisches Gut, einmal ein Anklamer französisches. Monnickendam, Kolberg und ein Schotte aus Dundee zahlen je einmal 2 Gulden, ohne daß der Grund angegeben wird; er wird einer der zwei genannten gewesen sein. Die übrigen Niederländer und Süderseeischen sind mit einem Nobel nur dann frei, wenn sie in Ballast gehen; für Ladung zahlen sie einen zweiten Nobel, sogar einen dritten, wenn das Schiff über 100 Last groß ist. Dieser Fall kommt 1497 zweimal bei einem Edamer, zweimal bei einem Waterlander, einmal bei einem Schiffer aus Medemblik, später häufiger vor. Ein Schiffer aus Ransdorp zahlt einmal vier Nobel, »weil er in Helsingör lud und löschte«, hat also zahlen müssen, als ob er zweimal durch den Sund gefahren wäre. Auch Königsberg und Riga, die Städte des Ordens, sind, wie Jahrgang 1503 lehrt, mit einem Nobel nur für ungeladene Schiffe frei. Eben dort wird erkennbar, daß Engländer und Franzosen in gleicher Weise belastet sind, also hinter den Schotten zurückstehen. Von 1536 an zahlen alle Niederländer ausnahmslos den höheren Satz, während die Ostseestädte (und zwar jetzt auch Königsberg) und die Schotten in alter Weise mit einem Nobel frei sind. Der Grund wird in den Beziehungen des dänischen Königtums zum schottischen und zu Herzog Albrecht von Preußen zu suchen sein.

Die Gesamtsumme des 1497 eingenommenen Schiffszolles berechnet sich auf 981 Nobel[1].

1503.

Die Durchfuhr von Wein ist geringer, sie übersteigt 600 Ohm nicht wesentlich. Es sind eingetragen 8 von Dordrecht, 4 von Amsterdam, 2 von Waterland, 1 von Stavoren, 1 von Edam, 1 von Purmerende, 1 von Zieriksee, 1 von Antwerpen (Anderop), 1 von Kampen und 1 von Ripen (Rywe), so daß also der Wein fast ausschließlich niederländisches Frachtgut ist. Sie zahlen an Zoll zusammen $10^1/_2$ Ohm und 54 rheinische Gulden. Adrian Ben von Dorrecht zahlt für 9 Stücke Wein, die er für den Hochmeister in Preußen mitführt, keinen Zoll. Hochmeister war damals der Vetter der Königin Christine von Dänemark, Friedrich von Meißen. Wein wird gekauft einmal $2^1/_2$ Ohm für 16, einmal 3 Ohm für 21 Gulden.

Unter Schiffszoll finden sich 1085 Eintragungen, ziemlich um die Hälfte mehr als 1497. Sie verteilen sich folgendermaßen: Waterlander 332 (nämlich als solche bezeichnet 193, von Edam 48, Monnickendam 46, Ransdorp 18, Purmerende 15, Broek 8, Landsmeer 2, Katwoude 1, Ilpendam [Elpindam, 11 Kil. nnw. von Amsterdam] 1, von Enkhuisen 123, Amsterdam 112, Hoorn 44, ter Schelling 42, Dordrecht 37, Medemblik 11, Gouda 6, Delft 4, Schiedam 1, also zusammen 712 Holländer; dazu 47 Westfriesen (40 von Stavoren, 3 von Workum [6 Kil. no. von Hindelopen] und 2 von Hindelopen) und 26 Seeländer (14 von Zieriksee, 10 von Veere und 2 von Westenschouwen, 15 Kil. w. von Zieriksee), im ganzen demnach 785 Niederländer. Dazu

---

[1] Der Nobel wird später in den Registern zu $2^1/_2$ rheinischen Gulden gerechnet, 1548 zu 3; der rheinische Gulden ist $1^1/_2$ Mark lüb., $2^1/_2$ Mark dänisch.

kommen noch 15 Brabanter, nämlich 13 aus Antwerpen, 2 aus Bergen op Zoom. Die Süderseeischen sind nur mit 49 Eintragungen vertreten: 47 von Kampen, 2 von Hasselt. Kampen ist von Amsterdam völlig überflügelt! Danzig zählt 120 Eintragungen, Königsberg 3, Riga 1, die pommerschen Städte 45, nämlich Stettin 14, Greifswald 11, Anklam 9, Kolberg 4, Rügenwalde 3, Stolp 3, Wolgast 1, die Ostseestädte also zusammen 169. Schotten sind 42 mal eingetragen, darunter Leith allein 15 mal, Dundee 4, Cupar (Kypers, Kypars, sdl. von Dundee) 4, Dysart (ndl. von Leith, nahe bei Kirkcaldy) 3, Montrose 2, Queensferry (Quynfery, w. von Leith) 2, St. Andrews 2, Kirkcaldy (ther Kedynck, was wohl so zu erklären ist) 1 mal, Schotten ohne nähere Bezeichnung 9 mal. Auch Engländer sind in diesem Jahrgange eingetragen und zwar 21 mal, wovon 12 auf Lynn Regis, 9 auf London entfallen. Auch ein Franzose aus Rouen ist durchgefahren; er zahlt bei der Ostreise 2, bei der Westfahrt 1 Nobel, ist also beladen gekommen und in Ballast zurückgegangen. Ein Däne aus Ripen zahlt 1 Nobel, weil er Kamper Gut führt, desgleichen ein Kopenhagener, der holländisches Gut geladen hat.

Von den 120 Danziger Fahrten geschehen 6 mit fremdem Gut, wobei es sich 1 mal um Elbinger, 1 mal um Amsterdamer, 1 mal um holländisches, 3 mal um schottisches Gut handelt. Von den 193 Fahrten, die als Waterlander bezeichnet sind, wurden 129 mit Ladung ausgeführt (darunter 11 von Schiffen über 100 Last), 64 in Ballast. Ein Amsterdamer zahlt einmal 2 Nobel, weil ein Teil seines Schiffes »hadde heyme i Waterlant«, ein ander Mal ein Amsterdamer ebenso, weil das Gut im Waterlande daheim ist, andererseits einer aus ter Schelling nur einen Nobel, weil Schiff und Gut in Amsterdam daheim sind, ein ander Mal 4 rheinische Gulden, weil ¼ des Schiffes nach Amsterdam gehört. Ein Greifswalder giebt 1½ Nobel, weil er 11 Last fremdes Gut geladen hat, wobei angenommen werden muß, daß die übrige, gleich große oder größere Ladung Greifswalder Gut war. Ein Dordrechter zahlt 1½ statt 2 Nobel, weil er 20 Last Gut hatte; die Ermäßigung wird erfolgt sein, weil die Ladung für volle Zahlung zu klein erschien. Und derselbe Grund scheint vorzuliegen, wenn ein Antwerper 1½ statt 2 Nobel zahlt, weil

er »200 salt inne« hat, was wohl als 200 Tonnen Salz zu verstehen ist.

Ein Kamper zahlt 2 Nobel für »ut och ind«, weil er das erste
Mal durch den Belt lief. In einem Falle läfst der Zöllner es
unbestimmt, ob der Schiffer (Jacob Gebbessen) aus Leith (Lecht
i Schotland) oder aus Waterland ist. In einem Falle wird ein
Schiffsname genannt: Jacob Koppe de guldene hant af Waterlant. Der schon im Jahrgang 1497 erwähnte Bernt Fechter von
Danzig zahlt 2 Nobel, weil »hans bref wor owerslochtet« (S. 12,
vgl. oben S. 101), eine Bemerkung, deren Sinn ich auch mit
Hilfe der Herren vom Archive nicht zu deuten vermochte.

Die folgenden 24 Eintragungen von Schiffern, die zahlungs-
pflichtig werden durch fremdes Gut oder ungenügende Papiere,
betreffen 15 Stralsunder, 5 Lübecker, 3 Hamburger, 1 Rostocker
Schiffer. Ein Lübecker und ein Hamburger zahlen jeder 2 Nobel,
weil sie weder auf Schiff, noch auf Gut Brief haben, ein Stralsunder 2, weil er keinen Brief aufs Gut hat, wobei angenommen
werden mufs, dafs das Gut fremdes war. Ein Stralsunder zahlt
für 9 Last fremdes Gut einen rheinischen Gulden, ein anderer
für 20 Last ¹/₂ Nobel, ein dritter 2 rheinische Gulden für Mühl-
steine, die in Lübeck daheim waren.

In der Abteilung der Nichtzahlenden finden sich 104 Eintragungen; 82 gehören nach Stralsund, 9 nach Hamburg, 4 nach
Rostock, 3 nach Lübeck, 2 nach Enkhuisen, 1 nach Ripen und
2 betreffen ein Schiff des Dänen Aage Andersen. Von Ewert
Tapper von Enkhuisen heifst es bei der ersten Reise, dafs er
nichts gab: »Han er toeld fry; thet er thet skib, myn here teyne (!)
i fejor«. (Er ist zollfrei; es ist das Schiff, das meinem Herren
im vorigen Jahre diente), bei der zweiten Reise, er habe des
Königs Brief, dafs er eine Zeit zollfrei sein solle. 3 Rostocker
führen Gut des Herzogs von Pommern und geben dafür nichts.
Kornelius van der Gest von Antwerpen giebt nichts: »Thet wor
thet skib, som blef for Kobenhaven syst i høst; her Tyghe
Krabbe schref mek, at jeg icke schulde tage told af hanom« (Das
war das Schiff, das vor Kopenhagen spät im Herbst blieb; Herr

Tyge Krabbe — damals Schlofshauptmann in Kopenhagen — schrieb mir, dafs ich keinen Zoll von ihm nehmen solle).

Es folgt wieder ein Verzeichnis der Zahlungen an und für den König.

Die Gesamtsumme des Zolles beträgt 1464 Nobel und ½ Gulden.

1528.

Unter Weinzoll sind nur 12 Schiffer eingetragen, 10 holländische (darunter 1 von Rotterdam, das hier zum erstenmale vorkommt), je 1 von Stavoren und Kampen. Von 5 holländischen Schiffern heifst es, dafs sie einen »Weinmann« inne haben, den Eigentümer des Weines. Man hat sich darunter einen niederrheinischen Kaufmann zu denken und anzunehmen, dafs auch in früherer Zeit solche »Weinmänner« die Reise in der Regel mitmachten. Die Gesamtdurchfuhr blieb noch hinter der von 1503 zurück und erreichte wohl kaum 500 Ohm. Der erhobene Zoll betrug 54½ rheinische Gulden und 1 Mark nebst 6 Ohm und 8 Viertel (ferding) Wein.

Auch die Frequenz unter Schiffszoll bleibt weit zurück hinter der von 1503, übertrifft nur wenig die von 1497. Es sind 790 Posten eingetragen. Der Ausfall (295) wird aber überwiegend von den Niederländern gedeckt, 543 gegen 785 in 1503, demnach 242 weniger. Unter ihnen sind diesmal 297 Waterlander (gegen 332 in 1503, nämlich von Ransdorp 66, Monnickendam 45, Edam 24, Landsmeer 23, Purmerende und Purmerland 23, Broek 22, Zunderdorp 21, Ilpendam 15, Zuiderwoude 13, Oostzaan [Ossaen, Osaen, o. von Zaandam] 11, Zaandam 10, Wormer 9, Buiksloot [Bukeslot, 3 Kil. no. von Amsterdam] 6, Oosthuisen [am Nordende des Waterlandes, 10 Kil. nw. von Edam] 3), dann von Enkhuisen 60, ter Schellinge 53, Amsterdam 37, Hoorn 17, Haarlem 4, Grootebroeck (4 Kil. w. von Enkhuisen) 4, Medemblik 3, Dordrecht 3, Bovenkarspel bei Enkhuisen (Bokaspel) 1, Westfriesen von Stavoren 41, von Hindelopen 6, Seeländer von Zieriksee 4, von Middelborg 3. Aus Antwerpen sind 2, aus Friesland ohne Angabe, ob Ost- oder Westfriesland, 4, aus Kampen nur 2, aus Bremen 1. Die Ostseestädte sind mit 160 Eintragungen vertreten: Danzig 118, Elbing 3, das preufsische Königsberg 10, die pommerschen Städte: Greifswald 14, Kolberg 6, Stettin 5, Anklam 4. 30 Eintragungen betreffen Schotten: Leith 7, Dundee 5, Dysart 4, Dunfermline 3, Edinburgh 2, Kirkcaldy (Karkole, Karkade, nicht der gleiche Schiffer) 2, Gemessen (vielleicht Garmouth in Elgin) 1, 6 ohne Heimatsangabe. Engländer sind diesmal zahlreicher als die Schotten verzeichnet, 47 mal: Newcastle 17, Hull 12, London 9, Yarmouth 3, Grimsby (Ginsbuy) und Berwick je 1, 4 ohne Heimatsangabe.

Von Zollfreien, die gezahlt haben, finden sich 42 Eintragungen, nämlich 13 von Lübeck, 12 von Hamburg, 10 von Stralsund, 4 von Dänen aus Kopenhagen, 2 von solchen aus Warberg, 1 von Stockholm mit der Angabe, Schiff und Gut gehöre Gustaf Wasa und zahle deshalb nichts.

Von 71 Eintragungen über Nichtzahlungen betreffen 33 Stralsund, 14 Lübeck, 10 Rostock, je 5 Hamburg und Wismar, je eine einen Schweden, der Gut schwedischer Reichsräte, einen Dänen und einen Niederländer, die Gut dänischer Reichsräte führen. Ein Niederländer von Landsmeer läuft vom Sunde aus zurück und zahlt nicht.

Die Gesamtsumme des Wein- und Schiffszolles beträgt 3603¹/₂ rhein. Gulden und 1 Mark dän. (vgl. S. 9) nebst dem Weine. Eingerechnet ist ein im Sunde aufgefischter Anker, der um 12¹/₂ Gulden vom Zöllner an einen Anklamer verkauft wird zum Besten des Königs.

Die Jahre 1536—1548 zeigen bedeutende Schwankungen. Der Weinhandel nimmt 1536 und 1537 ganz erheblich zu, um dann wieder zu sinken. 1543 haben nur zwei Schiffer Wein geladen, ein Hamburger und ein Stralsunder. 1547 erreicht der Weinzoll den höchsten bisherigen Ertrag: 1321 rhein. Gulden von 4956 Ohm, also fast 5 mal so viel wie 1497. 1536 ist unter den Weinführenden kein einziger Niederländer; vertreten sind Köln, suderseeische und geldernsche Städte, Königsberg und Reval. 1537 erscheinen die Niederländer wieder, aber die

Nichtniederländer sind doch noch in der Mehrzahl, 1538 über-
wiegen jene wieder.

Der Schiffszoll bringt 1536 nur 834 Nobel, schnellt aber
1537 auf 2715 Nobel empor, um bis 1542 wieder auf 1370,
1543 sogar auf 236 Nobel herabzusinken und dann wieder zu
steigen: 1544 auf 1251 Nobel, 1545 auf 1980, 1546 auf 1980,
1546 auf 2422, 1547 auf 2705 Nobel.

Es liegt nahe, die Erklärung dieser Schwankungen in der
politischen Zeitlage zu suchen, im Fehdestand Christians III.
mit den Burgundischen bis zum Brüsseler Stillstande vom 3. Mai
1537 und im kleveschen Kriege 1542—1544 [1].

Im Jahre 1537 erscheint zum erstenmale der Kupferzoll.
Die »Fugger« führen von Danzig her 564 Last Kupfer durch
den Sund, das besonders verzollt wird und zwar mit $^1/_2$ rhein.
Gulden die Last. Bis 1546 erhält sich dieser Handel ungefähr
auf gleicher Höhe; 1547 werden aber nur 53 Last durchgeführt.
1557 wird der Kupferzoll mit 3 Gulden die Last berechnet.
Die Menge des in den Jahren 1554—1557 durchgeführten Kupfers
wird auf 1053 Last angegeben, also durchschnittlich um 200
Last weniger als in den Jahren 1537—1546.

Die Ballastschiffe führen in diesen Jahren viel Salz, das dann
mit rheinischen Gulden verzollt wird, 200 »Salz« (so der gewöhnliche Ausdruck) z. B. mit $^1/_2$, 300 mit einem rheinischen
Gulden.

Schon diese wenigen Notizen genügen, um zu einigen all-
gemeineren Sätzen zu gelangen.

Zunächst fällt das Vorwiegen der Niederländer auf, worunter
hier die Holländer, Westfriesen und Seeländer verstanden sind.
Sie bilden

    1497 66,6 % (487 von 731)
    1503 72,3 % (785 von 1085)
    1528 68,7 % (543 von 790)

der Durchgehenden. Noch stärker fällt das Übergewicht auf
einen Punkt, wenn man allein die eigentlichen Holländer ins
Auge faßt. Sie machen

---

[1] Vgl. Schäfer, Geschichte von Dänemark IV, S. 445 ff., 457 ff.

1497 61,7 % (451 von 731)
1503 65,6 % (712 von 1085)
1528 61,9 % (489 von 790)

aus, also beträchtlich über die Hälfte. Faßt man die gesamten, gegenwärtig als niederländisch bezeichneten Gebiete zusammen, so vertreten sie

1497 77,1 % (564 von 731)
1503 78,2 % (849 von 1085)
1528 69,9 % (552 von 790).

Das Zurücktreten im Jahre 1528 wird bis auf weiteres zurückgeführt werden müssen auf die Erschwerung des Verkehrs, die doch wohl in den nächsten Jahren nach den Erfolgen der Lübecker von 1523/24 für die Niederländer eingetreten ist[1].

Zum Schlusse des Jahres 1563 werden die folgenden Eintragungen zusammengestellt:

Niederländische Schiffe (im weitesten Sinne) . . 2892
Emdener 160
Engländer 144
Schotten 139
Franzosen 22
deutsche Ostseeschiffe ohne wendische . . . 316
dänische und wendische mit fremdem Gut . . 175
freie wendische 267
Gesamtzahl 4115

Die Niederländer machen in diesem Jahre also 70,3 % aus.

Bei der Beurteilung dieser Zahlen ist allerdings wohl zu beachten, daß die Schiffe der Ostseestädte wahrscheinlich im Durchschnitt größer waren und weniger in Ballast gingen als die niederländischen. Die letzteren scheinen viel damit beschäftigt gewesen zu sein, Fracht aus der Ostsee zu holen.

---

[1] Für das Jahr 1531 haben wir die Angabe (Kong Frederik den Førstes Danske Registranter S. 448), daß 310 holländische Schiffe (rein holländische, wie sind nach den Heimatsorten zusammengestellt) durch den Sund gingen. Es wird aber nicht völlig klar, ob es sich um Schiffe oder nur um ein Verzeichnen der Hinfahrt handelt. Ersteres ist doch das Wahrscheinlichere, und dann würden die rein holländischen Eintragungen 1531 die Zahl von 620 oder mehr erreicht haben.

Eine andere auffallende Erscheinung bieten die wendischen
Städte dar. Ihre Schiffe, und besonders die der Lübecker, erscheinen in eigentümlich geringer Zahl, und unter denselben
nehmen wieder die Stralsunder in überraschender Weise den
Vorrang ein. Es sind

1497 von 58 Wendischen 34 Stralsunder 4 Lübecker
1503 „ 122 „ 97 „ 8 „
1528 „ 102 „ 43 „ 27 „

Ganz unzulässig ist die Annahme, daſs Lübeck in Handel
und Schiffahrt hinter Stralsund zurückgestanden habe. Man wird
in diesen Zahlen nichts anderes sehen können als einen Beleg,
daſs die Lübecker an der direkten Fahrt von den östlichen
baltischen Häfen in die Nordseegewässer sehr wenig beteiligt
waren. Sie betrieben den ostwestlichen Waarenaustausch über
ihre eigene Stadt, durch Trave und Elbe. Das Gleiche ist mit
Hamburg der Fall. Um in dieser so wichtigen Frage, über die
allein statistisches Material volle Aufklärung schaffen kann, Auf-
schluſs zu erhalten, wäre eine Bearbeitung der Zollregister Lübecks
notwendig und zugleich von höchstem Wert. Sie sollte in Angriff genommen werden, so bald nur irgend möglich.

Rostock und Wismar scheinen auch wesentlich auf Lübecks
Handelswegen thätig gewesen zu sein und daher im Sundverkehr
so wenig hervorzutreten.

Am Bergenhandel, und überhaupt am norwegischen Verkehr,
waren Lübeck, Rostock und Wismar in hervorragender Weise
beteiligt. Zweifellos übersteigt die Zahl ihrer alljährlich diese
Fahrt machenden Schiffe wesentlich die im Sund verzeichnete.
Es kann kaum anders sein, als daſs diese Fahrt durch den Belt
gemacht wurde. Das gleiche wird mit der Englandsfahrt der
Fall gewesen sein. Die Lübecker Zollbücher sind die unentbehr-
liche Ergänzung zu den Sundzollregistern, wenn die Handels-
bewegung klar werden soll.

Das Jahr 1528 zeigt eine bedeutende Steigerung der Lübecker
Schiffahrt durch den Sund, obgleich die Gesamtzahl der Wendischen gegenüber der von 1503 zurück steht. Und weiterhin ist
die direkte Fahrt durch den Sund offenbar bei den Wendischen
mehr und mehr aufgekommen. 1537 gingen von ihnen ungefähr
200 nichtzahlende Schiffe durch, 1547 etwa ebensoviel, und

aufserdem wurden von zahlenden noch 419 rheinische Gulden erhoben, was einer Passage von über 100 weiteren Schiffen entspricht. Die S. 109 mitgeteilte Liste verzeichnet 267 wendische und 175 eigentlich freie, aber doch zahlende Schiffe. Unter den letzteren sind allerdings Dänen zahlreich vertreten, die Wendischen aber doch weit in der Überzahl. Sie betreiben eine starke Frachtschiffahrt aus der Ostsee besonders mit englischem Gut. Lübecks Stellung wächst unter den Wendischen bedeutend. Man hat sich eben den neuen Erfordernissen angepafst, als die alte Form des Handels mit den Stapelwaren nicht mehr gehalten werden konnte.

In Betreff der dänischen Schiffe mufs angenommen werden, dafs nur die eingeschrieben wurden, die in ausländischer Fahrt durch den Sund gingen, die aber auch, wie die Eintragungen unter den Nichtzahlenden belegen, vollständig. Im Laufe des 16. Jahrhunderts ist ihre Zahl in starkem Steigen begriffen. Über die innerdänische Schiffahrt gewähren die Sundzollregister keinen Aufschlufs.

Der Aufgabe, die Sundzolllisten allgemeinerer Benutzung zugänglich zu machen, ist man in jüngster Zeit in Dänemark näher getreten. Der Carlsbergfonds hat für einige Jahre zu diesem Zwecke einen ansehnlichen Posten in seinen Etat eingestellt. Mit der Ausführung der Arbeiten ist Frau Dr. Nina Bang betraut, unter der Oberaufsicht von Professor Dr. Eduard Holm. Von einer vollständigen oder auch nur annähernd vollständigen Publikation kann selbstverständlich nicht die Rede sein. Der Stoff mufs gründlich durchgearbeitet, durchgezählt und durchgerechnet werden, und nur um die Publikation der Resultate kann es sich handeln. Den ganzen vorhandenen Stoff in dieser Weise durchzunehmen, übersteigt Arbeits- und Lebenskraft eines einzelnen Menschen. So hat man sich zunächst mit dem Jahre 1660 bezw. 1658 (s. oben S. 96) ein Ziel gesetzt. Aber auch für diese Periode können nicht alle Jahre einzeln durchgearbeitet werden, wenigstens nicht in der erschöpfenden Weise, wie Frau Dr. Bang das begonnen hat. So ist man dahin gekommen, zunächst immer ein zehntes Jahr in Angriff zu nehmen. Wünschenswert wäre es aber im höchsten Grade, ja geradezu unentbehrlich,

dafs für die zwischenliegenden Jahre wenigstens die Zahl der
Schiffe und ihre Verteilung auf die einzelnen Heimatländer festgestellt und das Ergebnis der Publikation beigegeben würde.
Nur so würde man die Bedeutung der Probezahlen in richtigem
Lichte sehen können. Da die Akten der dänischen Verwaltung
in mustergültigster Weise der Forschung zugänglich gemacht
werden[1], kann man die Zeit voraussehen, in der es möglich
sein wird, vollen Einblick zu gewinnen in die Entwickelung des
Sundzolles und dadurch zugleich wesentlich klarere Vorstellungen
über den Gang des europäischen Handels.

---

[1] Vgl. Schäfer, Geschichte von Dänemark IV, 206; dazu kommen noch
Laursen, Kancelliets Brevbøger, 3 Bde., 1561—1575 und Secher, Corpus
Constitutionum Daniae. Forordninger, Recesser og andre kongelige Breve,
5 Bde., 1558—1638. Beide Werke werden noch fortgesetzt.

NACHTRAG.

Als dieser Aufsatz schon geschrieben war, kam mir das
Protokoll der Versammlung des schwedischen allgemeinen Handels-
vereins am 9. August 1899 in Stockholm zu Gesicht (Sveriges
Allmänna Handelsförenings Månadsskrift nr. 9 B). Es enthält
S. 8—11 einen Vortrag, den Dr. Karl Hildebrand, Docent in
Upsala, auf dieser Versammlung über »Schwedens Teilnahme
am Ostseehandel im 16. Jahrhundert« gehalten hat. Dieser Vortrag enthält eine Zusammenstellung der in den Jahren 1562—
1580 durch den Sund gesegelten Schiffe, die ich an dieser Stelle
wiederzugeben für richtig halte, da der Vortrag in Deutschland
nicht leicht zugänglich ist. Dr. Hildebrand stellt die Eintragungen
in drei Gruppen zusammen, die sich aus der oben S. 96 und
109 gekennzeichneten Art der Buchführung und Schlußsüber-
sicht natürlich ergeben:

1. Niederländische Städte und Emden %		2. Deutsche, liv- ländische, schwe- dische und däni- sche Städte %		3. England, Schottland, Frankreich u. a. %		4. Summe der Fahrzeuge
1562 : 2558	70	901	24	206	6	3665
1563 : 3052	74	758	18,5	305	7,5	4115
1564 : 2599	80	515	16	131	4	3245
1565 : 3172	92	159	4,5	123	3,5	3454
1566 : 3235	83	362	9	308	8	3905
1567 : 2947	84	379	11	190	5	3516
1568 : 2745	77	562	16	268	7	3575
1569 : 1902	62	904	29	269	9	3075
1574 : 2958	65	1191	26	408	9	4557

1. Niederländische Städte und Emden %		2. Deutsche, livländische schwedische und dänische Städte %		3. England, Schottland, Frankreich u. a. %		4. Summe der Fahrzeuge
1575 : 2432	64	971	26	365	10	3768
1576 : 2318	60	1178	30	379	10	3875
1577 : 3174	66	1273	27	329	7	4776
1578 : 3216	64	1174	24	605	12	4995
1579ᵃ: 2372	63	1065	28	327	9	3764
1580 : 2421	63	1177	31	230	6	3828

Hildebrand hat auch einige Zählungen durchgeführt über den Abgangsort der von baltischen Häfen her durch den Sund gehenden Schiffe. Darnach kamen von

	1562		1574	
Danzig	1060	59 %	1354	59 %
Riga	191	aller aus der	199	
Königsberg	128	Ostsee kommenden	172	
Stralsund	111	Schiffe	?	
Lübeck	47	2,7 %	82	3,5 %
Stockholm	19		5	
sonstigen schwedischen				
Ostseehäfen	14		3	

Die Ziffern aus den schwedischen Zollregistern, die Hildebrand nach Forssell, Sveriges inre historia, doch in anderer Gruppierung, giebt, sind für den Ostseehandel auch von großem Interesse; da sie aber nicht den Verkehr durch den Sund betreffen, will ich mich hier begnügen, auf sie zu verweisen.

IV.

ZUR ORTS- UND WIRTSCHAFTSGESCHICHTE SOESTS IM MITTELALTER[1].

VON

THEODOR ILGEN.

---

[1] Der Aufsatz bringt den wesentlichen Inhalt eines auf dem Hansetage in Soest 1897 gehaltenen Vortrages. Angeregt wurde er hauptsächlich durch die Notizen, die sich über Soester Gebäulichkeiten u. ä. in einem alten Nekrologium des Patroclistiftes gefunden haben und die bisher für die Ortsgeschichte nicht herangezogen waren. Sie sind im Auszug in der Anlage mitgeteilt. Leider war es mir nicht möglich durch Nachforschungen an Ort und Stelle und durch eingehendere Benutzung der in Betracht kommenden Abteilungen des Stadtarchivs in Soest dem Aufsatz die wünschenswerte breitere Grundlage zu geben; ich habe mich darauf beschränken müssen, den mehr skizzenhaften Bemerkungen die mir zu Gebote stehenden Quellenbeweise beizufügen.

8 *

Länger denn drei Jahrhunderte bestand schon in Soest eine Ansiedlung, ehe in der Mitte des 12. Jahrhunderts freilich auch noch recht spärlich auftretende urkundliche Zeugnisse uns erkennen lassen, dafs dem aufblühenden Ort die Eigenschaften anhafteten, die wir heute als die wesentlichen für den Begriff einer Stadt anzusehen pflegen. Erzbischof Kunibert von Köln, dessen Regierungszeit in die erste Hälfte des 7. Jahrhunderts fällt, soll Soest für St. Peter in Köln erworben haben; indessen hat es seine Nachfolger noch manche Kämpfe gekostet, den Erwerb gegen Ansprüche von anderer Seite sicher zu stellen. In Erinnerung an die Verdienste seines Vorgängers hat im Jahre 1074 Erzbischof Anno II. der Heilige, dem zu dessen Ehren in Köln errichteten Kloster Einkünfte in Soest überwiesen[1]. Die Abtei Werden hatte bereits um 800 in »Suosat« eigenhörige Leute, von denen sie jährlich bestimmte Geldzinsen bezog[2]. Als im Jahr 836 der Leib des h. Vitus von dem Mutterkloster Corbie über Köln nach Corvey geführt wurde, rastete der Zug in der »villa Sosat« und eine gewaltige Schar von andächtigen Christen gab ihm dann am nächsten Tag dem Translationsbericht zufolge das Geleite. Die völlige Christianisierung der Gegend scheint aber erst durch die Insassen des von Erzbischof Bruno von Köln gegründeten Kanonikatstiftes herbeigeführt zu sein. Er bewirkte auch noch, dafs die Gebeine des h. Patroclus, der zum Patron des Stifts erhoben ward, am 9. Dezember 964 hier beigesetzt wurden. Damals heifst es von Soest, dafs es reich an

---

[1] S. die Chroniken der deutschen Städte XXIV, Einl. S. 14 (in der Folge als »Städtechroniken« bezeichnet).

[2] Seibertz, U.-B. (zur Landes- und Rechtsgeschichte des Herzogtums Westfalen) III, Nr. 1060.

irdischen Schätzen und stark bevölkert gewesen sei und dafs es
nicht nur unter den sächsischen Völkerschaften, sondern auch
bei den Bewohnern anderer Provinzen einen Namen gehabt habe.
Die Burg hierselbst machte in eben dieser Zeit auf einen arabi-
schen Reisenden, der von Schleswig kommend auch Paderborn
und Soest berührte, einen so imponierenden Eindruck, dafs er
danach den Ort als Kastell charakterisierte [1].

Die Soester Pfalz scheint von einem der Erzbischöfe von
Köln zur Sicherung des entfernt gelegenen Besitzes errichtet zu
sein. Bereits in der zweiten Hälfte des 12. Jahrhunderts war
sie jedoch derart verfallen, dafs sich Erzbischof Philipp veranlafst
sah, sie den Bürgern der Stadt zum Bau eines Hospitals zu über-
weisen [2]. Aus der schrägen Richtung, in der sie zur ältesten
Soester Kirche, der Peterskirche, gelagert war, möchte man
schliefsen, dafs sie noch eher als diese und deren eventuelle
Vorläufer entstanden war. Eine starke Mauer schlofs die Burg
von dem Petrikirchhof ab, dessen heutiges Niveau, wie Ausgrabungen ergeben haben, um etwa sechs Fufs höher liegt, als
die ehemaligen Eingänge jener, von denen noch zwei Thorbögen
erhalten sind [3]. St. Peter war der »Hauptherr« von Soest bis
zum Übergang der Stadt an die Herzoge von Kleve, die ihm
geweihte Kirche die Mutterkirche der übrigen Pfarreien im Orte.

Um Petrikirchhof aber haben sich offenbar die ältesten An-
siedlungen angesetzt. Im Osten lagerte sich das Patroclistift vor,
dessen Münster mit dem gewaltigen Turm freilich erst gegen
Ende des 12. Jahrhunderts vollendet sein dürfte [4]. Das Prätorium,
bei dem Gericht stattfand, wird schon um 1160 erwähnt [5]; es

---

[1] Städtechroniken XXIV, Einl. S. 13 ff.

[2] Seibertz, U.-B. I, Nr. 75. Die Urkunde ist uns nur in einer Niederschrift
aus dem 14. Jahrhundert (Stdt.-A. Soest, Vorwerckſche Samml. I, 3) erhalten.
Der auffällig geschraubte Stil der Urkunde nicht nur, sondern auch das für
diese Zeit nicht gewöhnliche Datum, die Aufführung des Henrici comitis de
Thuringia als Zeugen, die Verschreibung bei Nennung Johannis prepositi
de Siuzake statt Seflike (vgl. Seibertz U.-B. I, Nr. 76) machen die Urkunde ver-
dächtig. An dem Faktum selbst ist nicht zu zweifeln.

[3] S. Zeitschrift des Vereins für die Geschichte von Soest und der Börde
(Soester Ztschr.) 1895/96, S. 22—28.

[4] Aldenkirchen, Die mittelalterliche Kunst in Soest S. 6.

[5] Seibertz, U.-B. I, Nr. 58, vgl. dazu die Urk. von 1246 Mai 19 a. a. O.
Nr. 242.

ist wohl identisch mit der 1230 genannten domus consulum [1],
an deren Stelle, an der Nordostseite der Peterskirche, das jetzige
Rathaus erbaut ist. Ihm gegenüber, beim Petrikirchhof lag auch das
Haus »Zum Spiegel« [2], das aus dem Besitz des Apostelnstiftes in
Köln in den des Patroclistiftes in Soest übergegangen ist [3]. Aus
ihm und dessen Nachbarhäusern bezog das zuletzt genannte Stift
mindestens bereits im 12. Jahrhundert verschiedene zu Memorien
gestiftete Renten, wie wir aus dessen altem Nekrolog [4] erfahren.

Die Kirchhöfe müssen überhaupt bei den geschlossenen An-
siedlungen in alter Zeit eine grofse Rolle gespielt haben. Hinter
ihren Mauern suchten im Falle der Not die Ortseingesessenen
eine Zufluchtsstätte, während sich aufserhalb derselben, wie wir
das gleich bei der neuen Kirche in Soest sehen werden, Kaufhallen ansetzten.

Und ganz unzweifelhaft ist auch der Platz um den Kirchhof
der alten Kirche, wie St. Peter ebenfalls genannt wird, der Ort
für den ältesten Marktverkehr in Soest gewesen. Die ältesten
Nachrichten über das Haus »Zum Spiegel« und dessen Nachbar-
häuser lassen erkennen, dafs bei ihnen die erste Reihe der Bäcker-
bänke gelegen war [5]. Die erste Reihe setzt aber eine zweite
voraus, die uns das Nekrolog des Patroclistiftes gleichfalls an
mehreren Stellen namhaft macht [6]. Und dabei stellt sich weiter
heraus, dafs auch bei Patroclimünster eine Brotbank stand [7].
Vielleicht, dafs sie nur den Ausläufer einer der beiden Reihen
von Bänken beim Haus »Zum Spiegel« bildete und diese demnach in der Richtung der heutigen Rathausstrafse aufgestellt
gewesen sind [8].

Die Bedeutung des Petrikirchhofes mit Umgebung spricht
sich auch in den zahlreichen Zugängen, die von verschiedenen

---

[1] Seibertz, U.-B. I, Nr. 190: vgl. auch Soester Ztschr. 1883/84, S. 81.

[2] S. die Anlage unter Nr. 65 und Urk. St.-A. Münster, Soest-Patroclus
1378 Sept. 5: domus dicta tho dem Spegele apud cimiterium veteris ecclesie
s. Petri.

[3] Ebenda Msc. VII, 6102 fol. 15 und 65ᵛ, Urk. von 1246.

[4] S. die Anlage unter Nr. 4 ff.

[5] S. die Anlage unter Nr. 4 ff.

[6] Ebenda unter Nr. 23 ff.

[7] Ebenda.

[8] S. den anliegenden Plan der Stadt.

Seiten zu ihm hinführen, aus. In diesen Strafsen finden wir
nun ebenfalls Kaufhallen und Handwerkerbuden in alter Zeit
konzentriert. Da ist zuerst das Haus der alten Schleswiger
Bruderschaft zu nennen, die sogenannte Rumeney, die wir mit
Sicherheit in der Strafse, die den Petrikirchhof zwischen Rathaus
und Münsterkirche her mit dem Paradeplatz verbindet, und zwar
an der Stelle, an der jetzt die städtische Spar- und Kämmerei-
kasse liegt, zu suchen haben. Ursprünglich Eigentum der
Schleswiger, von denen nur das Wortgeld an den Zinsmeister,
wahrscheinlich als Nachfolger des städtischen Schultheifsen zu
zahlen war, scheint es später an die Stadt übergegangen und
öffentliches Weinhaus geworden zu sein. Noch zu Ausgang des
13. Jahrhunderts standen an diesem Haus, dem wir uns wohl
Laubengänge vorgebaut denken müssen, sechs und mehr Gademen,
aus denen beträchtliche Zinsen in die gemeinschaftliche Kasse
der Bruderschaft flossen [1]. Auch ruhten auf diesen Gademen
Renten, die für Memorienfeiern im Münster gestiftet waren [2].

Da die domus fullonum, das Kümperhaus [3], und die ihr
gegenüberliegenden steinernen Gademen mit Renten zu demselben
Zweck sehr stark belastet sind, haben wir vielleicht auch dieses
als in der Nachbarschaft des Stiftes gelegen anzusehen. Indessen
bedurften die Kümper zu ihrem Geschäft des Wassers; sie werden
daher einen Platz beim Kolke oder dem grofsen Teiche für ihre
Werkstätte ausgesucht haben. Das Nekrologium des Patroclistiftes
nennt uns auch das Haus Berenclau [4]; der Name, wie der Zusatz, dafs in ihm Stricke angefertigt wurden, läfst auf sein höheres

---

[1] S. die Rolle über die Ausgaben und Einnahmen der Schleswiger
Bruderschaft von 1291 mit Fortsetzung, gedruckt Hansisches U.-B. II, Nr. 666
u. Soester Ztschr. 1892/93, S. 171—176.

[2] S. die Anlage unter Nr. 26 ff.

[3] S. die Anlage unter Nr. 5 ff. Über die Stiftung des Hermann Okker
unter Nr. 9 besitzen wir die freilich undatierte Urkunde, die wahrscheinlich
in das zweite Jahrzehnt des 13. Jahrhunderts gehört (Abschr. des 14. Jhs.
in Mrc. VII, 6102 fol. 28 des St.-A. Münster). Danach hat der Kanonikus
im ganzen 12 β Rente zu Seelenmessen in domo fullonum, que Kumperehus dicitur vermacht. Die domus fullonum ist offenbar gleichbedeutend
mit der römischen fullonica oder dem fullonium, dem Waschhaus und der
Werkstätte der Tuchwalker, wie solche in Pompeji aufgedeckt sind.

[4] S. die Anlage unter Nr. 10.

Alter schliefsen. Das Gleiche gilt von dem Pes Bovis, Ochsen-
fufs, genannten Haus, das ehedem zu den Claustralhäusern des
Stiftes zählte. Am Ausgang des 13. Jahrhunderts wohnt ein
Schuster Johannes darin[1]. Die Schuhmacher aber hatten ihre
Gademen an der Mauer des Hospitals[2], also offenbar in der
vom Petrikirchhof ausgehenden Hospitalstrafse.

Die zwischen der Petrikirche und Patroclimünster herführende
Strafse, die heute die Rathausstrafse genannt wird, stellt die
Verbindung zwischen dem Kungelmarkt und Wippergasse einer-
und dem alten Hellweg, der jetzigen Jakobi- und Thomästrafse
andrerseits her. Mit diesen beiden Endpunkten dürften die
Grenzlinien für die nördliche und südliche Ausdehnung des alten
»Suosat« gegeben sein, das im Westen wahrscheinlich in der
Längsrichtung der Marktstrafse, im Osten in den dem sogenannten
Kolk folgenden Weg seinen Abschlufs fand. Selbst bei einem
flüchtigen Blick auf den Stadtplan scheint sich mir dieses Viereck,
das von Osten nach Westen etwas länger gezogen ist, in seiner Ge-
schlossenheit gegenüber dem sonst regellosen Strafsengewirr auffällig
herauszuheben[2]. Dahinein fällt dann auch noch die am Hellweg
gelegene, zu den ältesten uns erhaltenen kirchlichen Bauwerken in
Soest zählende Kapelle, die dem h. Nikolaus, dem Patron der
Schiffer und Kaufleute geweiht ist, und den Intentionen ihrer
Stifter entsprechend in symbolisierender Weise in Schiffsform gebaut sein soll[3].

Wie lange die Ansiedlung in diesem beschränkten Umfange
bestanden hat, vermögen wir freilich nicht zu bestimmen. Demnächst scheint sich die Stadt nach Westen ausgedehnt zu haben,
da die beiden nach dieser Richtung benannten Hoven, die grofse
und kleine Westhove, das Petrikirchspiel ausmachen[4]. Dafs ein

---

[1] Er wird in dem aus der zweiten Hälfte des 13. Jahrhunderts stammenden Einkünfteverzeichnis des Hohen Hospitals (Stdt.-A. Soest, Hohes Hospital)
genannt: Item Johannes sutor de Pede Bovis dabit dimidiam marcam de taberna
sua duobus terminis; item de qualibet taberna in eodem ordine sita dabuntur
nobis II° solidi duobus terminis. Im Nekrolog des Patroclistiftes erscheint
das Haus mehreremale, s. Anlage unter Nr. 1 u. s. w.

[2] S. den anliegenden Plan.

[3] Soest, seine Altertümer und Sehenswürdigkeiten S. 79.

[4] Städtechroniken XXIV, Einl. S. 28.

Teil der Stadt auf grundherrlichem Boden gebaut ist, erhellt schon daraus, dafs nach den §§ 32—34 des ältesten Teiles des Stadtrechtes von Soest der erzbischöflichen Schultheifs das Wortgeld in der Stadt erhebt. Zwischen diesem und den Kanonikern des Stifts besteht bereits 1141 über ein bei Patroclimünster gelegenes Häuschen, das ersterer als zum Hof Gelmen gehörig in Anspruch nimmt, Streit[1]. Es müssen also Ländereien dieses Hofes schon früh in den städtischen Bezirk einbezogen sein. Daraus erklären sich auch die Mafsregeln, die Erzbischof Bruno von Köln 1134[2] gegen die Zersplitterung der Einkünfte und Gerechtsame des Gelmerhofes ergreifen zu müssen glaubte, indem er das Eindringen von Freien in die Hofesfamilie, die die dinglichen Lasten von sich abzuschütteln wufsten, erschwerte. Indessen dem Zug der Bevölkerung nach Konzentration liefs sich nicht mehr Einhalt gebieten. So sah sich Erzbischof Rainald von Dassel 1165 veranlafst, weitere Strecken des Gelmerhofes zu parzellieren und in Erbleihe zu geben[3]. Wir hören später, dafs der Bischofskamp nahe bei der Stadtmauer zu dem genannten Hof gehörte[4]; er lag gewifs in der Nähe des Bischofshofes, in der Hove Hellweg, im Thomaskirchspiel, auf dem Erzbischof Philipp von Heinsberg zum Ersatz für die alte Burg bei St. Peter die neue Pfalz errichtet hatte. Da sich dieser Bezirk im Südosten unmittelbar an den Hellweg anschliefst, da ferner dessen Kirche, die dem h. Thomas geweiht war, bereits in den frühesten Eintragungen des alten Nekrologs des Patroclistiftes erwähnt wird, ebenso wie der teilweise dazu gehörende Grandweg mit dem Grandthor, so ist zu vermuten, dafs die Besiedlung des alten »Suosat« auch nach dieser Richtung hin schon sehr früh erfolgt ist.

Aufser dem Kirchspiel St. Thomä findet neben einmaliger Anführung der Nikolaikapelle[5] nur die »parochia sancte Marie

---

[1] Seibertz, U.-B. I, Nr. 45.

[2] Westfälisches U.-B. II, Nr. 216.

[3] Seibertz, U.-B. I, Nr. 54.

[4] In einer Urkunde Erzbischof Heinrich's vom 10. August 1310 (St.-A. Düsseldorf, Kurköln 439) wird ein Komplex von 12 Morgen Land, que Bischopescamp vocantur, prope murum Susaciense cum orto ibidem adjacente zum Gilmerhof gerechnet.

[5] Anlage unter Nr. 66.

Altes[1] in unserem alten Nekrolog häufiger Erwähnung, wie denn auch bei Häusern, aus denen Memorienstiftungen an die Patroclikirche überwiesen werden, zweimal angegeben ist, daſs sie »in Osthoven«[2] gelegen gewesen seien, der Hove, die sich mit dem Kirchspiel Mariä zur Hohne deckt. Einmal kommt die »nova ecclesia«[3], die Georgskirche, in der genannten Quelle vor, ein andermal ist vom neuen Kirchhof die Rede[4]. Nicht erwähnt finden sich darin die Wiesen- und Paulikirche, die Parochien, welche die Nord- und Südhove umfassen[5]. Vielleicht dürfen wir daraus schlieſsen, daſs diese Gebiete am spätesten zu der Stadt hinzugenommen sind. Die kirchliche Neueinteilung, die Erzbischof Philipp von Heinsberg vornahm, schuf neben dem früher die ganze Stadt umfassenden Kirchspiel St. Peter, fünf neue, die Thomas-, Georgs- und Paulskirchen und die beiden Marienkirchen, deren Patronat dem Propst des Patroclistiftes zustand[6]. Es scheint nicht ausgeschlossen, daſs die eine oder die andere der Kirchen schon früher zu einer selbständigeren Stellung gelangt war, und daſs die Maſsregel Erzbischof Philipps zum Teil nur eine Einrichtung urkundlich festlegte, die in der Praxis schon länger bestanden hatte. Gehören doch auch die Thomaskirche sowohl wie die Kirche St. Mariä zur Hohne in ihrer ersten baulichen Anlage mit zu den frühesten Denkmälern der kirchlichen Kunst am Orte[7].

Freilich muſs die Einwanderung nach Soest in der zweiten Hälfte des 12. Jahrhunderts eine überaus starke gewesen sein. Wir erwähnten bereits, daſs Erzbischof Rainald 1165 einen Teil des Gelmer Hofes zur Besiedelung parzelliert hatte. Im nächsten Jahr gab er das Altholz, das zum Markenwald der meist in der Niederbörde gelegenen vier erzstiftischen Höfe gehörte, zur

---

[1] Anlage unter Nr. 37 ff.

[2] Ebenda unter Nr. 36 u. 54.

[3] Ebenda unter Nr. 39.

[4] Ebenda unter Nr. 57 u. 63.

[5] Über die Einteilung Soests in Hoven und deren Übereinstimmung mit den Kirchspielen vgl. die Chroniken der deutschen Städte XXIV, Einl. S. 27. Die Grenzen der einzelnen Hoven findet man in einer Niederschrift des 16. Jahrhunderts angegeben; s. Soester Ztschr. 1890/91, S. 88 u. 89.

[6] Seibertz, U.-B. I, Nr. 97 u. 184; vgl. Städtechroniken XXIV, Einl. S. 24.

[7] Otte, Handbuch der kirchlichen Kunst-Archäologie 5. Aufl., II, S. 215.

Urbarmachung her. Sein Nachfolger Philipp von Heinsberg gestattete 1174 dem Patroclistifte die Rodung eines Teiles des Waldes Bocholt, während er den anderen Teil 1177 seinem Schultheifsen überliefs, mit der Bestimmung, das auf diese Weise gewonnene Land in Zinshufen zu teilen und diese an ehrbare Bewohner seiner, des Erzbischofs, Stadt zu verpachten. Sie wurden zu Wortstätten in Soest geschlagen, die auf erzbischöf-lichem Grund und Boden erbaut waren [1].

Es kann doch nicht anders sein, als dafs ein mächtiger wirtschaftlicher Aufschwung die Bevölkerung der damaligen Zeit um Soest in so lebhafte Bewegung gebracht hat. Das rapide Anwachsen einzelner unserer Industriestädte, das sich in den letzten 20 Jahren unter unseren Augen vollzogen hat, vermag uns einen derartigen Vorgang erklärlich zu machen.

Der Kirchhof von St. Peter, auf dem früher die Bäcker ihre Waren feilgehalten hatten, erwies sich gegenüber den Raum-bedürfnissen, die der gesteigerte Verkehr hervorrief, nicht aus-reichend genug. Die Erweiterungsbauten, die zu Ende des 12. und im Laufe des 13. Jahrhunderts an der Peters- und Patroclikirche vorgenommen wurden, hatten sichtlich den Platz stark eingeengt, so dafs der städtische Markt eine neue Stätte suchen mufste. Er fand sie beim Kirchhof der neuen Kirche, wie die im Jahre 1823 abgebrochene Georgskirche im Gegensatz zur alten Kirche, der Peterskirche, von der sie die Hälfte der Einwohner der geteilten Westhove übernahm, ursprünglich ge-nannt wurde. Sie lag an der Stelle, an der heute die Ressource steht, in unmittelbarer Nähe des Marktes [2]. Hierhin siedelten zu-nächst die Bäcker mit ihren Brotbänken über [3]. Im Jahre 1205 erwarb der Pastor der neuen Kirche vom Patroclistift für 30 Mark eine Reihe von Gademen, die am Kirchhof dieser Kirche standen, und dazu das Recht, weitere Gademen bis zu den Grenzen seines

---

[1] Städtechroniken XXIV, Einl. S. 20 f.

[2] Vgl. Soest, seine Altertümer und Sehenswürdigkeiten S. 14 f.

[3] S. die Anlage unter Nr. 39 und 57. Die Brotbänke beim Haus »Zum Spiegel« auf dem Petrikirchhof müssen dagegen im 13. Jahrhundert beseitigt sein. Im Nekrolog ist an allen Stellen, in denen Einkünfte aus diesen auf-gezählt sind, von einer Hand des 14. Jahrhunderts die Notiz beigefügt: »non dantur«. S. unter Nr. 23 ff.

Kirchhofes zu errichten[1]. Hier standen 1294 die Werkstätten oder wenigstens die Kaufläden der Messerschmiede[2]. Auch die Schuhmacher müssen sich später von der Mauer des Hospitals hierhin gezogen haben. Im Anschlufs an diese Gademen bei dem Kirchhof der Georgskirche ist dann der stattliche Marktplatz entstanden, der freilich erst in diesem Jahrhundert durch die Niederlegung des Stahlgadums bedeutend erweitert ist[3]. Vom Jahr 1323 ab ist die Benutzung des neuen Kirchhofes eingeschränkt worden, wie sich aus der Erlaubnis ergiebt, die Erzbischof Heinrich der Stadt Soest erteilt, aus sanitären Rücksichten ein oder zwei neue Kirchhöfe auch aufserhalb der Stadt errichten zu dürfen, damit die an deren Hauptverkehrspunkten gelegenen Kirchhöfe entlastet würden[4]. Wenn gleich in der Urkunde nicht direkt vom Kirchhof bei der neuen Kirche die Rede ist, seine Lage spricht dafür, dafs die Anordnung sich mit auf ihn bezog. Wann er überhaupt beseitigt worden ist und ob Teile von ihm allmählich zum Markt gezogen sind, ist uns nicht überliefert.

Hier auf dem neuen Markt ward nunmehr insbesondere der Geschäftsverkehr mit Lebensmitteln vereinigt. Aufzeichnungen aus dem 14. Jahrhundert[5] belehren uns darüber, dafs auf ihm ein Bäckerhaus, das Bänke für 75 Bäcker enthielt, ferner eine Fleischscharre mit 51 selbständigen Verkaufsabteilen erstanden. Für den Verkauf der Butter waren auf dem Markt 11 Bänke aufgestellt, jede auf 3 Personen berechnet, von denen die Person 14 Denare und 2 Vierlinge jährliches Standgeld zu zahlen hatte. Sämtliche Pächter dieser Bänke mufsten Hausbesitzer in der Stadt sein. Eine weitere Marktware bildete das Öl, das an sieben Bänken feil gehalten wurde und das sonst in der Stadt ohne Erlaubnis der Kämmerer nicht vertrieben werden durfte.

---

[1] St.-A. Münster, Mrc. VII, 6102 fol. 59.

[2] Urk. im St.-A. Münster, Soest-Patroclus Nr. 68: super fabricis sitis... juxta ecclesiam et cimiterium sancti Georgii, in quibus fabri cultellorum morantur.

[3] Soest, seine Altertümer und Sehenswürdigkeiten S. 56.

[4] Seibertz, U.-B. II, Nr. 601.

[5] Vgl. Städtechroniken XXIV, Einl. S. 114, besonders Anm. 4 und Soester Ztschr. 1893/94, S. 140 und 141.

An 14 Bänken boten 28 Hökerweiber Gemüse und sonstige Gartenerzeugnisse zum Verkauf dar [1].

Der Fischmarkt, dessen Vorhandensein uns bereits für das 12. Jahrhundert bezeugt ist [2], scheint demnach nicht nach dem neuen Markt verlegt zu sein. Seine Lage kennen wir jedoch so wenig wie die des Schafmarktes, der in Urkunden aus dem Anfang des 13. Jahrhunderts erwähnt wird [3].

Am neuen Markt aber hat sich spätestens im 16. Jahrhundert der unter dem Namen der Gemeinheit zusammengefaßte Teil der Bevölkerung, der das Herbergen, den Korn- und Viehhandel als sein Vorrecht ansah, und auf alleinige Ausübung der Treppennahrung, des Mälzens und Brauens, des Wandschnittes, der Anfertigung kleiner Laken, der Kaufmannschaft, des Goldschmiedegewerbes und des Bastwindens Anspruch erhob [4], ein eignes Bruderschaftshaus erbaut, den sogenannten Staelgadum [5], der doch wohl an die Stelle irgend eines früheren Genossenschaftshauses, vielleicht des in alter Zeit viel genannten Kümperhauses getreten ist. Die Kümper, die zur Gemeinheit zählten, siedelten 1420 in die Fleischscharre über, die zu einem Gewandhaus hergerichtet wurde [6]. Wahrscheinlich sind um diese Zeit auch die an der Rumeney und am Rathaus gelegenen Gademen verschwunden, da wir nichts mehr davon hören.

Das Versammlungshaus der Ämter, der Handwerkergilden, an deren Spitze während des ganzen Mittelalters die Wollenweber marschieren, war der hinter dem Rathaus gelegene, zum Teil noch erhaltene Seel, der zugleich die Verkaufskammer der Wollenweber enthielt [7].

---

[1] Soester Ztschr. 1893/94, S. 140 u. 141. Über den Ölhandel vgl. auch § 36 des alten Soester Stadtrechtes. (Daß die 14 scampna dicta hokenbenke von Weibern besetzt waren, beweist eine Notiz im Güterverzeichnis des Klosters Oelinghausen von ca. 1280 (gedr. Seibertz, Quellen zur westfälischen Gesch. II, S. 412): de cella que est inter mulieres, que dicuntur »hucken«, quintum dimidium solidum.

[2] S. die Anlage unter Nr. 19 ff.

[3] S. Urk. von Soest-Patroclus von 1231 im St.-A. Münster. Darin ist als Zeuge Luppo de Ovili Foro aufgeführt.

[4] Städtechroniken XXIV, Einl. S. 113.

[5] Ebenda S. 116.

[6] Ebenda S. 114 Anm 6.

[7] Ebenda S. 109.

In diesen freilich sehr lückenhaften Notizen über die lokale Entwickelung oder besser gesagt die Verlegung der Verkehrscentren in Soest sind uns noch die Spuren von wirtschaftlichen Umwandlungen, die die Stadt im Laufe des Mittelalters erfahren hat, einigermafsen angedeutet. An ihrem Aufblühen hat das Patroclistift einen ganz hervorragenden Anteil. Auch Soest gehört zu den Orten in Westfalen, die wie Herford und Höxter — von den Bischofssitzen ganz zu geschweigen — durch die Missionsthätigkeit der an ihnen errichteten Stifter und die von diesen ausgegangene kirchliche Organisation zu Mittelpunkten eines gröfseren Gebietes wurden und dessen Verkehrsleben beherrschten. Die Dekanie Soest erstreckte sich vom Paderborner Gebiet im Osten bis nach Werl im Westen hin, während im Norden die Lippe, im Süden die Ruhr ungefähr die Grenze derselben bildeten [1]. Die Eingesessenen dieses Landstriches unterstanden der Gerichtsbarkeit des Propstes des Patroclistiftes in Soest. Sie waren verpflichtet, das Fest der Kirchweih des Münsters am Tage nach St. Ulrich (5. Juli) zu besuchen. Es hatte sich der Brauch eingebürgert, dafs die Dekanatsleute am Kirchweihabend vor der Vesper mit ihren Kreuzen, Fahnen, Heiligen und Heiligtümern nach Soest in das Münster zogen, hier übernachteten, sich am anderen Morgen an der Prozession beteiligten und bis zum Ende der Hochmesse verblieben. Wer nicht erschien, zu spät kam oder zu früh heimkehrte, verfiel der kirchlichen Strafe, unter Umständen dem Bann. Mit dieser Kirchweih aber war ein fünftägiger Markt verbunden [2].

Es leuchtet daher ein, ein wie lebhaftes Interesse die Bewohner Soests an dem Bestehen des Stiftes haben mufsten, zumal auch dessen Präbenden vornehmlich für jüngere Bürgerssöhne reserviert blieben. Gehörten doch der Turm von Patroclus, die Glocken und das Münster selbst bis zum Chor der Stadt, die demgemäfs auch für deren Unterhaltung zu sorgen hatte [3]. Und das Stift bezog aus der Stadt einen nicht unbedeutenden Teil seiner Einkünfte, nämlich das Bäckerkorn.

---

[1] Kampschulte, Kirchlich-politische Statistik Westfalens S. 103 ff.

[2] Städtechroniken XXIV, Einl. S. 170.

[3] Ebenda S. 168.

Über diese Einrichtung erhalten wir freilich die erste Nachricht von 1489; aus diesem Jahr ist uns ein Register des Bäckerkorns erhalten [1], in dem sich die Namen der angesehensten Soester
Familien der Balve, Esbeck, Lünen, Menge, Nacke u. a., etwa
240 an der Zahl, eingetragen finden. Die Abgabe scheint auf
den Häusern geruht zu haben. Daſs sie aus alter Zeit stammte,
dafür spricht der Umstand, daſs die Lieferung des Kornes 1489
noch in natura erfolgte. Deswegen nun entbrannte im Anfang
des 16. Jahrhunderts zwischen dem Propst des Patroclistiftes und
der Stadt ein Streit, der sich bis in die vierziger Jahre fortsetzte.
Der Anlaſs dazu war kurz folgender: .

Nachdem Erzbischof Hermann von Köln im Jahre 1504
der Anschlag miſsglückt war, Soest für das Erzstift gewaltsam
zurückzuerobern, erlieſs er zur Schädigung der Stadt ein Verbot
an seine Untersassen, das Fest der Patroclikirchweih daselbst
fernerhin nicht mehr zu besuchen. Infolgedessen blieben 1505
die von Werl und die Eingesessenen einiger anderen kölnischen
Dörfer aus. Der Soester Propst sollte die Widerstrebenden dazu
zwingen, den alten Brauch wieder aufzunehmen. Es gelang ihm
jedoch nicht. Die Stadt erging sich in beweglichen Klagen bei
dem Erzbischof von Köln und rief die Vermittelung des Schutz-
herrn, des Herzogs von Kleve an. Sie führte aus, daſs, wenn
die Verpflichtung für die Nachbarschaft, zur Kirchweih zu erscheinen, aufhöre, dadurch der Markt, zu dem die Kaufleute aus
den Bistümern Köln, Utrecht, Münster, Osnabrück, Paderborn,
aus den Ländern Kleve, Berg, Mark, Hessen, Lippe und Riet-
berg nach Soest kämen und hier ihre Waren feil böten, ruiniert
werde. Die Folge davon würde eine schwere wirtschaftliche
Schädigung der Stadt sein. Alle Vorstellungen von Bürgermeister
und Rat blieben indessen umsonst; die Werler kamen nicht
wieder. Nach etwa zehnjährigem Warten griff Soest zu Re-
pressalien. Es gelangte ein Ratsbeschluſs zur Annahme, der die
Bürger Soests anwies, dem Propste solange das Bäckerkorn zu
sperren, bis dieser den alten Kirchweihbesuch wieder einführe [2].
Unsere Quellen lassen uns leider ohne jede Auskunft darüber,

---

[1] St.-A. Münster, Kleve-Mark Akten 140a.
[2] Städtechroniken XXIV, Einl. S. 113 ff. und 168 ff.

ob überhaupt und inwieweit zwischen der Patroclikirchweih und
der Lieferung des Bäckerkorns ein Zusammenhang bestand, auf
welcher wirtschaftlichen und rechtlichen Grundlage das Einkommen des Stiftes beruhte. Lagen die Verhältnisse etwa
ähnlich wie in der Stadt Paderborn, in der der Domkämmerer
die Jurisdiktion über den Brot- und Bierverkauf im 13. Jahrhundert in Anspruch nahm?[1] Das Wort »Bäckerkorn« besagt
auf jeden Fall, dafs es sich um eine Abgabe handelt, die für
die Berechtigung zum Backen und nach der Höhe des Satzes zu
schliefsen — bei einzelnen Bürgern steigt das Mafs bis zu 30
Scheffel Getreide — auch für die Befugnis, die Backwaren zu
verkaufen, geleistet wurde. Nun ist die älteste uns erhaltene
zwischen die Jahre 1250 und 1280 einzureihende Verordnung[2]
des Soester Rates über den Verkauf von Lebensmitteln eine
Brottaxe, die auf Grund der Getreidepreise, des Gewichtverlustes
beim Mahlen der Körnerfrucht und des Mischungsverhältnisses
von Roggen- und Weizenmehl den Preis der einzelnen Brotsorten
und Backwaren, des Zehenpfünders, des Kölner Brotes, des Klein-
roggenbrotes, und wie sie sonst heifsen mögen, festsetzt. In der
einleitenden Begründung zu der Taxe wird unter anderm hervorgehoben, dafs man damit dem Beispiel von Soests Mutterstadt, dem heiligen Köln und anderen guten Städten, in denen
vollwichtiges Brot auf dem Markt zum Verkauf gestellt werde,
nacheifern wolle. In dem alten Soester Stadtrecht sind von
allen Gewerbetreibenden allein den Bäckern zwei besondere
Paragraphen (§ 38 und § 59) gewidmet. In dem ersten handelt
es sich um die Strafe bei Verstöfsen gegen die Bäckerordnung
— also schon die des 13. Jahrhunderts hat eine Vorläuferin —
in dem anderen wird den Bäckern zugestanden, dafs, wenn sie
gerade mit Backen beschäftigt sind und es ergeht die Ladung
des Fronboten an sie, vor Gericht zu erscheinen, sie dieser erst
nach Beendigung ihrer Arbeit Folge zu leisten brauchen.

Ihre Waren aber hielten die Bäcker auf dem Petrikirchhof
gegenüber Patroclimünster feil. In zwei Reihen zogen sich die

---

[1] S. Hübinger, Die Verfassung der Stadt Paderborn im Mittelalter,
S. 118 ff.

[2] Seibertz, U.-B. I, Nr. 268.

Brotbänke über den Platz hin. Da von den Erträgen der
einzelnen Bank nicht unbeträchtliche Renten zu Memorienstiftungen
vermacht wurden [1], kann nicht blofs bei Jahrmärkten der Verkauf an ihnen stattgefunden haben, sie müssen auch dem Tages-
oder zum mindesten dem Wochenmarktsverkehr gedient haben.
Wenn in Medebach bereits 1144 eine Fleischscharre bestand [2],
die doch sicherlich hauptsächlich den Bedarf für den Ort selbst
und die nächste Umgebung lieferte, so ist anzunehmen, dafs
Soest, dessen Marktordnungen vorbildlich für Medebach wurden,
schon länger Vorkehrungen getroffen hatte, seinen Einwohnern
sowohl wie den Nachbarn den Einkauf von Lebensmitteln an
bestimmten Tagen der Woche regelmäfsig zu ermöglichen. Das
Privileg des Richters Hildeger von Soest für die Kirchspielsleute
von Hoinkhausen, auf dem Markte von Soest ohne Zoll Waren ein-
kaufen und verkaufen zu dürfen, mufs sich mit Rücksicht auf den
letzteren Zusatz vorwiegend auf den Wochenmarkt beziehen [3].

Die nähere Berührung mit der weiteren Nachbarschaft steigerte
zunächst die Ansprüche in Bezug auf die einfachsten Lebens-
bedürfnisse. Es ist denn doch bemerkenswert, dafs unter den
12 Konsuln, die im Stadtrecht von Mark [4] aus dem Jahr 1213
als Zeugen namhaft gemacht sind, nicht weniger als vier Bäcker
neben je einem Weinwirt, Schmied und Schneider sich befinden.
Solche Beispiele vermögen uns vielleicht auch einen wahrschein-
lichen Zusammenhang zwischen der Patroclikirchweih und dem
Bäckerkorn, zu dessen Lieferung selbst die angesehensten Hausbesitzer in der Stadt verpflichtet waren, aufzudecken. Die kirchliche Feier dieses Tages war eben eine der frühesten Ver-
anlassungen, die die Landbewohner der Börde und die Kirchspielsleute aus der Dekanie Soest in stärkerer Zahl zu einem bestimmten Termin in die Stadt führte. Sie mufsten aber, weil
die Entfernungen zum Teil so grofs waren, dafs Auszug und
Heimkehr nicht an einem Tage bewerkstelligt werden konnten,

---

[1] S. oben S. 119.
[2] Seibertz, U.-B. I, Nr. 46.
[3] Städtechroniken XXIV, Einl. S. 18.
[4] Westfälisches U.-B.II, Nr. 526. Es wird gewöhnlich als das von Hamm
bezeichnet, weil die ursprüngliche Gründung in Mark später hierhin verpflanzt
wurde und der neue Ort einfach das Recht des alten übernahm.

hier übernachten. Für die Soester galt es, die Ankömmlinge zu
bewirten. Die Gelegenheit reizte dazu, den Gästen, die natürlich eine Entschädigung mitbrachten, auch an Lebensmitteln
darzubieten, was sich diese in ihrer geschlossenen Hauswirtschaft
in gleicher Güte und Feinheit nicht beschaffen konnten. In dieser
Weise aus der Berechtigung zum Backen Nutzen zu ziehen,
scheuten sich auch wohl die angeseheneren Einwohner im alten Soest
nicht. Es geschah eben im Zusammenhang mit den Vorkehrungen,
die in deren Häusern zur Unterkunft von Fremden getroffen
waren. Das Herbergsrecht, ebenso wie das Recht Malz zu
fabrizieren und Bier zu brauen, war ja den Angehörigen der
Gemeinheit, die doch wohl die ältesten ortsangesessenen Familien
umfafste, ausschliefslich vorbehalten [1]. Im 13. Jahrhundert werden
uns verschiedentlich in den Urkunden Privathäuser (tabernae)
genannt, in denen im Beisein von zahlreichen Zeugen, Edlen,
Rittern und Bürgern Rechtsgeschäfte abgeschlossen wurden, so
1245 das des Radolfus Luscus [2], 1267 das des Elrich von der
Linde [3], 1299 das Alberts von Palzole [4]. Und man lese nur die
Einleitung zu der schon erwähnten Brottaxe von ca. 1260 [5], wie
von einer guten Regelung dieser Angelegenheit die Ehre und
das Wohl der Stadt abhängig gemacht wird, in welch vorsichtiger Weise dabei die Interessen der Verkäufer und Käufer ab-
gewogen sind. Bei Aufstellung der Taxe hat man sich Sach-
verständiger bedient, die in der »Bäckerkunst« erfahren waren [6].
Noch in einer Urkunde von 1245 werden unter einer grofsen
Zahl von Soester Bürgern, von denen wir die Mehrzahl anderweitig als Ratsmitglieder nachweisen können, als Zeugen die
Bäcker Ulrich und Berthold genannt [7].

Im Laufe der Zeit jedoch scheint das Betreiben der Bäckerei

---

[1] S. oben S. 126.

[2] Soester Ztschr. 1883/84, S. 87.

[3] Urk. St.-A. Münster, Kl. Welver Nr. 54: acta sunt hec in Sosato
in domo Elrici de Tylia.

[4] Ebenda, Kl. Fröndenberg Nr. 57: Actum in taberna Alberti de
Palzole in Susato.

[5] Seibertz, U.-B. I, Nr. 268.

[6] Mediante consilio talium, quibus de arte pistoria constare dinoscitur.

[7] Urk. St.-A. Münster, Soest-Walburgis Nr. 10.

als weniger vornehm angesehen zu sein. · Waren diejenigen, welche sie ausübten, bis in den Anfang des 14. Jahrhunderts hinein nicht genossenschaftlich organisiert, in der zweiten Hälfte derselben bilden sie eine Bruderschaft, sie werden nachher zu den Ämtern[1] gerechnet. Die Zahl der Bäcker in der Stadt bleibt zwar auch jetzt noch recht bedeutend[2], die ehemalige Kunst aber ist zum Handwerk herabgesunken.

Man darf nun das frühmittelalterliche Soest gewifs nicht als blofse Bäckerstadt hinstellen wollen, aber zweifellos spielte die Berechtigung zum Backen für die Bürger daselbst in ihrem Verkehr mit der näheren Umgebung in alter Zeit eine hervorragende Rolle. Und natürlich haben die Soester das zum Bäckereibetrieb notwendige Getreide in der umliegenden fruchtbaren Börde selbst gezogen und es dann auch auf den zahlreichen innerhalb der Mauern der Stadt gelegenen Mühlen, von denen uns die Teich- und Kolksmühle bereits in dem alten Nekrolog des Patrocli- stiftes genannt sind[3], vermahlen. Soest ist nicht erst, wie in den amtlichen Berichten aus dem 16. Jahrhundert zu lesen ist, zur Zeit seines Niedergangs zur Ackerstadt geworden, die Land- wirtschaft bildete auch das Rückgrat seiner aufblühenden Industrie und seines zeitweise weit ausgedehnten Handels. Getreide, wohl vorwiegend Weizen, scheint von hier aus im ganzen Mittelalter nach Köln und nach dem waldreichen Hessenland exportiert zu sein[4]. Soester Bürger hatten noch im 13. Jahrhundert und der Folgezeit nicht nur starken Eigenbesitz weit aufserhalb der Stadt- mauern, der eben nur im Rahmen eines gröfseren landwirtschaft· lichen Betriebes nutzbringend verwertet werden konnte, sie nahmen auch die geschlossenen Güterkomplexe der geistlichen Stifter und der in der Nachbarschaft wohnenden Adligen in Pacht. Die Güter des Klosters Mariengraden in Köln zu Bruchhausen gingen von 1244 nacheinander an Heinrich Druve, Heinrich von Winda und Wulfhard Eppinch über. Die Familie Kaiser hatte vom Andreasstift in Köln den Hof in Merklingsen bei Schwefe und

---

[1] Städtechroniken XXIV, Einl. S. 114.
[2] S. oben S. 125.
[3] S. die Anlage unter Nr. 2 ff. und 47 ff.
[4] Vgl. die in der Soester Ztschr. 1893/94, S. 138 u. 139 abgedruckte Zollrolle, die um 1400 aufgestellt zu sein scheint.

vier dazu gehörige Mansen gepachtet. Vom Patroclistift waren als Zinslehengüter ausgethan: ein Hof in Opmünden an die Drostes, ein Hof zu Ardey an die Beckums und Palzoles, der Kaldehof an die Orloginc, sämtlich Namen, die in den Ratslisten der Stadt Soest im 13. und 14. Jahrhundert regelmäfsig wiederkehren [1].

Die landwirtschaftlichen Betriebe lernten es sehr bald, ihre Erzeugnisse dem Handel und der Industrie zur Verfügung zu stellen. Dazu darf man wohl auch das Wachs rechnen, das 1255 zwei Soester Kaufleute in gröfseren Quantitäten für die Hofhaltung König Heinrichs III. von England geliefert haben [2].

Auf das Vorhandensein eines Schafmarktes in alter Zeit in Soest wurde bereits hingewiesen [3]. Es entspricht der Bedeutung, die Wollenweberei und Tuchfabrikation für die Stadt gewonnen haben. Sie wurden wahrscheinlich auch hierhin durch Friesen vom Niederrhein und durch Walen verpflanzt [4], deren schon im § 13 des ältesten Soester Stadtrechtes Erwähnung geschieht. Es war ein Recht des Vogtes, ihre Hinterlassenschaft an sich zu nehmen. Inwieweit Friesen und Walen jedoch mit der Bruderschaft der Wollenweber zusammenhängen, der wir in der Mitte des 13. Jahrhunderts zum erstenmale begegnen, vermögen wir freilich nicht zu sagen. Die Wollenweber spielen bei ihrem ersten Erscheinen in unserer Überlieferung innerhalb des städtischen Gemeinwesens sofort eine so bedeutende Rolle, dafs sie als die Führer der sämtlichen Gewerbsgenossenschaften in Soest anzusehen sind. Das läfst auf eine längere Vergangenheit, die beträchtlich vor dem Zeitpunkt ihres ersten politischen Auftretens im Jahr 1260 liegt, schliefsen [5].

Durch die Tuchfabrikation wurde die Kultur des Waid- oder Färberkrautes, der herba fullonum hervorgerufen, das im Mittel-

---

[1] Die Belege hierfür wird der demnächst zum Druck kommende Bd. VII des Westfälischen U.-B. bringen.

[2] Hansisches U.-B. I, Nr. 475. Erwähnt sei hier, dafs zu den Einkünften der Grafschaft Arnsberg gehörten: summa cere 200 talenta, Seibertz, U.-B. II, S. 540.

[3] S. oben S. 126.

[4] Vgl. Barthold, Soest, die Stadt der Engern S. 53 ff.

[5] Städtechroniken XXIV, Einl. S. 97.

alter auf den Äckern um Soest eifrig angebaut ward. Zufolge
der Erkundigung über die Rechte und Einkünfte der Erzbischöfe
von Köln in Soest aus dem Anfang des 14. Jahrhunderts trugen
die Waidpfennige ehedem jährlich an Zoll 20 Mark ein, der
damals freilich auf 6 Mark herabgesunken war. In diese Summe
waren noch nicht eingeschlossen die Erträge, die aus dem Anbau dieser Pflanze auf den Ländereien des Hofes Gembeck in
unmittelbarer Nähe von Soest flossen. Von jedem mit Färber-
kraut besäten Morgen Land dieses Hofes mufsten 12 Denare
gezahlt werden[1]. Die Stadt erhob um 1400 von einem Wagen
mit Waid, »dayr men dat laken mede varvet«, 4 Pfennig und
von jeder Karre 2 Pfennige bei der Ausfuhr[2]. Die »domus
fullonum«, zu deutsch »kumperehus« haben wir bereits kennen
gelernt[3]. Ein Genossenschaftshaus, das wohl zweifellos zugleich
die Werkstätte der Kümper war, und aus dem gegen Ende des
12. Jahrhunderts allein für Seelenmessen in die 50 β jährlich an das
Patroclistift gezahlt wurden[4], mufs eine schöne Jahresrente ab-
geworfen haben, denn schwerlich werden die frommen Kümper ausschliefslich für ihr Seelenheil gearbeitet haben. Wir haben in diesen
Kümpern, nach der lateinischen Bezeichnung für ihr Kaufhaus
zu schliefsen, in erster Linie Tuchwalker und mit Rücksicht auf
den ausgedehnten Anbau des Waidkrautes auch wohl Tuchfärber[5]
zu sehen. Aus unseren städtischen Aufzeichnungen des 15. Jahrhunderts geht hervor, dafs ihnen die Berechtigung zum Gewand-
schneiden zustand, die aufser ihnen nur noch die schönen Wandschneider ausübten. Sie siedelten im Jahre 1420 in die Fleischscharre über, die zu einem Gewandhaus umgebaut wurde, und
hiefsen von nun an die Kümper auf der Fleischscharre[6].

---

[1] Städtechroniken XXIV, Einl. S. 156 u. 157.

[2] Soester Ztschr. 1893/94, S. 139.

[3] S. oben S. 120.

[4] S. die Anlage.

[5] Die Deutung der Kümper als »Fafsbinder«, die Seibertz im Wort-
register zu seinem Urkundenbuch Bd. III gegeben hat und die auch von
Schiller und Lübben im Mittelniederdeutschen Wörterbuch adoptiert ist, wo
sie als »Böttcher« bezeichnet werden, ist unhaltbar. Vgl. Städtechroniken
XXIV, Einl. S. 114 Anm. 6 und oben S. 120. S. auch das Glossar im
III. Bande des Hansischen U.-B. unter »vuller«.

[6] Städtechroniken a. a. O. Nachzutragen ist hierzu noch die Notiz

Trotzdem sie zur Gemeinheit zählen [1], ebenso wie die schönen Gewandschneider, sind sie im 15. Jahrhundert genossenschaftlich organisiert, sie bilden ein Amt für sich. Aber schon 1493 war kein Vertreter dieses Amtes in Soest mehr vorhanden, die schönen Wandschneider besorgen auch die »sneide der kumper«. In diesen kurzen Notizen spiegelt sich uns die Blüte und der Verfall eines während des Mittelalters für Soest bedeutsam gewesenen Gewerbebetriebes wieder.

Ein Bodenprodukt wurde in alter Zeit in Soest gewonnen, das geeignet war, die Entwickelung eines selbständigen Handelsverkehrs zu fördern, das Salz. Eine Reihe von Ortsbezeichnungen gehen auf die frühere Existenz von Salzquellen in unmittelbarer Nähe der Stadt zurück, so die bei Westtönnen entspringende Salztappe, der heutige Salzbach, und insbesondere die Salzmühle in Soest selbst. In deren Nähe aufgefundene Wasserröhren und Bruchstücke eiserner Siedepfannen sind ein Beleg dafür, dafs hier ehemals Salz gesotten wurde. Die eigenartige Gewinnung des Salzes aus dem Wasser salzhaltiger Quellen ist das Bemerkenswerteste, das uns der schon genannte arabische Reisende des 10. Jahrhunderts von Soest zu erzählen weifs. Und ausdrücklich hebt er hervor, dafs es sonst kein Salz in diesem Landstrich gebe. Später wurde Soest in diesem Betriebe durch die benachbarten Orte Werl und Sassendorf abgelöst [2].

Mineralien, Eisen und Kupfer, bringt die Soester Börde nicht selbst hervor, dafür weisen jedoch die Verkehrsbeziehungen der Stadt schon früh nachdrücklich nach der Gegend hin, die seit alter Zeit verschiedene Erzeugnisse des Bergbaues lieferte [3], nach dem Sauerland, das die Herzogtümer Westfalen und Engern mit samt der Grafschaft Arnsberg umfafst. Das Sauerland ist recht eigentlich das Einflufsgebiet des Soester Rechtes, wo es vielfach freilich in der Lippstädter Umformung Eingang in die

---

über den Streit der »kumper« und der »schroder« im 15. Jahrhundert, denen die ersteren den Ankauf von »stuven« zur Verfertigung von Kleidern gestatten müssen (Stdt.-A. Soest, Vorwercksche Handschriftensammlung I, 27, S. 497).

[1] Städtechroniken XXIV, Einl. S. 111 Anm. 1.
[2] Ebenda S. 13 f.
[3] Vgl. z. B. Seibertz, U.-B. II, S. 540 u. III, S. 488.

neu angelegten Städte gefunden hat. Unter den Städten dieser
Gegend nun hebt sich Siegen, das in Soest seinen Oberhof hatte
und dem es für die häufigen Rechtsbelehrungen eine ständige
Weinabgabe zuführte [1], durch seine alte Montan- und Metall-
industrie ganz besonders heraus. Häufig herangezogen ist ja
schon der Vers der dem 12. Jahrhundert angehörenden Vita
Merlini des Galfrid von Monmouth:

Pocula, que sculpsit Wilandus de urbe Sigeni [2].

Eine andere Stadt als Siegen, auf die die Worte mit gröfserem
Rechte bezogen werden könnten, ist meines Wissens noch nicht
ausfindig gemacht. Aus dem 13. und 14. Jahrhundert haben
wir auch einige urkundliche Zeugnisse über Silberbergwerke,
Eisengruben und die Stahlfabrikation bei Siegen [3]. Kupfer ge-
diegen wurde, wie zum Teil heute noch, auf dem Rücken des
Zechsteins, im Stadtberger-Kupferdistriktsfelde, im Revier Brilon
und auf der Grube Rhonard im Revier Olpe gewonnen [4]. Mit
Brilon aber war schon infolge der kirchlichen Abhängigkeit der
Pfarre daselbst von dem Patroclistift in Soest die Verbindung
eine sehr rege [5]. Für das Vorhandensein von Drahtziehwerken
im Ruhr- und Lennethal besitzen wir ebenfalls vereinzelte Nachrichten aus dem Mittelalter [6]. Aus diesen Gegenden also bezogen
die Soester Gold- [7] und Messerschmiede [8] ihr Rohmaterial, daher
stammte das Kupfer, das die Kölner Kupferschläger auf dem
Markt in Soest erhandelten [9], daher Eisen und Stahl, das Soester

---

[1] Städtechroniken XXIV, Einl. S. 145.
[2] Philippi, Siegener U.-B. Historische Einleitung S. 18.
[3] Ebenda.
[4] Die ältesten Nachrichten darüber stammen z. T. freilich erst aus dem
Jahr 1612 (St.-A. Münster, Msc. VII, 5417, fol. 479 u. 485), es geht aber
aus ihnen hervor, dafs der Bergbau an den betreffenden Stellen sehr alt ist.
Vgl. auch Beschreibung der Bergreviere Arnsberg, Brilon und Olpe herausgeg.
von dem Kgl. Oberbergamte zu Bonn 1890, S. 77 u. 206.
[5] S. die Urkunden Soest-Patroclus im St.-A. Münster.
[6] Ebenda Kl. Ölinghausen Nr. 478.
[7] Vgl. Aldenkirchen, Die mittelalterliche Kunst in Soest S. 33 ff. Der
Verfertiger des Patroclischreines heifst in der Originalurkunde (St.-A. Münster,
Soest-Patroclus Nr. 98) Zigefridus.
[8] S. oben S. 125.
[9] Vgl. Soester Ztschr. 1893/94, S. 139.

Grofskaufleute noch im 14. Jahrhundert über den Niederrhein nach England exportierten[1].

Der Verkehr Soests mit dem Niederrhein, insbesondere mit Köln, reicht offenbar in die frühesten Zeiten, seitdem auf der Börde eine gröfsere Ansiedlung entstanden war, zurück. Bezeichnet doch Soest auch mit Stolz das heilige Köln als seine Mutterstadt[2]. Die kirchliche Abhängigkeit Soests von Köln und die Besitzungen, die verschiedene geistliche Institute Kölns in Soest und dessen Umgebung hatten, festigten die Verbindung zwischen beiden Orten. Die Erzbischöfe begünstigten deren wechselseitige Handelsbeziehungen. So erteilte schon 1154 Erzbischof Arnold II. von Köln den Soestern ein Privileg, dafs sie, wenn sie zum Markte und um Geschäfte zu machen Köln besuchten, ihre Waren zollfrei einführen dürften; von dem jedoch, was sie aus Köln ausführten, sollten sie wie jeder andere Zoll erlegen[3].

In dem Aufsuchen weitgelegener Handelsverbindungen dürfte Soest in alter Zeit die gelehrige Schülerin Kölns gewesen sein. Für die Schleswiger Bruderschaft, die daher ihren Namen hatte, dafs ihre Angehörigen den Handel, vornehmlich wohl mit süd-

---

[1] S. z. B. Hansisches U.-B. II, Nr. 353.

[2] Städtechroniken XXIV, Einl. S. 99.

[3] Die Nachricht ist durch Fuhrmanns Sammelband über Soester Geschichte (Bibliothek des Altertumsvereins in Münster, Msc. 19, fol. 322) überliefert: Arnoldus II Dei gratia sancte ecclesie Coloniensis humilis minister anno Domini MCLIIII episcopatus sui tertio Susatenses privilegio donavit, ne fori et negotiationis causa Coloniam intrantes teloneum solvere cogantur, egressi vero solvant sicut alii quilibet. Fuhrmann bez. sein Gewährsmann bemerkt ausdrücklich dazu: Ex archivo; vidi privilegium in originali. Sachliche Einwände gegen die Echtheit eines solchen Privilegs lassen sich wohl kaum erheben. Die hierin zum Ausdruck kommende Praxis der Zollerhebung entspricht durchaus derjenigen, wie sie laut der Urkunde Erzbischof Friedrich I. von Köln den Kaufleuten von Dinant gegenüber gehandhabt wurde (Hansisches U.-B. I, Nr. 22); vgl. besonders den Passus .. de mercibus suis quibuslibet, quas in civitate nostra vendiderint, nullum debeant persolvere teloneum. Die Soester Zollordnung von ca. 1400 (Soester Ztschr. 1893/94, S. 139) schreibt für die Behandlung der Kölner Kaufleute in Soest die gleiche Norm vor:

Item dey borgere van Colne endroven neynen toll geven van alle der kopenschop, dey sey to Soist brengen.

Item van aller kopenschop, dey sey to Soest kopet, dair synt sey tol van schuldich van dem wagen veir pennynge unde van der karre twe pennynge.

ländischem Wein, nach der Dänenhauptstadt betrieben[1], wird
die Fraternitas Danica in Köln[2] das Vorbild gewesen sein. In
der zweiten Hälfte des 12. Jahrhunderts aber geht Soest völlig seine
eignen Bahnen. Soests Name hat um diese Zeit an den Ge-
staden der Ostsee einen so guten Klang, dafs sich Lübeck, das
spätere Haupt der Hansa, 1160 dessen Recht erkor. Im 13.
und 14. Jahrhundert reicht der Verkehr der Bewohner der Börde-
stadt im Nordwesten bis nach London, im Nordosten über die
Ostsee nach dem Inneren Rufslands hin. Dabei ist bemerkenswert, dafs im Laufe der Zeit die Handwerker aus Soest so bedeutsam hervortreten, dafs die Stube der Handwerkergilde in
Riga, die zuerst 1330 genannt wird, die Bezeichnung »Stube von
Soest« trägt[3].

Dafs im 15. Jahrhundert, besonders nach der glorreich be-
standenen sogenannten Soester Fehde die Streitigkeiten zwischen
den Gewerbsgenossenschaften und den Handwerksämtern auf
allen Seiten losbrachen und sich nun aber nicht mehr um Geltend-
machung von bürgerlichen Rechten und politischem Einflufs drehten,
sondern in den niedrigsten Interessenkampf, der ängstlich die
Wahrung seines immer kleiner werdenden Absatzgebietes für
seine Ware im Auge hatte, ausarteten, war das sicherste Zeichen
für den wirtschaftlichen Niedergang der einst über die Meere
berühmten Handelsstadt. Er ward besiegelt durch die sociale
und religiöse Bewegung, die in den dreifsiger Jahren des 16. Jahrhunderts über Soest hereinbrach.

---

[1] Vgl. Höhlbaum, Deutsche Litteraturzeitung 1897, Sp. 1144.
[2] Vgl. Keufsen in Sybels Ztschr. N. F. 42, S. 126.
[3] Hansen, Westfalen und Rheinland im 15. Jh. II (Publikationen aus
den Preufs. Staatsarchiven 42), Einl. S. 86 Anm. 3 und Höhlbaum, Hansische Geschichtsblätter 1872, S. 60.

ANHANG.

AUSZUG AUS DEM NEKROLOGIUM DES PATROCLISTIFTES IN SOEST.

Das Nekrologium des Patroclistiftes ist uns in einer Pergamenthandschrift in Folio, die in Holzdeckel gebunden ist, erhalten[1] und weist nur für den Monat Juli eine Lücke von wahrscheinlich zwei Blättern auf. Geschrieben scheint die Handschrift zwischen den Jahren 1330 und 1336 zu sein, aber in ihren Eintragungen geht sie zweifellos auf eine ältere Vorlage zurück, da sich bis in das 11. Jahrhundert hinaufreichende Notizen darin finden. So ist unter IV Kalendas Novembris die Stiftung der Memorie des bei Erwitte getöteten Ritters Walther, die in die Jahre zwischen 1079 und 1089 gehört[2], ferner unter II Nonas Decembris der am 4. Dezember 1075 erfolgte Tod des Erzbischofs Anno II. von Köln verzeichnet. Der Todestag Rainalds von Dassel ist in Übereinstimmung mit anderen Zeugnissen zu XIX Kalendas Septembris (14. August 1167) angegeben. Auch eine Anzahl der unten im Wortlaut mitgeteilten Seelenmessenstiftungen, von denen nur die ausgezogen sind, in denen Renten auf Häuser u. a. in Soest angewiesen sind, rührt nachweislich von Personen her, die bereits vor 1200 gestorben waren. Über die Mitte des 13. Jahrhunderts dürfte keine Eintragung hinausgehen, schon deshalb nicht, weil in allen Fällen bis auf einen (Nr. 10) die Gestorbenen nur mit ihren Vornamen eingezeichnet sind.

---

[1] In der Bibliothek des Altertumsvereins in Münster als Msc. 157.
[2] Seibertz, U.-B. I, Nr. 33.

Diese werden meistenteils zu den Bürgern von Soest gezählt
haben. Für einzelne der aufgeführten Persönlichkeiten lassen
sich zum Beleg dafür sonstige urkundliche Zeugnisse beibringen,
wenngleich deren Identität nicht mit voller Sicherheit behauptet
werden kann. Die Mehrzahl der Geistlichen dürfte ebenfalls
diesen Bevölkerungskreisen entstammen. Bei Hermann Okker
(Nr. 9) braucht man nicht erst lange zu beweisen, dafs er ein Soester
Bürgerskind ist; wird doch auch der Todestag seiner Mutter
und der seines Oheims Wilhelm, der Kustos im Stift gewesen,
in Patroclimünster durch Seelenmessen gefeiert[1]. Ein Namensvetter und wohl sicher ein Verwandter von ihm ist 1245 ebenfalls Priester in Soest[2]. Johann Propst von Zifflich (Nr. 65) war
zugleich Kanoniker im Stift. Vielleicht ist das auch der Bischof
von Utrecht, Wilbrand, ein geborner Graf von Oldenburg gewesen, oder es rühren seine Beziehungen zu dem Patroclistift
aus der Zeit her, als er Bischof in Paderborn (1225—1227)
war. Im allgemeinen darf man wohl annehmen, dafs die Messen-
stifter die Renten mit Zustimmung ihrer Angehörigen auf ihre
ererbten Einkünfte in Soest bei ihren Lebzeiten festgelegt haben.

Für die Memorien scheinen verschiedene Sätze bestanden zu
haben, die von 12 ₰ ab aufwärts gehen; am häufigsten sind die
zu 12 und 18 ₰. Diese Differenz dadurch zu erklären, dafs
man annimmt, die letzteren seien um so viel später als die ersteren
gestiftet, nachdem in der Zwischenzeit eine Verschlechterung des
Geldes eingetreten wäre, geht wohl nicht an. Die Notierung
einer Memorie von 12 ₰ hinter einer solchen von 18 ₰ (Nr. 55)
spricht direkt dagegen.

Die in Klammern gesetzten Bemerkungen zu den Eintragungen
hat eine etwas jüngere Hand des 14. Jahrhunderts zugefügt. Der
Ausdruck »husmede«, den wir doch als Hausmiete zu deuten
haben werden, ist sprachlich bemerkenswert. Von gröfserem
Interesse sind die Angaben über die Renten, die später nicht
mehr gezahlt wurden. Das sind in erster Linie die aus den
Brotbänken beim Haus »Spiegel« auf dem Petrikirchhof, die
sämtlich den Zusatz »non dantur« tragen. Wir können mit

---

[1] S. die oben S. 120 Anm. 3 angeführte Urkunde.
[2] Urk. Stdt.-A. Soest, Vorwercksche Sammlung Nr. 6.

Sicherheit daraus schliefsen, dafs die ganze Einrichtung im 14. Jahrhundert und wohl schon früher verschwunden war. Bei der Weihermühle liegt die Sache so, dafs das Kapitel diese im Laufe der Zeit ganz für sich erworben hat.

Den Eintragungen fehlt regelmäfsig das Verbum; es ist ein »dedit« oder ähnliches zu ergänzen.

1. **IV Nonas Januarii** obiit.. Hathewigis laica, XXX ₰ de domo claustrali, que modo dicitur Pes Bovis[1].

2. **VII Idus Januarii** obiit Berenswedis laica, XII ₰ de molendino piscine[2].

3. **IV Idus Januarii** obiit.. Remmudis laica, XII ₰ de domo juxta Speculum in prima linea pistorum (non dantur).

4. **XII Kalendas Februarii** obiit Johannes custos, VI ẞ de domo fullonum, qui dantur in Pascha et Mychahelis, cui domini committunt.

5. **XII Kalendas Februarii** obiit Hubo laicus, XVIII ₰ de orto extra Portam Arenosam ad dexteram manum (dantur).

6. **X Kalendas Februarii** obiit Eriburgis[3] laica, XXX ₰ de molendino piscine (non dantur).

7. **IX Kalendas Februarii** obiit Henricus laicus, II ẞ de Speculo (dantur).

8. **VIII Kalendas Februarii** obiit Christina[4] laica, VI ẞ de Speculo (dantur).

9. **VII Kalendas Februarii** obiit Hermannus Okkerus canonicus[5], VI ẞ de domo fullonum (non dantur).

10. **VI Idus Februarii** obiit Th. de Brakele et uxor sua, XVIII ₰ 'de domo Berenclau, ubi funes parantur (dantur).

---

[1] S. oben S. 121.

[2] Die Weihermühle wird später (vor 1253 Juni 12) vom Kapitel angekauft, vgl. Mitteilungen des historischen Vereins in Osnabrück V, S. 119; infolgedessen sind auch die Renten daraus in Wegfall gekommen, wie die Zusätze zu den die Mühle betreffenden Eintragungen besagen.

[3] Vielleicht identisch mit der Helenburgis vidua, von der das Kapitel der in der vorstehenden Anmerkung citierten Urkunde zufolge eine Rente von 2 Mark aus der Weihermühle gekauft hatte.

[4] S. unten unter Nr. 65, Anmerkung.

[5] S. oben S. 140.

11. IX Kalendas Marcii obiit Hethenricus laicus, XV ♊ de molendino piscine.

12. II Nonas Marcii obiit Hildegundis laica, II β de domo fullonum.

13. Nonas Marcii obiit Wilhelmus custos [1], III β de domo fullonum (non dantur).

14. VIII Idus Marcii Herlendis laica [2], III β de domo fullonum (non dantur).

15. IV Idus Marcii obiit Albertus decanus [3], XII ♊ de domo claustrali, que modo dicitur Pes Bovis (dantur).

16. XII Kalendas Aprilis obiit Hartwicus laicus, XXX (♊) de domo claustrali, que modo dicitur Pes Bovis (dantur).

17. XVII (?) Kalendas Aprilis (?) obiit Hathewigis laica, XVIII ♊ in foro piscium.

18. III Idus Aprilis obiit Johannes decanus, V β de domo fullonum (husmede).

19. II Kalendas Maji obiit Ettekinus laicus, XVIII ♊ in foro piscium (dantur).

20. IV Nonas Maji obiit Henricus plebanus in Ervete, II β de molendino piscine (non dantur).

21. Nonas Maji obiit Heinricus Monetarius [4], qui contulit domum claustralem.

22. VIII Idus Maji obiit .. Odegine laica, XVIII ♊ de tabernis lapideis oppositis domui fullonum.

23. VII Idus Maji obiit Thimo presbiter, VI ♊ de mensa panis prope Monasterium et XII ♊ de mensa panis in secunda linea prope Speculum (non dantur).

24. VI Idus Maji obiit Gerhardus laicus, II β de taberna Gladiatoris et XII ♊ de tabernis lapideis oppositis domui fullonum (dantur).

---

[1] Erwähnt 1193 Seibertz, U.-B. I, Nr. 102 u. 103, 1196 a. a. O. Nr. 109; er ist der Oheim des zu Nr. 9 genannten Hermann Okker.

[2] Vielleicht die Mutter des Hermann Okker; auch für deren Seelgedächtnis waren 3 β aus dem Kümperhaus vermacht und zwar: in die Perpetue et Felicitatis (März 7—8); s. oben S. 120 Anm. 3.

[3] Ein Adelbertus decanus Susaciensis kommt 1147 vor, Seibertz, U.-B. I, Nr. 47. Desgleichen 1174, 1177, 1179 a. a. O. Nr. 65, 67, 71, 76, 78, ferner 1184 Seibertz, U.-B. III, Nr. 1071.

[4] Begegnet uns in Urkunden von 1205—1225; s. Städtechroniken XXIV, Einl. S. 31 Anm. 5.

25. II Idus Maji obiit Walbertus laicus XVIIII ₰ in foro piscium (dantur).

26. Idus Maji obiit Rotgerus laicus, XXX ₰ de tabernis Rumenie (dantur).

27. XV Kalendas Junii obiit Arnoldus laicus, XII ₰ de tabernis Romanie (dantur).

28. XI Kalendas Junii obiit Ulricus prepositus[1], II m. de molendino piscine.

29. VI Kalendas Junii obiit Gerlacus canonicus, III β de domo, que dicitur Hasel in parochia sancte Thome (husmede).

30. V Kalendas Junii obiit Radolfus parochialis, IV β de duabus mensis panis prope Speculum in prima linea (non dantur).

31. Junius obiit Rûdolfus parochialis, qui dedit ad feretrum sancti Patrocli XL m.

32. Nonas Junii obiit Elverus presbiter, XII ₰ de molendino piscine (non dantur).

33. II Idus Junii obiit Albertus laicus, XVIII ₰ de Asino (dantur).

34. XVII Kalendas Julii obiit Hugo laicus, VI ₰ de area prope sanctum Thomam (dantur).

35. XIII Kalendas Julii obiit Werherus laicus, IV β qui dantur camerario in Pascha de Speculo (dantur).

36. IX Kalendas Julii obiit Godefridus laicus, XVIII ₰ de domo sita in Osthoven, qui dantur camerario Omnium Sanctorum (dantur).

37. V Kalendas Julii obiit Marquardus laicus, III β de domo in Monte in parochia sancte Marie Alte (dantur).

38. IV Kalendas Julii obiit Theodericus presbiter, qui dedit domum prope Rûmeniam et ortum extra Portam Arenosam ad dexteram manum.

39. V Nonas Julii obiit ... Hermannus laicus, XII ₰ de mensa panis prope cimiterium Nove Ecclesie.

40. VIII Idus Julii obiit Hathewigis laica, XVIII ₰ de mensa panis in secunda linea prope Speculum (non dantur).

---

[1] Ein Propst Ulrich ist in den Jahren 1141—1153, Seiberts, U.-B. I, Nr. 45, 47 u. 52 nachweisbar.

41. IV Idus Julii obiit Otbertus dyaconus XII ♄ ad vinum custodibus chori de domo juxta Speculum in prima linea pistorum (dantur).

42. VI Kalendas Augusti obiit Sifridus laicus, XII ♄ de molendino piscine (non dantur).

43. III Kalendas Augusti obiit Wilbrandus Trajectensis epis-copus[1], III ß de domo, que dicitur Hasel in parochia sancte Thome (husmede).

44. II Kalendas Augusti obiit Christina laica, XV ♄ de molendino piscine (non dantur).

45. Idus Augusti obiit Godescalcus presbiter et Cidico laicus, III ß de domo in Monte in parochia sancte Marie Alte, qui dantur camerario (dantur).

46. XVI Kalendas Septembris obiit Thidericus laicus, XII ♄ de molendino piscine (non dantur).

47. VIII Kalendas Septembris obiit Henricus de Ervete laicus, XXX ♄ de domo prope molendinum Colci (non dantur).

48. VII Kalendas Septembris obiit Joachim laicus, II ß de domo sua prope fossam in parochia sancte Thome (dantur).

49. Septembris obiit Wigerus parochialis, frater nostre con-gregationis et Allexander subdiaconus, XVIII ♄ de molendino piscine (non dantur).

50. III Idus Septembris obiit Godefridus parochialis, XVIII ♄ de tabernis oppositis domui fullonum (husmede).

51. XVIII Kalendas Octobris obiit Alfwinus[2] laicus, XII ♄ de nova domo prope Speculum (non dantur).

52. XII Kalendas Octobris obiit Hartradus dyaconus et canonicus, XVIII ♄ de tabernis lapideis oppositis domui fullonum (husmede).

53. IX Kalendas Octobris obiit Regembo (!) laicus, XII ♄ de tabernis Romanie (dantur).

---

[1] Nach den sonstigen Angaben ist er nicht am 30., sondern am 31. Juli 1234 gestorben; s. die Bemerkungen auf S. 140.

[2] Ein Alfwinus kommt in einer Urkunde des Patroclistiftes von 1134 (Westfälisches U.-B. II, Nr. 216) vor; vgl. auch die Urkunde von 1141, Seibertz, U.-B. I, Nr. 45.

54. VIII Kalendas Octobris obiit Christina laica, XVIII ₰ de domo in Osthoven, qui dantur Omnium Sanctorum.

55. IV Kalendas Octobris obiit Hoyo[1] laicus, XVIII ₰ in foro piscium et Marsvedis laica, XII ₰ extra Portam Harenosam de orto (dantur).

56. III Kalendas Octobris. Hodie dantur et in Pascha de domo fullonum III m. et VI β, qui dantur ad plures memorias.

57. II Kalendas Octobris obiit Hermannus laicus, XVIII ₰ de mensa panis prope Novum Cimiterium.

58. XI Kalendas Novembris obiit Johannes presbiter, XVIII ₰ de domo prope molendinum Colci (husmede).

59. VI Kalendas Novembris obiit Conradus laicus, XII ₰ de molendino piscine.

60. IV Nonas Novembris obiit Etzelinus laicus[2] et Wernherus, II β in Bredenbeke, qui modo dantur de domo prope molendinum Colci (husmede).

61. II Nonas Novembris obiit Thietwigis laica, XII ₰ de tabernis lapideis oppositis domui fullonum et II β de taberna Gladiatoris supradicti.

62. VIII Idus Novembris obiit Wernherus parochialis[3], IV β et IX ₰ de duabus mensis panis prope Speculum (non dantur).

63. V Idus Novembris obiit Luppo laicus[4], III β et VI ₰ de tabernis Romanie et IV β et V ₰ de tabernis prope Novum Cimiterium (dantur).

64. IV Idus Novembris obiit Thietmarus laicus, XVI ₰ de orto prope sanctum Thomam.

65. Idus Novembris Johannes canonicus et prepositus in Sefleke[5],

---

[1] Ein Hoio als Sohn des Theodericus de Foro erwähnt in Urk. von 1166, Seibertz, U.-B. I, Nr. 56; vgl. Urk. von 1174 a. a. O. Nr. 65, von 1184 Westfälisches U.-B. II. Nr. 440.

[2] Ein Ezelinus preco erscheint als Zeuge in einer Urkunde, die zwischen die Jahre 1101 u. 1131 fällt; Seibertz, U.-B. I, Nr. 39.

[3] Wernerus presbyter parochialis in Susato als Zeuge genannt in der Urkunde Herzog Heinrichs des Löwen von 1152 für das Kloster Scheda, gedr. bei von Steinen, Kurze Beschreibung der Gotteshäuser Cappenberg und Scheda S. 89.

[4] S. Urk. von ca. 1160 (Seibertz, U.-B. I, Nr. 58) Liupo laicus, desgl. von 1174 ff. a. a. O. Nr. 65, 80.

[5] Die Urkunde über die Stiftung der Memorie des Soester Kanonikus

XVIII *ß* de Speculo et XVIII *ß* de domo fullonum (dantur, husmede).

66. **XVIII Kalendas Decembris** obiit Hildegerus canonicus, qui edificavit domum prope sanctum Nicholaum, de qua habemus marcam et amplius.

67. **V Kalendas Decembris** obiit Hylarius presbiter, XV *ß* de molendino piscine (non dantur).

68. **XIII Kalendas Januarii** obiit Wernherus custos, XII *ß* de libra[1].

Johannes, der zugleich Propst von Zifflich war, und der in Urkunden aus den Jahren 1173—1184 häufiger als Zeuge auftritt (vgl. Lacomblet, Niederrhein. U.-B. I u. Seibertz, U.-B. I) aus dem Jahre 1184 ist uns erhalten (gedr. Seibertz, U.-B. III, Nr. 1071). Danach hat der genannte Johann ein Haus in Soest gegenüber dem Gerichtshaus (tribunal), das eine Matrone Christine zu Hälfte der Patroclikirche in Soest und zur anderen Hälfte dem Apostelnstift in Köln geschenkt hatte, ganz für das Kapitel in Soest erworben. Da aber das Haus als Bürgerhaus den städtischen Lasten unterworfen war, wurde es vom Kapitel in Erbpacht für 36 *ß* an zwei Soester Bürger ausgethan. Auf die Memorienstiftung Johanns fällt also demnach aus diesem Haus ein Anteil von 18 *ß*, wie auch hier im Nekrolog angegeben ist, auf die der genannten Christine die nämliche Summe, wovon wir freilich nur 6 *ß* zum Todestag der Frau am 25. Januar (oben Nr. 8) eingetragen finden. Die übrigen 12 *ß* waren vielleicht auf den verloren gegangenen Blättern des Nekrologs untergebracht, oder stecken unter einer anderen Nummer. Zweifellos wird aber danach, dafs das 1184 als »domus in opposito tribunalis« bezeichnete Haus als dasjenige »Zum Spiegel« anzusprechen ist, das, wie wir bereits hervorhoben (s. oben S. 119), am Petrikirchhofe gelegen war. Das tribunal scheint das nämliche Gebäude zu sein, das in der Urk. von ca. 1160 (Seibertz, U.-B. I, Nr. 58) pretorium (sedes judiciaria) genannt wird. Johann ist um 1187 gestorben; er erscheint zum letztenmal in einer Urkunde aus diesem Jahr (Westfälisches U.-B. Additamenta Nr. 71) als Zeuge.

[1] Ein Emelricus de Libra erscheint als Soester Bürger 1225 (Soester Ztschr. 1882/83, S. 107) unter den Zeugen einer Urkunde. Libra bedeutet die Wage. Eine Aufzeichnung des 17. Jahrhunderts, die aus dem Stadtarchive Soest (Bibliothek des Altertumsvereins in Münster Msc. 19, fol. 328) herrührt, besagt: Idem Philippus (Erzbischof Philipp von Köln) Susatensibus concessit pondus, vulgo die ponder, forsan die wage, anno 1184.

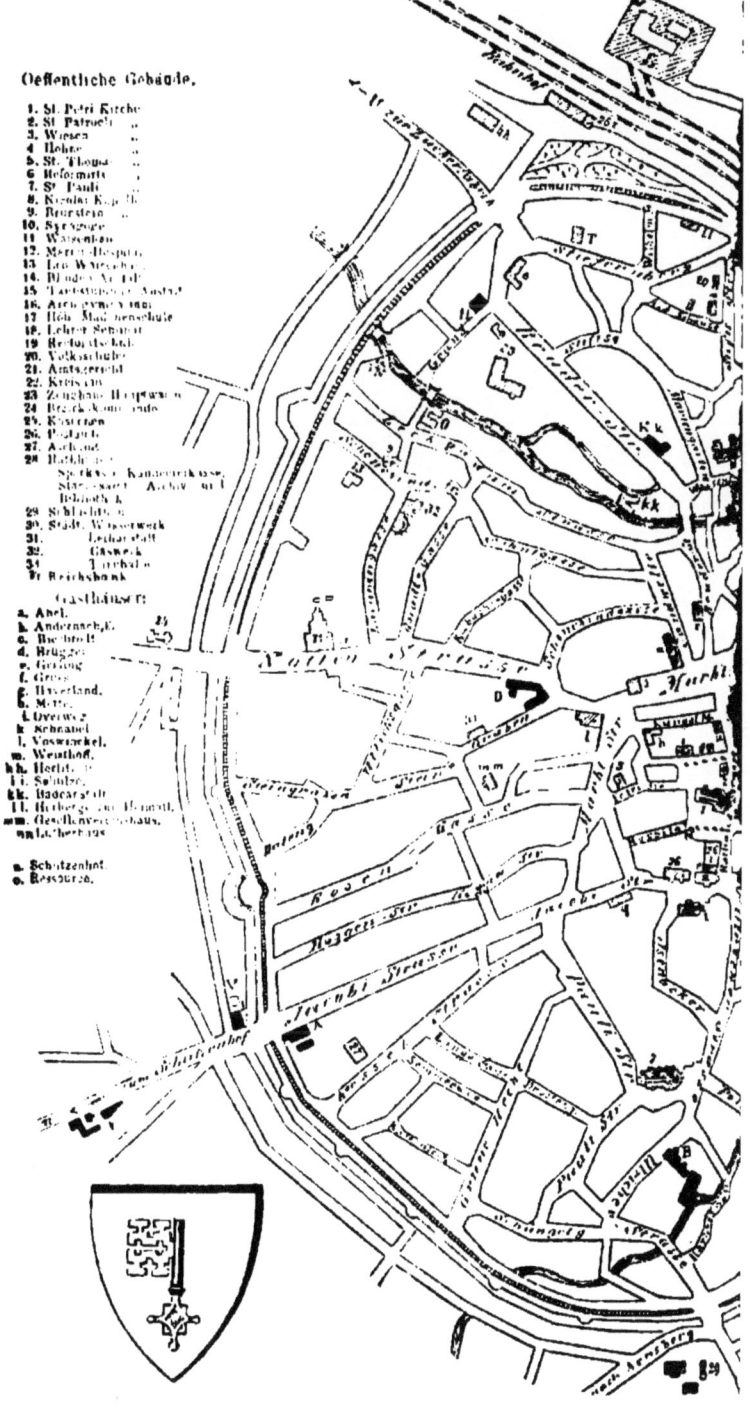

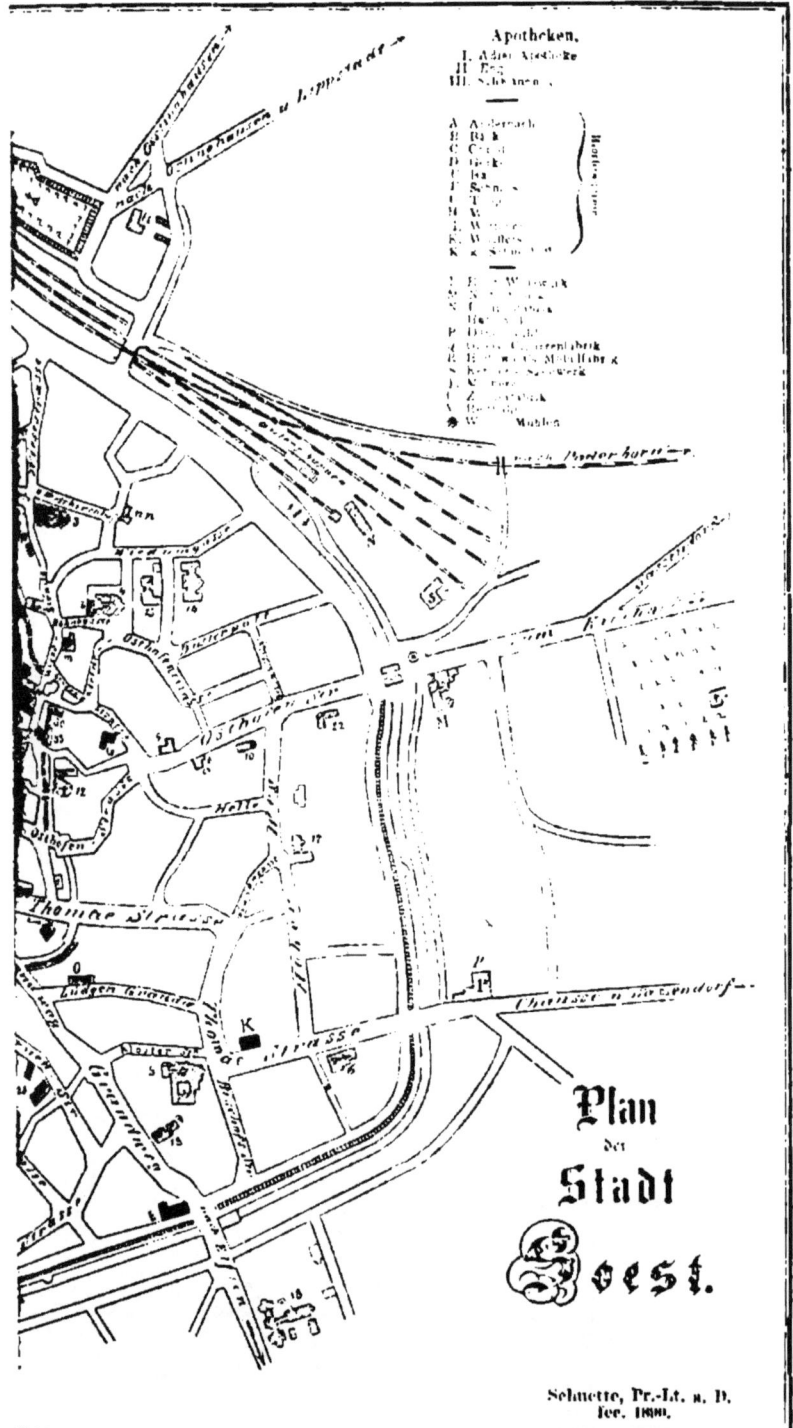

Plan der Stadt Soest.

V.

ÜBER DEN VERFASSER DES KÖLNISCHEN LIEDES VON DER WEBERSCHLACHT.

VON

WALTHER STEIN.

———————

10*

Die ausführlichste und beste Quelle für die Geschichte der inneren Zwistigkeiten und der vorübergehenden Verfassungsänderung in Köln, die unter dem Namen der Weberunruhen bekannt sind, ist ein Reimwerk, das Gedicht von der Weberschlacht. Dieses in einer Handschrift aus dem Beginn des 15. Jahrhunderts überlieferte, in der ursprünglichen, gereimten Form nur teilweise erhaltene Gedicht ist von Groote zusammen mit der Reimchronik des Gottfried Hagen, später von Liliencron in den Historischen Volksliedern der Deutschen (1 S. 70 ff.), endlich von Cardauns in den Chroniken der deutschen Städte (12, Köln 1, S. 243 ff.) veröffentlicht worden. Den Rest des Gedichts hat die Koelhoffsche Chronik in einem ausführlichen Auszuge aufbewahrt (a. a. O. 14, Köln 3, S. 711—713). Hier finden sich auch die Schlußverse des Ganzen, augenscheinlich in ihrer ursprünglichen Gestalt. Das Gedicht erzählt Ereignisse von Pfingsten 1369 bis zum November 1371. Es beginnt mit einem Bericht über die tumultuarische Unterbrechung des gesetzlichen Rechtsverfahrens gegen einen Strafsenräuber, leitet die Erzählung von der Gefangensetzung einer Anzahl Ratsherren wegen angeblich nachlässiger Vertretung der städtischen Interessen hinüber zum Umsturz der alten und zur Aufrichtung einer neuen Verfassung, und teilt einiges über deren Wirksamkeit mit. Dann erzählt es den wiederum einen Eingriff in die Justiz darstellenden Anlaß zum abermaligen Umschwung, beschreibt den Kampf und die Niederlage der Weber und schließt mit einer Ermahnung an die wieder in den Besitz der Macht gelangten Geschlechter.

Über den sachlichen Wert des Werkes und seine Zuverlässigkeit im allgemeinen besteht ein Zweifel so wenig wie über seinen poetischen Unwert. Auch die Tendenz der Erzählung ist klar; der Verfasser steht auf Seiten der Geschlechter und hat für die Weber und ihr Verhalten nur Worte des Tadels und der Geringschätzung. Die Zeit der Abfassung des Gedichts ist sicher in Bezug auf den terminus ad quem, nämlich das Jahr 1396, in welchem die Geschlechterverfassung endgültig durch eine Zunftverfassung ersetzt wurde. Die Person des Verfassers stand bisher völlig im Dunkeln. Da die Frage nach dem Verfasser zusammenhängt mit der nach der Abfassungszeit, bedarf es zunächst einer kurzen Erörterung der letzteren.

Cardauns[1] und Lorenz[2] stimmen darin überein, dafs der Verfasser nicht oder schwerlich Augenzeuge sei; er stehe den Ereignissen schon etwas ferne und berichte nach fremden Mitteilungen. Cardauns führt an, dafs er sich siebenmal gewisser Wendungen wie *as ich vernam, so as ich hain vernomen* u. s. w. bediene, vielleicht schriftliche Überlieferung vor sich habe, da er zweimal sage: *als ich it las* oder *as ich las*, niemals aber von eigener Anschauung spreche. Hält man sich buchstäblich an diese Ausdrücke, so hat man es leicht, die Augenzeugenschaft des Verfassers für unwahrscheinlich zu erklären. Eine kritische Betrachtung dieser Wendungen in ihrem Zusammenhang und in Verbindung mit dem allgemeinen Charakter des Gedichtes führt aber zu dem Ergebnis, dafs der Gebrauch solcher Wendungen im Munde dieses Verfassers nicht als Beweis für oder gegen seine Augenzeugenschaft verwendet werden darf.

Der Verfasser war Kölner, eingeborener oder zugewanderter, denn er schreibt den stadtkölnischen Dialekt mit seinen Besonderheiten, die der mit dem Sprachgebrauch Vertraute eben nur an den Bewohnern Kölns kennt. Ausdrücke wie: *heichter*, Gefängniswärter; *mittate*, Immunität (V. 196, 216, 241); *s. Briden*, S. Brigitta (V. 401, 413, 431, 438); Wendungen wie: *dat men si zo turnen do gain* (V. 114), *dat man si do zo den turnen gain* (V. 128) für die Gefangensetzung in den Stadtgefängnissen, oder: *unse heren sullen schicken darbi* für die Einsetzung einer Ratskommission, ›Schickung‹ (V. 134) u. a. mehr verraten den

---

[1] Chron. 12, S. 240.
[2] Deutschlands Geschichtsquellen 2, S. 65.

Kölner. Er lebt so ganz in der ihm vertrauten Örtlichkeit, dafs er V. 348 *beide huis* erwähnt, ohne eine nähere Bezeichnung ihres Namens und ihrer Bedeutung hinzuzufügen, obwohl er vorher von diesen Häusern noch nicht gesprochen hat. Nur der Kölner verstand sogleich, dafs damit die beiden Zunfthäuser der Weber, Airsburg und Griechenmarkt, gemeint waren. Der Verfasser schrieb in Köln selbst, denn er sagt V. 311, 312: *Nu hoirt, wie lange dis rait stoint in deser stait.* Er schrieb mithin sein Gedicht als Kölner in Köln für Kölner.

Schrieb er es nun in kürzerem oder längerem Abstande von den Ereignissen, näher der Wiederaufrichtung (1371) oder näher dem endgültigen Sturz (1396) der Geschlechterherrschaft? Die obigen, von Cardauns bemerkten Wendungen sollen für die zweite Möglichkeit, für eine Abfassung nahe vor dem Jahre 1396, sprechen. Der Verfasser bedient sich des Ausdrucks *als ich vernam* oder in ähnlicher Form, wie erwähnt, siebenmal: *als ich vernam* (V. 100), *das ich vernam* (V. 143), *so as ich hain vernomen* (V. 239), *so ich it rechte vernam* (V. 248), *ich sal uch sagen, as ich vernam* (V. 332), *ich hain't ouch wail vernomen* (V. 421), *als ich hain vernomen* (V. 469). Die Stellen, wo er sich auf Gelesenes beruft (V. 256, 334), sind vorhin angeführt. Die erstgenannten Wendungen konnten in einigen von diesen Fällen z. B. V. 143, 332, 421, 469, wie der Zusammenhang lehrt, von einem Augenzeugen angewandt werden. Denn auch ein solcher brauchte selbstverständlich nicht alle Einzelheiten, die er erzählt, mit eigenen Augen gesehen und mit eigenen Ohren gehört zu haben. Ist der Schauplatz der Ereignisse eng begrenzt, so geht dafür auch die Erzählung so sehr ins Einzelne, dafs man kaum annehmen darf, der Autor erzähle streng genommen nur Selbstgesehenes und Selbstgehörtes. Auch die Ausdrücke, mit denen er sich auf Gelesenes beruft, sprechen nicht schlechthin gegen die Augenzeugenschaft des Verfassers. Einmal gebraucht er einen solchen bei Aufzählung der Zünfte, die im weiten Rat safsen, das andere Mal bei Erwähnung eines gerichtlich zum Tode verurteilten Webers, dessen Befreiung durch die Zunftgenossen den Umschwung herbeiführte. Ein Augenzeuge, dem etwa städtische Akten zur Einsicht offen lagen, konnte sich ganz wohl auf solche berufen. Es kommt hinzu, worauf wir noch zurückgreifen werden, dafs der Verfasser das Bestreben zeigt, dem Leser oder Hörer die Zuverlässigkeit seiner Erzählung durch Einschaltung gewisser Redeformen nachdrücklich einzuschärfen.

Zunächst ergiebt eine schärfere Beobachtung, dafs der Verfasser von den erwähnten, mit dem Wort *vernemen* gebildeten Redefiguren einen ganz besonderen Gebrauch macht. Er verwendet nämlich das Wort *(vernemen, vernam, vernomen)* an den sieben Stellen nur als Reimwort, niemals am Anfang oder in der Mitte eines Verses, sondern nur am Ende[1]. Ebenso verhält es sich mit der Form *las* an den beiden bezeichneten Stellen; beidemal steht *las* als Reimwort. Wer damit zusammenhält, dafs das Gedicht in geistloser Weise durchsetzt ist mit zahlreichen Flickversen, dafs die Bildung der Verse vielfach dürftig und ungelenk ist, und dafs das ganze Werk einen auffallenden Mangel an selbständigem Stil und flüssiger Satzbildung verrät, wird schon den Verdacht schöpfen, dafs der Dichter sich der mit dem Wort *vernemen* gebildeten Satzfiguren hauptsächlich als stilistischer Flickphrasen bedient, die ihm zur Füllung der Verse an ihren für diesen Dichter unbequemsten Stellen, nämlich am Schlufs, wo es auf einen Reim ankam, dienen sollten. Daneben will der Autor durch Einschiebung dieser Phrasen auch den Eindruck der Zuverlässigkeit erwecken, aber es scheint, dafs dieses Bedürfnis sich erst dann bei ihm einstellt, wenn Stil und Reim ihm Schwierigkeit bereiten.

Wie es um den inneren Wert dieser und ähnlicher Phrasen steht, sei an zwei Beispielen dargethan, und zwar an den beiden Stellen des Gedichts, wo solche Redewendungen am zahlreichsten auftreten. V. 247 ff. spricht er nach drei vorbereitenden Versen über die Organisation der neuen Zunftverfassung. Zunächst, sagt er, wurden 15 Personen (als enger Rat) erwählt, *so ich it reichte vernam*. Er übernimmt also scheinbar nicht die volle Verantwortung für die Richtigkeit der Zahl. Dann geht er über zum weiten Rat, dessen Mitgliederzahl er auf 50 angiebt, mit

---

[1] Für dieses Wort hat er eine besondere Vorliebe. Aufser an den genannten 7 Stellen bedient er sich desselben noch an 15 anderen (V. 8, 25, 38, 102, 147, 177, 348, 355, 370, 395, 402, 405, 414, 430, 442), darunter 12 mal als Reimwort. Dieser häufige Gebrauch hat auch hier seinen Grund hauptsächlich in der bequemen Verwendbarkeit des Wortes als Reimwort.

dem Zusatz *sonder wain* am Versschlufs. Hier erklärt er also einen Irrtum für ausgeschlossen. Ist es denkbar, dafs der Verfasser, der spätestens zwei Jahrzehnte nach den Ereignissen und am Ort derselben schrieb, der die Örtlichkeiten und den Hergang der Revolution so gut kannte, sich nicht ebenso sicher über die Mitgliederzahl des engen als über die des weiten Rats hätte unterrichten können? Für die Zusammensetzung des weiten Rates beruft er sich freilich auf schriftliche Vorlage: *als ich it las*[1]. Er nennt als Vertreter der Zünfte nach einander die Kürschner, Schmiede, Gürtelmacher, Sarworter (Harnischmacher), Maler, sodann die Krämer, aber mit dem Zusatz (V. 267) *as ich meine*, ebenfalls am Versschlufs. Damit bringt er dann wieder ein Element der Unsicherheit auf gegenüber dem durch die Worte *als ich it las* beim Leser oder Hörer erweckten Glauben an die Zuverlässigkeit seiner Angaben. Es folgen die Kannengiefser, die Riemenschneider, dann die Lohgerber mit dem Zusatz am Versschlufs: *der mich vergas*, d. h. die ich vergafs, als ob er sie übersehen hätte und nachtragen wollte. Schliefslich kommen aber doch noch die Goldschmiede hinterdrein. Wie man sieht, vertragen diese kleinen Zusätze keine strenge Prüfung auf präcisen Sinn im einzelnen und auf logischen Zusammenhang im allgemeinen. Sie erscheinen als Flickstücke, mit denen der nötige Reim herbeigeschafft oder ein vorhandener Vers zum gereimten Doppelvers erweitert werden sollte.

Auch an der zweiten Stelle handelt es sich um zahlenmäfsige Angaben und zwar um die einzigen Zeitangaben in dem ganzen Gedicht, bei deren Mitteilung der Dichter durch gewisse Einschiebungen den Schein besonderer Vorsicht und Sorgfalt zu erwecken sucht. V. 311 f. will er berichten, wie lange der neue Zunftrat bestanden habe, und sagt: *ich wene*, dafs er gewählt wurde i. J. 1370 *vierzein naicht na sent Johans dage*, mit dem sich anschliefsenden Flickvers: *ich wene, ich wair sage*. Es

---

[1] Dafs der Verfasser ein Verzeichnis der Mitglieder des weiten Rats eingesehen hat, dürfte sich aus V. 268 ergeben, wo er von den Riemenschneidern sagt: *so wie si mit namen komt herna*. Augenscheinlich hat er eine Ratsliste mit den nach Zünften geordneten Namen der Mitglieder des weiten Rats im Sinn oder vor Augen. Die Namen der Riemenschneider erwähnt er übrigens nicht.

scheint, als wolle er sich gegen einen möglichen Vorwurf der
Ungenauigkeit der Zeitangabe verwahren. Und allerdings wäre
die Angabe ungenau, wenn man mit Cardauns[1] die »14 Nächte
nach S. Joh.« auf den 8. Juli bezöge. Denn der Eintritt des
neuen Rats und der Beginn der neuen Verfassung fällt auf den
2. Juli[2]. Es erscheint aber fraglich, ob die Zeitangabe des
Verfassers »vierzehn Nächte« einen bestimmten, d. h. den letzten
Tag der beiden Wochen, oder ob sie den gesamten Zeitraum
der beiden Wochen nach dem 24. Juni bezeichnen soll. Die
letztere Auslegung dürfte sowohl den Thatsachen wie der Absicht des Verfassers besser entsprechen. Da der Eintritt des
neuen Rats und der neuen Verfassung sicher am 2. Juli stattfand, wird doch die Wahl, von der der Dichter spricht, schon
vorher vollzogen worden sein. Der 2. Juli fällt auf den Dienstag
der zweiten Woche nach S. Johannis, die Wahl des neuen Rats
wahrscheinlich in die erste Woche. In der Woche vom 3.—10.
Juli sind in den Stadtrechnungen die Ausgaben für den zur
Feststellung der neuen Verfassung eingesetzten Dreifsigerausschufs,
dessen Beratungen selbstredend v o r dem 2. Juli stattgefunden
haben, bezahlt worden[3]. Wenn der Verfasser die »Kur« des
neuen Rats in den Zeitraum von 14 Nächten nach S. Johannis
verlegte, so bezeichnete er damit sowohl den Tag der Wahl des
Rats wie den feierlichen Eintritt desselben und den verfassungs-
mäfsigen Beginn der neuen Ordnung. Alles dies vollzog sich in
den beiden Wochen nach S. Johannis.

Der Verfasser hat offenbar nicht die Absicht, einen bestimmten Tag zu bezeichnen, weil er auch unmittelbar darauf
die Dauer des Zunftrats zwar richtig, aber doch nur annähernd
angiebt. Er sagt: der Rat bestand ein Jahr, mit dem Flickvers:
dait mach ich sagen vur wair, und dazu fünf Monate. Da die
Niederlage der Weber, die Weberschlacht, auf den 20. November
1371 fällt, so führt der Anfang des vollen siebenzehnmonatlichen

---

[1] Chron. 12, S. 261 zu V. 317.
[2] A. a. O.; Knipping, Die Kölner Stadtrechnungen des M.-A. 1, S. 14,
2, S. 15 u. Var. e.
[3] Knipping 2 S. 15: *Gerardo de Caliga pro diversis exspensis factis
per illos 30 ad faciendam ordinacionem novam inter ipsos ultimo 30 m.*

Zeitraumes auf den 20. Juni 1370, was der Angabe des Erzählers
über die Wahl des neuen Rats widersprechen würde. Rechnet man
die siebzehn Monate vom 2. Juli, dem Tage des Amtsantritts des
Zunftrats, so kommt man auf den 2. Dezember 1371, wo der Zunftrat bereits nicht mehr existierte. Jedenfalls fällt aber die Ver-
nichtung dieses Rates in den siebzehnten Monat nach seinem Eintritt, und mehr hat der Dichter augenscheinlich nicht sagen wollen.
Er hat Anfang und Ende des neuen Rats nicht auf den Tag,
sondern nur annähernd bestimmen wollen. Trotz dieser Absicht,
gar nicht peinlich genau sein zu wollen, macht er doch, wie
erwähnt, in diesem kurzen Abschnitte von neun Versen drei
Zusätze, darunter zwei ganze Verse, die bei oberflächlicher Betrachtung als Ausdruck der besonderen Vorsicht und Genauigkeit
des Dichters gelten könnten.

Wir würden der Besprechung und der Kritik dieser Phrasen
nicht einen so weiten Raum vergönnt haben, wenn sie nicht von
Cardauns und Lorenz als Beweise gegen die Augenzeugenschaft
des Verfassers herangezogen worden wären. Wer das Reimwerk
unter dem Gesichtspunkt seiner litterarischen Stellung betrachtet,
sieht sogleich, dafs es sich bei diesen Phrasen um typische Erscheinungen handelt. Es sind Redefiguren, deren sich die Spielmannsdichtung bedient[1]. Die Beteuerungen der Wahrheitsliebe[2]:
wair is, dat ich sagen (V. 16), *vur wair si uch dat gesaicht* (V. 30)
u. s. w.; die erwähnten zahlreichen Hinweise auf mündlichen
Bericht[3]; die vorhin besprochene Art der Zeitangaben[4]; das
ungewöhnlich häufige Hervortreten der Person des Dichters[5];
die Anrede an seine Zuhörer, die er zur Ruhe auffordert: *nu
doit mine beide ind swiget doch al stille ind vernempt minen wille*
u. s. w. (V. 6 ff.)[6], sind nichts als technische Mittel des Spiel-
manns und gehören zum Handwerk des Volksdichters. Sie
dienen lediglich dazu, dem Dichter bequeme Reimworte und

---

[1] Vgl. P. Piper, Die Spielmannsdichtung 1, S. 62 ff., 69 ff.

[2] Piper S. 63.

[3] S. 63 zu 3.

[4] S. 65.

[5] S. 71. In nicht weniger als 38 Versen von 480 erscheint in der
»Weberschlacht« die Person des Dichters (*ich, mir, mich*).

[6] S. 70.

Flickverse zu liefern und die Person des Dichters in lebhafte
Beziehung zur Zuhörerschaft zu setzen. Ein objektiver Wert
kommt ihnen nicht zu. Es genügt, zum Beweise dafür auf die
mit zahlreichen Beispielen belegten Ausführungen Pipers über
den Charakter der Spielmannsdichtung zu verweisen[1]. Andererseits ist zu betonen, dafs angesichts der erwiesenermafsen guten
Kenntnisse des Verfassers die vorstehende Charakteristik jener
Phrasen der Glaubwürdigkeit des sonstigen historischen Inhaltes
des Liedes keinen Abbruch thun kann. Jedenfalls aber können
diese Phrasen nicht dazu zwingen, die Abfassungszeit des Gedichts
näher an das Jahr 1396 heranzurücken. Es ist kein Grund vorhanden, einer späteren Abfassungszeit den Vorzug zu geben vor
einer früheren, den Ereignissen näher liegenden.

Fragen wir nach Persönlichkeiten, die in dem Zeitraume von
Nov. 1371 bis 1396 als Verfasser des Gedichts angesehen werden
könnten, so gewähren uns die Chroniken und Urkunden nicht
den geringsten Anhaltspunkt für eine auch nur erwähnenswerte
Vermutung. Es liegt nahe, im Kreise der Stadtbeamten, besonders der Stadtschreiber oder der im Stadtdienste beschäftigten
Schreiber, den Verfasser zu suchen. Stadtschreiber sind bekanntlich auch in Köln mit historischen Werken in Prosa und Versen
hervorgetreten. Gottfried Hagen, dessen Reimchronik in gewisser Hinsicht das Vorbild für den Verfasser der Weberschlacht
war und handschriftlich nur zusammen mit der Weberschlacht
vollständig erhalten ist, war kölnischer Stadtschreiber. Auch
der Verfasser des »neuen Buches«, der überaus geschickten
historischen Denkschrift zur Rechtfertigung der Verfassungs-
umwälzung von 1396, war ein städtischer Schreiber[2]. Von den

---

[1] Dieser Charakter des Liedes als einer Spielmannsdichtung unterscheidet
es wesentlich von der Dichtung des Gottfried Hagen aus dem 13. Jahrhundert.
Im einzelnen kann hier nicht darauf eingegangen werden. Den Ausführungen
Kelleters, Westdeutsche Ztschr. 13, S. 150 ff., der S. 150, 152, 167 Hagens
Werk als »Memorial« bezeichnet, kann ich nicht beipflichten, weil er den
Begriff des »Memorials« viel zu weit fafst. Cardauns a. a. O. S. 239 nennt
die »Weberschlacht« unzutreffend ein kleines episches Gedicht. Richtig hat
Liliencron den litterarischen Charakter des Gedichtes durch dessen Einreihung
unter die historischen Volkslieder gewürdigt.

[2] Die Handschrift, in der die Weberschlacht samt der Hagenschen
Chronik in einer Abschrift aus dem Anfang des 15. Jahrhunderts erhalten ist,

Stadt- oder städtischen Schreibern, an die in dem bezeichneten
Zeitraum gedacht werden könnte, ist zu erwähnen der Protonotar
Thomas von Dalen, der, nachweislich seit Anfang 1370 als
Protonotar thätig, 1384 zum städtischen »Pfaffen« aufrückte und
als solcher noch nach der Revolution von 1396 im Amt war[1].
Auf ihn als Verfasser deutet so wenig eine Spur wie auf seinen
Nachfolger im Protonotariat Konstantin Morart de Virtute, der
durch seine Mutter mit dem Patriziat nahe verwandt war[2]. Nur
ein einziger unter den übrigen Schreibern verdient unsere Auf-
merksamkeit unter dem Gesichtspunkte eines möglichen Zusammen-
hanges mit unserem Liede. Für diesen, den Rentkammerschreiber
Heinrich von Lintorf, können wenigstens einige Gründe geltend
gemacht werden, die seine Verfasserschaft in den Bereich der
Wahrscheinlichkeit rücken.

Heinrich von Lintorf oder de Prato[3], seit 1355 als Notar
bekannt, seit 1367 in der städtischen Kanzlei thätig, schrieb seit
mindestens 1370 die Stadtrechnungen, die erst von diesem Jahre
an erhalten sind[4]. Vorhanden sind von ihnen aus dem 14. Jahrhundert aufser. Rentenregistern und einem Einnahme- und Aus-
gabeverzeichnis der Revolution von 1396 die Rechnungen der
Gesamteinnahmen von 1370—1393 und der Gesamtausgaben
von 1370—1381[5]. Diese Rechnungen sind bis 1387 fast allein
von Lintorfs Hand geschrieben. Aufserdem hat sich von ihm
eine beträchtliche Zahl von Notariatsinstrumenten erhalten. Dieser
Stoff ist die einzige Grundlage für die Kenntnis seiner Thätigkeit. Was die Notariatsinstrumente für die Veränderung seiner
Stellung im Stadtdienst ergeben, wird später erwähnt werden.

---

entstammt, soweit die Schriftzüge ein Urteil darüber zulassen, nicht aus der
stadtkölnischen Kanzlei. Ich hatte in früheren Jahren Gelegenheit, die
Handschrift persönlich einzusehen.

[1] Vgl. Stein, Akten z. Gesch. d. Verf. u. Verw. Kölns 1, S. CXXI ff.

[2] Vgl. Akten 1 S. CXXVI; Lau, Entwicklung d. komm. Verf. u. Verw.
d. St. Köln S. 275.

[3] Von der Wiese. Es ist bemerkenswert, dafs sein Nachfolger im Amt
des Rentkammerschreibers Jak. von der Wesen (Wiese) aus Siegburg ist.
Vielleicht waren beide verwandt, wie denn gerade bei den Kölner Stadt-
schreibern enge Verwandtschaftsverhältnisse wiederholt vorkommen.

[4] Vgl. Akten 1, S. CXXIII f.

[5] Vgl. die Übersicht bei Knipping 1, S. I.

Wir beschränken uns zunächst auf die von ihm geführten Stadtrechnungen, die nur in den Ausgaberegistern zahlreichere direkte
Mitteilungen über andere Dinge als solche von rein finanzgeschicht-
lichem Interesse enthalten und, wie erwähnt, nur bis 1381 reichen.
Man wird nun kaum erwarten, in diesen Rechnungen Anhalts.
punkte für ein nicht streng sachliches Verhältnis des Registrators
zu den von ihm registrierten Ausgabeposten oder den darin
verzeichneten Thatsachen zu finden. Die Einträge sind in der
That durchweg rein sachlich gehalten, meist sehr, oft leider allzu
kurz und trocken den Anlafs der Ausgabe bezeichnend. Nur an
ganz wenigen Stellen wird diese Trockenheit und Einförmigkeit
durch einen persönlichen Ton unterbrochen, und diese wenigen
Stellen beziehen sich auf ein und dasselbe Ereignis — die Weberschlacht.

Dieser Vorgänge, des Kampfes mit den Webern, wird in
den Rechnungen des Heinrich von Lintorf an fünf Stellen gedacht, nämlich am 17. Dezember 1371, am 4., 18. und 25. Februar
1372 und am 23. November 1379. Die einschlägigen Stellen
sind folgende: Unter 1371 Dezember 17 (Knipping 2, S. 65):
*militibus de Misnia qui interfuerunt bello ante monasterium s. Marie
de Monte Carmeli 100 fl.*; unter 1372 Februar 4 (S. 72): *Johanni
Roistgin de vino bibito tempore glorioso in Arsburg per Everar-
dum de Cane 21 m. 8 s.*; unter Februar 18 (S. 73): *relicte quon-
dam domini Constantini de Liskirchen de dampnis sibi illatis tempore
glorioso in domibus suis ex parte dominorum nostrorum 50 m.*;
unter Februar 25 (S. 74): *pro torsicis et candelis tempore glorioso
ex defectu 26 m. 4 s.*; unter 1379 November 23 (S. 346): *pro
memoria facti textorum, quando fuerunt devicti, ad pios usus con-
vertendas 11 m.* Die erste Stelle, die noch keinen Monat nach
dem Ereignis geschrieben ist, bezeichnet den Kampf als ein
bellum, ein Ausdruck der auch sonst für die innerstädtischen
Fehden in Köln gebraucht wird[1]. Die drei folgenden Notierungen
aus dem Februar des nächsten Jahres aber nennen die Weberschlacht ein *tempus gloriosum*. Die fünfte Stelle, die acht Jahre
hinter dem Ereignis liegt, spricht nur von der Besiegung der

---

[1] Z. B. im Schied von 1258, Keutgen, Urk. z. städtischen Verfassungs-
gesch. S. 168 ad 20.

Weber und konnte um so weniger Gelegenheit bieten zu einem die Siegesfreude verratenden Zusatze, als sie über eine fromme Stiftung zu Gunsten der Seelen der erschlagenen Weber referierte. Jene drei mittleren Stellen heben sich durch den auffallend persönlich gefafsten Ausdruck deutlich aus dem Zusammenhang der vorhergehenden und nachfolgenden Eintragungen heraus. Unzweifelhaft verraten sie eine ganz persönliche Teilnahme des Schreibers der Rechnungen an den Ereignissen der Weberschlacht, und dazu auch eine lebhaftere Auffassung des Ereignisses. Auch ein devoter Diener des neuen Rats — Lintorf hat nacheinander der alten Regierung, dann dem Zunftrat und endlich dem neuen Geschlechterrat als Rentkammerschreiber gedient — hätte das Ereignis so sachlich wie an der ersten Stelle behandeln und seinen Anteil an demselben immer noch weniger lebhaft zum Ausdruck bringen können. als mit der Bezeichnung des Kampfes als einer ›glorreichen Zeit‹. Man sieht, dafs Lintorf auch mit dem Herzen auf Seiten der Geschlechter stand, und dafs er es nicht unterlassen konnte, diese Gesinnung auch an der Stelle hervortreten zu lassen, wo sonst nur Raum war für das sachlichste und trockenste Registrier- und Rechengeschäft.

Es giebt nun in denselben Rechnungen noch eine weitere Nachricht über Lintorf, die ein neues Licht auf seine Persönlichkeit wirft. Seit wir ihm zuerst als dem Schreiber der Stadtrechnungen, als Rentkammernotar, begegnen, nämlich seit März 1370, dem Beginn der erhaltenen Rentkammerrechnungen, bezieht er ein Jahresgehalt von 30 Mark, welches ihm regelmäfsig in zwei halbjährlichen Terminen, zu Johannis (24. Juni) und Weihnachten (25. Dezember), ausgezahlt wird[1]. Vermutlich war, wie in ähnlichen Fällen so auch hier, die Gehaltssumme und der Modus der Zahlung in einem Vertrage festgesetzt. Dieses Gehalt in der Höhe von 30 Mark bezieht er bis zum Ende des Jahres 1375. Neben seinen Obliegenheiten als städtischer Rentkammerschreiber versah er auch ein Notariat an der Kölner Kurie und zwar schon seit 1355. Als Notar stand er aber auch in einem amtlichen Verhältnis zur Stadt[2]. Nun ergiebt sich aus

---

[1] Knipping 2, S. 14, 33, 47 u. s. f.
[2] Akten 1, S. CXXIV. Auf diese Thätigkeit als Notar im Stadtdienst

den Rechnungen, dafs 1375 und 1376 in seiner Stellung als Rentkammerschreiber und als Notar Veränderungen eintraten. Seit
dem September 1375 nennt er sich in seinen Notariatsinstrumenten
nicht mehr Notar der Kölner Kurie, sondern nur noch Notar
von kaiserlicher Autorität. Ferner ist 1376 sein bisheriges Jahresgehalt als Rentkammerschreiber von 30 auf 200 Mark erhöht
worden, welches er an den beiden früheren Terminen in halbjährlichen Raten von 100 Mark erhielt. Die letzte Eintragung
über den Bezug seines bisherigen geringeren Gehaltes ist vom
16. Januar 1376, die erste mit der Erwähnung der Gehaltserhöhung vom 25. Juni 1376[1]. Auch diese letztere Notiz hat
er selbst, wenngleich mit anderer Tinte geschrieben. Merk-
würdiger aber ist die Eintragung, in der beim nächsten Termin,
d. h. beim Weihnachtstermin 1376, die Auszahlung des erhöhten
Gehaltes erwähnt wird. Die Auszahlung erfolgte häufig erst
einige Zeit nach dem Verfallstermin, diesmal erst am 11. Februar
1377. Sie lautet (S. 258): *Henrico de Lyntorp trufatori pro ¹/₂
anno pro termino nativitatis Cristi* [d. J. 1376] *100 m.* Auch
diesen Posten hat er mit eigener Hand, aber wiederum mit
anderer Tinte gebucht. Was bedeutet der Zusatz *trufator* zu
dem Namen des Notars und Rentkammerschreibers Heinrich
von Lintorf?

Das Wort *trufator* ist romanischer Herkunft. Es hat zunächst dieselbe Bedeutung wie wahrscheinlich *goliardus*, mit dem
wir es in Köln einmal zusammen genannt finden. Jak. Grimm[2]
wies für *goliardus* auf provenç. *galiar, gualiar*: betrügen. *Trufator*
ist abzuleiten von *trufa*, in allen romanischen Sprachen *truffa,
trufa, truffe, trufe, truphe* u. s. w.: Betrug, Täuschung, dann Wind-
beutelei, Albernheit, Posse[3]. Dementsprechend lautet auch die

---

bezieht sich wohl auch der Eintrag der Rechnung unter 1370 Dez. 4: *Henrico
de Lyntorp de officiatoria sua pro termino omnium sanctorum 2 m. 6 s.,*
Knipping 2, S. 30.

[1] Knipping 2, S. 231.
[2] Kleine Schriften 3, S. 46.
[3] Diez, Etym. Wtb. d. rom. Sprachen, 3. Aufl., 1, S. 432 unt. truffa,
truffare; Godefroy, Dict. de l'ancienne langue Franç. Bd. 8 unt. trufable, trufe,
trufeor, trufer u. s. w.; Du Cange unt. trufator. Ein sprachlicher Zusammenhang
mit Troubadour, den ich in der Festschrift für Mevissen (Beiträge z. Gesch. vornehmlich Kölns u. d. Rheinlande, 1895) S. 31 angenommen habe, besteht nicht.

Übersetzung in deutschen Glossaren: *trufare, truphare:* täuschen, lügen, betrügen, *lecken, schantriben, ghecken; trufator:* Täuscher, Betrüger, Geck, Lügner [1]. Diese ursprüngliche und allgemeinere Bedeutung kommt für die Erklärung der Bezeichnung des Kölner Rentkammernotars natürlich nicht in Frage. Auf eine speciellere Bedeutung führt die Zusammenstellung des Wortes mit anderen Ausdrücken. In Frankreich wird es wiederholt zusammen genannt mit *menestrez,* den fahrenden Sängern oder umherziehenden Musikern [2]. Ähnlich findet man es in Köln in der Mitte des 15. Jahrhunderts neben *goliardus.* Die allgemeine Morgensprache des Rats verordnete dort, dafs die in der Stadt befindlichen Müssiggänger, Landstreicher und dergleichen Gesindel aus wälschen, deutschen und anderen Ländern sich eine Arbeit suchen und redlich ihr Brot verdienen, sonst aber schimpflich aus der Stadt verjagt werden sollten. Die Verordnung ist am Rande mit der Bezeichnung: *de goliardis et trufatoribus* versehen, später nochmals: *de goliardis* [3]. Es wird daraus deutlich, auf welche Klasse von fahrendem Volk sich die Verordnung bezog. Goliarden oder Vaganten waren, wie bekannt, im 12. und 13. Jahrhundert fahrende Kleriker, deren lateinische Lieder, die carmina burana, noch heute ihre Wirkung nicht verloren haben. Allmählich sanken sie ganz unter die fahrenden Leute herab und dichteten auch in der Volkssprache. Überall standen sie in schlimmem Ruf. In den Akten der geistlichen Behörden, die im 13. Jahrhundert mit grofser Strenge gegen das Vagantenwesen einschritten,

---

[1] Diefenbach, Glossar. u. Nov. Glossar. unt. trufa, trufare, truphare, trufator. Böcking, Ulr. Hutteni op. Suppl. 2, S. 532. Einzelne Stellen: MG. SS. 14, S. 435 zum J. c. 1336; 26, S. 616; Ficker, Geschichtsquellen d. Bistums Münsters 1, S. 49. Um 1480 kam in Erfurt der *troffart tantes* auf, A. Schultz, Deutsches Leben i. 14. u. 15. Jahrh. S. 329 u. 492. In Utrecht erscheint truwanterij im 14. Jahrh. als Verbrechen, welches an Leib und Glied geht, Landstreicherei, Oude vaderl. Rechtsbronnen, De middeleeuwsche Rechtsbr. d. st. Utrecht, uitg. d. Muller Fz., Inleid. S. 133 u. Glossar S. 85. Stellen aus flämischen u. a. niederländischen Dichtern bei Oudemans, Bijdrage tot een middel- en oud nederl. Wb. Bd. 7 unt. trouwanten, truwant, trufe u. s. w.

[2] Godefroy Bd. 8, S. 97 unten: *des menestres et des truffours,* Bd. 5, S. 239: *Les mençonges des losengiers et des menestereus et des trufleeurs.*

[3] Akten 2, S. 353 § 26 mit Note a.

werden die Goliarden zusammengestellt mit *vagi scholares, joculatores, bufones, histriones:* fahrende Schüler, Schauspieler, Jongleure, Possenreisser, Hanswurste [1]. Der frühere Unterschied der Ausdrücke verschwand [2]. So trifft man auch später trufator zusammen mit *scolares vagi.* Joh. Busch (1399—c. 1480) berichtet in seiner Windesheimer Chronik [3] von den Grundsätzen des Rektors der Zwoller Stadtschule für die Aufnahme von Schülern: »Fahrenden Schülern und Trufatoren verweigerte er die Zulassung und den Besuch der Schule. Wenn er solche Leute durch fromme Ermahnung und einige Strafe nicht bessern konnte, zwang er sie, ihn und die Schule zu verlassen, damit nicht die Verderbtheit solcher Buben den Guten zum Schaden gereiche« u. s. w. Er liefs daher folgende Verse in grofser Schrift auf Pergament an den Thürpfosten der Schule anschlagen, die er auch zur Abschreckung der Trufatoren häufig öffentlich wiederholte:

> *Qui domicellari vult nec par esse scolari,*
> *Ille domi maneat, et domicellus eat.*

Auch in den Briefen der Dunkelmänner, in denen das Wort nicht selten vorkommt, werden einmal dieselben Personen als *trufatores* und *bufones* bezeichnet [4].

Hiermit ist eine Bedeutung des Wortes gewonnen, die eine Erklärung unserer Stelle ermöglicht. Auch im ersten Jahrgang der Kölner Rechnungen, zum 7. August 1370 [5], erscheint das Wort: *pro expensis factis per dominos(!) Henricum Hard[evust] de custodia trufatorum 1 m 4 s.,* wo es im Sinne von »fahrendes Volk, Possenreifser, Gaukler« gebraucht sein mag. Indessen ist es nicht wohl angängig, das Wort an der den Heinrich von Lintorf betreffenden Stelle in einem verächtlichen Sinne zu deuten. Denn die Annahme mufs als ausgeschlossen gelten, dafs Lintorf sich selbst in amtlichen Akten mit einem verächtlichen Beiwort belegt

---

[1] Piper 2, S. 273 ff.

[2] Giesebrecht, Die Vaganten oder Goliarden u. ihre Lieder, Allgem. Monatsschrift f. Wissenschaft u. Litteratur 1853, S. 39.

[3] Geschichtsquellen d. Prov. Sachsen 19, S. 207.

[4] Böcking, Ulr. Hutteni op. Suppl.; vgl. d. Brief n. 11, S. 17 [25] u. [39] u. 18 [33] mit 18 [13].

[5] Knipping 2, S. 18.

haben könnte. Darum ist es wahrscheinlich, dafs er das Wort, welches ja vielfach oder meistens einen bedenklichen Klang hatte, in halbironischem oder humoristischem Sinne, wenn nicht gar aus Bescheidenheit im Hinblick auf einen gröfseren Vorgänger[1], auf sich angewandt hat. Wir fanden Trufatoren in Frankreich in Gemeinschaft mit fahrenden Sängern und Musikern, in Köln und sonst mit Spielleuten und fahrenden Studenten; der Trufator ist nicht nur Possenreifser, Jongleur, sondern auch fahrender Sänger, Spielmann. Nur in diesem Sinne dürfte das Wort unter den Umständen, unter denen es hier erscheint, zu verstehen sein. Der Rentkammerschreiber, der sich selbst in der Stadtrechnung einen Trufator nennt, hat sich damit vermutlich als einen Sänger, einen Volksdichter bezeichnen wollen.

Es ist selbstverständlich, dafs hiermit ein Beweis für die Autorschaft des Heinrich von Lintorf nicht geführt ist. Die vorstehenden Erörterungen bezwecken lediglich, eine Reihe von Beobachtungen mitzuteilen, die auf Lintorf als Verfasser hinzudeuten scheinen. Fassen wir sie kurz zusammen, so ergiebt sich folgender Thatbestand: Das Lied von der Weberschlacht ist von einem Kölner in Köln verfafst worden und zwar zwischen den Jahren 1371 und 1396. Für die Annahme einer Abfassung in einem bestimmten, früheren oder späteren Abschnitte dieses Zeitraumes enthält das Lied keinen Anhaltspunkt. Die Auffassung des Verfassers ist parteiisch, er steht durchaus auf Seiten der in der Weberschlacht siegreichen und wieder zur Macht gelangten Geschlechter. Das Lied gehört nach seinem litterarischen Charakter der Spielmannsdichtung an. Von Personen in Köln, an die bei der Frage nach der Autorschaft zunächst gedacht werden kann (Stadtschreiber), findet sich beim Rentkammerschreiber Heinrich von Lintorf eine Auffassung der Niederlage der Weber, welche mit der des Liedes übereinstimmt. Lintorf nennt den Kampf an ungewöhnlicher Stelle und in ungewöhnlich lebhafter Weise eine ›glorreiche Zeit‹. Derselbe Lintorf spricht mehrere Jahre später, nachdem sein Gehalt erhöht und er ganz in den städtischen Dienst eingetreten ist, von sich selbst als von einem Sänger, einem Spielmann.

---

[1] Den Gottfried Hagen.

So die Thatsachen. Wer sie unbefangen würdigt, wird der
Vermutung, dafs Lintorf der Verfasser sei, die Wahrscheinlichkeit nicht ganz absprechen. Wäre in der That Lintorf der
Autor, wie wir vermuten, so würde die Abfassungszeit des Liedes
in den Zeitraum zwischen 1371 und den Beginn des Jahres 1377
fallen. Dann wäre es augenscheinlich, dafs die Gehaltserhöhung
und der Übertritt Lintorfs in den ausschliefslichen Stadtdienst
in ursächlichem Zusammenhang stände mit der Abfassung des
Gedichtes. Entweder wäre die Dichtung der Dank Lintorfs für
die Gehaltserhöhung oder diese letzere ein Zeichen der Erkennt-
lichkeit der regierenden Geschlechter, deren Sieg Lintorf in dem
Liede verherrlicht hatte.

V.

KLEINERE MITTEILUNGEN.

———

DER FLOTTENFÜHRER DER VERBÜNDETEN IN DER GRAFENFEHDE.

VON

DIETRICH SCHÄFER.

In der Svensk Historisk Tidskrift 19, S. 213—220 (1899, Heft 3) untersucht Emil Hildebrand in einer »Måns Svensson Some och Peder Skram« betitelten Abhandlung die Frage, wer Anführer der vereinigten schwedisch-dänisch-preufsischen Flotte gewesen sei, die im Sommer 1535 entscheidende Erfolge gegen die Lübecker errang. In Dänemark und Deutschland ist dieser Ruhm stets Peter Skram zugesprochen worden, während die Schweden ihn einem der Ihrigen, dem Magnus Svensson Some, vindicierten. Der ersteren Auffassung habe ich mich selbst in meiner dänischen Geschichte (IV, S. 288 ff.) angeschlossen. Emil Hildebrand findet, dafs meiner Behandlung der Frage »ihre eigentümliche Seite nicht fehle«. Eine Hauptquelle für unser Wissen über Peter Skram ist die Biographie, die seine drei Jahre vor ihm gestorbene Gemahlin Elsebe Krabbe niedergeschrieben hat. Es wird von Hildebrand (S. 217) getadelt, dafs ich Nachrichten dieser Biographie über die norwegische Expedition von 1532 ablehne, während ich sie nach Hildebrand für die Ereignisse von 1535 »ohne weiteres anerkenne«. Er findet »dieses Verfahren zweifellos etwas inkonsequent«[1]. Selbst spricht er keine Meinung

---

[1] Wenn Hildebrand S. 217 sagt: »I fråga om 1535 års sjötåg tager herr Schäfer utan vidare för god fru Elsebes skildring, som dock enligt honom

darüber aus, wer den Oberbefehl geführt habe, bestreitet aber entschieden, dafs es Peter Skram gewesen sei.

Da Hildebrand das zu Gebote stehende Material, ich weifs nicht, aus welchem Grunde, nur recht teilweise heranzieht, so sei hier noch einmal untersucht, was man über die Frage wissen kann[1].

Unter den Aufträgen, welche Ove Lunge und Iwar Juel, die Gesandten Christians III. an Gustaf Wasa, im Februar 1535 bei letzterem zu erledigen hatten, befand sich auch der, um thunlichst raschen Beistand mit einer Flotte zu mahnen. Der Bescheid, den Gustaf Wasa den Gesandten am 21. Februar erteilte, lautete dahin, dafs er mit dem ersten offenen Wasser sein gröfstes Kravel und so viel Kriegsschiffe, als nur möglich sei, nach der Insel Gotland laufen und dort auf die preufsische Flotte und die vom dänischen Könige zu sendenden Schiffe warten lassen werde[2]. Gleichzeitig beriet der König mit den Gesandten u. a., wie er einen tüchtigen, rechtschaffenen Mann als Admiral oder ›Schiffer‹ für seine Flotte erlangen könnte, und diese sprachen ihm von einem Verwandten des dänischen Reichsmarschalls Tyge Krabbe, Peter Skram mit Namen, und priesen diesen Mann als so gewissenhaft, verständig und kriegserfahren zur See, dafs es ganz aufsergewöhnlich sei[3]. Den Mitteilungen, die der König

---

(s. 190) är ›notoriskt falsk‹ i flera punkter, och nämner icke ens Måns Svensson‹, so wird es dem Leser erscheinen, als hätte ich aus den Mitteilungen der Biographie über die Ereignisse von 1535 Nachrichten als notorisch falsch bezeichnet; das habe ich aber nur in betreff der norwegischen Hergänge 1532 gethan.

[1] Zuletzt geschah das 1891 durch A. Hammarskjöld in seiner ausführlichen Besprechung von Zetterstens Geschichte der schwedischen Flotte (Svensk Hist. Tidskrift 11, S. 340 ff.), doch ohne näheres Eingehen auf die Quellen, und 1893 von Axel Larsen in Dansk Hist. Tidskrift VI, 4, S. 292—317. In einem Nachtrage zu B. IV der Geschichte Dänemarks habe ich bemerkt, dafs sich die Ergebnisse von Larsens Arbeit mit meiner Auffassung decken.

[2] Konung Gustaf den Förstes Registratur (Handlingar rörande Sveriges Historia I) X, S. 37.

[3] Ebd. X, S. 99: Yttermere giffue wij ether tiilkenne, ath then tiidh her Offve Lunge och m. Iffver Jull vore hoss oss, snackade wij med them bland annet, hvar wij skulle få en god, råthsinnig karl tiil en ameral eller skiper for vor skipszflotta; thå gåffve the oss tilkenne um en her Tykes mågh, benemnd Peder Schram, och prisede the honom for en slig alffverlig, förståndig

darüber am 29. März an seinen Bevollmächtigten in Dänemark,
Mag. Christofer Anderson, machte, fügte er hinzu: »Wir wissen
aber nicht, wie weit man ihnen in dieser Sache trauen darf,
und wie es mit Peter Skram steht«, und beauftragte Mag.
Christofer, Erkundigungen einzuziehen und rascheste Nachricht
zu geben. Auch Anfang April fehlt es der schwedischen Flotte
noch an Bemannung und Führern. Der König wendet sich
am 2. dieses Monats an die dänischen Reichsräte in Schonen
um Bootsleute und um zwei oder drei tüchtige, verständige
Männer, die man als Admiräle gebrauchen könne, nebst anderem
seegewohnten Volke, und wiederholt am 4. eine schon früher
an den Führer der schwedischen Truppen in Schonen, Severin
Kiil, gerichtete Aufforderung, Bootsleute zu senden und jemanden,
den man als Admiral auf dem grofsen Kravel brauchen können,
erkundigt sich auch abermals, ob Peter Skram gerühmt werde
und so tüchtig sei, wie man sage [1].

Aus der Registratur erfahren wir weiter, dafs Gustaf Wasa
noch am 23. April nach einem »Admiral« für sein grofses
Kravel suchte. Er beauftragte Erich Fleming, Hauptmann auf
Raseborg in Finland, diesen Posten zu übernehmen [2], ein Auftrag, der nicht zur Ausführung gekommen ist; Erich Fleming

---

och krigxman tiil sziösz, at thet var utöffver alle motte. Der letzte Satz läfst
auch eine andere als die im Text gegebene Übersetzung zu: »Sie priesen ihn
über alle Mafsen als einen gewissenhaften, verständigen und im Seekrieg er-
fahrenen Mann«. Um eine wesentliche Änderung des Sinnes handelt es sich
dabei aber nicht.

[1] Ebd. X, S. 107: Bådtzmenn och 2 eller thre gode forstondige menn,
them man bruge kunde for ameraler, med annet bewant sziöfarit folck; X,
S. 111: Tesligis szom eder tiilscriffvit är til forrende um båtzmenn etc. och then
wij kunde bruge for en amerall på store kraffvelen, anthen then Josep Falster
eller andre etc. Yttermere um then Peder Schram är berossat etc., ati granne-
liga bespane, um han är szå dugelig, szom ord aff går. Offenbar werden die
Ausdrücke Admiral und »Schiffer« identisch gebraucht. »Schiffer« ist in
dieser Zeit allgemein gleichbedeutend mit unserm Kapitän. Wenn Hildebrand
(S. 210) darauf hinweist, dafs Gustaf Wasa mit den dänischen Gesandten
»nur gesprochen« habe, dafs in der offiziellen Antwort vom 21. Februar nicht
ein Wort von der Sache vorkomme, so ist darauf zu bemerken, dafs sie hier
gar nicht vorkommen konnte, weil ausschliefslich die Punkte berührt werden,
für welche die Gesandten Aufträge mitgebracht hatten.

[2] Ebd. X, S. 125.

wurde bei den schwedischen Landtruppen in Schonen verwendet.
Am 29. April antwortete der König auf die Mahnung des dänischen Statthalters auf Gotland Heinrich Rosenkranz, dafs die
dänische Flotte schon dort liege und auf die schwedische warte,
mit der Erklärung, dafs seine Schiffe schon über drei Wochen
oder einen Monat segelfertig und wohlgerüstet lägen und nur
noch auf das kürzlich angekommene Kriegsvolk gewartet hätten,
das Christian aus Jütland geschickt habe [1], eine Angabe, die
nicht allzuwohl stimmt mit den oben erwähnten Aufträgen vom
2. und 4. April, Bootsleute und Schiffsführer zu beschaffen, und
mit der Thatsache, dafs das fragliche Kriegsvolk schon um den
20. März bei Falkenberg in Halland gelandet war [2]. Die Mahnung
von Gotland mag aber Anlafs geworden sein, die Rüstung ab-
zuschliefsen. Denn vom 30. April ist das Schiffsrecht datiert,
das Gustaf Wasa für seine Flotte festsetzte. Dieses Schiffsrecht
aber sagt ausdrücklich, dafs der König seinen »treuen Mann
und Admiral Magnus Svensson mit seiner Schiffsflotte gegen
Schwedens, Dänemarks und Norwegens Feinde, die Lübischen
und ihre Anhänger und Helfer, gesandt habe« [3]. Magnus Svensson erscheint als Befehlsheber des schwedischen Geschwaders.

Auf der bald darauf ausgelaufenen Flotte befand sich nun
aber auch Peter Skram. Am 13. Mai schickt der König auf
Grund von Nachrichten, die aus Lund gekommen sind, den Ab-
gefahrenen, wahrscheinlich noch in den Schären Liegenden ernste
Mahnung nach, sich nicht allein in den Sund zu wagen, überhaupt vorsichtig zu sein. Und diese Mahnung ist nicht allein
an Magnus Svensson gerichtet, sondern an Magnus Svensson
und Peter Skram. Bei einer überaus wichtigen Frage, in der
es sich um die Gesamtleitung der schwedischen Flotte handelt,
spielt Magnus Svensson nicht allein die entscheidende Rolle,
sondern neben ihm steht Peter Skram. Und er steht nicht nur
neben ihm, sondern in gewisser Beziehung vor ihm. Denn er
erhält in eben diesem Schreiben noch die besondere Weisung,

---

[1] Ebd. X, S. 126.
[2] Vgl. Paludan-Müller, Grevens Feide I, S. 406.
[3] Registratur X, S. 127: vor tro mann och amerall Måns Swensson med
vor skipsflotta ɔc.

dafs er gut nachsehen solle, wie es auf den anderen Schiffen stehe, ob die an irgend etwas Mangel leiden[1]. Welches sind diese anderen Schiffe? Sind es die schwedischen aufser dem Admiralsschiff, wie Larsen meint, so ist klar, dafs auch für sie nicht Magnus Svensson, sondern Peter Skram der eigentliche Führer ist. Ich glaube aber nicht, dafs die Stelle so zu fassen ist, dafs schon unmittelbar nach der Aussendung mit Mängeln auf den Schiffen gerechnet worden ist. Die Weisung wird sich auf die nichtschwedischen (dänischen, schleswig-holsteinischen, preufsischen, gotländischen, norwegischen) Schiffe beziehen, mit denen man sich vereinigen soll. Dann belegt sie aber, dafs hier Peter Skram vom Könige ein Oberaufsichtsrecht zugesprochen wird, an dem Magnus Svensson keinen Teil hat, dafs nach des schwedischen Königs eigener Meinung dem Peter Skram eine Oberführerschaft zustehen sollte. Fafst man die unmittelbar folgenden, in der Note mit abgedruckten Sätze ebenfalls als an Peter Skram allein gerichtet auf, wogegen irgendwelche sprachliche Bedenken nicht bestehen, so erscheint Peter Skram für die militärische Leitung auch auf der schwedischen Flotte entscheidend, da er Fürsorge tragen soll, dafs das Admiralschiff die beste Mannschaft erhält.

Und diese Auffassung findet eine Stütze in dem königlichen Schreiben vom gleichen Datum, das an Magnus Svensson allein gerichtet ist. Es wiederholt unter echt gustafscher Einschärfung genügenden Mifstrauens gegen die Verbündeten (»Man sieht niemandem weiter, als bis an die Zähne!«) die an beide Führer gegebenen Weisungen, erwähnt aber der »anderen Schiffe« und der besten Mannschaft für das Admiralschiff nicht. Der Mahnung,

---

[1] Ebd. X S. 146: Tesligis atthj Peder Skram szee vell tiil, huru thet sthär tiil på the annen skiip, um the på ingen deel haffva nagon brist. Är och szå vor villie och begären, athj vele vinleggia ider tiil ath forsterckia ider i sziön med thet mesta sziöfart folck, j bekomma kunnen både båtzmenn, bysseskytter. Och ther szå fierre kommer, atj skole enterterne beszokia fienderne, thå må j lagat szå, ath haffua thet beste och utleste krigzfolck på ameralen, the ther vitta umgå både med skyttet och huad szom tiil tagz skall. Auch bei Paludan-Müller, Aktstykker til Nordens Historie i Grevefeidens Tid I, S. 403. Die Antwort, die der Überbringer dieser Briefe, Schreiber Johann, zurückbringt und die über Mangel an Proviant klagt, ist ebenfalls von Magnus Svensson und Peter Skram gemeinsam gegeben, ebd. X, S. 164.

nicht zu früh anzugreifen, fügt es hinzu: »Denn es liegt aufserordentlich viel daran, dafs Du Dich ordentlich vorsiehst, dafs unsere Schiffe nicht vorgebracht werden, ehe die alle (nämlich die gesamte verbündete Seemacht) zu einer Flotte vereinigt sind; nachher hoffen wir zu dem allmächtigen Gott, dafs ihr sie wohl bestehen werdet« [1]. Welchen Sinn kann denn eine solche Mahnung haben, wenn nicht neben dem »Admiral« noch eine Persönlichkeit vorhanden war, die einen weitgreifenden, ja mafsgebenden Einflufs auf die Operationen zu üben bestimmt war, die daran denken konnte, die Schiffe allenfalls auch ohne und gegen Måns Svensson »vorzubringen«. Und das kann niemand anders gewesen sein als Peter Skram. Gustaf Wasas eigene Äufserungen führen zu der Annahme, dafs diesem Manne eine Art strategischer Oberleitung zugestanden war; Magnus Svensson hat daneben als verwaltender Admiral der schwedischen Schiffe immer noch Raum.

Die vereinigte Flotte errang im Juni glänzende Erfolge. Sie trieb die eine Hälfte der städtischen Flotte zurück in den Sund, eroberte oder vernichtete die andere Hälfte bei Svendborg, nahm städtische Handelsschiffe und gewann dem dänischen Könige Langeland und Laaland, Falster und Möen wieder. Am 7. August dankte Gustaf Wasa, der erst wenige Tage zuvor sichere Kunde von den Geschicken der Flotte seit ihrer Abfahrt von Gotland erhalten hatte, für diese Thaten. Das Dankschreiben ist an Magnus Svensson und Peter Skram gerichtet [2]! Gleichzeitig sandte der König aber an Magnus Svensson ein besonderes, viel längeres Schreiben, das voll Mifstrauen ist gegen die Bundesgenossen. Er wittert dänische Anschläge gegen die schönen schwedischen Schiffe, mahnt Svensson dringend, acht zu geben, dafs er jederzeit mit den Fahrzeugen wohl davon kommen könne, und schliefst unmittelbar daran den Rat, doch zu versuchen, Peter Skram los zu werden; es könne sein, dafs derselbe von jetzt ab Schweden nicht von Nutzen sein werde [3]. Auch hier

---

[1] Ebd. X, S. 147: Thy ligger alssom storste magt uppå, attu szeer tig wijsliga fore, ath wår skeep icke bliffve forbragte, for än the komma all j een flotta; szedan hoppes oss tiil then almegtigiste gudh, atj vell bestå them.

[2] Reg. X, S. 238.

[3] Ebd.: Och tycktis oss råd wara, att tu kunde faa skilia wiidt tig

erscheint Peter Skram wieder in einer Stellung auf der schwedischen Flotte, welche die freie Verfügung des nominellen Admirals hindert.

Wir haben noch eine weitere urkundliche Nachricht, dafs Peter Skram am Seekriege im Sommer 1535 in hervorragender Stellung teilnahm. Die dänischen Register bewahren ein königliches Zeugnis, aus dem hervorgeht, dafs auf dem schwedischen Admiralschiffe ein Auflauf geschah, dafs derselbe sich gegen den auf seinem Bette liegenden Peter Skram richtete, dafs man ihn erschlagen wollte, dafs er nur mit Mühe und gegen das Versprechen, den Angreifern zu Recht zu stehen, sein Leben retten konnte, und dafs dann von den untersuchenden schwedischen Herren (Magnus Svensson ist nicht dabei) festgestellt wurde, dafs die Schweden auf dem Admiralsschiff und sonst in der Flotte erklärten, dafs Peter Skram sich gegen sie alle als ein ehrlicher Mann gehalten habe, und dafs sie ihm nichts anderes vorwerfen könnten, als dafs er sie gehindert habe, Laaland und Möen zu plündern[1]. Die Nachricht belegt, dafs Peter Skram den Seezug auf dem schwedischen Admiralsschiffe mitmachte, dafs er aber nicht nur mit der Mannschaft dieses einen Schiffes, sondern der ganzen Flotte zu thun hatte, dafs seine Stellung ihm genügende Autorität verlieh, die Plünderung von Laaland und Möen zu hindern.

Hildebrand (S. 220) meint, Peter Skram sei Hauptmann der Landsknechte auf dem schwedischen Admiralschiffe gewesen. Die Landtruppen (Knechte, Reiter zur See), die auf keinem Kriegsschiffe fehlten, hatten ja jederzeit ihren besonderen Führer. Aber wie hätte eine solche Stellung, die der des ›Schiffers‹ nachstand, Anlafs geben können, ihn stets neben Magnus Svenson zu nennen, ihn in Beziehung zu bringen zu der gesamten schwedischen Flotte, nicht blofs zum Admiralsschiff, ihn mit Obliegenheiten zu betrauen, die über die des Magnus Svensson hinausreichten? Wie hätte sie ihn befähigen können, die Plünderung ganzer grofser Inseln zu hindern, an der die gesamte Bemannung

---

then Peder Skram; kann skee, hann bliffver oss föge godh eller tiil nytte herepter.

[1] Danske Magazin III, 5, S. 115.

der Flotte, Bootsleute und Knechte, ein Interesse hatte? Ich
halte diese Annahme Hildebrands gegenüber den Quellen für
ganz unzulässig.

Sie ist auch unvereinbar mit dem, was wir über Peter Skrams
Stellung im weiteren Verlaufe des Krieges wissen. Eine dänische
Flotte, die diesen Namen verdient, entstand erst durch die Eroberung der lübischen Schiffe im Svendborgsund. Was früher
als dänisches Geschwader in der verbündeten Flotte thätig war,
setzte sich zusammen aus kleinen Fahrzeugen, die Schleswig-
Holstein und der dänisch-norwegische Adel geliefert hatten. Über
diese erweiterte dänische Flotte aber war Peter Skram zweifellos
kommandierender Admiral. Als »Kgl. Maj. zu Dänemark Admiral« wird er aufserordentlich oft erwähnt; sein Admiralschiff
war das gröfste der eroberten lübischen Schiffe, der Löwe[1]. Dagegen erscheint es fraglich, ob Magnus Svensson jemals allein
den vollen Oberbefehl über die schwedischen Schiffe führte; von
den ersten Novembertagen an wird in den Briefen Gustaf Wasas
Erich Fleming teils vor, teils neben ihm genannt[2].

Als völlig unerwiesen mufs die Behauptung bezeichnet werden,
dafs Peter Skram »nur ein Unterbefehlshaber des schwedischen
Admirals« gewesen sei, die Hammarskjöld (Svensk Hist. Tidsk.
11, S. 340) aufstellt.

Welche Stellung nahm denn nun aber der Mann ein? Aus
dem urkundlichen und Aktenmaterial läfst sich nur soviel ersehen,
dafs er auf der Flotte eine bedeutungsvolle Thätigkeit entfaltete,
dafs seine Stellung die des vornehmsten schwedischen Schiffs-
führers überragte, und dafs er in der zweiten Hälfte des Krieges,
mindestens vom November, wahrscheinlich schon vom Juli 1535
an, Admiral der dänischen Flotte war und zugleich Befugnisse
für die preufsischen Schiffe ausübte. Dafs er eine ähnliche
Stellung schon im Sommer in der verbündeten Flotte inne hatte,

---

[1] Danske Samlinger, udgivet af Bruun, O. Nielsen og Smith, I, 2, S. 299 ff.;
Danske Magazin III, 5, S. 264 ff., 272 ff., 279, 310, 322 ff.; 6, S. 100. Vgl.
Paludan-Müller, Grevens Feide I, S. 434. Danske Magazin III, 5, S. 267, 275
erscheint auch die preufsische Flotte völlig unter dänischer Verwaltung.

[2] Registratur X, S. 288, 291, 328, 375. Die Stellen, an denen Magnus
Svensson allein als Admiral genannt wird (V, S. 192, 221, 225, 241, 247) beweisen nichts gegen das Dargelegte.

wird nach diesen Nachrichten wahrscheinlich; als sicher erhellt
es aus ihnen nicht.

Da treten nun die Nachrichten ein, die uns Frau Elsebe
hinterlassen hat [1].

Sie erzählt zunächst, dafs ihr Gemahl am 2. April von
Helsingborg, wo 10 Wochen früher die Hochzeit gewesen sei,
auf Anweisung König Christians nach Stockholm abgereist sei.
Der Zusatz zur Datierung erhöht die Glaubwürdigkeit ihrer Angabe, und auch Hildebrand nimmt sie unbeanstandet an. Es
ist damit festgelegt, dafs sich Peter Skram auf den Weg gemacht
hat, ehe Gustaf Wasa auf seine oben erwähnten Erkundigungen
über ihn Auskunft hatte erhalten können, nur auf Grund jenes
Gesprächs mit Ove Lunge und Iwar Juel und des vom Könige
Christian darauf hin erteilten Auftrags. Dafs er ohne dessen
Mitwissen und Billigung diesen Schritt thun konnte, ist doch
beim Schwiegersohn des Reichsmarschalls ganz ausgeschlossen.
That er es aber aufgefordert vom König Christian, so ist damit
auch erwiesen, dafs dieser in ihm den Führer der zu bildenden
Flotte sah, deren gröfste und beste Schiffe die schwedischen
waren, besonders das grofse Kravel, das allein Admiralschiff der
vereinigten Flotte sein konnte. Wenn nun Frau Elsebe weiter
berichtet, dafs Peter Skram auf König Christians Begehr »König
Gustafs oberster Admiral über seine Kriegsschiffe« wurde, so
drückt das das geschaffene Verhältnis ja am Ende nicht ganz
richtig aus, aber es läfst sich auf Grund der sonst zugänglichen
Nachrichten auch nicht einfach ablehnen. Dafs Gustaf Wasa
den auf seine Veranlassung herbeigekommenen Dänen auf der
schwedischen Flotte nicht völlig frei schalten und walten liefs,
ist bei seiner Art mehr als selbstverständlich. Aber nichts hindert
uns anzunehmen, dafs die Einsetzung des Magnus Svensson zum
Admiral der schwedischen Schiffe dem Bedürfnis der Überwachung
genügen sollte, ohne damit Peter Skram einen leitenden Einflufs
unmöglich zu machen.

Wäre es anders gewesen, wäre Peter Skram, wie Hammarskjöld will, nur ein Unterbefehlshaber, oder, wie Hildebrand annimmt, nur Hauptmann der Landsknechte auf dem schwedischen

---

[1] Holger Rördam, Monumenta historiae Danicae I, 2, S. 26 ff.

Admiralschiff gewesen, so hätte er, der nach seines Königs Meinung geeignet erschien, die schwedische und die vereinigte Flotte zu führen, doch zweifellos nach dem Zusammentreffen der Schiffe bei Gotland den Befehl des dänischen Geschwaders übernehmen müssen. Das ist aber nicht geschehen. Das dänische Geschwader hatte und behielt, wie wir aus dem preufsischen Bericht[1] wissen, ein eigenes Admiralschiff, den ›Hamburger Berg‹, während Peter Skram fortgesetzt auf dem schwedischen Admiralschiff blieb.

Frau Elsebe erzählt weiter, dafs Peter Skram dem Könige bei der Ausrüstung seiner Schiffe geholfen habe. Hildebrand (S. 218) lehnt das ab, weil König Gustaf schon am 24. März geschrieben habe, seine Schiffe seien segelfertig und warteten nur noch auf Volk. Aber eben dieses Volk mufste doch zusammengebracht, angemustert und auf die Schiffe verteilt werden! Noch beim Auslaufen gebrach es an Mannschaft, und als man wenige Tage und Wochen in See war, stellte sich der Proviant als unbrauchbar heraus[2]! Sollte da der Rat eines sachverständigen Mannes nicht erwünscht gewesen sein?

Und nun widerspricht das, was Frau Elsebe weiter über ihres Mannes Thaten zu berichten weifs, in keinem wesentlichen Punkte dem, was der offizielle schwedische Geschichtsschreiber Gustaf Wasas, Erich Jöransson Tegel, erzählt. Beide stimmen darin überein, dafs in dem Gefecht gegen die aus dem Sunde hervorgekommene städtisch-gräfliche Flotte am 9. Juni (das Datum hat nur Frau Elsebe; es ist aber durchaus glaubwürdig) eigentlich nur das schwedische Admiralschiff und noch ein schwedisches Schiff (Kampermannen) am Kampfe beteiligt waren, wovon der preufsische Bericht nichts meldet, dafs das schwedische Admiralschiff nur durch den Verlust seines Fockmastes und der Hauptsegel verhindert wurde, seinen Sieg völlig auszunutzen. Beide erwähnen, und das weifs auch der preufsische Bericht, dafs dieses Schiff der beste Segler der ganzen Flotte, überhaupt der Ostsee gewesen sei. Auf diesem Schiffe aber war Peter Skram

---

[1] Norsk Historisk Tidsskrift 3, S. 449, 455. Vgl. noch Dansk Hist. Tidsskr. VI, 4, S. 287 ff., wo Larsen im Zusammenhange über Gustaf Wasas Bemühungen berichtet, dänische Flottenführer zu erhalten.

[2] Registratur X, S. 146, 147, 164.

und nach allem, was wir sicher wissen, keineswegs in einer
Stellung unter, sondern wahrscheinlich für den Kampf über
Magnus Svensson. Tegel selbst nennt auch an dieser Stelle den
Namen des Magnus Svensson nicht! Wenn er vorher, und zwar,
wie es scheint, auf Grund urkundlicher Nachricht, sagt, daſs die
Führer Magnus Svensson, Peter Skram, Heinrich Schönebeck und
Johann Pein sich am 26. Mai zusammengeschworen hätten, so
widerspricht das in keiner Weise der Annahme einer strategischen
Oberleitung der Flotte durch einen der Genannten, und das kann,
wie die Nachrichten liegen, nur Peter Skram gewesen sein. Die ebenfalls von Frau Elsebe und Tegel berichtete Wegnahme eines groſsen
Lübecker Kauffahrers durch das schwedische Admiralschiff schreibt
Tegel allerdings Magnus Svensson zu; da es sich hier aber um
eine Prise handelt, bei der die Nationalität des beutemachenden
Schiffes in Frage kommt, kann auch diese Nachricht Tegels nicht
angeführt werden, um die Annahme einer Oberleitung Skrams
zurückzuweisen. Für dieselbe aber spricht wieder eine Nachricht,
die allerdings nur Frau Elsebe hat, die aber nicht abgelehnt
werden kann. Nach ihr soll tags vor dem erwähnten Gefecht,
also am 8. Juni, von König Christian an Peter Skram die Weisung
gekommen sein, die Flotte in den kleinen Belt zu führen, wo
sie durch die jüngsten Ereignisse auf Fünen notwendig geworden
war. Das ist geschehen und hätte ohne eine solche Weisung
gar nicht geschehen können; ohne sie wäre die von Gotland
kommende Flotte nach Gustaf Wasas Wunsch und Meinung in
den Sund gesegelt, wohin ja auch der zum Weichen gebrachte
Gegner sich zurückgezogen hatte [1].

Daſs Frau Elsebe vier statt drei holländischer Schiffe durch
die vereinigte Flotte pressen läſst [2], daſs sie die Vorstellung hat,
die Holländer seien damals Feinde der Verbündeten gewesen,
sind kleine Irrtümer, die ihre Glaubwürdigkeit in diesen Dingen
nicht beeinträchtigen können. Sie giebt andererseits wertvolle
und gar nicht abzulehnende Einzelheiten über die Ausrüster der
dänischen Schiffe, die schwerlich auf einen anderen als Peter

---

[1] Vgl. Erich Jöransson (Tegel), Her Gustafs 2c. Historia II, S. 61 ff.

[2] Entsprechend ist auch meine Angabe in Geschichte von Dänemark 4,
S. 289 zu berichtigen.

Skram selbst zurückgehen. Jedenfalls kann man sie nicht mit Tegel widerlegen. Denn dieser läfst (II, S. 70) Landskrona den 9. Oktober durch die Schweden erobern und diese den Versuch der Lübecker im November, Kopenhagen zu verproviantieren, zurückschlagen, während Landskrona überhaupt nicht erobert wurde und von den Gefechten gegen die lübische Entsatzflotte die Schweden sich absichtlich zurückhielten[1].

Die Frage liegt also so, dafs Frau Elsebes Nachrichten über Stellung und Thätigkeit ihres Mannes im Seekriege des Jahres 1535 durch die übrigen Quellen eher bestätigt als widerlegt werden. Daneben besteht doch die Möglichkeit, dafs das Gleiche von Elsebes Nachrichten über die norwegische Expedition von 1532 nicht gesagt werden kann, und so ist es thatsächlich. Ich sehe nicht, dafs man meine Darstellung mit Grund einer Inkonsequenz beschuldigen kann, und glaube, dafs, wenn auch im einzelnen manches unklar bleibt, nach wie vor daran festgehalten werden mufs, dafs in der Grafenfehde in den Händen Peter Skrams eine Oberleitung der verbündeten Flotte lag.

---

[1] Larsen in Dansk Hist. Tidsskr. VI, 4, S. 317; Norsk Hist. Tidsskr. 3, S. 458.

II.

DIE MERCHANT ADVENTURERS IN UTRECHT
(1464—1467).

VON

WALTHER STEIN.

In der Geschichte des Handels der Merchant Adventurers mit den Niederlanden am Ausgange des Mittelalters ist eine Episode bisher beinahe übersehen worden. Sie ist dabei für die hansische Forschung nicht nur beachtenswert, weil sie Ähnlichkeit besitzt mit etwas früheren Ereignissen der hansischen Geschichte, sondern sie hat auch in einigen hansischen Archiven urkundliche Spuren hinterlassen. Daher darf wohl in diesen Blättern die Erinnerung an sie wieder aufgefrischt werden.

Die Beschränkungen, denen infolge des Aufschwunges der Tuchweberei in England und der Erfolge ihrer Fabrikate auf dem Kontinent der Handel mit englischen Laken in Brügge, dem Stapelplatz der flandrischen Tuchindustrie, unterwórfen wurde, hatten die Merchant Adventurers veranlaßt, seit dem Anfange des 15. Jahrhunderts den Schwerpunkt ihrer Thätigkeit nach Antwerpen zu verlegen. 1407 gab ihnen Heinrich IV. eine Organisation, durch welche die Merchant Adventurers in Flandern, Brabant, Holland, Seeland und überhaupt auf dem Kontinent geeint und zusammengehalten werden sollten. In demselben Jahre gelangten sie in den Besitz eines eigenen Hauses in Antwerpen[1].

---

[1] Vgl. Schanz, Englische Handelspolitik 1, S. 338 f.

Aber auch in Antwerpen war ihre Stellung bedroht, seitdem die
an den Mündungen von Schelde, Maas und Rhein gelegenen
Gebiete unter der Herrschaft Burgunds vereinigt waren. Denn
auch in Brabant und Holland ertrug die aufblühende Tuchindustrie
immer unwilliger die gefährliche englische Konkurrenz. Wiederholt hat Herzog Philipp zum Schutz der Industrie seiner Länder
Verbote der englischen Laken ausgehen lassen. Aus den Jahren
1434, 1446 und 1447 sind solche Erlasse bekannt. Erst im
Jahre 1452 gestattete er wieder den Verkauf der englischen
Laken in Antwerpen, bis eine allgemeine Verordnung diesen
Gegenstand geregelt haben würde [1].

Im nächsten Jahrzehnt kam es aber wieder zu heftigen Zer-
würfnissen. Nachdem 1457 ein neunjähriger Stillstand zwischen
Burgund und England zu stande gekommen [2] und die Verträge
über den Handelsverkehr zwischen beiden Ländern zuletzt bis
zum 1. November 1463 verlängert worden waren, erneuerte
Eduard IV. am 26. Oktober die Gültigkeit des Interkursus auf
ein weiteres Jahr, bis zum 1. November 1464. Im Dezember
erteilte er einer burgundischen Gesandtschaft Geleit in England [3].
Inzwischen hatte nun das Parlament, welches vom Ende April
bis über die Mitte Juni 1463 tagte [4], eine Reihe von handelspolitischen Verordnungen erlassen, welche den Bruch mit Burgund
zur Folge haben mußten. Ihre Tendenz war wieder sehr entschieden auf die Bekämpfung des fremden Wettbewerbes und
die Förderung der einheimischen Industrie gerichtet. Das Parlament verbot allen Fremden den Export von Wolle und Wollfellen
nach dem 24. Juni. Wolle u. s. w. darf nur nach dem Stapel
in Calais verschifft werden, und die Stapelkaufleute in Calais
sollen die Wolle nur gegen bar verkaufen. Die Engländer dürfen
vom 24. Juni ab keine fremden Schiffe befrachten. Ferner wurde
die Einfuhr einer ganzen Reihe fertiger Artikel untersagt: wollene
Mützen und Laken, Taue, Bänder, Borten, Seidenwaren, Sättel,
Steigbügel, Sporen, Schlösser, Hämmer, Beutel, Handschuhe,

---

[1] Schanz 1, S. 443 f.
[2] Vgl. H. U.-B. 8, Nr. 620 Einleitung.
[3] Rymer, Foedera 11, S. 507 f., 511 f.
[4] Ramsay, Lancaster and York 2, S. 297 ff.

Schuhe und andere Lederwaren, Messer, Dolche, Scheren, Spiel-
karten u. a. mehr[1]. Es liegt auf der Hand, dafs durch diese
Verordnungen in erster Linie Industrie und Handwerk in den
gegenüberliegenden, burgundischen Ländern getroffen werden
mufsten.

Im Herbst des nächsten Jahres, noch vor Ablauf der letzten
Verlängerung des Interkursus, schritt Herzog Philipp zu Ver-
geltungsmafsregeln. Am 26. Oktober 1464 verfügte er auf die
Vorstellung der brabantischen, flandrischen und holländischen
Städte, dafs englische Wollenlaken und Wollengarne aus allen
seinen Ländern verbannt sein sollten. Wo man sie findet, soll
man sie verbrennen. Niemand darf sie einführen, verkaufen, ver-
treiben, gegen andere Waren eintauschen. Auf der Umgehung
dieser Verordnung steht der Verlust der Laken und eine Geldbufse von 50 Pfund Par. Fremde werden von diesen Strafen
nach Ablauf von 40 Tagen seit Veröffentlichung des Erlasses
getroffen. Den Einheimischen, welche englische Wollenlaken und
-garne besitzen, ist eine einmonatliche Frist gewährt zur Ausfuhr
der Laken aus den burgundischen Ländern. Diese Verordnung,
die übrigens eine wörtliche Wiederholung des älteren Verbots
von 1434 war[2], wurde in der That in den burgundischen Ländern
durchgeführt[3]. Am 1. März des folgenden Jahres liefs der Vertreter des Rentmeisters von Seeland-Bewester Schelde alle englischen Laken in Middelburg inventarisieren und verfügte, dafs
die Laken von 20 Ellen und darüber aufs Stadthaus gebracht,
versiegelt und im Mai oder bei nächster Gelegenheit über See
verschifft werden sollten, während die Laken unter 20 Ellen in
Middelburg und Arnemuiden verkauft werden durften[4]. Das

---

[1] Rotuli Parliam. 5, S. 501 ff.; Statutes of the Realme 2, S. 392 ff.
[2] Vgl. den Erlafs von 1464 bei Gachard, Collection d. doc. inédits 2,
S. 176 ff. (Verachter, Inventaire d. anciens chartes ꝛc. aux arch. de la ville
d'Anvers, Nr. 472, v. Limburg Brouwer, Bourgoensche charters S. 133) mit
Schanz 2, S. 657. Die Wiederholung ist so mechanisch, dafs die Stelle des
Erlasses von 1434, des ältesten, die besagt, dafs die englischen Laken und
Garne aus den nichtflandrischen Gebieten Burgunds *noch der tyt nye gebannen
geweest en hebben* (Schanz S. 659), in dem Erlafs von 1464 wörtlich wiederholt wird (Gachard S. 180).
[3] S. Mertens en Torfs, Geschiedenis van Antwerpen 3, S. 207.
[4] Stoppelaar, Invent. v. h. oud archief d. st. Middelburg Nr. 392.

englische Parlament vom 21. Januar 1465 beantwortete den Erlafs Philipps damit, dafs es die Einfuhr jeglicher Produkte und
Manufakturen aus den Ländern des Herzogs, aufser Lebensmitteln, nach dem 21. Februar bei Strafe des Verlustes der
Waren verbot[1]. Indem es die hansischen Kaufleute wie von
seinen übrigen so auch von dieser gegen Burgund gerichteten
Verordnung ausdrücklich ausnahm, wollte es England aus den
hansischen Gebieten die Zufuhren sichern, die jetzt aus den
burgundischen Ländern wegfielen. Andere Beweggründe für diese
Begünstigung der Hanse können in diesem Zusammenhange un-
erörtert bleiben.

Damit war nun der Handel der Merchant Adventurers in
Burgund und namentlich in Antwerpen lahm gelegt. Wenn sie
ihre Handelsthätigkeit nicht einstellen wollten, mufsten sie sich
nach einem anderen Aufenthaltsorte umsehen. Hierbei stiefsen
sie auf ähnliche Schwierigkeiten wie vor vierzehn Jahren die
Hanse, als sie sich zum Abbruch des Verkehrs mit Flandern
gezwungen sah. Seit dem Zusammenschlufs der an der Küste
und an den Mündungen der grofsen Ströme gelegenen Landschaften unter der Herrschaft der burgundischen Dynastie konnte
auch die Hanse nicht mehr wie früher das eine dieser Gebiete
gegen das andere handelspolitisch ausspielen, indem sie z. B.
den Stapel von Brügge vorübergehend nach Dordrecht verlegte.
Ein Abzug aus Flandern war jetzt gleichbedeutend mit dem Verlassen aller burgundischen Länder. Damals blieb der Hanse am
Ende nichts übrig als die Verlegung des brüggischen Kontors
nach Deventer und von dort nach Utrecht. Denselben Ausweg
beschritten jetzt die Engländer. In Burgund ohne Arbeitsfeld,
wandten sie sich nach Utrecht.

An ihrer Spitze stand als Gouverneur kein geringerer als
William Caxton, dessen Ruhm es ist, später zuerst die Buch-
druckerkunst in England eingeführt zu haben und Englands erster
Buchdrucker gewesen zu sein[2]. Eduard IV. hatte am 15. Juni

---

[1] Statutes of the Realme 2, S. 403 ff.
[2] Vgl. W. Blades, The biography and typography of William Caxton,
Englands first printer, 1877. Die zweite Ausgabe, 1881, war mir nicht zugänglich.

1463 den erst im vergangenen Jahre zum Gouverneur der englischen Kaufleute in Brabant, Flandern, Hennegau, Holland und
Seeland ernannten William Obray von diesem Posten enthoben [1].
Schon während des gröfsten Teiles der Amtsdauer Obrays hatte
Caxton die Geschäfte des Gouverneurs geführt [2]. Er wurde
Obrays Nachfolger. Kurz vor Erlafs des erwähnten burgundischen
Lakenverbots, am 20. Oktober, bevollmächtigte Eduard neben
dem Richard Whitehill den William Caxton zu Verhandlungen
mit Burgund [3], die nach Lage der Dinge aussichtslos waren.
Caxton führte jetzt die Merchant Adventurers nach Utrecht.

Utrecht hat die Gelegenheit, die englische Kaufmannsgenossenschaft in·seine Mauern zu ziehen und so den Handel
mit englischem Tuch in Utrecht zu konzentrieren, gewifs ebenso
gern ergriffen, wie es früher das brüggische Kontor der Hanse
unter vorteilhaften Bedingungen für dessen Aufenthalt und
Verkehr aufgenommen hatte [4]. Einen Monat nach Philipps
Verordnung, am 24. November, gewährte es dem Gouverneur
William Caxton und den Kaufleuten von der englischen Nation
für ihre Personen und Waren Geleit in der Stadt auf die Dauer
eines Jahres. Um den rechten Nutzen aus dieser Ansiedlung
der englischen Kaufleute zu ziehen, versprach es zugleich allen
anderen Kaufleuten, die zum Handelsverkehr mit den Engländern
nach Utrecht kämen, Geleit für Leib und Gut auf dieselbe Zeit [5].
Die Kunde von dem Wegzug der Engländer nach Utrecht verbreitete sich bald in der Nachbarschaft. Schon am 8. Dezember
wünschte Zütfen, dafs Utrecht allen Zütfenern, und namentlich
dem Otto Keye, Geleit erteile für ihren Verkehr mit den Engländern, die, wie man höre, nach Utrecht kommen würden [6].

---

[1] Verachter, Inventaire Nr. 465. Vgl. das Archivinventar der Merchant
Adventurers von 1547 bei Schanz 2, S. 578 § 34 mit dem Datum: 1462;
Blades S. 19.

[2] Blades S. 19.

[3] Rymer S. 536.

[4] H. U.-B. 8, Nr. 209.

[5] Stadtarchiv Utrecht, Buurspraakboek 1463—1473 fol. 31.

[6] Cod. dipl. Neederland. 1, Nr. 65; demnächst H. U.-B. Bd. 9. Am
19. Dez. erhielten die Zütfener in Utrecht das gewünschte Geleit. St.-A.
Utrecht, Buurspraakboek a. a. O. Zütfens Gegenurkunde mit dem Geleitsversprechen für die Utrechter Kaufleute von demselben Tage bei Burman,

Nach ihrer Übersiedelung in die Stadt baten die englischen Kaufleute den Rat um Gewährung eines freien Marktes für den Verkauf ihrer Laken und anderen Waren. Am 27. Dezember be-
willigte der Rat das Gesuch. Der Markt sollte fast sechs Wochen
währen, vom 6. Januar bis zum 15. Februar. Alle Besucher des
Marktes erhielten für die Dauer desselben Geleit für ihre Personen
und Güter, auch für Schaden und Schulden, mit Ausnahme
dessen was während des Marktes geschah [1]. An demselben Tage
ergingen schriftliche Verkündigungen dieses für den Handel mit
den Engländern eingerichteten Marktes an die Nachbarstädte.
In Köln und Kampen haben sich solche Einladungsschreiben
erhalten [2].

Über die Frequenz dieses Marktes ist nichts Sicheres bekannt [3]. Es scheint, dafs er nicht ohne Anziehungskraft war.
Denn nachdem am 3. Februar 1465 zwei genuesische Kaufleute
Geleit bis zum 10. Oktober in Utrecht erhalten hatten, wurde
am 20. Februar der ganzen genuesischen Nation Geleit gewährt
in gleicher Weise wie den englischen Kaufleuten [4]. Vielleicht
war es auch der gute Erfolg des ersten Marktes, der die englischen Kaufleute bewog, schon vor Ablauf desselben den Utrechter
Rat um die Bewilligung eines weiteren freien Marktes zu ersuchen.
Der Rat ging darauf ein und bestimmte am 6. Februar [5] die

Utrechtsche jaarboeken 2. S. 457 f.; Muller Fz., Regesten v. h. arch. d. st.
Utrecht Nr. 895.

[1] St.-A. Utrecht, Des raads dagelyks boek 1460—69 fol. 108.

[2] St.-A. Köln, Abt. Hanse, Or. m. S.; St.-A. Kampen, Lib. Diversorum
B—E fol. 49, Or. m. S. Entwurf im St.-A. Utrecht mit Korrekturen; daselbst
eine inhaltlich übereinstimmende Eintragung im Buurspraakboek 1463—1473
fol. 32 zum 31. Dez. 1464. Demnächst H. U.-B. Bd. 9.

[3] In Zusammenhang mit dem Erscheinen der englischen Kaufleute in
Utrecht steht vermutlich ein Ratsbeschlufs Utrechts vom 5. Januar 1465, der
dem Lambert Dwynclant und dem Peter Thonis mit ihrer Begleitung Geleit
auf ein Jahr und sechs Wochen gewährt, um *binnen onser stat die lakene te
scheren, te ruwen, te ramen, te parsen ende anders te doen, dat den laken
toebehoert, tot nutscap ende oerber des coepmans*: St.-A. Utrecht, Buurspraakboek fol. 33.

[4] Die beiden genannten genuesischen Kaufleute waren Augustyn de
Lorete und Jan Spyngel (Spinelli?): St.-A. Utrecht, Buurspraakboek fol. 36;
Des raads dagelyks boek 1460—1469 fol. 117.

[5] Dazu berichtet die Rechnung des Stadtkämmerers Jonge Jacob von

Dauer des neuen Marktes auf die Zeit vom 21. April bis zum
1. Juni. Unmittelbar vor Beginn dieses Marktes, am 20. April,
wurde das Geleit für seine Besucher in der früheren Form wiederholt[1]. An den zweiten Markt schloſs sich bald ein dritter.
Mitte Juni gewährte ihn Utrecht vom 20. Juni bis zum 20. Juli
mit dem üblichen Geleit für die Besucher[2]. Endlich wiederholte
und verlängerte die Stadt am 12. Oktober den Engländern und
ihrem Gouverneur Caxton samt allen Kaufleuten, die mit ihnen
Handel treiben wollten, Schutz und Geleit vom 24. November
ab auf ein weiteres Jahr[3]. Über neue Märkte im folgenden Jahre
findet sich keine Nachricht. Auf einen Miſserfolg der vorjährigen
braucht daraus noch nicht geschlossen zu werden. Die Engländer
hatten mit jenen Märkten die Aufmerksamkeit der benachbarten Territorien auf ihre neue Niederlassung gezogen und blieben
in Utrecht. Wir sind freilich nicht hinreichend darüber unterrichtet, in welchem Umfang die englische Niederlassung in Utrecht
die fremden Kaufleute angezogen hat. Nur soviel geht aus
den Utrechter Akten hervor, daſs damals einzelne Kaufleute
aus Braunschweig, Bremen und Köln nach Utrecht kamen,
wo sie Geleit erhielten[4]. Auch darauf kann hingewiesen werden,

---

Amerongen von 1465/66: *In den eersten gegeven Jan Vrankenson van 3 dagen,
dat hi na onser vrouwen dach te lichtmisse* (Febr. 2) *uutgeweest had mitten
brieven van der Enghelscher marcten ruerende, maect 3 lb. — Item een, heet
Lubbert, oec 3 dagen na lichtmissen mitten brieven van der Engelscher merct
ruerende uutgeweest, maect 3 lb.*: St.-A. Utrecht.

[1] St.-A. Utrecht, Buurspraakboek fol. 37 u. 40.

[2] Die S. 184 Anm. 5 erwähnte Stadtrechnung Utrechts notiert zum
19. August: *Item des manendaechs nae onser vrouwen dach assumpcio geschenct
bij bevel der oversten den Enghelschen heren 4 statkannen wijns, houdende
tesamen 6 taeck, die taeck 4 Philippus, maect 5 lb.*

[3] A. a. O. fol. 43 u. 47; Des raads dagelyks boek fol. 117 u. 125.

[4] Hans Koevoet von Braunschweig erhält Geleit 1465 Okt., 1466 Jan.,
1467 April; Gherit Stedincg von Bremen 1466 Febr.; Herm. Ghertsoen von
Köln 1466 Febr.: St.-A. Utrecht, Buurspraakboek fol. 48 u. s. w. — Daſs
den englischen Laken vorübergehend Vergünstigungen in Bezug auf die städtischen Accisen gewährt wurden, dürfte aus folgenden Einträgen der Rechnung
des ersten Kämmerers Jac. Pot von 1464/65 hervorgehen: *Item gecort bij den
oversten Gijsbert Hoet van den lesten wantsijs voir sijnen stade, van dat hij
van der Engelscher lakene den sijs niet krijgen en mochte, alst behoert hadde*

dafs der deutsche Kaufmann in Brügge im Januar 1466 auf Grund von Beschlüssen der letzten Hamburger Tagfahrt alle hansischen Kaufleute zur Räumung ihrer verbotenen Läger nicht allein in Antwerpen, Mecheln, Amsterdam und Middelburg sondern auch in Utrecht und zur Übersiedelung nach Brügge aufforderte [1].

Bemerkenswert ist, dafs zu Anfang des Jahres 1466 der Herzog von Exeter in Utrecht erschien, wo ihm und seinem Gefolge von 25 Personen das Geleit mehrfach, zuletzt bis zum 17. September, verlängert wurde [2]. Bereits hatten Verhandlungen zwischen England und Burgund stattgefunden, um den kommerziellen Frieden wieder herzustellen. Eduard bevollmächtigte im März eine Gesandtschaft zu Unterhandlungen mit den Burgundern über einen Handelsvertrag und zum event. Widerruf der Parlamentsbeschlüsse von 1463 und 1465 [3]. Damit verbanden sich die Pläne für eine Heirat Karls von Charolais, Philipps Sohn und Thronerben, mit Eduards Schwester Margareta und Eduards Bruders Georg mit Karls Tochter Maria. Aber in diesen Verhandlungen, die im April und Mai in Brügge geführt wurden [4] und an denen auch Caxton teilgenommen hat [5], gelangte man noch nicht zum Ziel. Nur Karl gab bereits im Oktober seinem zukünftigen Schwager eine Freundschaftserklärung völlig im Sinne seiner späteren Politik [6]. Die Engländer in Utrecht sahen sich dadurch veranlafst, das im November ablaufende Geleit abermals verlängern zu lassen, was am 31. Oktober ge-

---

na der gewoenten van den wantsijse 155 lb. 15 s. Item gegeven Gijsbert Godertssoen ende Peter Goell bij beveel der overster von hoeren scade, van dat sij hoir stijgelt van der Engelscher laken niet en hebben mogen boven na uutwijsinghe hoerre brieve, daijr sij die ampten of gecoft hadden, 175 lb.: St.-A. Utrecht. Vgl. unten S. 187.

[1] Von der Ropp, H.R. 5, Nr. 744 § 2.

[2] St.-A. Utrecht, Buurspraakboek fol. 51.

[3] Rymer S. 562 f.

[4] Notizen über Ausgaben Brügges für die englischen Gesandten im April bei Gilliodts- van Severen, Inventaire d. arch. de la ville de Bruges 5, S. 462. Vgl. Ramsay a. a. O. S. 318.

[5] Am 27. Mai schrieb Caxton aus Brügge an den Mayor von London und die Merchant Adventurers in London: Blades S. 148.

[6] Rymer S. 576; Ramsay S. 322.

schah[1]. An diesem Tage erhielten sie auch ein besonderes
Privileg für ihren Verkehr und Aufenthalt in Utrecht. Utrecht
nimmt darin zunächst den Gouverneur Caxton und die ganze
englische Nation samt ihren Waren in seinen Schutz, gewährt
ihnen wieder auf ein Jahr die Erlaubnis zu freiem Kauf und
Verkauf, Aufenthalt und Abzug, und dehnt diesen Schutz auch
auf alle Besucher Utrechts aus, die mit den Engländern Handel
treiben wollen. Es verbietet die Beschlagnahme der Personen
oder der Waren der Engländer, wenn Stiftseingesessene oder
andere Personen durch englische Räuber oder Kriegsleute in
vergangener Zeit beschädigt worden sind oder während der Dauer
dieses Geleits noch beschädigt werden. Ein weiterer Artikel erkennt die Organisation und die beschränkte Gerichtsbarkeit der
englischen Genossenschaft an. Die Engländer dürfen sich ver-
sammeln, so oft sie wollen, und ihre Beratungen halten, ferner
Verordnungen für alle englischen Kaufleute und deren Waren
erlassen, die Ungehorsamen bestrafen und durch ihren Gouverneur
alle Streitigkeiten, die zwischen ihnen entstehen, entscheiden
lassen. Nur die Fälle, die an Leib und Glied gehen, behält
Utrecht sich vor. Andere Bestimmungen betreffen den Handelsverkehr, z. B. die Anstellung eigener Arbeiter zum Öffnen und
Wiederzubinden der Packen und eigener Makler, die vom Gouverneur und den Deputierten der Engländer ernannt und diesen
durch einen Eid verpflichtet werden. Endlich wird den Engländern auferlegt, dafs von jedem in Utrecht verkauften Laken
der Käufer und der Verkäufer je einen Ort vom Stüber der
Stadt als Accise geben sollen[2]. Leider fehlt das ergänzende
Material, auf Grund dessen mit Hilfe dieser Nachricht über die
Acciseabgaben die Zahl der von den Engländern verkauften
Laken berechnet werden könnte[3].

[1] St.-A. Utrecht a. a. O. fol. 66.

[2] St.-A. Utrecht, Copyeboek D fol. 27 f., gedruckt: Burman, Utrechtsche
jaarboeken 2, S. 493—495; statt Captorn im Druck ist Caxtoin zu lesen.
Verz.: Müller Fz., Regesten v. h. arch. d. st. Utrecht Nr. 906.

[3] Vgl. oben S. 185 Anm. 4. Die Rechnung des ersten Kämmerers Jacob
Pot von 1465/66 notiert: *Item so Jan die Waell Claesson dat strijcampt gecoft heeft op seker loen van den lakenen van strijcken te hebben ende dan daern-
boven den Engelschen vrijheyt gegeven is bij den rade, dat Jan voirseid tot*

Zu Anfang des nächsten Jahres wurden die Verhandlungen zwischen England und Burgund fortgesetzt[1]. Eine englische Gesandtschaft erhielt am 9. Januar Vollmacht zu Unterhandlungen über die beiderseitigen Streitpunkte und Beschwerden und zum Abschlufs eines Friedens- und Handelsvertrages mit Burgund[2]. Doch war ein solcher bei Lebzeiten Philipps nicht zu erreichen. Erst dessen Tod am 15. Juni machte die Bahn frei für eine burgundisch-englische Allianz. Schon am 15. Juli erneuerte Herzog Karl seine Erklärung vom Oktober des vorigen Jahres. Im September bevollmächtigte Eduard Gesandte wegen der Ehe zwischen Karl und Margareta und wegen des Handelsvertrages. Da der Abschlufs sich verzögerte[3], mufsten die Engländer in Utrecht nochmals um Verlängerung ihres im November ablaufenden Geleits bitten, welche Utrecht am 2. November dem Caxton und der englischen Nation wiederum auf die Dauer eines Jahres gewährte[4]. Es ist die letzte Nachricht in den Utrechter Akten über den Aufenthalt der Merchant Adventurers in Utrecht[5].

---

afterdeell compt, so is hem voir dien scade van aesen jair bij den oversten gegeven 50 lb.: St.-A. Utrecht.

[1] Am 5. Jan. 1467 erhielt auch der Herzog von Exeter wieder Geleit mit seinem Gefolge in Utrecht. Am 10. Juli wurde ein Diener des Herzogs, Roebrecht Jaeckson, aus Utrecht verwiesen, weil er einen englischen Kaufmann geschlagen und verwundet hatte: St.-A. Utrecht, Buurspraakbock fol. 70, 74, 84.

[2] Rymer S. 576.

[3] In dem späteren Inventar der Merchant Adventurers, Schanz 2, S. 578 § 40, wird ein Geleitsbrief Herzog Philipps für die Merchant Adv. vom 20. Nov. 1467 erwähnt. Darin steckt ein Fehler, denn Philipp war damals bereits gestorben.

[4] St.-A. Utrecht, Buurspraakbock fol. 89; Des raads dagelyks boek fol. 168.

[5] Auch Blades S. 25 f. erwähnt die Geleitserteilung an Caxton in Utrecht in d. J. 1464, 1465 und 1467, aber nur als für ihn, seine Diener und Waren ausgestellt. Das entspricht nicht den Thatsachen. Er meint ferner, dieses Geleit sei ihm gewährt worden bei Gelegenheit von Besuchen, die er in seiner Eigenschaft als Gouverneur den in den verschiedenen Städten residierenden englischen Kaufleuten habe abstatten müssen. Dieser Erklärung bedarf es nicht. Die Masse der englischen Kaufleute befand sich in diesen Jahren dauernd in Utrecht und bei ihnen hielt sich auch wohl meistens der Gouverneur auf. Dieser war gewifs wegen der Verhandlungen zwischen Burgund und England oft von Utrecht abwesend. Dafs aber sein eigentlicher Aufenthaltsort

Endlich kam am 24. November ein dreifsigjähriger Handelsvertrag zwischen Burgund und England zu stande, der dem Handelsverkehr zwischen beiden Ländern vorläufig wieder Freiheit und Sicherheit verschaffte und den beiderseitigen Unterthanen den Genufs aller Rechte zusicherte, deren sie sich zu irgend einer Zeit während der letzten fünfzig Jahre erfreut hatten. Die Fürsten ratifizierten den Vertrag im Januar und Februar 1468[1]. Für weitere Verhandlungen über die englischen und burgundischen Erlasse bezüglich des Stapels in Calais und des Verbotes der englischen Laken in den burgundischen Ländern wurde ein neuer Tag angesetzt, der, wiederholt hinausgeschoben, nicht zu stande gekommen zu sein scheint. Am 3. Juli fand die Hochzeit Karls und Margaretas in Brügge statt. Damals waren die Merchant Adventurers vermutlich längst wieder nach Burgund zurückgekehrt.

in diesen Jahren Brügge gewesen sei, wie Blades angiebt, ist, soweit ich sehe, nirgends bezeugt und auch nicht wahrscheinlich.

[1] Rymer S. 590 ff.; Ramsay S. 328.

DIE ÄLTESTE VEREINBARUNG DER SCHMIEDE-ÄMTER DER WENDISCHEN STÄDTE.

MITGETEILT VON

ERNST DRAGENDORFF.

Auf die Amts-Recesse der wendischen Städte, die im Interesse eines einzelnen Gewerbes, sei es von den Räten, sei es von den betreffenden Ämtern vereinbart worden sind, und ihre Bedeutung für die hansische Geschichte ist schon wiederholt hingewiesen worden[1]. Wie die von Lübeck, Hamburg, Rostock, Wismar, Stralsund und Greifswald im Jahre 1321 für ihre Böttcher getroffenen Vereinbarungen den ersten Schritt bezeichnen, den die wendischen Städte nach der im Kampf gegen das von König Erich Menved geführte deutsche Fürstentum erfolgten Sprengung ihres Bundes wieder gemeinsam thun, so dokumentieren die Recesse der in späterer Zeit regelmäfsig wiederkehrenden Versammlungen der verschiedenen Ämter die enge Zusammengehörigkeit jener, den Kern des Hansebundes bildenden Städte immer wieder; und noch in ihrer nachhansischen Zeit werden dieselben durch die zwischen ihren Ämtern fortbestehenden Beziehungen an die gemeinsame grofse Vergangenheit erinnert.

Aus der Zeit, da diese Beziehungen erst im Werden begriffen sind, sind uns nur wenige Urkunden erhalten und un-

---

[1] Vgl. Rüdiger in d. Ztschr. d. V. f. Hamb. Geschichte Bd. 6, S. 526 ff. Stieda in d. Hans. Geschichtsbl. 1886, S. 101 ff. Hofmeister, das. 1889, S. 201 ff.

mittelbar an die bereits erwähnte Böttcher-Ordnung von 1321 schlossen sich bisher die um ein Menschenalter jüngeren Gesetze für Grapengiefser und Handwerksgesellen von 1354 März 2 und für Grapen- und Kannengiefser von 1361 [1].

Nunmehr tritt zwischen beide ein weiteres Stück des Rostocker Urkundenfundes vom 6. Mai 1899, das Vereinbarungen der Schmiede von Lübeck, Rostock, Wismar, Stralsund, Greifswald, Hamburg und Stade enthält [2]. Leider trägt das c. 23 cm. breite und c. 21 cm. hohe Pergamentblatt keine Zeitangabe, doch läfst die Schrift darauf schliefsen, dafs es nicht viel jünger sein kann als die Böttcherordnung von 1321, und jedenfalls der ersten Hälfte des 14. Jahrhunderts angehört. Hervorzuheben ist folgendes: während Vereinbarungen dieser Art, die ohne Mitwirkung der städtischen Obrigkeiten von den Ämtern getroffen worden sind, bisher nicht vor dem 15. Jahrhundert nachweisbar waren [3], erscheinen die uns hier vorliegenden Beschlüsse ohne Erwähnung einer solchen Mitwirkung als beurkundet [4] und besiegelt [5] durch die Schmiede zu Lübeck.

Von den 5 Paragraphen, deren Inhalt, wie aus dem Eingange der Urkunde hervorzugehen scheint, von den Teilnehmern beschworen wurde, beziehen sich vier auf die Behandlung der Gesellen, die ja überhaupt in den Amtsrecessen eine hervorragende Rolle spielt; § 4 stellt das Recht der Schmiede fest, dafs ohne ihre Zustimmung keiner ihres Handwerks das Bürgerrecht in ihren Städten erlange.

Omnibus, ad quos presens scriptum pervenerit, universi fabri in civitate Lubicensi constituti salutem in omnium Salvatore. Ne rerum gestarum memoria processu temporis evanescat et pereat, solet eas subscriptio testium et scripture testimonium con-

---

[1] Hanserecesse I, 1, Nr. 188, 257.

[2] Beschlüsse der Schmiedeämter von Lübeck, Hamburg, Rostock, Stralsund, Wismar und Lüneburg vom 23. Mai 1494 f. bei Wehrmann, Zunftrollen S. 446 f.

[3] Hofmeister a. a. O. S. 202.

[4] universi fabri in civitate Lubicensi constituti.

[5] Das angehängte schildförmige Siegel trägt die Umschrift: +S. FABROR[VM] IN LVBEKE.

firmare. Noverint igitur universi, quod arbitrati sumus cum civitatibus subscriptis et nobiscum iurantibus, scilicet Rozstok, Wismaria, Stralesund, Gripeswold, Hamburg et Stadis, taliter a:

[1] Si aliquis nobis famulus furtive abierit vel discesserit contra licenciam sui domini, quod in civitatibus supradictis illum nullus recipere debeat in suum servicium vel laborem. Set si aliquis famulum receperit et ei a civitate, de qua abiit; intimatum fuerit et postmodum ille eundem famulum contra nostram iusticiam temerarie tenere presumpserit, ille dabit omnibus fabris unam lagenam servisie et transmittet famulum suis dominis dubio quolibet amputato.

[2] Ceterum iuris nostri est: si aliquis famulus irato modo exiret servicium sui domini et alius suus vicinus ipsum assumpserit, quod ille dominus omni a[m]biguitate remota dabit omnibus fabris unam lagenam servisie indilate.

[3] Insuper: si aliquis famulus tribus vicibus mandatum vel statutum nostrum fregerit, ille numquam recipietur in civitatibus prenotatis, nisi apud nos poterit deservire vel proborum virorum peticionibus obtinere.

[4] Juris eciam nostri est, quod nostri domini consules nullum ex nostro officio recipiunt civem, nisi cum nostra sit plenius voluntate.

[5] Item tale ius habemus: Si aliquis famulus se locaverit duobus dominis, ille, qui primo eum conduxit, obtinebit, set precium dimidium dabit suo domino, cui ultimo se locavit.

Ne per consequens in premissis nullum dubium oriatur, set ut inviolabiliter observetur, presentem paginam nostri sigilli munimine roboramus.

---

a) *Im Mskr. keine Absätze.*

IV.

EIN KRÄMER-INVENTAR VOM JAHRE 1566.

MITGETEILT VON

KARL KOPPMANN.

In einem Gerichtsprotokoll des Rostocker Archivs befindet sich ein Inventar über den Nachlaſs eines verstorbenen Krämers, wie es scheint eines Landfahrers aus Lübeck, vom 31. Jan. 1566. Es ist insofern lehrreich, als es uns nicht nur die mannigfaltigen Artikel des Kramhandels aufführt, über die wir auch anderweitig, insbesondere durch die Krämerrollen unserer Städte, gute Kunde besitzen, sondern auch die Quantität, in der die einzelnen vorhanden sind, und vielfach auch die Preise derselben angiebt.

Die Übersicht, die ich dem Inventar voranstelle, bezweckt hauptsächlich, die verschiedenen Hauptrichtungen des Kramhandels zu veranschaulichen. Zum Vergleich, beziehentlich zur Ergänzung, habe ich ein weniger umfangreiches Inventar eines anderen Krämers vom Jahre 1561 herangezogen.

A. Fettwaren:

sepe, witte, pund 2 ß : 320.

B. Getreide:

roggen 333. 1 Scheffel : 7 ß.
herse 331. 1 Tonne : 7 ℳ Lüb.
ris 322.

C. Gewürze.

aenis 311. 317. 330. 1 ℔ : 2 ß :
330.

anisconfect 251.
cardemome 318.
cubeben 316.
engever 256.
engeverpuder 262.
gartkome 313.
mandelen 332.
muskatenblomen 257.
negelken 255. stotte 263.
peper 312. gestotten 260.
veendelpeper (d. h.?) 309.

peperkome 310.
safferan 259.
sucker:
  carnariensucker 306.
  hotsucker 253.
  strousucker 254.
  suckerkand 252.
  Thomas 307.
  arwetensucker,geworpen,
    250.
zedewer 258.

D. Mineralien:

Spansgron 315.
swevel 264.

E. Zeuge von Wolle, Leinen,
     Seide, Haar.

arrasch: Rasch, Wollenzeug,
ursprünglich aus Arras. Man
unterscheidet: Zeugrasch, aus
langer Wolle mit Kämmen gewebt, und Tuch- oder Kräm-
pelrasch, aus kurzer Wolle
durch Krämpel verfertigt. Nemnich 1, Sp. 859; Schedel 2,
S. 312—316; Thon 2, S. 1576
bis 77; Mnd. Wb. 1, S. 129:
arrasch; Hans. Geschtsbl. 1874,
S. 160.

—, gantze stucke, 74.
—, swart, 77.
—, grauw, 79.
—, rot, 80.
—, blauw, 76.
—, lichtgel, 82.
—, gron, 81.
—, liffarvet, 78.

arrasch, tannet, 75.
—, fiolenbrun, 83. 84.
1561: Noch 1 swart hel errresch
vor 9½ fl. Noch 40 ele roden
arresch, de ele 5 ß Lub. Noch
11 ele goltgel arresch, de ele
5 ß Lub. Noch in ver stucken
28 ele swarten arresch, de ele
5 ß Lub. Noch 4 ele und
1 quarter swart arresch, de
ele 5 ß Lub. Noch 5½ ele
rot arresch, de ele 5 ß Lub.
Noch 7½ ele brun arresch in
5 stuven.

(atlasch:) geköpertes, glattes
und glänzendes Seidenzeug,
das aus ungedrehten Fäden
gewebt wird: Nemnich 1,
Sp. 51; Schedel 1, S. 58—59;
Thon 1, S. 62—64.

1561: Noch 10½ ele blaw atlasch, de ele 9 ß Lub. Noch
4 ele brun atlasch, de ele 9 ß
Lub. Noch 6 ele myn 1 quarter
brun atlasch, de ele 9 ß Lub.
Noch 8 ele goltgel atlasch,
de ele 9 ß Lub.

bomsin: Baumseide, starkes
Zeug aus wollenem und baum-
wollenem Garn. Nemnich 1,
Sp. 81; Schedel 1, S. 99;
Thon 1, S. 100; Mnd. Wb.
1, S. 384: bomsin.

—, elle 4½ ß: 101. 5 ß: 103.
—, swart, 96. stucke van 6 fl: 97.
—, fin kalen (d. h.?), 102.
—, Norenberger 3 segeler, 100.
—, Swickouer, 99.

1561: Noch 22 ele bomefsin, de ele 4 ℔ Lub.

campes: Campes, Art von geköpertem Tuchrasch, aus Frankreich. Schedel 1, S. 222; Thon 2, S. 2079.

—, elle 6 ♅: 210.

dammask: Damast, gezogenes, mit Figuren durchwirktes Zeug. Man hat: Seidendamast, Leinendamast oder Bildzeug undWollendamast oder Florett, letztgenannten weifs oder farbig. Nemnich 1, Sp. 209—210; Schedel 1, S. 300—301; Thon 1, S. 275—278; Mnd. Wb. 1, S. 478: damask.

—, swart, 43.

—, rot, 46.

—, rot u. gel, 47.

—, brun in gel, 48.

—, gron in gel, 49.

—, bunt, 50.

—, tanneten, 44.

—, fiolenbrun, 45.

1561: Noch 7 quartere swart dammasch und 3 quarter gronen damasch, jeder quarter vor 1 orth.

dwelk: Zwillich, auch Drillich oder Drell, geköperte Leinewand, aus Flachs oder Hanf mit vier Schäften gewebt, weifs zu Bett-, Tisch- und Handtüchern, gefärbt zu Überzügen. Nemnich 1, Sp. 1302; Schedel 2, S. 849—850; Thon 2, S. 2131—32; Mnd. Wb.

1, S. 612: dwelk; S. 579: drell(e).

—, askevarfet, 125.

—, einsegelt, 122.

—, Geller, 121.

—, Kemper, 120.

—, Lipser, 2segelt, 118. 119. 125.

1561: Noch 12 ele myn 1 quartere dwelk, de ele 3 ß Lub.

frende, unbekannte Art Zeug (Sammet?).

—, fine dicke, elle 4 ß: 209.

hardok: Haartuch, ausschliefslich oder mit Einschufs von Wollen- oder Leinengarn aus Pferdehaaren gewebtes Zeug. Nemnich 1, Sp. 396; Schedel 1, S. 513; Thon 1, S. 638—639; Mnd. Wb. 2, S. 207: hardok.

—, stuck 4 ♅ 4 ß Lub.: 219.

camerdok: Kammertuch, feinste Leinewand, ursprünglich aus Cambrai. Nemnich 1, Sp. 493—494; Schedel 1, S. 614; Thon 1, S. 866—867; Mnd. Wb. 2, S. 422: kamerdok.

—, stuck 8 fl.: 346.

kammelot: Kamelot, ausschliefslich aus Ziegenhaaren oder aus Ziegenhaaren und Wolle oder ausschliefslich aus Wolle gewebtes Zeug. Nemnich 1, Sp. 489—490; Schedel 1, S. 608—611; Thon 1, S. 859—861.

13*

kammelot, swart, 66.

—, rot, 64.

—, goltgel, 62. 63.

—, lichttannet, 65.

—, dustertannet, 67.

1561: noch 1 hel dok swart kammeluth 5 fl. Noch 12 ele kammeluth, de ele 10 *β* Lub. Noch 6 ele brun kammeluth, de ele ¹/₂ fl. Noch 9 ele und 1 quarter goltgele kammelut, de ele 14 *β* Lub. Noch 7 ele und 1 quarter groff goltgel kammeluth, de ele 1 mr. Sund. Noch 8 ele myn ¹/₂ quartere brundannet, de ele 19 *β* Lub. Noch 7 ele myn ¹/₂ quarter gron kammeluth, de ele 14 *β* Lub. Noch 30 ele brun, graw und ascherfervet in dre stuven, de ele 8 *β* Lub.

kartek: nicht mehr bekannte Art von Wollenzeug. Mnd. Wb. 2, S. 432: karteke.

—, swart, 51. 58.

—, rot, 54. 58.

—, gron, 56.

—, askeverwed, 57.

—, liffarved, 53.

—, tannet, 52. 58.

—, fiolenbrun, 55.

1561: Noch in twen stucken 49 ele cartheken, de ele 9 *β* Lub. Noch 19¹/₂ ele carthele gel und gron in twen stucken, de ele 9 *β* Lub. Noch 7 ele gel karteke, de ele 9 *β* Lub. Noch

20 ele myn 1 quarter roden cartheke in 3 stuven, de ele 9 *β* Lub. Noch 3 ele myn 1 quarter gron. Noch in dren stuven 4 ele und 1 quartere cartheken.

kogeler, nicht mehr bekannte Art von Leinewand. Mnd. Wb. 2, S. 513; Hans. Geschsbl. 1874, S. 162—163.

—, rot, 104.

—, blag, 106.

linnewant, lowent: Leinewand, Gewebe von Flachs oder Hanf, auch von dem Abfall beider, Hede oder Werg. Nemnich 1, Sp. 635; Schedel 1, S. 704—720; Thon 2, S. 1097 bis 1134; Mnd. Wb. 1, S. 700: lin(n)ewant; S. 757: luwant.

—, einbret, 117. — twebreth, elle 8 *β*: 275. 276.

—, elle 7 *β*: 215. 8 *β*: 213. 9 *β*: 270. 10 *β*: 217. 269. 12 *β*: 216. — smale elle 267. 344. — brede elle 6 *β*: 274. 277. 7 *β*: 272. 8 *β*: 271. 11 *β*: 273.

—, bolten 36 *β*: 211. 25 smale ellen 344.

—, laken 1 fl.: 218. groff 1 fl.: 268. witt 1¹/₂ fl.: 267. Vgl. samback, tafellaken.

—, dossyn 3¹/₂ fl.: 212.

—, geblekt, 344.

—, vorblomet, 105.

—, flessen, 282. 344. ungeferwed 343. swart 288—290.

—, heden 344. swart 288.

linnewant, lowent, Breslouer, swart, 117.

—, Markes, 343.

—, Parchener, 283. groff 284.

—, Rostker, elle 4 ß, 285.

1561: Item 28¹/₂ brede ele bret lowent in dren stucken, 3 ele vor 1 daler werdert. Noch 40 brede ele, 4 ele vor 1 daler. Noch 24 brede ele, 4 ele vor 1 daler. Noch 10 brede ele, 4 ele vor 1 daler. Noch 22¹/₂ brede ele, 4 ele vor 1 fl. Noch 9 brede ele und 1 bret qwartere, 4 ele ock vor 1 fl. Noch 16¹/₂ brede ele, jeder ele vor 5 ß Lub. Noch 22 brede ele, de ele vor 4¹/₂ ß Lub. Noch 9¹/₂ smale ele, de ele vor 7 ß Lub. Noch 6 ele twebret lowent, de ele vor ¹/₂ fl.

macheier 61: nicht mehr bekannte Art von grobem Wollenzeug. Mnd. Wb. 3, S. 2: macheier.

—, hel, 59.

—, upgesneden, 60.

1561: Noch 3 hele macheyer, 1 gel, 1 liffervet und 1 swart, de lifferwede 5 fl. myn 1 ort, de swarte 4¹/₂ fl., de gele 5 fl. myn 1 ort. Noch 18 ele swart macheier, de ele 4 ß Lub. Noch 23 ele bunten macheier, de ele 4 ß Lub. Noch 9¹/₂ ele gelen macheyer, de ele 4 ß Lub. Noch 11 ele myn 1 quarter wit und rot, de ele 3 ß Lub. Noch 9 ele swarten macheyer, de ele 4 ß Lub. Noch 7¹/₂ ele brun macheyer, de ele 4 ß Lub. Noch 6 ele und 1 quarter gron macheyer, de ele 4 ß Lub. Noch 4 ele und 1 quarter blaw macheier, de ele 3 ß Lub.

parchen: Parchent, dichtes, geköpertes, auf der einen Seite rauhes, aus Baumwolle oder mit Einschufs von Baumwolle aus Leinengarn gewebtes Zeug. Nemnich 1, Sp. 72; Schedel 1, S. 81—82; Thon 1, S. 83; Mnd. Wb. 3, S. 303: parchem.

—, witt, 89.

—, swart, 90. 91.

—, graw, 90.

—, rot, 92.

—, rot u. vorblomet, 95.

—, Auspurger, 90.

—, Lansbarger, 89.

—, Meielanske, 91. Meilaner 94.

plathdok 348: unbekannte Art von Leinewand,

sagen: Saye oder Soy, leichtes aber dauerhaftes, aus feiner Wolle gewebtes Zeug, das mittels des Kalanders und der Presse auf der rechten Seite glänzend gemacht wird und zu Unterfutter u. dgl. dient. Nemnich 1, Sp. 940; Schedel 2, S. 439; Thon 2, S. 1794; Mnd.Wb. 4, S. 9: sage. Saye aus

Lille: Hans. Geschsbl. 1874, S. 159 Anm. 2.

halfsagen 68. 69. swart 70.

Riselsagen 71. swart 73. tannet 72.

samback: unbekannte Art von Leinewand.

—, dossin 3¹/₂ fl.: 214. stucke 5 fl.: 249.

1561: Noch 15¹/₂ ele ſamback, 4 ele vor 1 daler.

sammit: Sammt, Seidenzeug, das mittels dreier Schemel gewebt wird, von denen zwei zur Bildung des Bodens, der dritte zur Herstellung der weichen Oberfläche dienen. Man unterscheidet nach der Zahl der Fäden (Pohlfäden, poils), die jeder Zahn erhält (3, 4, 6, 8), 1¹/₂, 2, 3 und 4 dräthigen (haarigen, velours à ... poils) und nach der Bearbeitungsweise ungerissenen (velours ras) und gerissenen (velours coupé), auch geschornen Sammt (velours plein). Nemnich 3, Sp. 467; Schedel 2, S. 415—418; Thon 2, S. 1673—74; K. u. M. Seubert 2, S. 25. Die Bezeichnung: revocirt ist mir unverständlich; velours renforcé ist nach Nemnich ›ein leichter Sammet von der geringsten Qualität‹.

—, elle 1¹/₂ ß: 206. 7 witte: 205. 2 ß: 203. 2¹/₂ ß: 204. 4 ß: 207. 209. 5 ß: 208.

—, gemein, 36.

—, verwed, 38.

—, half revocirt, 37.

—, gans refocirt, 39.

1561: Noch 15 ele myn 1 quartere swart sammit, de ele 2 gulden. Noch 4 ele und 1 half quarter rot sammit, de ele 2¹/₂ fl.

sardok: Sartuch, nicht mehr bekanntes grobes starkes, aus Leinwand und Wolle gewebtes Zeug. Mnd. Wb. 4, S. 26. Hans. Geschsbl. 1874, S. 160—162.

—, witt, 87.

—, swart, 86. 93.

—, rot, 88.

—, brun, 85.

1561: Noch 1 hel swart ſsardok vor 3 fl. Noch 17¹/₂ ele swarten Meygelanschen ſsardok, de ele 3 ß Lub. Noch 1 helen ſsardok in dren stuven vor 3 fl. Noch 9¹/₂ ele gronen sardok, de ele 3 ß Lub.

schirdok: Schier oder Schleier, zarte und dünne Leinwand, früher sowohl zu Schleiern, wie auch dazu benutzt, Flüssigkeiten mittels Seihens zu reinigen (schiren). Nemnich 1, Sp. 965; Schedel 2, S. 461; Thon 2, S. 1703—4; Mnd. Wb. 4, S. 102—103: schirdok.

schirdok, stucke 6 fl.: 345.

tafellaken 281: zu Tisch-
tüchern bestimmte Leinewand.
Mnd. Wb. 4, S. 504: tafellaken, Tischtuch.

—, stucke 3 fl. 8 β: 279.

tichenstucke 280: Ziechen,
Züchen oder Bettzüchen, rauten-
weise auf Leinewandart gewebtes Leinenzeug zu Bettüber-
zügen. Nemnich 1, Sp. 1292;
Schedel 2, S. 848; Thon 2,
S. 1115—16.

1561: Int erste de 6 hele tiken-
stucke, gewerdert dat stucke
up 3 fl. ringer ¹/₂ ort. Noch
in drien tikenstucken sint 47
ele; de ele 3 β Lub.

(tirletey:) Tiretaine, ein französisches Zeug, mit leinener
oder hanfener Kette und Eintrag von Wolle oder ganz aus
Wolle gewebt: Nemnich 1,
Sp. 1153; Schedel 2, S. 691—
692; Thon 2, S. 1917; Mnd.
Wb. 4, S. 548: tirl(e)tey.

1561: Noch 20 ele tirleteye, de
ele 4 β Lub. Noch in twen
stucken tirleteye sunt 31 ele.
Noch in eynem stubeken sunt
6 ele tirletey.

trip: Trip oder Tripp, Wollenzeug mit leinener oder hanfener Kette und sammetartiger
Oberfläche aus Wolle. Nemnich 1, Sp. 1181; Schedel 2,
S. 701; Thon 2, S. 1927;
Mnd. Wb. 4, S. 612—613: trip.

trip, swart, 127.

1561: Noch 17 ele tripel und
1 quarter, de ele 8 β Lub.
Noch 5 ele myn 1 quarter
groff tripele, de ele 1 ort.

tzetenin: nicht mehr bekannte
Art von Wollenzeug. Mnd.
Wb. 4, S. 199: set(t)enin (mit
dubbelden cetenin gevodert).

—, dubbelt, 128. 129.

—, tannet, 128.

1561: Noch 1 dok goltgel fsetenin vor 3 fl. Noch achte
apene stucke fsetenin, unge-
meten, sunder mit bende
thohope gebunden und vor-
segelt. Noch 1¹/₂ ele gron
fsetenin, de ele 3¹/₂ β Lub.

tzeter: Schetter oder Schetter-
leinwand, durch Leim, Gummi
u. dgl. gesteifte Leinewand.
Nemnich 1, Sp. 954; Schedel
2, S. 451—452; Thon 2,
S. 1114; Mnd. Wb. 4, S. 195:
seter.

—, stucke 1³/₄ fl.: 132.

tzindel 126: Zindelatlas, Art von
Atlas. Nemnich 1, Sp. 1282;
Mnd. Wb. 4, S. 210: sindel.

tzindeldort: Zindel- oder
Futtertaft, die leichteste Art
von Taft (einem dünnen, leich-
ten und glatten Seidenzeug,
das sowohl in der Kette, wie
im Einschlag aus ungezwirnter
Seide leinwandartig gewebt
wird). Schedel 2, S. 832, 653—
655. Thon 2, S. 1752, 1885—

1886). Nemnich 1, Sp. 954. 1274, 1282, 333—334; Mnd. Wb. 4, S. 210: sindeldort.

tzindeldort, swart, 40.

—, askeverwed, 42.

—, tannet, 41.

voderdok: nach Schedel 1, S. 449 werden Boy, Flanell, Soy und andere ähnliche leichte Gewebe, die zum Unterfutter gebraucht werden, Futtertuch genannt; hier aber wird Futter-leinen oder Sangalletten, lose gewebte Leinwand, gemeint sein: Nemnich 1, Sp. 332, 928; Schedel 1, S. 421; Thon 2, S. 1680; Mnd. Wb. 5, S. 292: voderdok.

—, 286. brede elle 291.

F. Utensilien der Näherei, Stickerei und Putzmacherei.

a) Garn, Zwirn, Baumwolle, Seide.

garn: Mnd. Wb. 2, S. 14.

—, Flames, 131. punt 12 β: 178.

fafersgarn, blag, 130.

twern: Mnd. 4, S. 641.

—, witten, punt $^1/_2$ fl.: 180.

—, swarten, punt 9 β: 181.

bomwulle 266. 314.

side: Mnd. Wb. 4, S. 204.

—, lose, punt $2^1/_4$ fl.: 145.

neieside 164.

stickside, swarte. 149.

—, verwede, 147.

b) Knöpfe, Steck- und Heft-nadeln.

knope: Mnd. Wb. 2, S. 504—505.

knope, witte, dossin 1 β: 243.

—, korte, 159. dossin 18 ϑ: 158.

—, dossin 6 β: 161.

—, lange, dossin 7 β: 160.

—, geetzede, 26.

natelen: Mnd. Wb. 3, S. 161—162.

—, knopede, 34.

senkel: Mnd. Wb. 4, S. 190.

—, in briefförmigen Päckchen (breve), dossin 26 β: 156.

kappensenkel, dossin 3 β: 167.

c) Bänder und Borden.

bant: Mnd. Wb. 1, S. 150—151.

—, siden, 144. punt 6 fl.: 143.

hasenbant, stuck 5 β: 176. 4 stucke (?) 1 fl.: 177.

bende, witte, 35.

bonnittesbende, dossin 6 β: 154.

—, fine, dossin 12 β: 155.

hotbende, dossin 18 β: 152.

borden: Mnd. Wb. 1, S. 391.

—, bolocherde siden, elle 4 β Lub.: 133.

—, swarte karmesin, elle 14 β: 192.

gordelborden, swarte kar-mesine, elle 14 β: 191.

hemdeborden, nie, 190.

—, brede, mit swarter side dorch-neiet, 189.

d) Posamentier-Arbeiten.

posemente: Mnd. Wb. 3, S. 308.

c) Socken, Strümpfe, Beinkleider.

socke 141 : Mnd. Wb. 4, S. 283.

—, linnen, par 1 ß: 239.

hasen: Mnd. Wb. 2, S. 305—306.

—, Paar 8 ß Lub.: 25.

—, linnen, par 3 ß: 246.

—, swarte linnen 4 ß: 247.

—, hele, utherfin, 11.

—, armetens (d. h.?), 12. 13.

manshasen, halve, 19.

1561: Noch 2 par manshasen, dat par 34 ß Lub. Noch 16 par halve manshasen, dat par 10 ß.

frowenhasen: 17 a.

1561: Noch 6 par frowenhasen, dat par 7 ß Lub.

kinderhasen 141.

buxen: Mnd.Wb. 1, S.410—411.

—, par 6 ß: 248.

d) Tücher, Kragen, Quäder, Ermel.

doker: Mnd. Wb. 1, S. 534.

—, van plathdoke, gereten, als se eine frouwe drecht, 348.

frowendoke van camerdoke, afgesneden, 347.

kragen: Mnd. Wb. 2, S. 554—555.

—, kammelotteske, stuck vor 1 daler: 220.

kinderkragen, 2 dossin vor 1 daler: 237,

stukekragen: vgl. Mnd. Wb. 4, S. 448 (stuke).

stukekragen, stucke 1½ ß Lub.: 238.

quarder: Mnd. Wb. 3, S. 402—403.

—, ½ dossin 1 fl.: 249.

mouwenbudel: vgl. Mnd.Wb. 3, S. 129: mouwe.

—, middel, 157.

e) Hüllen, Hauben, Nachtmützen.

hullen: Mnd. Wb, 2, S. 330.

—, swarte, stucke 2 ß: 199.

—, rode, stucke 5 ß: 198.

huven: Mnd. Wb. 2, S. 345.

—, stucke 1 ß: 245.

mussen: Mnd. Wb. 3, S. 142.

nachtmussen, 3 vor 12 ß: 221.

H. Mützen und Hüte.

bonnitten: Mnd. Wb. 1, S. 386.

—, dossin 5 fl.: 110. 113. 6 fl.: 109. 7 fl.: 107, 115. 10 fl.: 111. 11 fl.: 108. 12 fl.: 112.

(frowenbonnitte:)

1561: Noch 4 brune frowen-bonnitte thohope vor 1 fl.

kinderbonnitte, stuck 3 ß: 116. dossin 3 fl.: 114.

(lappenbonnitte:)

1561: Noch 17 olde lappen-bannittes und 4 drunkerde, dat stucke van den drunkerden ½ daler.

(drunkerde): s.lappenbonnitte.

hode: Mnd. Wb. 2, S. 307—308.

spelegelt, punt 18 *ß*: 165.
worpel: 342.

P. Verschiedene Geräte.

borsten: Mnd. Wb. 1, S. 400.
—, dutsin 6 *ß*: 326.
—, slichte, dutsin 4 *ß*: 327.
kopborsten 293.
brillen: s. ogenbrillen.
bussen (d. h.?): vgl. Mnd. Wb.
  1, S. 460.
—, korte, 187.
flasken: vgl. Mnd. W. 5, S. 266.
— (woraus?), dussin 1/4 daler:
  334.
— (woraus?), Stück 5 *ß*: 335.
—, iseren, geetzede, stuck 1/2
  daler: 142.
pulverflasken: s. M.
goltfelle (d. h.?): Mnd. Wb.
  2, S. 132.
—, dossin 4 *ß*: 223.
grempel (d. h.?).
—, nie, 20.
—, olde, 21.
korsenergrempel 22.
haken: Mnd. Wb. 2, S. 175.
—, vortinnede, 33.
kemme: vgl. Mnd. Wb. 2, S. 422.
—, elpenbein, punt 40 *ß*: 166.
roszkemme 297.
kopborsten: s. borsten.
korsenergrempel: s. grempel.
krassen (d. h.?) 294.

kussenblade, Lederbezüge
  der Stuhlpolster: Mnd. Wb. 2,
  S. 606.
—, stucke 3 *ß*: 9.
—, mit bilden, 8.
ogenbrillen: 1/2 dossin 6 *ß*:
  30.
pipen, Flöten?: Mnd. Wb. 3,
  S. 330.
—, grote, Stück 4 *ß*: 325.
pochelen (d. h.?).
—, 10 par 1 1/2 fl.: 27.
roszkemme: s. kemme.
schalen (d. h.?): vgl. Mnd.
  Wb. 4, S. 40.
—, leddige, 298.
schohorne 31. 296.
slote: s. weskerslote.
snor: s. tenekensnor.
stundenglase 29: Mnd. Wb.
  4, S. 450—451.
suelremen (d. h.?) 186: vgl.
  Mnd. Wb. 4, S. 481 (suwele).
swam: Mnd. Wb. 4, S. 484.
—, ein vor 6 *ß*: 321.
tenekensnor 242: Korallen-
  oder -Perlenschnur für Kinder
  zur vermeintlichen Erleichterung des Zahnens.
vate: Mnd. Wb. 5, S. 213—214.
—, vormalde, 2 vor 8 *ß*: 329.
weskerslote 28: Mantelsack-
  Schlösser; s. Mnd. Wb. 5,
  S. 694: wescher.

Anno 66 den 31. Januarii dosulvest heben die creditorn van
Lubeck seligen Joachim vam Loo seine hindergelatene guder dorch
erlovinge der richteheren inventeren und beschriven lathen. Erstlich:

1. 4 grothe deken.
2. 12 middel deken.
3. 6 klene deken.
4. Twe Norenbergesche wegendeken.
5. 5 Erffersche deken.
6. 4 dossin und 5 stucke Schallunsche deken.
7. 3 Brunswikesche deken.
8. 10 kussenblade mith bilden.
9. 4 hussenblade, dath stucke tho 3 *ß.*
10. 10 Brunswickeske stolkussenburen.
11. 8 par utherfin hele hasen.
12. 7 par armetens.
13. 8 par armetens hasen.
14. 14 par frouentuffelen sammet.
15. 3 par frouentuffelen sammet.
16. 4 par kindertuffelen sammet.
17. 1 par kindertuffelen sammet.
17a. 5 dossin frouenhasen.
18. 9 dossin halve manshasen.
19. Ein par halver manshasen.
20. 54 par nie grempel.
21. 20 par olde grempel.
22. Ein par korsenergrempel 4 *ß.*
23. 3 fine klederqueste, vorguldeth, stucke 6 *ß.*
24. Ein voderhemde $^1/_2$ daler.
25. 6 par hasen 8 *ß* Lub.
26. Vor geetzede knope 2 fl.
27. 10 par pochelen 1$^1/_2$ fl.
28. 17 weskerslote 1$^1/_2$ fl.
29. 17 stundenglase.
30. $^1/_2$ dossin ogenbrillen 6 *ß.*
31. Ein dossin schohorne.
32. 15 wockenblede.
33. 16 par vortinnede haken.
34. Vor knopede natelen 3$^1/_2$ fl.
35. Witte bende vor $^1/_2$ fl.
36. 53$^1/_2$ elle gemeine sammit in dren stucken.
37. 23 elle und 1 quarter halff revocirt sammit.
38. 15 elle minus 1 quarter vervede sammit.
39. 23 und 1 quarter ganfs refocirt sammit.

Zindeldort.

40. 9 elle swart zindeldort.
41. 20$^1/_2$ elle tannet zindeldort.
42. 7 elle askevervede zindeldort.

Dammask.

43. 20$^1/_2$ alle swarten dammask.
44. 13 elle tanneten dammask.
45. 4 elle fiolenbrun dammask.
46. 17 elle roden dammask.
47. 6 elle rot und gel dammask.
48. 2 elle und 1 quarter brun in gel dammask.
49. 3$^1/_2$ elle gron in gel dammask.
50. 2$^1/_8$ elle bunt dammask.

Kartek.

51. 33 elle swarten kartek.
52. 32 elle tannet varve.
53. 37 (elle) liffarvede kartek.
54. 44 elle rot kartek.
55. 21 elle fiolenbrun kartek.

56. 11 elle gron kartek.
57. 50¹/₂ elle askerverveden kartek.
58. 27¹/₄ elle kartek, rot, tannet und swart.

Macheier.

59. 5 stucke hele macheier und
60. 5 stucke 12 elle upgesneden macheier. Noch
61. 10 elle macheier.

Kammelot.

62. Ein ganſs stucke goltgelen kammelot. Noch
63. 29¹/₂ elle goltgelen kamlot.
64. 14¹/₂ elle rot kamlot.
65. Ein stucke und 1 elle licht-tannet kamlot.
66. Ein stucke und 21 elle swart kamlot.
67. 8 elle dustertannet kamlot.

Sagen.

68. 73 elle halftzagen.
69. 23 stucke hele halftzagen.
70. 5 elle swarten halftzagen.
71. 11 stucke Riselsagen.
72. 16 ele tanneten Riselsagen.
73. 14 ele swarten Riselsagen.

Arrask.

74. 5 gantze stucke arrask.
75. 125 elle tanneten arrask.
76. 44 elle blauw arrask.
77. 139 elle swart arrask.
78. 26 elle liffarvet arrask.
79. 29¹/₂ elle grauw arrask.

80. 42 elle rot arrask.
81. 25 elle gron arrask.
82. 23¹/₂ elle licht gel arrask.
83. 59 elle fiolenbrun arrask.
84. 7 elle fiolenbrun arrask.

Sardoch.

85. 21 elle brunen sardoch.
86. 34 elle swarten sardoch.
87. 42 elle witten sardoch.
88. 7¹/₂ elle roden sardoch.
89. 8 stucke witte parchen Lanſsbar(ger).
90. 6 stucke swarte Auspurger, darunder 2 grawe.
91. 2 stucke swarte Meielanske.
92. 5 halve stucke rot parchen.
93. Ein stucke swart sardoch.
94. 14 elle Meilaner parchen.
95. 17¹/₂ elle roden und vor-blomeden parchen.

Bomsin.

96. 22 elle swarten bomsin.
97. Ein stucke swart bomsin van 6 fl.
98. 4 stucke Norenberger bomsin.

In blag pappir.

99. 20¹/₂ elle Swickouer bomsin.
100. 13¹/₄ Norenberger 3 segeler.
101. 20¹/₄ elle bomsin, de elle 4¹/₂ ß.
102. 11 elle fin kalen bomsin.
103. 10 elle minus 1 quarter bomsin tho 5 ß.

104. Ein stucke rot kogeler.
105. 2 stucke vorblomet linnewant.
106. 16¹/₂ (elle) blag kogeler.
107. 20 stucke bonnitten, dossin
tho 7 fl.
108. 11 stucke bonnitten, dossin
vor 11 fl.
109. 11 stucke bonnitten, dossin
vor 6 fl.
110. Ein dossin bonnitten vor 5 fl.
111. 15 stucke bonnitte, dossin
vor 10 fl.
112. 21 bonnitten, dossin 12 fl.
113. 4 bonnitten, dossin vor
5 fl.
114. Ein dossin kinderbonnitte
vor 3 fl.
115. 8 bonnitte, dossin vor 7 fl.
116. ¹/₂ dossin kinderbonnitte,
stuck 3 β.

117. 31 elle swart Bresloues
louent, einbreth.
118. Ein stucke 2segelt Lipser
dwelke.
119. 21 elle 2segelt Lipser
dwelk.
120. Ein stucke Kemper dwelk.
121. Ein stucke Geller dwelk.
122. 7¹/₂ elle einsegelt dwelk.
123. 18 elle Geller dwelk.
124. 18¹/₄ elle Geller dwelk.
.125. 22¹/₂ elle askerverfet 2-
segelt Lipser dwelk.

126. 313 elle tzindel.

127. 5 quarter swarten trip.

128. 12 elle tannet dubbelt
tzetenin.
129. 3 elle dubbelt tzetenin
130. Ein punt blag fafers garne.
131. Ein punth Flames garne.
132. 3 tzeter, dat stucke 2 fl.
min ¹/₄.
133. 14 elle bolocherde siden
borden, de elle 4 β Lub.

134. 2¹/₂ dossin fine hansken,
doss. 2 fl.
135. 25 par fine gesteken hansken, doss. 2 daler.
136. Ein dossin witte hansken,
doss. 18 β.
137. 1¹/₂ dossin gefoderde hansken, Brunswikesche und
Westwerdesche.
138. 1 dossin 10 par hansken,
gel und wit, dossin vor
22 β.
139. 1 par gesmerde hansken.
140 Ein dossin geknuttede hansken.
141. Ein dossin socke und kinderhasen.
142. Ein dossin hansken und
socke.
143. 4 punt und 4 lot siden
band und frensen, dat
punt 6 fl.
144. 5 lot siden bant.
145. 3 punt und 1 verendel
lose side, dat punt 2 fl.
1 orth.
146. 1 punt 2 lot vervede
spigilie.

147. $^1/_2$ punt vervede stickside. und 1 verendel.

148. 1 punt 9 lot swarte spigilie
up sammittes posementen
art, dat (punt) 30 β Fle.

149. 5 punt 1 verendel swarte
stickside.

150. 26 lot swarte spigilie.

151. 1$^1/_2$ punt neieside, dat
punt 4 daler.

152. 4 dossin hotbende, dat
doss. 18 β.

153. 2 dossin witte hotbende.

154. 5 dossin bonnittesbende,
doss. 6 β.

155. Ein dossin finer bonnittesbende, dat dossin 12 β.

156. 3 breve senkel, ein dosin
26 β.

157. 1$^1/_2$ dossin middel mouen-
budel.

158. 17 dossin korte knop, doss.
18 ϑ.

159. Ein dossin korte knope.

160. 7 dossin lange knope, dat
doss. 7 β:

161. 2 dossin knope, dossin 6 β.

162. 5 dossin swar(t)e karten,
doss. 14 β.

163. 3$^1/_2$ dossin bunte karten,
doss. 12 β.

164. 21 lot neieside.

165. Ein punt spelegelt 18 β.

166. Ein punt elpenbein kemme
vor 40 β.

167. Ein dossin kappensenkel 3 β.

168. 10 dossin elle posemente,
doss. 8 β.

169. 8 dossin 4 elle bunte posemente, doss. 6 β.

170. 3 pulverflasken vor 1 fl.

171. 3 pulverflasken, dat stuck
$^1/_2$ daler.

172. 2 iseren geetzede flasken,
dat stuck $^1/_2$ daler.

173. Ein patronenkoker 6 β.

174. 1$^1/_2$ dossin scheveren schrif-
tafelen, middel.

175. 3$^1/_2$ dossin posement, dossin
12 β.

176. 13 stucke hasenbant, stuck
5 β.

177. 4 stucke hasenbant 1 fl.

178. Ein punt Flames garne 12 β.

179. 33 elle posement, de elle
1 β.

180. 3 punt witte twerne, punt
$^1/_2$ fl.

181. Ein punt swarten twerne
9 β.

182. 2 stuck trosat vor 18 β.

183. 7 Spangeske voison (?) stuck
8 β.

184. 27 elle posement, elle 8 ϑ.

185. 9 dossin 2 elle posement,
dossin 10 β.

186. $^1/_2$ dossin suelremen.

187. 3 korte bussen.

188. Vor Kollensche messe 12
daler. .

189. 5 elle brede hemdeborden
mit swarter side dorchneiet.

190. Noch 5 elle nie hemde-
borde.

191. 13 elle swarte karmesine
gordelborden, elle 14 β.

192. 8 elle minus ¹/₄ swarte karmesin borden, de elle 14 ß.

193. 17 elle wullen gordelposement, de elle 6 ₰.

194. 11 ruge Brunswigeske hode van tzagegarne.

195. 29 Brunswikeske ruterhode, doss. 8 daler.

196. 3 siden hode, stucke 1 fl.

197. Ein Flameschen frouenhot 4 ß.

198. 5 rode hullen, stucke 5 ß.

199. 6 swarte hullen, stucke 2 ß.

200. 2 dossin 11 elle posement, doss. 6 ß.

201. 11 elle bunte wobbe, de elle 6 ₰.

202. 2¹/₂ dossin eine elle posement, dossin 6 ß.

203. 16 elle sammit, de elle 2 ß.

204. 10 elle sammit, de elle 2¹/₂ ß.

205. 10 elle minus ¹/₄ sammit, elle 7 witte.

206. 16 elle und ¹/₄ sammit, elle 1¹/₂ ß.

207. 5 elle sammit, elle 4 ß.

208. 4 elle minus ¹/₄ sammit, elle 5 ß.

209. 2 elle fine dicke frende (?), elle 4 ß.

210. 10 elle campes, elle 6 ₰.

211. 23 bolten louendes, den bolten 36 ß.

212. 4 dossin louent, dossin 3¹/₂ fl.

213. 40 elle louent, de elle 8 ß.

214. Ein dossin samback vor 3¹/₂ fl.

215. 40 elle louent, elle 7 ß.

216. 20 elle louent, de elle 12 ß.

217. 24 elle louent, de elle 10 ß.

218. 2 laken louendes, stuck 1 fl.

219. 10 stucke hardoch, stuck 4 ⚡ 4 ß Lub.

220. 10 kamelotteske kragen, stuck vor 1 daler.

221. 3 nachtmussen vor 12 ß.

222. 1 rifs pappir 1 fl.

223. 4 dossin goltfelle, dossin 4 ß.

224. Ein dossin fine grothe vedderen vor 10 fl.

225. 15 vedderen, dossin 9 fl.

226. 1¹/₂ dossin vedderen, dossin 6 fl.

227. 1¹/₂ dossin fine borretvedderen, dossin 5 fl.

228. 3 fine swarte vedderen, stucke 12 ß.

229. 20 swarte vedderen, stucke 7 ß.

230. 9 swarte vedderen, stucke 5 ß.

231. 1¹/₂ dossin vedderen vor 18 ß.

232. 20 hemde vor 10 daler.

233. 10 dwelen, dossin 3¹/₄ fl.

234. 10 hemde, 10 daler.

235. 4 hemde, stucke 6 ß.

236. 17 kussenburen, gesticket, tho 4¹/₂ fl.

237. 2 dossin kinderkragen vor
1 daler.

238. 18 stukekragen, stucke
1¹/₂ *ß* Lub.

239. 19 par linnen socke, par
1 *ß*.

240. 4 nesedoke, stucke 3 *ß*.

241. 4 kragen vor 8 *ß*.

242. Vor tenekensnor 1¹/₂ fl.

243. 12 dossin witte knope,
dossin 1 *ß*.

244. Vor hemdequeste ¹/₂ daler.

245. 14 huven, stucke 1 *ß*.

246. 36 par linnen hasen, 3 *ß*.

247. 10 par swarte linnen hasen,
4 *ß*.

248. 3 par buxen, par 6 *ß*.

249. ¹/₂ dossin quarder 1 fl.

250. 2¹/₂ punt geworpen ar-
weten sucker.

251. Ein punt 4 lot annis-
confect.

252. 2¹/₄ suckerkande.

253. 1¹/₄ hotsucker.

254. ¹/₂ punt strousucker.

255. 1¹/₂ punt nekelken.

256. 4 punt engever.

257. 9 lot muskatenblomen.

258. ¹/₂ punt zedewer.

259. 4 lot safferan.

260. Ein punt 2 lot gestotten
peper.

261. 10¹/₂ punt blackpulver.

262. Ein punt 2 lot engeverpuder.

263. 5 lot stotte negelken.

264. 14¹/₂ punt swevel.

265. 28 lot gron was, punt 10 *ß*.

266. Ein punt bomwulle.

267. 5 laken und 5 smale elle
witt louent, laken 1¹/₂ fl.

268. 2 laken groff linnenwant,
laken 1 fl.

269. 20 elle louent, de elle 10 *ß*.

270. 11¹/₂ elle louent, de elle
9 *ß*.

271. 47 brede elle linnenwant,
de elle 8 *ß*.

272. 32 bred elle linnenwant
tho 7 *ß*.

273. 12 brede elle, die elle 11 *ß*.

274. 10 bred elle, de elle tho
6 *ß*.

275. 18 elle twebret, de elle
8 *ß*.

276. 8 elle twebret, de elle 8 *ß*.

277. 13 bred elle, de elle 6 *ß*.

278. 3 buren mit 8 stripen
Steudels und Reppinsche.

279. Ein stucke tafelaken tho
3 fl. 8 *ß*.

280. 2 tichenstucke.

281. 4 elle tafelaken.

282. 119 brede elle flessen louent.

283. 166 elle Parchiner lowent.

284. 22 elle groff Parchener
lowent.

285. 24 Rostker, de elle tho 4 *ß*.

286. 123 elle voderdok.

287. 28 elle groff swart linewant.

288. 141 elle swart heden und
flessen.

289. 92 elle flessen swart linewant.

290. 12 elle swart flessen.
291. 44 brede elle voderdok.

292. 46 grote kaseballe.
293. 5 dossin kopborsten.
294. 14 krassen.
295. 1 dossin blackhorne.
296. 4 dossin schohorne.
297. 15 rofskamme.
298. 2 dutsin leddige schalen.
299. Ein klederquast.
300. Eine klene pulverflaske.
301. 3 dutsin und 2 Brunswikeske kussenblade.
302. 2 dussin Schallunsche deken.
303. Ein Brunswikesche deken.
304. 6 rifs Graboues pappir.
305. 5 ris Westwerdes poppir, 1 tho 2 ꬰ Lub.

306. 8 ℔ canarien sucker.
307. 10 ℔ Thomas.
308. 8 punt wasses.
309. 17¼ ℔ veendelpeper (?).
310. 13 ℔ peperkome.
311. 3 ℔ annis.
312. 1½ ℔ peper.
313. 8 ℔ gartkome.
314. 2 ℔ bomwulle.
315. 2 ℔ minus ¼ Spans gron.
316. ½ ℔ cubeben.
317. 9 ℔ annis.
318. 8 lot cardemome.
319. 1 vetken pulver van 12 ℔.
320. 8 ℔ witte sepe 1 ℔ 2 ꞵ.
321. Ein swam vor 6 ꞵ.
322. 80 ℔ ris, dat 100.

323. 225 klene balle, dat 100 tho 14 ꞵ.
324. 300 grote balle, dat 100 tho 18 ꞵ.
325. 3 dutsin grote pipen, 1 tho 4 ꞵ.
326. 8 dutsin und 4 borsten, dat dutsin tho 6 ꞵ.
327. 2 dutsin slichte borsten, dutsin tho 4 ꞵ.
328. 2 klederqueste, 1 tho 2 ꞵ.
329. 2 vormalde vate vor 8 ꞵ.
330. 20 ℔ annis, 1 tho 2 ꞵ.
331. 2 tonne herse, die tunne tho 7 ꬰ Lub.
332. 24 ℔ mandelen.
333. 7 tonne roggen, den schepel 10 ꞵ.
334. Ein dutsin flasken tho ¼ daler.
335. 4 flasken, 1 tho 5 ꞵ.
336. Ein dutsin iseren poke tho 12 fl.
337. Ein dutsin fin pok, dutsin tho 4 fl.
338. 3 poke tho 2 fl.
339. 3 fusthemer thohope 12 ꞵ.
340. 2 Schallunske deken, 1 tho 6 ꞵ.
341. 700 furstene, dat 100 . . ., ungeslipet.
342. 485 worpel, dat hundert . . .
343. 22 bolten Markes 22 laken ungefer(wede) flessen, dat laken . . . .
344. 13 bolten heden und flessen louent, in ider 25 smale elle, und 193 geblekt.

14*

345. Ein stucke schirdok tho
6 fl.

346. Ein stuck camerdok tho
8 fl.

347. 18 frowendoke van camerdoke, afgesneden, 2 tho . . . .

348. 4 doker van plathdoke
gereten, als se eine frouwe
drecht.

349. 2 stuck und 1 ferndel
1 stuck samback, tho 5 fl.

––––––––

NACHRICHTEN

VOM

HANSISCHEN GESCHICHTSVEREIN.

Neunundzwanzigstes Stück.

———

Versammlung zu Hamburg. — 1899 Mai 23 und 24.

———

ACHTUNDZWANZIGSTER JAHRESBERICHT.

ERSTATTET

VOM VORSTANDE.

Im verflossenen Jahre hat unser Verein durch das in seinem neunzigsten Lebensjahre erfolgte Ableben des Staatsarchivars Dr. Wehrmann in Lübeck einen überaus schweren Verlust erlitten. Aus unserer Mitte ist mit ihm einer der Männer geschieden, die sich schon um die Gründung unseres Vereins die gröfsten Verdienste erworben haben. Viele Jahre hindurch hat er dem Vorstande angehört und an dessen Arbeiten stets den regsten Anteil genommen. Den von uns veröffentlichten Geschichtsblättern hat er eine grofse Zahl von Aufsätzen überwiesen, in denen er namentlich die Geschichte seiner Vaterstadt behandelte und für sie durch klare und lebendige Schilderungen auch in weiteren Kreisen ein allgemeines Interesse zu erwecken verstand. Auf den Besuch unserer Jahresversammlungen hat er erst in den letzten Jahren zu seinem grofsen Leidwesen verzichten müssen. So oft er früher auf ihnen erschien, ward er von allen Anwesenden mit lebhafter Freude begrüfst, denn jeder, der mit ihm verkehrte, verdankte ihm eine Fülle neuer Anregungen und erfreute sich an seinem stets heitern und frohen Sinn. Dem Andenken an diesen von uns allen hoch verehrten Mann ist der erste in unserer heutigen Versammlung zu haltende Vortrag gewidmet. Aufser ihm sind durch den Tod aus unserm Verein geschieden: in Essen Konsul Waldthausen, in Hamburg die Kaufleute C. W. Richers und S. R. Warburg, in Köln Kommerzienrat Heuser, Baurat

Statz und Oberlandesgerichtspräsident Dr. Struckmann, in Münster
Graf von Landsberg-Velen und Direktor Plassmann, in Stralsund
Bürgermeister Brandenburg. Dem Vereine beigetreten sind: in
Alfeld Bergwerkdirektor Heine, in Berlin Rechtsanwalt Crome
und Professor Dr. Krüner, in Düsseldorf Generalsekretär Dr. Beumer
und die Bibliothek des Königlichen Gymnasiums, in Einbeck Bürger-
meister Troje und Kaufmann H. M. Findel, in Köln Referendar
Brückmann, Kaufmann Rob. Heuser und Baumeister F. Statz, in
Lübeck Oberlehrer Dr. Ohnesorge. Da neun Mitglieder ihren Aus-
tritt angezeigt haben, so zählt unser Verein zur Zeit 407 Mitglieder.

Von den Städten, die ehemals zeitweilig der Hanse an-
gehörten, hat Unna in Westfalen ihren Beitritt zu unserem
Verein erklärt und ihm zur Bestreitung seiner Ausgaben einen
Jahresbeitrag bewilligt.

Die von uns herausgegebenen litterarischen Arbeiten sind
im verflossenen Jahre auf das eifrigste gefördert worden.

Von der dritten Abteilung der Hanserecesse, deren Bearbeitung Herr Professor Dr. Schäfer in Heidelberg übernommen
hat, ist vor kurzem der sechste Band, der die Jahre 1510 bis
1516 umfaßt, zur Ausgabe gelangt. Es nähert sich diese Arbeit,
die bis zum Jahre 1530 reichen soll, also ihrem baldigen Abschlusse.

Das Hansische Urkundenbuch, bearbeitet von den
Herren Dr. Kunze in Greifswald und Dr. Stein in Gießen unter
Leitung von Professor Dr. Höhlbaum in Gießen, hat die Fortschritte gemacht, die im letzten Jahresbericht in Aussicht gestellt
wurden. Zwei Bände befinden sich seit dem Sommer vorigen
Jahres zu gleicher Zeit unter der Presse. Wenn der Druck noch
nicht zum Abschluß gekommen ist, so ist dies aus dem sehr
stark angeschwollenen Umfang der Bände zu erklären. Der Satz
ist indessen schon so weit vorgeschritten, daß der Druck des
fünften Bandes, der, von Herrn Dr. Karl Kunze bearbeitet, den
Zeitraum von 1392 bis 1414 umfaßt, bis zum Spätsommer d. J.
beendet sein wird, während der des achten Bandes, in dem Herr
Dr. Walther Stein den überreichen Stoff für die Jahre 1451 bis
1463 (Mitte) vorgelegt hat, für den Text selbst bereits abgeschlossen
ist und mit der Einleitung und den Registern etwa in zwei
Monaten zum Ziel gelangen wird.

Ebenso haben die Inventare der hansischen Archive

des 16. Jahrhunderts wiederum erhebliche Fortschritte gemacht, obwohl dem Bearbeiter des Kölner Inventars, Professor Dr. Höhlbaum, für diese Aufgabe stets nur ein Teil der Universitätsferien zur Verfügung steht. Im Kölner Stadtarchiv hat er eine grofse·Menge noch völlig ungeordneter hansischer Akten für den Zeitraum von 1572 bis 1592 genauer bestimmt und in ihren historischen Zusammenhang eingefügt; nur ein kleiner Rest ist noch zu bewältigen; die städtischen Briefbücher und Ratsprotokolle sind vollständig ausgeschöpft. Wie er im vorangegangenen Jahre Hanseatica aus Venlo, in noch gröfserer Zahl aus Koesfeld, Münster, Warendorf und Soest zur Ergänzung hatte heranziehen können, so hat er jetzt die Sammlungen für den zweiten Band des Inventars durch die hansischen Akten der Stadtarchive von Emmerich und Wesel, die im Staatsarchiv in Düsseldorf deponiert sind, in glücklicher Weise vermehren können. Das Ziel wird sich demnach erreichen lassen, das Kölner Inventar zu einem Inventar der Akten des kölnisch-westfälischen Quartiers der Hanse zu erweitern Einige archivalische Studien und die Durcharbeitung der weit zerstreuten Litteratur stehen noch aus, indessen hofft der Bearbeiter an die Feststellung des Manuskripts für den Druck im nächsten Winter gehen zu können. Die Herren Stadtarchivar Professor Dr. Hansen in Köln und Oberbibliothekar Professor Dr. Haupt in Giefsen haben die Vorarbeiten in dankenswerter Weise gefördert. Von der Beendigung dieses zweiten Bandes hängt, wie schon früher bemerkt ist, die Schlufsredaktion des Braunschweiger Inventars ab. Auch an sie kann in absehbarer Zeit herangetreten werden.

Von den Hansischen Geschichtsquellen, die in den Verlag der Firma Pafs & Garleb in Berlin übergegangen sind, erschien vor kurzem der erste Band einer neuen Folge. Er enthält die Geschichte und Urkunden der Rigafahrer in Lübeck im 16. und 17. Jahrhundert, bearbeitet von dem Sekretär der Lübeker Handelskammer Dr. Siewert. Ein zweiter Band, die Bergenfahrer und ihre Chronistik von Dr. Bruns, ist schon im Druck weit fortgeschritten und wird noch vor Ende dieses Jahres zur Ausgabe gelangen.

Auch mit dem Drucke eines neuen Heftes der Hansischen Geschichtsblätter ist bereits begonnen.

Herr Professor Dr. Höhlbaum, der nach Ablauf seiner Amtsdauer aus dem Vorstande ausgetreten ist, ward wiederum zum
Vorstandsmitgliede erwählt.

Die Rechnung des vergangenen Jahres ist von den Herren
Heinrich Behrens in Lübeck und Dr. Fr. Reimers in Hamburg
einer Durchsicht unterzogen und richtig befunden.

Schriften sind eingegangen

a) von Städten, Akademien und historischen Vereinen:

Zeitschrift des Aachener Geschichtsvereins, Bd. 20.
Baltische Studien, Ergänzungsband, N. F. Bd. 2.
Mitteilungen des Vereins für Geschichte Berlins, 1898—99.
Schriften des Vereins für Geschichte Berlins, Heft 35.
Forschungen zur Brandenburgischen und Preufsischen
  Geschichte, Bd. 11. 12, 1.
Festschrift zum Jubiläum des Vereins für Chemnitzer Ge-
  schichte, 1897.
Kämmereirechnungen der Stadt Deventer, 5, 1.
Jahresbericht der Felliner litterarischen Gesellschaft 1890—95.
Zeitschrift des Vereins für Hamburgische Geschichte, 10,
  2 und 3.
Mitteilungen des Vereins für Hamburgische Geschichte, 18.
Festschrift für die Versammlung des Hansischen Geschichtsvereins
  in Hamburg 1899.
Erinnerung an Hamburg 1899.
Führer durch die Sammlung Hamburgischer Altertümer 1899.
Urkundenbuch der Stadt Hildesheim, Bd. 7.
Von der Gelehrten Estnischen Gesellschaft zu Jurjew (Dorpat):
  Sitzungsberichte 1897.
  Sitzka, Archäologische Karte von Liv-, Est- und Kurland.
Von der Akademie zu Krakau: Anzeiger 1898.
  Collectanea ex archivo collegii historici, tom. VIII.
Jahresbericht des Museums-Vereins zu Lüneburg 1896—98.
Geschichtsfreund der fünf Orte Luzern etc., Bd. 53.
Geschichtsblätter für Magdeburg, 32, 2.

Vom Germanischen Museum zu Nürnberg:

    Anzeiger und Mitteilungen 1897 und 1898.

    Katalog der Gewebesammlung, 1.

    Katalog der Glasgemälde.

Mitteilungen des Vereins für Geschichte Osnabrücks, Bd. 23.

Monatsblätter der Gesellschaft für Pommersche Geschichte. 1898.

Beiträge zur Geschichte und Altertumskunde Pommerns, Festschrift 1898.

Zeitschrift der Gesellschaft für Schleswig-Holsteinische Geschichte, Bd. 27. 28.

Jahrbuch für Schweizerische Geschichte Bd. 22. 23.

Zeitschrift des Vereins für Thüringische Geschichte 11, 1.

Regesta Diplomatica hist. Thuringiae II, 1.

Von der Vereinigung zu Utrecht: Rechtsbronnen der kleine steden van het nedersticht van Utrecht, II.

Zeitschrift des Vereins für Geschichte Westfalens, Bd. 56.

Vom Westpreufsischen Geschichtsverein: Zeitschrift 38—40.

    Geschichte der ländlichen Ortschaften des Kreises Thorn, 1.

Vierteljahrshefte für Württembergische Landesgeschichte, N. F. 7.

b) von den Verfassern:

W. v. Bippen, Geschichte der Stadt Bremen, Lief. 6.

F. Keutgen, Urkunden zur städtischen Verfassungsgeschichte, 1.

E. Kück, Schriftstellernde Adlige der Reformationszeit, 1. (Programm des Gymnasiums zu Rostock.)

A. Poelchau, die livländische Geschichtslitteratur im Jahre 1897.

Th. Pyl, Nachträge zur Geschichte der Greifswalder Kirchen, 2.

Rohmeder, Vergangenheit, Gegenwart und Zukunft der Siebenbürger Sachsen.

KASSEN-ABSCHLUSS

am 16. Mai 1899.

EINNAHME.

Vermögensbestand	Mk.	15 557,16
Zinsen	-	554,32
Beitrag S. M. des Kaisers	-	100,—
Beiträge deutscher Städte	-	8 401,—
- niederländischer Städte	-	420,56
- von Vereinen	-	174,70
- von Mitgliedern	-	2 697,55
Beim Ankauf von Wertpapieren	-	93,05
	Mk.	27 998,34

AUSGABE.

Urkundenbuch (Honorar und Reise) . .	Mk.	3 668,63
Recesse (Honorar und Druck)	-	6 420,50
Geschichtsblätter	-	2 206,78
Inventare	-	279,70
Reisekosten für Vorstandsmitglieder . . .	-	577,—
Verwaltungskosten	-	951,51
Bestand in Kasse	-	13 894,22
	Mk.	27 998,34

IV.

MITGLIEDERVERZEICHNIS.

(1900, Mai.)

I. BEISTEUERNDE STÄDTE.

A. IM DEUTSCHEN REICH.

Anklam.	Greifswald.	Northeim.
Bielefeld.	Halberstadt.	Osnabrück.
Braunschweig.	Halle.	Quedlinburg.
Bremen.	Hamburg.	Rostock.
Breslau.	Hameln.	Soest.
Buxtehude.	Hannover.	Stade.
Coesfeld.	Helmstedt.	Stendal.
Colberg.	Hildesheim.	Stettin.
Danzig.	Kiel.	Stolp.
Dortmund.	Köln.	Stralsund.
Duisburg.	Königsberg.	Tangermünde.
Einbeck.	Lippstadt.	Thorn.
Elbing.	Lübeck.	Uelzen.
Emmerich.	Lüneburg.	Unna.
Frankfurt a. O.	Magdeburg.	Wesel.
Goslar.	Münster.	Wismar.
Göttingen.		

B. IN DEN NIEDERLANDEN.

Amsterdam.	Harderwyk.	Utrecht.
Arnhem.	Kampen.	Venlo.
Deventer.	Tiel.	Zaltbommel.

II. VEREINE UND INSTITUTE.

Verein für lübeckische Geschichte.

Verein für hamburgische Geschichte.

Historische Gesellschaft des Künstlervereins zu Bremen.

Gesellschaft für pommersche Geschichte und Altertumskunde.

Verein für Geschichte der Provinzen Preufsen.

Westpreufsischer Geschichtsverein.

Gesellschaft für Geschichte der Ostseeprovinzen in Riga.

Historischer Verein der Grafschaft Mark in Dortmund.

Die Universitätsbibliotheken in Dorpat, Giefsen, Heidelberg, Göttingen.

Kommerzbibliothek in Hamburg. Stadtbibliothek in Hannover.

Bibliothek des Kgl. Gymnasiums in Düsseldorf.

Staatsarchive zu Stettin und Schwerin.

Stadtarchiv zu Frankfurt a. M.

Geschichtsverein zu Bergen (Norwegen).

Handelskammer zu Stralsund.

Historisches Seminar der Universität Leipzig.

Geschichtsverein zu Stade.

III. PERSÖNLICHE MITGLIEDER.

A. IM DEUTSCHEN REICH.

Alfeld (Hannover):

Heine, Bergwerksdirektor.

Anklam:

Manke, Oberlehrer.

Berlin:

Dr. Aegidi, Geh. Legationsrat u. Prof.

Dr. F. Arnheim.

Dr. Béringuier, Amtsgerichtsrat.

Dr. A. Buchholtz, Stadtbibliothekar.

Dr. v. Coler, Generalstabsarzt.

Crome, Rechtsanwalt.

Dr. J. Girgensohn.

Dr. Grofsmann, Geh. Archivrat.

v. Grofsheim, Baurat.

Dr. Ed. Hahn.

Dr. Holder-Egger, Prof.

Dr. Höniger, Prof.

Dr. Klügmann, Hanseatischer Gesandter.

Dr. Krüner, Prof.

Dr. R. Lange, Gymn.-Direktor.

Dr. F. Lau.

Lenz, Geh. Kommerzienrat.

Dr. Liebermann, Prof.

Rose, Generaldirektor.

Dr. Rösing, Geh. Ober-Reg.-Rat.

Dr. Sattler, Geh. Archivrat.

Dr. Scheffer-Boichorst, Prof.

Dr. Schiemann, Prof.

Dr. J. Schwalm.

Dr. Wilmanns, Generaldirektor der Kgl. Bibliothek.

Dr. Zeumer, Prof.

Bielefeld:

J. Klasing, Buchhändler.

E. Meynhardt, Kaufmann.

Dr. Reese, Direktor.

Steinbach, Oberlehrer.

W. Velhagen, Buchhändler.

Bonn:

Dr. Loersch, Geh. Rat u. Prof.

Dr. v. Schulte, Geh. Rat u. Prof.

Braunschweig:

Bergmann, Oberlehrer.

Bode, Oberlandesgerichtsrat.

Dr. Hänselmann, Prof. u. Archivar.

Dr. Häusler, Geh. Justizrat.

Dr. Hauswaldt.

Klepp, Oberlehrer.

Dr. H. Mack.

Dr. Meier, Museumsinspektor.

H. Wolf, Kommerzienrat.

Bremen:

Dr. H. Adami.

Dr. Barkhausen, Senator.

Dr. v. Bippen, Syndikus.

Dr. Bulle, Prof. u. Schulrat a. D.

Dr. Bulthaupt, Prof. u. Stadtbibliothekar.

Cordes, Richter.

Dr. Dreyer, Rechtsanwalt.

Dr. Dunkel, Rechtsanwalt.

Dunkel, Architekt.

Dr. Dünzelmann, Prof.

Dr. Ehmck, Senator.

Dr. Focke, Syndikus.

Dr. med. Focke.

Dr. A. Fritze.

Dr. Gerdes, Prof.

M. Gildemeister, Senator.

H. A. Gildemeister.

G. W. Grommé, Kaufmann.

Dr. Grote, Richter.

Ad. Hagens.

Dr. Hertzberg, Prof.

Hildebrand, Senator.

Iken, Pastor.

Jakobi, Konsul.

Dr. Janson, Oberlehrer.

Dr. Kühtmann, Rechtsanwalt.

Dr. Lürman, Bürgermeister.

Dr. Marcus, Senator.

A. F. C. Melchers, Kaufmann.

C. Merkel, Kaufmann.

Dr. Mohr, Landgerichtsdirektor.

Nielsen, Senator.

Dr. Oelrichs, Senator.

Ordemann, Redakteur.

Dr. Pauli, Bürgermeister.

Dr. Quidde, Richter.

Dr. Sattler, Prof.

Schenkel, Pastor.

Dr. Schumacher, Richter.

Ad. Schmidt, Bürgermeister.

J. Smidt, Konsul a. D.

Dr. Smidt, Richter.

Leopold Strube, Kaufmann.

Dr. Wiegandt, Direktor.

Dr. M. Wiedemann.

Breslau:

Dr. Fabricius, Senatspräsident.

Dr. Kaufmann, Prof.

Danzig:

Dr. Damus, Schulrat.
Dr. Schömann, Prof.
Dr. Völkel, Direktor.

Dortmund:

Dr. Rübel, Prof.

Düsseldorf:

Dr. Beumer, Generalsekretär.
W. Grevel.

Einbeck:

Dr. Ellissen, Oberlehrer.
H. M. Findel, Kaufmann.
Troje, Bürgermeister.

Erlangen:

Dr. v. Hegel, Geh. Rat u. Prof.

Freiburg (im Breisgau):

Dr. Bienemann, Prof.
Dr. A. Holm, Prof.

Friedland (in Mecklenburg):
Ubbelohde. Gymn.-Direktor.

Giefsen:

v. Forell, Fabrikdirektor.
Dr. Höhlbaum, Prof.
Dr. W. Stein.

Goslar:

v. Garfsen, Bürgermeister.
A. Schumacher.

Göttingen:

Dr. v. Bar, Geh. Rat u. Prof.
Calvör, Buchhändler.

Dr. Dove, Geh. Rat u. Prof.
Dr. Frensdorff, Geh. Rat u. Prof.
Dr. Kehr, Prof.
Dr. Krauske, Professor.
E. Lehmann, Oberstleutnant a. D.
Dr. M. Lehmann, Prof.
Dr. Merkel, Prof.
Dr. W. Meyer, Prof.
Dr. Mollwo, Privatdocent.
Dr. Platner.
Dr. Priesack.
Dr. Schücking, Privatdocent.
Tripmaker, Rechtsanwalt.
Dr. F. Wagner.
Dr. Wrede.

Greifswald:

Dr. K. Kunze.
Dr. Pyl, Prof.
Dr. Reifferscheid, Geh. Rat u. Prof.
Dr. Ulmann, Prof.

Halle:

Dr. Ewald, Prof.
Dr. Lindner, Prof.
Dr. Perlbach, Oberbibliothekar.

Hamburg:

Dr. Baasch, Bibliothekar.
C. H. M. Bauer, Kaufmann.
Dr. Becker, Archiv-Assistent.
Dr. Bertheau, Pastor.
Dr. Bigot.
Dr. Brinkmann, Direktor.
Dr. Burchard, Senator.
Dr. v. Duhn, Oberlandesgerichts-rat.

H. Engel, Journalist.

Dr. Erdmann, Oberlehrer.

O. A. Ernst, Kaufmann.

C. F. Gaedechens, Hauptmann.

Dr. W. Godeffroy.

J. F. Goldschmidt.

Lucas Graefe, Buchhändler.

Dr. Gruner, Direktor.

Dr. Hagedorn, Senatssekretär.

Hertz, Senator.

F. C. Th. Heye, Kaufmann.

J. D. Hinsch, Kaufmann.

Dr. Kiefselbach, Oberlandesgerichtsrat a. D.

Dr. Lappenberg, Senator.

E. Maafs, Buchhändler.

J. F. G. Martens, Kaufmann.

Dr. v. Melle, Syndikus.

Dr. Moller, Landrichter.

Dr. Mönckeberg, Bürgermeister.

Dr. H. Nirrnheim.

Freiherr H. F. B. v. Ohlendorff.

Dr. R. L. Oppenheimer.

Dr. G. Petersen.

J. E. Rabe, Kaufmann.

G. Rapp, Referendar.

C. A. Robertson, Kaufmann.

Roosen, Pastor.

Dr. O. Rüdiger.

Dr. J. Scharlach.

Schemmann, Senator.

Dr. Th. Schrader, Landrichter.

Dr. H. Sieveking.

Dr. Sillem, Prof.

Herm. Tamm, Kaufmann.

Dr. J. F. Voigt.

Dr. C. Walther.

R. Wichmann, Kaufmann.

Dr. Wohlwill, Prof.

Dr. Wulff, Landgerichtsdirektor.

Hannover:

Basse, Bankdirektor.

v. Coelln, Kommerzienrat.

Dr. Doebner, Geh. Archivrat.

Haupt, Prof.

Dr. Jürgens, Archivar.

Krüger, Regierungsrat.

Lichtenberg, Landesdirektor.

Dr. Uhlhorn, Oberkonsistorialrat.

Heidelberg:

Dr. D. Schaefer, Prof.

Dr. R. Schröder, Geh. Rat u. Prof.

Hildesheim:

Kluge, Prof.

Struckmann, Oberbürgermeister.

Jena:

Dr. F. Keutgen, Privatdocent.

Kiel:

Dr. Ahlmann, Bankier.

Dr. Daenell, Privatdocent.

Dr. Rodenberg, Prof.

Sartori, Geh. Kommerzienrat.

Dr. Volquardsen, Prof.

Kohlhöhe bei Gutschdorf (Schlesien):

Freiherr v. Richthofen.

Köln:

Brückmann, Referendar.

A. Camphausen, Bankier.

Dr. Fastenrath, Hofrat.

Hamm, Oberlandesgerichtspräsident.

Dr. Hansen, Prof. u. Archivdirektor.

J. M. Heimann, Kaufmann.

Rob. Heuser, Kaufmann.

Jansen, Justizrat.

Dr. Keufsen, Stadtarchivar.

Dr. H. v. Loesch.

Dr. G. Mallinckrodt.

Dr. v. Mevissen, Geh. Kommerzienrat.

G. Michels, Geh. Kommerzienrat.

Nagelschmidt, Stadtrat.

Niefsen, Prof.

A. vom Rath, Bankier.

Schmalbein, Stadtverordneter.

F. Schultz, Fabrikbesitzer.

F. Statz, Baumeister.

H. Stein, Kommerzienrat.

R. Stein, Bankier.

Stübben, Geh. Baurat.

Dr. Wiepen, Prof.

Königshütte (Schlesien):

Dr. Feit, Gymn.-Direktor.

Köslin:

Dr. Thümen, Prof., Gymn.-Direktor.

Langenberg (Rheinland):

Dr. Ernst, Prof.

Leipzig:

Dr. Binding, Geh. Rat u. Prof.

C. Geibel, Buchhändler.

B. Höhlbaum, Buchhändler.

Dr. Lahusen, Reichsgerichtsrat.

Dr. Lamprecht, Prof.

Dr. Stieda, Prof.

Lemgo:

Dr. Schacht, Oberlehrer.

Lübeck:

Dr. Th. Behn, Bürgermeister.

G. A. Behn, Senator.

Ed. Behn, Kaufmann.

H. L. Behncke, Konsul.

H. Behrens, Kaufmann.

Dr. Benda, Landrichter.

A. Brattström, Kaufmann.

A. Brehmer, Ingenieur.

Dr. A. Brehmer, Rechtsanwalt.

Dr. W. Brehmer, Senator.

Dr. F. Bruns.

Th. Buck, Kaufmann.

J. J. Burmester, Makler.

E. H. C. Carstens, Kaufmann.

S. L. Cohn, Bankier.

Dr. Curtius, Prof. u. Stadtbibliothekar.

Deecke, Senator.

Ad. Erasmi, Kaufmann.

Erasmi, Rechtsanwalt.

Dr. Eschenburg, Senator.

Dr. Fehling, Senator.

Dr. Funk, Oberamtsrichter.

Dr. Th. Gaedertz.

Gebhard, Direktor.

Dr. E. Hach, Regierungsrat.

Dr. Th. Hach, Konservator.

Dr. P. Hasse, Archivar.

Dr. Hausberg, Oberlehrer.

Holm, Hauptpastor.

Dr. Klug, Bürgermeister.

Krohn, Konsul.

H. Lange, Kaufmann.
Lindenberg, Hauptpastor.
C. J. Matz, Kaufmann.
P. J. A. Meſstorpf, Kaufmann.
Mollwo, Prof.
Dr. C. Mollwo, Handelskammer-
sekretär.
Dr. Neumann, Landrichter.
Dr. Ohnesorge, Oberlehrer.
Dr. Pabst, Direktor.
Petit, Generalkonsul.
R. Piehl, Kaufmann.
Possehl, Konsul.
L. Prahl, Kaufmann.
C. G. L. Rahtgens, Buch-
druckereibesitzer.
Rehder, Konsul.
Sartori, Prof.
F. C. Sauermann, Kaufmann.
Dr. E. Schmidt, Oberlehrer.
Dr. Schubring, Prof., Gymn.-
Direktor.
Aug. Schultz, Konsul.
C. A. Siemssen, Kaufmann.
Dr. Siewert, Handelskammer-
sekretär.
Textor, Regierungsrat.
Thiel, Fabrikbesitzer.
Trummer, Hauptpastor.
G. F. Werner, Kaufmann.
Dr. med. Wichmann.

Lüneburg:
Th. Meyer, Prof.
Dr. Reinecke, Archivar.
Wahlstab, Buchhändler.

Magdeburg:
Hagemann, Staatsanwaltsch.-Rat.

Marburg:
Dr. v. Below, Prof.
Dr. Küch, Archivar.
Dr. v. d. Ropp, Prof.
O. Wendt, Stud. phil.

Marne (Holstein):
Köster, Prof.

München:
Dr. Quidde, Prof.

Münster:
Dr. Hülskamp, Prälat.
Dr. Ilgen, Archivrat.
Dr. Philippi, Archivdirektor.

Neu-Brandenburg:
Ahlers, Geh. Hofrat.

Norden (Ostfriesland):
Soltau, Buchhändler.

Nordhausen:
Hecker, Superintendent.

Oldenburg:
Dr. Sello, Archivrat.

Ortelsburg (Ostpreuſsen):
Weisstein, Regierungsbaumeister.

Osnabrück:
Hugenberg, Justizrat.
Dr. Stüve, Regierungspräsident.

Otterndorf (bei Stade):
Dr. v. d. Osten.

15*

Pasewalk:

Dr. Reuter, Direktor.

Rostock:

Dr. Becker, Syndikus.
Becker, Landes-Steuerrevisor.
Brümmer, Senator.
Clement, Senator.
Crotogino, Konsul.
Crull, Hofrat.
Dr. Dragendorff.
Dr. Ehrenberg, Prof.
Dr. Gerhard, Oberlehrer.
Dr. Hofmeister, Bibliothekar.
Koch, Senator.
Dr. Koppmann, Archivar.
Mann, Geh. Kommerzienrat.
Peitzner, Landeseinnehmer.
Piper, Oberamtsrichter.
Scheel, Geh. Kommerzienrat.
Dr. Schirrmacher, Prof.
Dr. Wiegandt, Oberlehrer.

Schleswig:

v. Gröning, Reg.-Assessor.
Dr. Hille, Geh. Archivrat.

Schwerin:

Dr. W. Voſs.

Stettin:

Abel, Kommerzienrat.
Dr. Blümcke, Prof.
Denhard, Landesrat.
Eggers, Major.
C. A. Koebcke, Kaufmann.
C. G. Nordahl, Kaufmann.
Petersen, Direktor.
Schlutow, Geh. Kommerzienrat.

Stralsund:

Baier, Rechtsanwalt.
Gronow, Bürgermeister.
Hagemeister, Justizrat.
Israel, Bürgermeister.
Israel, Konsul.
Langemak, Justizrat.
Maſs, Ratsherr.
Dr. Peppmüller, Gymn.-Direktor.
Starck, Apotheker.
Struck, Buchdruckereibesitzer.
L. Stubbe, Kaufmann.
Dr. Wähdel, Prof.

Straſsburg (im Elsaſs):

Dr. Breſslau, Prof.
Dr. Varrentrapp, Prof.

Tübingen:

Dr. v. Heinemann, Prof.

Verden:

Beckmann, Baurat.

Wiesbaden:

v. Glog, Bürgermeister a. D.
Dr. Hoffmann, Prof.
E. Minlos.

Wismar:

Dr. med. Crull.
Dr. F. Techen.

Wolfenbüttel:

Dr. Zimmermann, Archivrat.

Zernin (Mecklenburg):

Bachmann, Pastor.

B. IN ANDEREN LÄNDERN.

Amsterdam:

C. Schoeffer, Vorsitzender der Oudheidkundig Genootschap.

Bergen (Norwegen):

B. E. Bendixen, Rektor.

Cambridge (Massachusetts, U.-St.):

Dr. Charles Grofs, Prof.

Dorpat:

A. Feuereisen, Mag. hist.
Dr. Hausmann, Prof.
K. v. Stern, Bibliotheksbeamter.

Groningen:

Dr. Feith, Archivar.

Haag:

Dr. Telting, Archivar.

Leiden:

Dr. Blok, Prof.

Reval:

Dr. H. Balg.
Berting, Staatsrat.
Baron Girard.
G. v. Hansen, Hofrat.
Dr. Kirchhofer, Oberlehrer.
C. H. Koch, Kaufmann.
Rich. Mayer, Kaufmann.
Al. Meyer, Regierungsbeamter.
v. Nottbeck, Staatsrat.
Baron H. v. Toll.

Riga:

Baron Bruiningk.
Hollander, Oberlehrer.
Dr. Poelchau, Staatsrat.
Dr. Schwartz, Oberlehrer.

Tokio:

Dr. Riefs, Prof.

Utrecht:

Dr. Muller, Archivar.

Zürich:

Dr. Meyer v. Knonau, Prof.
Dr. Stern, Prof.

INHALTSVERZEICHNIS.

VON

KARL KOPPMANN.

INHALT.

~~~~~

Pierer'sche Hofbuchdruckerei Stephan Geibel & Co. in Altenburg.

HANSISCHE

GESCHICHTSBLÄTTER.

HERAUSGEGEBEN

VOM

VEREIN FÜR HANSISCHE GESCHICHTE.

JAHRGANG 1900.

LEIPZIG,

VERLAG VON DUNCKER & HUMBLOT.

1901.

Pierer'sche Hofbuchdruckerei Stephan Geibel & Co. in Altenburg.

INHALT.

I.

DIE ENGLISCHE VERFASSUNG IN DEUTSCHLAND.

VORTRAG

GEHALTEN

IN DER 29. JAHRESVERSAMMLUNG DES HANSISCHEN GESCHICHTSVEREINS AM 5. JUNI 1900 ZU GÖTTINGEN

VON

GEORG KAUFMANN.

In dem nun etwa zwei Jahrtausende währenden Prozefs, durch den der heutige Kulturkreis und die ihn tragenden Völker gebildet worden sind, wird die Frage immer eine hervorragende Bedeutung haben, wie diese Völker und Staaten aufeinander gewirkt haben. Betrachtet man unter diesem universalhistorischen Gesichtspunkt Deutschland und England, so eröffnet sich ein Gebiet so vielseitiger und schwieriger Materien, dafs ich mich begnüge, den Reichtum nur anzudeuten, um dann einen einzelnen Punkt zur genaueren Untersuchung herauszunehmen.

Wiederholt und in mannigfaltigen Formen hat sich die Arbeit unseres Vereins mit dem Handel der deutschen Städte nach und von England beschäftigt, und mit den Kämpfen, die um die Privilegien der Hansa bei diesem Handel geführt wurden. Im besonderen erinnert die Stätte, an der wir heute versammelt sind, daran, dafs vor 22 Jahren Reinhold Pauli zusammen mit dem gelehrten Anglicisten Hertzberg dem Verein die durch historische und sprachliche Anmerkungen erläuterte Ausgabe einer Dichtung des 15. Jahrhunderts, The Libell of Englishe Policye, überreichte, die eine der merkwürdigsten Urkunden dieses Kampfes darstellt. Indem ich aber Paulis Namen nenne, mufs ich einen Augenblick stille halten und die sachliche Erörterung durch ein Wort der Erinnerung unterbrechen, denn Pauli hat seine reichen Gaben vorzugsweise der Erforschung der englischen Geschichte und der Verbreitung besserer Kenntnis englischer Verhältnisse in Deutschland gewidmet. Neben ihm aber sehen wir sogleich andere stehen, die wir mit ihm schmerzlich vermissen in unserem Kreise, keinen vielleicht aber mehr als die hochragende Gestalt von Georg Waitz, den meisten von uns als Lehrer, allen aber als un-

1 *

ermüdlicher und in unbegreiflicher Fülle produzierender, die Wissenschaft auf den verschiedensten Bahnen mit kritischem Auge begleitender Forscher ehrwürdig, und dann den Nachfolger auf seinem Lehrstuhl, Ludwig Weiland. Er schied von uns in der Fülle seiner fast noch jugendlichen und gelegentlich in rücksichtslosem Ungestüm vorbrechenden Kraft und weckt darum doppelte Sehnsucht.

Doch ich breche ab. Die Wunde, die sein Scheiden diesem Kreis geschlagen, ist noch zu frisch, um ohne stärkere Bewegung von ihm zu reden, und es soll diese kurze Erinnerung nur dazu dienen, daſs wir der Freunde mit Stolz gedenken, und daſs ihr Genius mit so manchem andern lieben Genossen, die ich nicht mit Namen genannt, auch heute gleichsam unsere Reihen durchwandle, freundlich grüſsend und mahnend, auszuharren im Dienste der freien, um das Ergebnis unbekümmerten Forschung, auch wenn die Mächte der Finsternis noch so laut die Umkehr der Wissenschaft predigen.

Es ist ein erhebliches Stück der deutschen, zugleich aber der englischen und weiter der allgemeinen Geschichte, wie die Hansa das Meer beherrschte und England, dünner bevölkert und ärmer an Kapital, Kultur und Unternehmungsgeist als Deutschland es ertragen muſste, daſs die deutschen Kaufleute reich wurden durch den Handel mit Englands Produkten und Bedürfnissen, und daſs sie den Engländern in Deutschland die Privilegien verweigerten, die sie sich in England erstritten hatten. Bis in die Mitte des 16. Jahrhunderts erhielt sich dieser Zustand, über den schon seit langer Zeit in England die lebhaftesten Klagen geführt wurden. Im 15. Jahrhundert gewannen sie in dem erwähnten von Pauli-Hertzberg herausgegebenen Libell of Englishe Policye einen überaus starken Ausdruck. Das englische Nationalgefühl zeigte hier einen durch Zorn und Scham gesteigerten Stolz, und die poetische Form widerstrebte nicht eine solche Fülle von handelspolitischen Einzelheiten aufzunehmen, daſs man das Poem fast als eine Denkschrift zur Reform der um 1440 zwischen England und den übrigen Völkern namentlich mit den Hanseaten bestehenden Handelsverträge bezeichnen kann.

Sieh' unsern Nobel; viererlei zeigt der:

Schiff, König, Schwert und Herrschaft übers Meer.

Wohin sind Schiff' und Schwerter uns gekommen?
Der Feind sagt: Setzt anstatt des Schiffs ein Schaf.
Weh', unsere Macht hinkt, sie ist uns genommen
Wohl sagt man: Herrschaft hüte sich vor Schlaf!
Wenn es mein Herz gleich bis zum Weinen traf,
Versuch' ich's doch, ob wir denn nimmermehr,
Wär's auch aus Scham nur, hüten unser Meer.

Seltsam klingen uns diese Worte. Man möchte glauben, sie
wären eher von einem Deutschen unseres Jahrhunderts geschrieben.
Aber es schrieb sie ein Engländer im 15. Jahrhundert, und den
Klagen folgte die That.

Im 16. Jahrhundert begann sich das Verhältnis der Länder
umzukehren. Die von der kräftigen Regierung der Tudor ein-
heitlich geleitete Handelspolitik des englischen Staats vernichtete
den Handel der deutschen Städte, die keinen Rückhalt an einem
wahrhaften Staat hatten und ein gut Teil ihrer Kraft im gegen-
seitigen Hader verzehrten. Die englische Handelsgesellschaft
der Merchant adventurers begann in Hamburg eine ähnliche
Rolle zu spielen, wie einst der deutsche Kaufmann in englischen
Häfen. Man hat diesen Niedergang des deutschen Handels
kürzlich milder erklären wollen durch die Erwägung, dafs die
Deutschen damals zu sehr mit dem grofsen geistigen Kampfe
der Reformation beschäftigt gewesen wären: aber solcher Kampf
lähmt nicht, sondern fördert, falls nur die Grundlage eines geordneten Staates gegeben ist, der die rohen Kräfte bändigt und in
den Dienst der gemeinsamen Interessen stellt. Erst in unserm
Jahrhundert hat Deutschland dann das damals begründete Übergewicht des englischen Handels abschütteln können, und wir
stehen zur Zeit noch inmitten der Rivalitäten und Gehässigkeiten,
welche diese siegreiche Erhebung des deutschen Unternehmungs-
geistes erzeugt hat.

Wie hier auf dem wirtschaftlichen Gebiete zwischen Deutschland und England eine wechselnde Abhängigkeit, ein Geben und
Nehmen statt fand, so auch auf dem Gebiete des geistigen
Lebens und des Denkens über die allen Menschen gemeinsamen
grofsen Fragen und die Ordnungen in Kirche, Staat und Gesellschaft. Ich sehe ab von den Beziehungen der angelsächsischen
Periode, obwohl Gestalten wie Bonifatius und Alcuin und Er-

scheinungen wie die Rückwirkung des deutschen Königtums auf die angelsächsischen Könige tiefere Teilnahme erwecken, und will nur die Beziehungen berühren, die nach der Ausbildung des eigentlichen englischen Volkes aus den angelsächsischen und normannischen Elementen im 13. Jahrhundert fallen.

Im 14. und 15. Jahrhundert, eben in der Periode der lebhaften Handelsbeziehungen, waren Deutschland und England nacheinander und nebeneinander in hervorragender Weise Träger der Bewegung, welche das hierarchische System erschütterte, das im 13. Jahrhundert seinen Höhepunkt erreicht hatte. Dem Kampfe Ludwig des Bayern und der Gelehrten und Politiker, welche namentlich in dem Defensor pacis aller künftigen Opposition gegen Roms Ansprüche ein Magazin der schärfsten Waffen boten, reihte sich eine Generation später in England Wiclifs Kampf an. Seine Gedanken wirkten dann unter den Stürmen der Hussitenkämpfe und der konziliaren Bewegungen in der mannigfaltigsten Weise fort, verstärkt durch die humanistischen Studien, bis endlich Luther mit noch gröfserer Kraft und Tiefe und in einer günstigeren Stunde den gleichen Kampf aufnahm und mit einem grofsen Teil der Christenheit auch England von Rom löste. England empfing im 16. und 17. Jahrhundert von Deutschland teils direkt, teils durch die Vermittlung der durch Luther in Frankreich, der Schweiz und Holland entzündeten oder verstärkten Begeisterung eine Fülle von religiösen und kirchenpolitischen Anregungen, die sich dann hier in eigentümlicher Weise mit den Bestrebungen des Königtums verbanden die Gewalt der Krone schrankenlos zu erhöhen und durch eine an Gotteslästerung streifende Theorie zu begründen, zugleich aber mit den Tendenzen des Widerstandes gegen solche Gewalt, mit den Tendenzen, die von 1649—1660 in der Begründung der Republik zum Siege gelangten.

Die Kämpfe, die so entfesselt wurden, entschieden einmal, dafs England sich dauernd und vollständig von Rom löste und ferner, dafs hier nicht ein absolutes Regiment aufgerichtet wurde wie in den Monarchien des Festlandes, sondern eine Verfassung, die dem Königtum ein Parlament und eine Verwaltung zur Seite stellte, die in der Hand einer durch Besitz und durch erhebliche Leistungen für den Staat einflufsreichen und starken Aristokratie lagen.

Gleichzeitig entfaltete das geistige Leben Englands in Shakspeare und Milton, in Bacon, Hobbes, Newton, Locke, Shaftesbury, Chesterfield und andern Denkern einen Reichtum, der unser deutsches Volk auf das glücklichste befruchtete, und wir gaben England dann in unserer klassischen Litteratur und den Methoden und Ergebnissen unserer wissenschaftlichen Arbeit mit Zinsen zurück, was wir empfangen hatten.

Diese Andeutungen mögen den Hintergrund bilden für das Bild, das ich nun von der Auffassung und Aufnahme entwerfen möchte, die die Verfassung Englands in Deutschland gefunden hat, denn diese Aufnahme ist entscheidend gewesen für die Wechselbeziehungen zwischen England und Deutschland auf dem Gebiet des öffentlichen Rechts, und diese Beziehungen haben in dem letzten Jahrhundert eine ganz besonders grofse Bedeutung gehabt.

Von einer öffentlichen Meinung über die englische Verfassung und von ihrem Einflufs in Deutschland kann erst seit Montesquieus Esprit des Lois die Rede sein, der 1748 erschien. Montesquieu (1689—1755), war im Jahre der »Glorreichen Revolution« geboren, die der englischen Verfassung die entscheidende Richtung gab, und als er 1730 England besuchte, war das durch jene Revolution gesicherte System des Parlamentarismus in voller Blüte und gab dem Staate ein Gepräge, das in den Herzen aller durch die Orgien des Absolutismus, der namentlich auch Frankreich und die deutschen Staaten entehrte, Niedergebeugten und Empörten schlechthin Bewunderung erregen mufste. Montesquieu schildert nicht eigentlich die Verfassung Englands, er spricht mehr über sie als von ihr. Auch in dem berühmten Kapitel (XI, 6), das ihr im besonderen gewidmet ist, wird von ihr kaum mehr gesagt, als dafs die Freiheit des Landes auf der Teilung der drei Gewalten (Gesetzgebung, Verwaltung, Gerichtsgewalt) beruhe, indem der Mifsbrauch der einen durch die anderen gehindert werde, und dafs die Verfassung Englands schon im Tacitus geschildert sei, dafs also dies schöne System (a été trouvé dans les bois) aus den Germanischen Wäldern herstamme. Die erste der beiden Behauptungen ist, wenigstens so wie sie dasteht, falsch; und auch die andere fordert eine weitherzige Erläuterung, um richtig zu sein; aber doch hat Montesquieus Schilderung einen grofsen und berechtigten Einflufs geübt, denn sie hat eine wesentliche Seite der englischen Verfassung zur Anschauung gebracht. Gerade der Forscher, der das Mangelhafte seiner Behauptungen am vollständigsten einsieht, wird am wenigsten geneigt sein, sie zu verachten. Montesquieus Anregung verdanken wir denn auch die Darstellung von De Lolme, die zuerst eine etwas genauere Kenntnis der englischen Verfassung in weitere Kreise trug. De Lolme war ein Genfer, der, um 1740 geboren, als junger Jurist in die Parteikämpfe seiner heimatlichen Republik verwickelt wurde und in England Zuflucht suchte. Hier ergriff ihn das grofse Schauspiel des stark erregten öffentlichen Lebens und er schrieb 1771 in französischer Sprache eine Schilderung der englischen Verfassung, die eine grofse litterarische und eine noch gröfsere politische Bedeutung gewann.

Das Buch bietet, wie Montesquieus Esprit des Lois, mehr ein geistreiches Räsonnement über die Verfassung, als eine genaue Schilderung der einzelnen Institute und ihrer Entwicklung. Es könnte den Titel führen: Esprit des Lois de l'Angleterre, und sowohl die Lehre von der Teilung der Gewalten wie die äufsere Einrichtung des Werks verstärken den Eindruck der Ähnlichkeit. Aber man erhält hier doch eine Art systematischen Überblicks und zugleich schärfere und tiefer eindringende Einzelzüge des Bildes. Das Recht des Widerstandes, die Prärogative des Königs, das Heerwesen, die Parteien der Whigs und Tories und andere Hauptpunkte des ungeheueren Stoffes werden scharf und richtig beleuchtet. Die englische Verfassung setzt sich nun aber aus einem Gewirr von einzelnen Vorschriften und Gewohnheiten zusammen und neben den viel gerühmten Werken, welche den juristischen Sinn der Vorschriften erläuterten, war ein solches Buch ein wahres Bedürfnis. So fand es denn auch bei den besten Kennern in England wie Cambden und Lord Chatam lebhafte Anerkennung, und der gefürchtete Kritiker Junius hat es ein »tiefgedachtes, gründliches und ingenioses« Werk genannt. Es wurden rasch mehrere Auflagen nötig, auch in englischer Sprache. 1784 konnte De Lolme wagen, die vierte englische Ausgabe dem Könige von England zu widmen. Schon 1776 erschien auch eine deutsche Übersetzung, und 1819 eine zweite, die Dahlmann mit einem Vorwort begleitete, das den Wert des

Buches sehr hoch stellt, zugleich aber selbst eine wichtige Urkunde für den Prozeſs der englisch-deutschen Beziehungen bildet.

De Lolme habe den tiefsinnigen Stoff lebhaft ergriffen und durch Wahrheit der Darstellung gleichsam vor die Sinne gebracht. Er habe »den reinen Geist« der englischen Verfassung richtig erfaſst, und dieser Geist sei wichtiger für uns, als wenn er den historischen Zusammenhang mühsamer durchforscht hätte. »In England, sagt Dahlmann hier noch, stehen die Politiker in keiner solchen Weite auseinander als in unseren deutschen Vaterländern; ob Freiheit oder eine in ein göttliches Recht gekleidete Dienstbarkeit gut sei, wird dort seit 1689 nicht mehr verhandelt«.

Dahlmann erhoffte von dem Buche De Lolmes besonders nach der Seite eine segensreiche Wirkung, daſs die Deutschen begreifen lernten, wie jede staatliche Ordnung mit bürgerlicher Freiheit zu vereinigen sei, und daſs ihr Nachdenken über politische Einrichtungen geweckt und vertieft werde. De Lolmes Einfluſs wurde verstärkt durch manche andere Schrift, so durch Vinckes freilich nur von einem kleineren aber desto ausgewählteren Kreise gelesene Schilderung der englischen Selbstverwaltung und durch verschiedene Aufsätze von E. M. Arndt und Niebuhr. Während der ungeheueren Spannung des Frühjahrs 1814 schrieb Niebuhr in einem Artikel des »Preuſsischen Correspondenten« eine begeisterte Schilderung von dem Wesen der englischen Verfassung, die in dem Satze gipfelte: »Die Geschichte der immer wachsenden Vervollkommnung der brittischen Verfassung und Freiheit, seitdem sie unter der Königin Anna von dem Punkt, worauf die Revolution von 1689 sie gestellt hatte, einige Schritte zurückgegangen war, würde ein herrlicheres Gemälde kollektiver Nationalweisheit und Tugend geben, als die gesamte Historie aufstellen kann«. In ähnlicher Weise pries Arndt ein Jahr zuvor Englands Volk, das in der Freiheit sein Kleinod verehre. Durch die Revolution von 1689 sei diese Freiheit befestigt, und in den seither verflossenen 125 Jahren unter allen Wechseln der Menschen und der Jahre behauptet und immer mehr ausgebildet. Diese verfassungsmäſsige Freiheit habe »dem ganzen englischen Volke einen Trotz und einen Stolz gegeben, die sie oben gehalten haben, als alle anderen Völker

durch die Stürme des Zeitalters umgeweht sind«. Der englische
Mensch gehe in dem Bürger auf. »Still, fest, ernst, trotzig und
stolz ist der Engländer als Mensch; still, fest, ernst, trotzig und
stolz macht die kühne und männliche Freiheit«.

Aber bei aller Bewunderung Englands waren diese Männer
doch fern davon, nun einfach die englische Verfassung auf Deutschland übertragen zu wollen. »Englands Verfassung ist freilich etwas
Eigentümliches und Einzelnes«, schrieb Arndt, »wie jede gute Verfassung sein muſs, aus Lage, Boden, Himmel, Volk und Verhältnissen entstanden und entwickelt . . . . Englands Verfassung
ist für England die beste Verfassung und nicht für andere Staaten.
Dies kann nicht genug gesagt werden, weil es auch unter uns
Menschen gegeben hat, die meinen, wenn sie alles englisieren,
das Vollkommenste zu machen«. Ebenso wuſsten Niebuhr und
Dahlmann, daſs nicht allen Bäumen eine Rinde wächst, und daſs
man die englische Verfassung nicht auf ein Land übertragen
kann, dem die englische Gesellschaft fehlt. Und das Gleiche
gilt auch von den des Doktrinarismus stärker verdächtigten
Liberalen, die in Rotteck-Welckers Staatslexikon ihre Vertretung
fanden. Die zweite Auflage wiederholte 1846 den von Murhard
geschriebenen Artikel der ersten Auflage über englische Staats-
verfassung und fügte einen zweiten hinzu, den Welcker selbst schrieb.
Beide stehen Montesquieu und De Lolme kritisch gegenüber,
wenn sie ihnen auch in dem Preise »des ewig bewundernswerten
Kunstwerks der englischen Verfassung« gleichen, und Welcker
bekämpft nur die Meinung der Reaktionäre, welche alle politische
Freiheit von den Festlandstaaten ausschlieſsen wollten, weil die
englische Verfassung unter den besondern Verhältnissen jener
Inseln entstanden sei (Staats-Lexikon IV, 415 f.).

Endlich aber ist die Thatsache zu beachten, daſs in den
Verfassungen, welche von den Liberalen oder unter ihrem Beifall
1814—1850 in Baden, Hessen, Weimar, Sachsen, Braunschweig,
Hannover und einigen Kleinstaaten geschaffen worden sind, kein
Versuch gemacht worden ist, die englische Verfassung zu kopieren.

Auch der Verfasser der 1848 erschienenen Übersetzung De
Lolmes ermahnt den Leser aus diesem Buche zu lernen, »daſs
nicht eine englisierte, sondern eine aus deutscher Bildung und
Tugend, aus dem Kern der deutschen Nation erwachsene Ver-

faſſung« den Bedürfniſſen unſeres Volkes und ſeiner Entwicklung
entſprechen könne.

In den mittleren Schichten des liberaliſierenden Bürgertums
oder im Kampf um die eine und andere Inſtitution oder Lehre
wurde das Beiſpiel Englands natürlich oftmals auch einſeitig verwertet, und je weniger die Kämpfer von England wuſsten, deſto
häufiger; aber das iſt ein Schickſal, das die von Montesquieu
ausgehenden und angeregten Gedanken mit allen anderen bedeutenden kirchlichen, politiſchen und philoſophiſchen Gedanken
teilen.

Neben den freiheitlichen Elementen, die durch Montesquieu,
De Lolme und ihre Geſinnungsgenoſſen in Deutſchland ver-
breitet wurden, liegen aber in der engliſchen Verfaſſung auch
Elemente einer rückſichtsloſen Klaſſenherrſchaft und eines die
bürgerliche Freiheit und die Gewiſſensfreiheit verkehrenden Despo-
tismus, und ſie haben in wichtigen Perioden der engliſchen Ge-
ſchichte wie in bedeutſamen Werken der engliſchen Litteratur
die Vorherrſchaft gehabt. In Deutſchland gewannen ſie die
wirkſamſte Vertretung durch Friedrich Gentz, der Burkes Betrachtungen über die franzöſiſche Revolution, die 1790 geſchrieben
waren, ſchon 1792 in einer deutſchen Überſetzung verbreitete;
Gentz gab Burkes Gedanken durch die meiſterhafte Form der
Überſetzung eine erhöhte Bedeutung, und verſtärkte ſie durch
Anmerkungen, die eine Fülle von inhaltsreichen und glücklich
formulierten Belegen und Mitteilungen aller Art enthalten.

Burke war ein feinſinniger und tiefer Geiſt, ſtark erregt von
den Gedanken und Bedürfniſſen der zweiten Hälfte des 18. Jahrhunderts und überſchwänglich geprieſen als Vorkämpfer der
Freiheit gegen die abſolutiſtiſchen Tendenzen Königs Georg III.
In ſeiner Schule iſt Fox zu dem groſsen Führer der Whigpartei
erwachſen. Aber Burke war ein leidenſchaftlicher Menſch, und
ſo verwöhnt, daſs er ſeine Behauptungen eher zum Unſinn
ſteigerte, als daſs er einen Irrtum bekannt hätte. Als er im
Eifer einſt die gerade aufgekommenen Talglichter den Wachs-
kerzen gleich geſtellt hatte und nun Widerſpruch fand, da erklärte er dreiſt, daſs ſie ſogar unendlich beſſer wären. Dieſe
Leidenſchaftlichkeit und Rechthaberei muſs man hinzunehmen,
wenn man verſtehen will, wie Burke jene ›Betrachtungen‹

schreiben konnte. Das Buch ist eine Kampfschrift. Die Wühlerei der Pariser Demagogen hatte Burke verletzt, und als sich nun gar in England damals (um 1789—1790) eine Gesellschaft bildete, welche die neufränkische Freiheit und Verfassung auch für England empfahl, da überließ sich Burke seinem leidenschaftlichen Zorn und die Reflections on the Revolution in France sind das Produkt dieses Zorns. Burke beginnt sie mit Gedanken, wie sie einem Vertreter maßvoller Freiheit geziemen, aber durch eine phantastische, wesentliche Thatsachen unterdrückende oder entstellende Schilderung sowohl des Mittelalters wie der Zustände des 18. Jahrhunderts, besonders des Klerus und der Regierung Ludwig XVI., sowie durch eine ebenso willkürliche aber rhetorisch wirksame Schilderung der englischen Zustände, weiß er den Leser in eine Stimmung zu versetzen, die ihn für seine bissigen Urteile über verschiedene Erscheinungen des Liberalismus und für Schlagworte zu Gunsten der aristokratischen Elemente der englischen Verfassung äußerst empfänglich macht. Alte Schäden, die er selbst sonst beklagt hatte, wußte Burke jetzt zu verhüllen.

So gewiß man es versteht, daß gerade ein liberal denkender Mann die englische Freiheit mit ihren in der Geschichte des Landes wurzelnden Grundlagen gegenüber der unter radikalen Freiheitsphrasen jede Willkür übenden Demagogenherrschaft in Paris verteidigte, so ist doch die Schrift im ganzen nur ein leidenschaftliches Pamphlet für die Erhaltung einmal bestehender Herrschaftsgewalt und Dienstbarkeit. Burkes Ausführungen gewannen in Deutschland in den Jahren der Reaktion nach 1815 erhöhte Bedeutung, zumal Burke mit dem Bekenntnis schloß, daß seine ganze bürgerliche Thätigkeit kaum etwas anderes gewesen sei als ein Kampf für die Freiheit anderer, daß in seiner Brust kein heftigerer Zorn gelodert habe, als wenn er Tyrannei unter irgend einer Form zu erblicken glaubte. Solche Worte waren namentlich recht geeignet, alle die Vielen zu beruhigen, die im stillen von der Notwendigkeit tiefgreifender Reformen der deutschen Zustände überzeugt waren, und namentlich in den Jahren 1807—1816 mit Stein, Schön, Görres und Gneisenau dafür gekämpft hatten, aber seitdem sich aus Klugheit oder Müdigkeit und Verstimmung der siegreichen Reaktion unterwarfen.

Einen erheblichen Beitrag zur Kenntnis englischer Verhält-

.nisse lieferte Gentz dann 1818 in einem Aufsatz über die Prefsfreiheit in England. Gentz zeigt sich da ebenso kenntnisreich
als geistvoll und geschmackvoll, und manches Wort, das er mitteilt, und manches Urteil pafsten durchaus nicht zu der Kirch-
hofsruhe, die er damals im Dienste Metternichs über Deutschland
zu verbreiten bemüht war. Naturam expellas furca, tamen usque
recurret. Es bewährte sich, dafs Gentz erwachsen war und wurzelte
im Boden der geistigen Freiheit. Aber der Artikel sollte dazu
dienen, von jedem Versuche abzuschrecken, an Stelle der Censur
in Deutschland eine mafsvolle Prefsfreiheit zu gewähren. Dahlmann hat in der Politik diese Tendenz des Aufsatzes aufgedeckt
und zwar mit einer Schärfe, die diesem den Grazien vertrauten
aber der Wahrheit entfremdeten Politiker, diesem Grofsmeister
des Spiels mit Worten, gegenüber notwendig war.

Gentz' Schrift über die Prefsfreiheit in England, zusammen
mit seiner Übersetzung der Burkeschen Reflektionen, hatten für
die Politiker der deutschen Reaktion eine ähnliche Bedeutung
wie Montesquieu und De Lolme für die Liberalen. Sie bildeten
eine ihrer wichtigsten Fundgruben, namentlich wenn sie voller
klingende Töne und tiefer greifende Gedanken in den Kampf
werfen und sich in den Mantel der Verteidiger echter Freiheit
und ewiger Wahrheit drapieren wollten. Es müfste eine reizvolle
Aufgabe sein, in den Schriften der Restaurationslitteratur diesen
Spuren nachzugehen.

Bei allem Gegensatz in der Auffassung und der Tendenz
ihrer Schriften stimmten Burke und Gentz in einem wesentlichen
Punkte mit De Lolme und Montesquieu überein, darin nämlich,
dafs sie die Verfassung Englands in hohem Mafse bewunderten.
Sie galt ihnen als ein organisch gewordener Wunderbau im
Gegensatz zu der seit der französischen Revolution in Flufs gekommenen Gesetzesmacherei und Verfassungsmacherei. Und in
dieser Bewunderung kamen auch sonst fast alle Stimmen überein,
die von England nach Deutschland herübertönten, die Kritik der
Radikalen wie Cartwright und Bentham hatte daneben geringe
Bedeutung. Deshalb herrschte auch in Deutschland in beiden
Lagern das Gefühl der Bewunderung der englischen Verfassung
durchaus vor, mochte man sich von De Lolme oder von Burke
leiten lassen.

Aber im Laufe des Jahrhunderts mehrte sich nun die Kenntnis auch von den Schäden des englischen Parlamentarismus. Man entsetzte sich über die schamlose Bestechlichkeit und den gewerbsmäfsigen Stimmenkauf, durch den Minister und Abgeordnete aller Parteien sich gleichmäfsig befleckten. Was sollte man sagen, wenn in den Zeitungen Anzeigen erscheinen konnten, die etwa so lauteten: ein Sitz in einer gewissen grofsen Versammlung ist für 5000 Guineen zu verkaufen oder für 1000 Guineen jährlich? Nicht weniger empörte die Grausamkeit, mit der die herrschende Aristokratie die unteren Klassen durch ein barbarisches Strafgesetz niederdrückte und durch die mafslosen Kornzölle und ähnliche Lasten ausbeutete. Während man sich aber darüber und über die Mifshandlung Indiens und Irlands zu entrüsten begann, die auf die gerühmte Freiheit einen dunkeln Schatten warfen, wurde die Verfassung Englands durch eine rasche Folge von Reformen so umgestaltet, dafs von dem Bilde, das man aus De Lolme und Burke gewonnen hatte, wenig mehr übrig blieb.

Diese Reformen begannen, als die Versuche der herrschenden Partei den alten Zustand mit Gewalt aufrecht zu erhalten, um 1820 an der Natur der Dinge gescheitert, und in dem Pfuhl von Schande, in den namentlich König Georgs IV. Ehescheidungsprozefs, das Königtum und seine in heiligen Worten schwelgende Regierung gestürzt hatte, erstickt waren. Die Reformen begannen mit den Milderungen des barbarischen Strafgesetzes seit 1823, dem Koalitionsgesetz von 1824, der Katholikenemancipation von 1828/29, der Parlamentsreform von 1832, dem Armengesetz von 1834 und der Städteordnung von 1835. Alle diese Gesetze waren unerläfsliche Zugeständnisse an die Zustände der Gesellschaft, sie waren nichts weniger als die Siege irgend einer Theorie, am wenigsten einer demokratischen Tendenz. Auch die Vorkämpfer der Parlamentsreform von 1832, bei der man solche Tendenz noch am scheinbarsten vermuten könnte, wollten nicht den aristokratischen Charakter des Parlaments ändern, sondern nur die unleidlichsten Mifsstände beseitigen, die Vertretung von menschenleeren Stätten ehemaliger Gemeinden (rotten boroughs) aufheben und dagegen den grofsen Stadtgemeinden wie Manchester und Birmingham, die keine Vertretung hatten,

Vertretung geben. Aber in dem Kampf um die Korngesetze 1839 bis 1846, sowie durch die fortschreitende Zersetzung der Selbstverwaltung, die den gesteigerten Ansprüchen des dichter bevölkerten und immer verwickeltere Formen des Lebens und des Geschäfts erzeugenden Landes nicht genügen konnte, erlitt die alte Grundbesitzer-Aristokratie neue und starke Schwächungen.

Gleichzeitig erfuhr, namentlich durch die Beseitigung der überlebten Schul- und Universitätsgesetzgebung um 1870, die anglikanische Kirche, deren maßgebende Stellung im Staat schon durch die Katholikenemancipation an der Wurzel getroffen war, weitere Einschränkungen. Das waren die Vorbedingungen für die zweite Reform des Wahlrechts für das Unterhaus von 1867 und für die dritte von 1884/85, mit denen die demokratischen Tendenzen der Zeit zum Siege gelangten, die von vornherein bei den Reformen nicht die Führung gehabt hatten.

Gleichviel nun ob man in diesen Tendenzen einen Fortschritt oder einen Verlust erblickte, immer mußten die Kämpfe und ihr Verlauf, sowie die Schilderungen, welche die Reformer von den bestehenden Zuständen machten, die bisher übliche Bewunderung der englischen Verfassung auch in Deutschland einschränken, und es erfolgte seit etwa 1850 ein starker Wandel in ihrer Beurteilung. Am schärfsten kam dieser Umschlag zum Ausdruck in der Schrift Lothar Buchers: »Der Parlamentarismus wie er ist«, die Bucher 1854, wie er sagte, zur Belehrung seiner ›in mythologischen Vorstellungen‹ über England befangenen demokratischen Freunde schrieb, und die dann mit einigen Zusätzen 1881 in neuer Auflage erschien. Lothar Bucher ist uns durch die Dienste wert geworden, die er dem Fürsten Bismarck geleistet hat. Er war Jahre hindurch sein bester Gehilfe in wichtigen Teilen des Dienstes, ein scharf blickender Mann, der mündlich und schriftlich des Wortes in ungewöhnlicher Weise mächtig war. Er schrieb ferner in England selbst und aus täglicher und berufsmäßiger Beschäftigung mit der englischen Politik heraus. Alles das wird uns heute geneigt machen seinem Urteil einen großen Wert beizulegen, damals aber galt Bucher nur als einer der vielen deutschen Flüchtlinge, die vom Schreiben lebten und das Vorurteil gegen sich hatten, daß sie durch auffallende Behauptungen Reklame suchten, um den Ertrag

ihrer Feder zu steigern. So begreift man, dafs Buchers Schrift
anscheinend keine starke Verbreitung gefunden hat, aber als
Symptom des Umschwungs der Meinung in den Kreisen des
Liberalismus ist sie trotzdem von grofser Bedeutung. Als ich das
Buch vor Jahren zum erstenmal las, hatte ich den Eindruck, als sei
es in einer krankhaften Erregung geschrieben, für die sich auch
eine naheliegende Erklärung bot. Bucher war aufgewachsen in der
Vorstellung, dafs die englische Verfassung der Hort der Freiheit
sei, als er aber 1849 als Flüchtling nach England kam und dort
unter schwierigen Verhältnissen als Journalist seinen Unterhalt
suchte, traten ihm die Mifsbräuche des Systems und der Druck,
den es auf weite Kreise des angeblich im Segen der Freiheit
lebenden Volkes übte, schroff vor die Augen. Da wandelten sich
Liebe und Bewunderung in Zorn und Verachtung, und seine
Darstellung gewann etwas von einem Pamphlet, das nur die
dunkle Seite des Gegenstandes betrachtet. Wie ich das Buch jetzt
von neuem las, hatte ich diesen Eindruck doch nicht in gleichem
Mafse, und jedenfalls werden alle, die Englands Verfassung kennen
lernen wollen, Buchers Schilderung sorgfältig erwägen müssen.

Aber freilich will das Buch mit ebenso rücksichtsloser Kritik
gelesen sein als es geschrieben ist. Wenn Bucher z. B. S. 111
schreibt: »Nach zwanzig Jahren (seit der Reform von 1832) ist
das Unterhaus darüber einig, dafs es auf einem Sumpf von
Korruption gewachsen ist und thut so als wolle es sich an dem
Zopfe herausziehen« — so ist das doch mehr eine bissige Bemerkung als eine richtige Würdigung der Thätigkeit des englischen Parlamentarismus in der Zeit von 1830—1850. Das
Parlament hat damals vielmehr allerlei Zöpfe abgeschnitten und
hat — abgesehen davon, dafs die äufsere Politik dieses Regiments
doch auch mit solcher Witzelei nicht zu beseitigen ist — den
Versuch gemacht, an Stelle der überlebten Einrichtungen und
Gesetze den geänderten Verhältnissen entsprechende zu schaffen.

England hat seine Gesetzgebung und seine Verwaltung seit
1824 und 1832 durchgreifend umgestaltet, man kann wohl sagen,
dafs die Veränderungen nicht weniger grofs sind als die Veränderungen, die die deutschen Staaten seit 1830 und 1848 erfahren haben. Diese Umgestaltung ist in Deutschland namentlich
von Rudolf Gneist in seinem ausführlichen Werke: »Das heutige

englische Verfassungs- und Verwaltungsrecht«, dessen erster Band
1857 erschien, und in zahlreichen anderen Arbeiten dargestellt
worden, die zunächst eine fast allgemeine Anerkennung fanden.
Der jugendliche Treitschke gab seiner Bewunderung des grundlegenden Werkes einen besonders begeisterten Ausdruck in jenen
geistvollen Aufsätzen in den Preufsischen Jahrbüchern, durch die
er sich gleich den hervorragenden Platz in der Reihe unserer
politischen Schriftsteller eroberte, den er bis an sein Ende ein-
nahm. Gneists Werke stellen auch heute noch die herrschende
Lehre dar, und wenn man hier und da einzelne Aufstellungen
oder auch die Methode und die Anordnung in Zweifel ziehen
mag, so bleiben doch die beiden Thatsachen unerschüttert, die
die Grundzüge der Darstellung Gneists bilden. Diese Thatsachen
sind:

1. Die alte Form der englischen Verwaltung, das Selfgovernment, wonach die wesentlichsten Aufgaben der Verwaltung und der Rechtsprechung von Mitgliedern der Aristokratie
im Ehrenamt erfüllt wurden, ist in diesem Jahrhundert verfallen
und mehr und mehr durch büreaukratische Ordnungen ersetzt
worden.

Damit ist aber die wichtigste Grundlage beseitigt, auf der
die Herrschaft der Aristokratie im Lande und im Parlamente
ruhte, und damit die eine der beiden Säulen, welche das Gebäude
der englischen Verfassung bis 1830 trugen.

2. Mit Beseitigung der Testakte und der weiteren Einschränkungen der Privilegien der anglikanischen Kirche ist die
Bedeutung dieser Kirche für die englische Verfassung wesentlich verändert, und damit ist die andere der beiden Säulen des
alten englischen Parlamentarismus beseitigt worden.

Drittens ist zu beachten, dafs mit der Reform des Unterhauses die Stellung des Hauses der Lords zu dem Unterhause
völlig verändert ist. Bis 1832 hatte die im Oberhause vereinigte
Aristokratie die Mehrzahl der Sitze des Unterhauses zu vergeben,
konnte also über die Zusammensetzung des Unterhauses entscheiden. Seit der Reform hat sie diesen Einflufs verloren
und das vom Unterhaus abhängige, das ausführende Organ seines
Willens darstellende Ministerium, kann durch Ernennung von
Pairs sich im Oberhause eine Majorität schaffen oder durch

die Drohung dieser Mafsregel das Oberhaus zum Gehorsam zwingen.

Es handelt sich nicht um die Vorliebe für die alten oder die neuen Formen — es handelt sich nur darum zu erkennen, dafs Englands Verfassung, wie sie Montesquieu und De Lolme oder Pitt und Burke bewunderten, nicht mehr vorhanden ist, dafs England seit 70 Jahren in einer Umwälzung begriffen ist, die immer tiefer in alle Zweige der Verwaltung und in alle Gebiete der Gesellschaft eindringt, und die noch keineswegs zur Ruhe gekommen ist.

Diese Thatsache selbst wird denn auch von keinem Beobachter geleugnet, aber die Beurteilung dieser Thatsache ist sehr verschieden. Der Historiker Freemann hat 1872 in seinem geistvollen Überblick über die englische Verfassungsgeschichte ›The growth of the English Constitution‹ ausgeführt, dafs die ganze Entwicklung der englischen Verfassung nur die Grund-gedanken des alten germanischen Königtums und der alten ger-manischen Volksfreiheit schärfer herausgebildet habe. Nament-lich habe die 1689 beginnende Entwicklung die Verfassung erst von den Erfindungen der Juristen und ihren Theorien eines un-beschränkten, in einem göttlichen Ursprung wurzelnden Rechts der Könige befreit und gesäubert, von denen sie namentlich in den Tagen der Tudor und der Stuarts überwuchert sei.

Ähnlich schlofs schon Erskine May 1862 seine Geschichte der Englischen Verfassung von 1760—1860 mit freudigem Stolze. Er sieht in den Reformen seit 1832 nur glückliche und notwendige Ergänzungen und Änderungen. In keiner Weise beschleicht ihn die Besorgnis, dafs diese Reformen das Wesen der Verfassung umgestaltet hätten. Freilich schrieb May vor den in höherem Grade demokratischen Reformen von 1867 und 1885, aber doch zu einer Zeit, in der sie zu erwarten waren. Ebenso W. Bagehot in seinen geistreichen Aufsätzen über The English Constitution 1867 (deutsch, Berlin 1868).

Anders dagegen Alphons Todd, der in seiner Stellung als Bibliothekar des Parlaments von Canada 1866 veranlafst wurde, eine ausführliche Darstellung ›Über die parlamentarische Re-gierung in England‹ zu geben, und dessen Auge also vorzugsweise von den Bedürfnissen und Erscheinungen der Gegenwart geleitet war.

Er schrieb wie May noch vor der Reform von 1867, aber doch ist er voll der Sorge, ob die Verfassung imstande sein werde, ihre Aufgabe weiter zu erfüllen und das Reich, das unter so ganz andern Verhältnissen geschaffen wurde, zu erhalten. Die Reform von 1832 erklärt er für gut, gefährlich erscheint ihm die Schwächung der Krone, eine Stärkung ihrer Gewalt fordert er namentlich auch vom Standpunkte der Kolonieen aus.

Mit ganz besonderer Stärke aber leiht diesen Sorgen G. Lowes Dickinson Ausdruck in dem geistvollen Buche ›The development of Parliament during the nineteenth century (London, Longmans, Green and Co. 1895). Ähnlich wie Gneist weist er auch darauf hin, dafs die Gesellschaft ahnungslos in die Krisis hineintreibe, wie sie diese Umwälzung, diese Zerstörung der aristokratischen Grundlage der Verfassung ahnungslos und absichtlos vollzogen habe. Das auf demokratische Grundlage gestellte Unterhaus sei unfähig, der Leiter eines Weltreichs zu sein. Dickinson sucht in einer geeigneten Erneuerung des Hauses der Lords eine Ergänzung wie Todd in der Stärkung der Krone.

Ähnlich schwanken die Urteile in Deutschland. Der leider so früh verstorbene Fischel, der uns 1861 (2. Aufl. 1863) einen ebenso übersichtlichen wie reichhaltigen und auch heut noch nicht entbehrlichen Überblick über die Englische Verfassung gegeben hat, hegt für sie noch jene Liebe und Bewunderung, die für die Zeit charakteristisch war, da wir in Deutschland noch unter dem Druck der Reaktion seufzten. Er weifs, dafs die Selbstverwaltung, die einst Vincke gesehen hatte, ›nur noch als Torso‹ vorhanden ist, und De Lolmes' Schilderung ist ihm ein Idealbild, das der Wirklichkeit nicht entspricht. Auch beklagt er hier und da den Verfall des alten Selfgovernment, und die Art des Ersatzes. Der Einflufs endlich der grofsen kommerziellen Unternehmungen auf die öffentliche Meinung, von der schliefslich jetzt das Parlament und damit die Regierung abhängig ist, erscheint ihm als eine Gefahr (515); aber im ganzen gewinnt diese Stimmung keine Herrschaft über ihn.

In viel höherem Mafse giebt Gneist dieser Sorge Ausdruck, besonders in der zusammenfassenden Darstellung: Das Englische Parlament in tausendjährigen Wandlungen vom 9. bis zum Ende des 19. Jahrhunderts (Berlin 1886). Er geht davon aus, dafs

2*

auch in England selbst diese Sorge herrscht. »Die Begeisterung, unter welcher einst die erste Reformbill 1832 durchging, war schon bei der zweiten (1867) geschwunden. Die dritte (1884 bis 1885) passierte mit einem Gefühl der Resignation in beiden Lagern«. Seitdem mit der Entrechtung der Anglikanischen Kirche, und der Zerstörung des alten Selfgovernment die Grundlage der alten Verfassung und der Herrschaft der Aristokratie zerstört wurden — zeigten sich in der Gestaltung der Parlamente und in der Bildung der Parteien Momente der Unruhe und statt der zwei grofsen Parteien allerlei Parteibrocken. Ferner erscheint ihm der Ersatz, der für das alte Selfgovernment geschaffen wurde, das neue Berufsbeamtentum, ungenügend.

Gneist sieht schwere Krisen in dem Verfassungsleben Eng·lands voraus und weist darauf hin, dafs, ähnlich wie einst vor den grofsen Revolutionen in den Staaten des Kontinents, die besitzenden Klassen eine wunderbare Ahnungslosigkeit zeigen. »Tagespresse und Litteratur bewegen sich mit unermüdlichem Eifer auf allen Gebieten der Natur- und moralischen Wissenschaften, als ob das grofse englische Staatswesen sich in dem sicheren Hafen der Ruhe befände«. Eben deshalb glaubt Gneist seine warnende Stimme erheben zu müssen, dafs sich Englands Bürger nicht überraschen lassen von den drohenden Gefahren. Aber er hegt dabei die Zuversicht, dafs das englische Volk in der Stunde der Not Kräfte entwickeln werde, die der Gefahr gewachsen seien.

Ich teile das Zutrauen Gneists und es würde mir schmerz·lich sein, wenn ich es nicht teilen könnte, aber ebenso kann ich mich des Eindrucks nicht erwehren, dafs die Krisis, in der Englands Verfassung sich befindet, noch längst nicht überwunden ist. Es ist namentlich nicht geglückt, an Stelle des alten Selfgovernment eine befriedigende Entwicklung des Beamtentums zu setzen; wie wenig das Heerwesen ausreicht, dem Bedürfnis des Weltreichs zu genügen, ist vor aller Augen klar geworden, nicht weniger aber die noch ernstere Thatsache, dafs das Parlament und damit der eigentliche Träger der Regierung unter dem Einflufs kapitalistischer Interessentengruppen steht und von ihnen zu Schritten gedrängt wird, die dem Staate das Vertrauen nehmen und seine Ehre mindern, selbst dann, wenn das Reich aus den Gefahren siegreich hervorgeht, in die es so gestürzt wurde.

Keine Form der Verfassung schützt vor ähnlichen Einflüssen,
aber die Form, die Englands Verfassung jetzt angenommen hat,
scheint solcher Gefahr doch besonders stark unterworfen zu sein.

Da liegt es nahe, zu erwägen, ob nicht England bei seiner
Reform manche Entwicklung der deutschen Verfassungen als
Muster oder Anregung nehmen werde, und in der Municipalitäts-
akte von 1835 ist die Anregung der preußischen Städteordnung
bereits sichtbar. Die wichtigste Frage aber würde sein, ob sich
England auf dem Gebiet des Heerwesens dem Gedanken der
allgemeinen Wehrpflicht, wie ihn von Preußen-Deutschland nach
einander fast alle Staaten des Kontinents übernommen haben,
auf die Dauer wird entziehen können.

Jedenfalls scheinen wir Deutsche im Begriff zu sein, auch
auf dem politischen Gebiete wieder die Rolle des Gebenden zu übernehmen, nachdem wir da in diesem Jahrhundert die stärksten
Anregungen von England empfangen haben. Aber darum werden
wir nicht aufhören dürfen, von ihm zu lernen. Stärker vielmehr
als in mancher anderen Periode unserer Geschichte ist das Bedürfnis, daß wir uns erfüllen lassen von dem echten Bürgersinn,
der den Geist der englischen Verfassung bildet und der uns
auch heute nicht nur aus den zertrümmerten Institutionen und aus
ihrer Geschichte anweht.

Es würde über den Rahmen dieses Vortrags hinausführen,
wollte ich dies an den einzelnen Institutionen unserer Verfassung
erweisen. Wir stehen in den Anfängen unserer parlamentarischen
Erfahrungen, und tausend Dinge erregen Staunen oder Schrecken,
die man in England als notwendige Begleiterscheinungen des
Parteilebens kennt. Läßt sich schon daraus ermessen, wie
lehrreich für uns Englands Verfassungsgeschichte auch in Zukunft
sein kann, so wird es sich dabei doch immer nicht sowohl um
Einzelheiten handeln als um den Mut, mit dem ein Wellington
seinen Freunden im Hause der Lords klar machte, daß nichts
übrig bleibe als sich zu unterwerfen, mit dem ein Peel den Spott
und die Wutausbrüche seiner Parteigenossen ertrug, um das Notwendige zu thun, und mit dem ein Cobden den scheinbar hoff-
nungslosen Kampf gegen ein übermächtiges Klasseninteresse aufnahm und durchführte. Vor allem die Generationen, die im
Schirm des Reichs erwachsen sind und die nicht selbst erfahren

haben, wie schwer es war, diesen deutschen Staat zu gründen und wie viel selbstlose Hingabe und wie viel durch keinen Erfolg ermutigte Treue unbekannter und ungenannter Bürger dazu mitgeholfen hat, bedürfen solcher Erinnerungen und Vorbilder. Sie bedürfen ihrer, um sich zu erheben über die elende Interessenpolitik, in deren Schlamm unsere Ehre und unser Leben zu versinken droht, und über die immer weiter sich verbreitende politische Trägheit, die sich vergeblich in das Gewand der Bescheidenheit kleidet.

Das aber wäre der gröfste Gewinn, wenn es mit dieser Hilfe gelingen wollte, die ungesunde Luft anmafsender Servilität zu verscheuchen, die sich aus längstvergangener Zeit in den Beinkammern unserer Bureaukratie erhalten hat. Mit ihr würden auch die gespenstischen Schatten der romantisch-patriarchalischen Auffassung des Königtums weichen, die noch immer seltsam umgehen in den Kreisen und Hallen, von denen kühne Gedanken einer Weltpolitik und Seeherrschaft ausfliegen, die doch nur verwirklicht werden können bei freier Entfaltung der Kräfte des Volkes.

Deutschland und England haben sich oftmals über einander erzürnt und werden sich noch oftmals über einander erzürnen; aber sie sind heute noch wie vor Jahrhunderten Völker, die auf einander angewiesen sind, die einander viel gegeben haben und viel zu geben haben. Auf ihrem Zusammenwirken beruht ein erheblicher Teil der Kulturarbeit und der Kultur der Welt, in der wir leben.

II.

STADT UND UNIVERSITÄT GÖTTINGEN.

VORTRAG

GEHALTEN

IN DER VERSAMMLUNG DES HANSISCHEN GESCHICHTS-
VEREINS ZU GÖTTINGEN AM 6. JUNI 1900

VON

FERDINAND FRENSDORFF.

Als ich vor elf Jahren nach Beendigung des Hansetages in Lüneburg das Schloſs in Friedrichsruh besuchte, fiel mir beim Betreten eines Zimmers ein an einem Bücherschrank hängender Eichenkranz mit einer groſsen schwarzgelben Schleife auf, die, soviel ich erkennen konnte, die Inschrift: von der Universität Göttingen trug. Ich wuſste mir die Zusammenstellung dieser Farben mit der Universität Göttingen nicht zu erklären, bis ich beim nähern Herantreten die vollständige Inschrift: von der Universitätsstadt Göttingen erkannte.

Unser verstorbener Bürgermeister Georg Merkel gebrauchte diese Bezeichnung gern und verwandte sie gelegentlich wie hier selbst im amtlichen Stile. Er wollte damit seine Liebe für die beiden Gemeinwesen ausdrücken und das, was die von ihm geleitete Stadt besonders charakterisierte, hervorheben. Das Wort ist in der That bezeichnend. Es drückt die beiden Beziehungen aus, nach welchen Göttingen für die deutsche Geschichte in Betracht kommt.

Wer die Geschichte der Stadt darzustellen hätte, könnte sie nicht besser als nach diesen Gesichtspunkten überblicken: die Blüte der Stadt im Mittelalter und im Zeitalter der Reformation; ihr Sinken im 17. Jahrhundert; ihre Wiedererhebung von der Zeit ab, da sie Sitz einer deutschen Universität geworden ist. Es kann nicht meine Absicht sein, hier in letzter Stunde diese Aufgabe zu verfolgen. Ich begnüge mich, aus der Geschichte einzelne Züge hervorzuheben, die geeignet sind, das Verhältnis zu beleuchten, in das Stadt und Universität zu einander getreten sind.

I.

Die Stadt ist nicht wie die Universität eine Schöpfung der Landesherrschaft. Aber an ihrer Wiege hat doch der Stammvater des Fürstenhauses, der erste Herzog von Braunschweig-Lüneburg, gestanden. Wie so viele welfische Städte hat Göttingen Otto dem Kinde seine ersten Privilegien zu danken. Von dieser Grundlage aus hat sich die Rechtsstellung der Stadt entwickelt. Es hat ihr keinen Eintrag gethan, dafs die Stadt seit Ende des 13. Jahrhunderts den Stadtherrn innerhalb ihrer eigenen Mauern hatte, der Sitz einer auf Göttingen abgeteilten Linie des Fürstenhauses geworden war. Denn der Herzog von Göttingen war ein schmaler Herr, und die Stadt vergafs die Worte nicht, die an der Spitze ihrer alten, auf Wachstafeln verzeichneten Statuten standen: bewilligt der Rat der Herrschaft etwas, so soll er in seinem Sinn haben und bedenken, was der Stadt Not sei, und bei der Herrschaft auswirken, was der Stadt nütze[1]. Es gelang ihr, zu ihren Gemeinderechten ein Hoheitsrecht nach dem andern zu erwerben, bald in dauernder Weise, bald zu lang währendem Pfandbesitze. Seit jenen grundlegenden Privilegien hat es aber doch lange gewährt, bis die Stadt wirtschaftlich genügend erstarkt war, Handel und Gewerbe sich so weit entwickelt hatten, dafs ihre Bürger sich an dem grofsen Verkehr beteiligen konnten. Es ist das nicht vor der Mitte des 14. Jahrhunderts geschehen.

Als zu Ende des 13. Jahrhunderts die norddeutschen Städte in einer grofsen Abstimmung, die von Köln bis Reval reichte, den Rechtszug von Nowgorod anstatt wie bisher nach Wisby nunmehr nach Lübeck zu leiten beschlossen, waren unter den Votanten Städte wie Hannover und Hildesheim, aber nicht Göttingen[2]. In den ersten Jahrzehnten des 14. Jahrhunderts

---

[1] A. Ulrich, Statuten der Stadt Göttingen (Zeitschrift des historischen Vereins für Niedersachsen 1885 S. 140): *wvidet de rat de herscap, so scal de rat dit in orme sinne hebben und scal bedenken, wes der stat not sy, und scolen weder wat overbringen van der stat wegen by der herscap, dat vor de stat sy.*

[2] HR. I, 1 Nr. 69.

kennt man den Namen der Stadt auswärts noch nicht, entstellt ihn zu Öttingen, Güttingen u. dergl.

Von 1351 stammt das älteste Zeichen ihrer Zugehörigkeit zur Hanse[1]. Aus dem Jahr 1572 die Erklärung der Stadt, dafs sie der Hanse nicht mehr gebrauchen wolle[2]. Zwischen diese beiden Endpunkte fällt der eigentliche Höhenstand der städtischen Entwicklung, nicht gerade weil sie der Hanse angehörte; sondern dafs sie der Hanse angehörte, war ein Beweis ihres Wohlstandes, der Bedeutung ihrer für den Markt arbeitenden Gewerbe, ihres an dem grofsen nordeuropäischen Verkehr beteiligten Handels[3].

Es ist erklärlich, dafs sich die Stadt während dieses zweihundertjährigen Zeitraums nicht immer auf gleicher Höhe erhielt. Der aufmerksame Beobachter, der vor 22 Jahren an dieser Stelle über das mittelalterliche Göttingen berichtete, konstatierte aus seiner Kenntnis des Göttinger Archivs, wie sie keiner vor noch nach ihm besessen hat, dafs es seit der Mitte des 15. Jahrhunderts mit der Stadt im ganzen wie mit dem Leben der Bürger im einzelnen abwärts gegangen sei[4].

In dem Jahrhundert ihrer Blüte nahm sie einen angesehenen Platz ein unter ihren sächsischen Genossinnen wie in dem weitern Verbande der hansischen Städte. Manche der Nachbarstädte hatte sie überflügelt. In den Matrikeln des engern wie des weitern Verbandes ist sie an Mannschaften und an Geld höher angeschlagen als Hannover und Goslar und auf eine Stufe mit Städten wie Rostock und Stendal gestellt[5]. Die Mitglieder ihres Rats sind geschätzt wegen ihrer Einsicht und Erfahrung. Der vertriebene Lübecker Rat bewirbt sich 1408 um ihr Fürwort beim königlichen Hofgericht, weil etliche von ihnen, wie er gehört habe, mit dem Lauf und der Weise des Hofes wohl vertraut seien[6]. Man beruft sie mit Vorliebe in die Schiedsgerichte

---

[1] HR. I, 1, Nr. 162.

[2] Zeit- und Geschichtbeschreibung der Stadt Göttingen I (1734), 1, S. 31.

[3] S. meinen Aufsatz: aus dem mittelalterlichen Göttingen (in der Festschrift zum Göttinger Hansetage 1900) S. 48 ff.

[4] Gustav Schmidt in Hans. Gesch.-Bl. 1878, S. 34.

[5] Aus dem mittelalterlichen Göttingen S. 55.

[6] Das. S. 56.

zur Schlichtung von Streitigkeiten. *»Die von Gotingen, das sein gar from lewt, als ich vornym«*, schreibt 1444 ein Prokurator am königlichen Hofgericht nach Lübeck, als der Göttinger Rat in einer Lübecker Rechtssache zum Kommissar bestellt war[1].

Solchen Ruhm hatte sich der Rat wohl verdient. Er hatte das ganze Mittelalter hindurch die Stadt in Frieden zu regieren verstanden und auf Einheit des Regiments gehalten, wenn die Kirche, Gottesritter oder Stadtteile Sonderstellungen erstrebten[2]. Und wie im Innern, hatte er draufsen für Frieden und Sicherheit gesorgt. Ungeachtet der Ausschliefslichkeit, mit der der Rat sich immer wieder aus denselben, etwa zwanzig Familien zusammensetzte, hören wir hier nichts von den Zunftunruhen, die seit der zweiten Hälfte des 14. Jahrhunderts eine deutsche Stadt nach der andern bewegten. Die Ratsmitglieder trugen mit der Ehre zugleich auch die Last des Amts und steuerten jährlich zu dem Schofs der Stadt den zehnten, mitunter den sechsten Teil der ganzen Summe bei. Für alle wichtigen Angelegenheiten versicherten sie sich vorgängig des Einverständnisses der Innungsmeister[3].

II.

Stüve hat in einem seiner historischen Aufsätze seine Landsleute gewarnt, sich die Verhältnisse Osnabrücks im Mittelalter grofs und glänzend vorzustellen[4]. Was für den in die karolingische Zeit zurückreichenden Bischofssitz gilt, ist nicht weniger für die um 400 Jahre jüngere Landstadt angebracht. Die exakten Forschungen neuerer Zeit haben uns gelehrt, über die Bevölkerungszahlen der deutschen Städte im Mittelalter bescheidener zu denken, als das früher üblich war. Haben aber Städte wie Augsburg, Nürnberg, Strafsburg, Ulm in der Zeit ihrer höchsten Blüte, zu Ausgang des 15. Jahrhunderts, nicht mehr

---

[1] Aus dem mittelalterlichen Göttingen S. 58.

[2] Erbauung des Göttinger Rathauses (Festgabe für Georg Hanssen 1889) S. 308.

[3] Schmidt S. 18 ff.

[4] Beitrag zur Geschichte des westfälischen Handels im Mittelalter (Wigand, Archiv für die Geschichte Westfalens I, Heft 3 [1826], S. 2).

als 20 000 Einwohner gezählt[1], so war Göttingen mit dem
dritten oder vierten Teil dieses Bestandes keine unbedeutende
Stadt, ebensowenig als heutzutage München, mag es auch den
mehr als $1^1/_2$ Millionen Berlins nur 400 000 Einwohner gegen-
überstellen können. Der geringen Einwohnerzahl entsprach ein
kleines Stadtgebiet, das noch dazu von Höfen und Gärten
durchsetzt war. Aber auf diesem engen Raume bewegte sich
ein reiches rühriges Leben. Es geht ein grofser frischer Zug
durch dies kleine Gemeinwesen. »Die von Göttingen haben den
Mut«, lautete nicht umsonst ein im Schwange gehendes altes
Wort. Die Unternehmungslust, die Energie, die damit ausgedrückt werden sollte, äufserte sich in Werken des Krieges wie
des Friedens.

Der Rat zeigte die richtige Einsicht in die Zeitbedürfnisse,
wenn er besonders auf die militärische Befestigung der Stadt
bedacht war. *Versorgt euer stat, die port mit fleiss und besetzt
die mit frummen leuten*. *Ihr habt viel Feind und ungetreu Nachbarn*, *möchten sie euch in den tod geben, sie tetten es geren*.
So ruft ein süddeutscher Chronist im 15. Jahrhundert seinen
Landsleuten zu[2]; und übereinstimmend ein niederdeutscher
Dichter: *daran gedenket ihr hensestete, schicket euch selber in gutem
fride, bauwet euwere zwenger veste*[3]. Die Göttinger hatten
diesen Rat längst befolgt. 1362 hatten sie gemäfs dem herzoglichen Privileg ihre Stadt *mit nyen graben begraven, bemuret, be-
plankt und betunt* und den Graben mit Thüren, Thoren und
Bergfrieden besetzt[4]. Der Befestigung ihrer Stadt hatten sie
die Einfassung des sie umgebenden Landes durch einen Kranz
von Landwehren folgen lassen[5]. Dem entsprachen die Anord-
nungen über die Waffenbereitschaft der Bürger. Die Göttinger
Statuten verlangten, dafs jeder Bürger oder Mitwohner seine
Waffen habe, und stuften die Forderung je nach dem Vermögen
des Einzelnen ab: wer noch nicht 5 Mark an Wert besafs,

---

[1] v. Inama-Sternegg, Deutsche Wirtschaftsgeschichte in den letzten
Jahrhunderten des Mittelalters I (1899), S. 425.

[2] Burk. Zink (Augsburger Chroniken II) S. 289.

[3] v. Liliencron, Hist. Volkslieder II, Nr. 187, 9.

[4] U.B. der Stadt Göttingen I, Nr. 216.

[5] Schmidt S. 7.

mufste zum wenigsten *ene grellen* und *ene barde*, einen Spiefs und eine Axt haben; wer 20 Mark besafs, aufserdem Gürtel *(lendener)*, Wamms *(troge)*, *enne platen* (Harnisch), *isernhot* und *enne schilt* führen[1]. Zu Anfang des 15. Jahrhunderts war Heinrich Heisterbom aus Göttingen als Geschützgiefser bekannt, und stellte 1411 für den Braunschweiger Rat die faule Mette her, aus der man Steine im Gewicht von $3^1/_2$ Centner schleuderte[2]. Die Göttinger durften ihrer 1402 gegossenen *groten bussen* nachrühmen, dafs aus Furcht vor ihr *vele schalkheit in dissen landen gelaten is unde roveryg minner worden*[3]. Einen Begriff von der Wehrkraft der Göttinger Bürgerschaft giebt der Zug gegen den Grubenhagen und den Herzog tom Solte vom Sommer 1448. Dazu stellten die Göttinger 1000 Mann, wovon auf die Kaufleute 112, die Knochenhauer 98, die Wollenweber 70 und die Schuhmacher 66 kamen. Die *scherpe Grete*, von 10 Pferden gezogen, war mitgenommen, hat aber nicht viel genützt, da sie zersprang *und vele lude meynden, dat der bussen vorgeven were*[4].

Von den Werken des Friedens, die dieser Zeit gelangen, legen die fünf Pfarrkirchen, zwei grofse Klosterkirchen und sechs Kapellen, von denen drei mit Hospitälern verbunden waren, ein Zeugnis ab[5]. Die Kirchen, im ersten Jahrhundert der städtischen Existenz erbaut, haben alle Um- und Neubauten erfahren. Ein profanes Friedenswerk hat sich unverändert erhalten, wie es in den Jahren 1369 und 1370 geschaffen ist. Es ist das im Anfang der Blütezeit der Stadt, wie ich sie vorher begrenzt habe, erbaute Rathaus, recht geeignet durch die Kraft und die Schlichtheit seines Äufsern, ein Bild des alten Bürgertums zu geben. Dem Geschlechte, das diesen stolzen Bau vollbrachte, gelang auch die entscheidendste kriegerische That der Zeit. Am 28. April 1387 brach die Bürgerschaft die Burg des Landesherrn in der Stadt und besiegte ihn am 22. Juli desselben Jahres in offenem Kampfe. Am 8. August versöhnte sich der Herzog Otto mit seinen *leven truwen, dem rade unde borgheren to Got-*

---

[1] Göttinger Statuten bei Pufendorf, Obs. juris. univ. III, 172.
[2] v. Heinemann, Geschichte von Braunschweig und Hannover II, S. 263.
[3] U.B. der Stadt Göttingen II, S. 9.
[4] Das. S. 208—210.
[5] Aus dem mittelalterlichen Göttingen S. 35 ff.

lingen umme alle schulde unde schelinge« [1]. Der Friedensvertrag
bezieht das ganz besonders auf die landesherrliche Burg »*de de
Balrus geheten was*«. Die Stätte, auf der sie gestanden, und
der Graben, der sie umfafst hatte, sollten der von Göttingen
eigen sein und von ihnen nach ihrem Belieben verwendet werden
können. Macht gegen Macht hatte die Stadt mit dem Herzog gekämpft. Dem Ehrencodex der Zeit gemäfs hatten ihm vor Beginn
des Kampfes »*rad ghildemeistere ghilden unde gantze ghemeynheyd der
stad to Gothingen*« abgesagt [2]. Ja, ihr »*entseggedes bref*« führt aus,
es hätte der vorgängingen Verwahrung ihrer Ehre nicht einmal
bedurft, »*wenne dat recht uns ledich und los secht van iu aller
truwe unde plicht dorch der unrechten ghewald, de gi an uns ghe-
lecht hebben mit rove unde brande unde ghevengnisse unbewardes
dinges unde weder iuwe unde der herschap openen beseghelden breve*«.
Man sieht, die Zeit zweifelte nicht an dem Recht des Widerstandes auch gegen den angestammten Herrn, den dominus
agnatus. Der Satz von dem Fürsten, der nicht Unrecht thun
kann, war noch lange hin dem deutschen Rechte unbekannt;
und das vim vi repellere licet brauchten die Deutschen nicht
erst aus dem Corpus juris zu lernen. Sie kannten den Satz
längst in der naiveren Form, dafs der Kaiser den Wiederschlag
nicht verboten habe.

Mit dem Sommer 1387 hörte Göttingen auf, ein Fürstensitz
zu sein. Herzog Otto der Quade zog sich nach Hardegsen zu-
rück, und wenn einer seiner Nachfolger nach Göttingen kam,
stieg er in einem Privathause, in einer Pfarrei oder in einem
Kloster, etwa »*to den Pewelern*« ab [3]. Bis dahin gab es zwei
Centren im Bereich der Stadt. Im Nordosten die herzogliche
Burg, an deren Lage noch heute Burgstrafse und Ritterplan er-
innern. In ihrer Nachbarschaft erhoben sich Häuser herzoglicher
Vasallen: ein Hardenbergsches Haus; ein feudum castrense des
Günther von Bovenden; ein grofses freies Haus des Tile von
Halle. Noch im 18. Jahrhundert kannte man hier den Harden-
berger Hof, das jetzige Stadtarchiv und die Altertumssammlung,

---

[1] U.B. I, S. 355.
[2] U.B. I, Nr. 323.
[3] Erbauung des Göttinger Rathauses S. 319.

und ihm gegenüber den Plesser Hof[1]. Den zweiten Mittelpunkt des städtischen Lebens bildete der Markt mit dem Rathause.

Wie der Burg des Fürsten die festen Häuser seiner Lehnsleute vorlagen, so war das städtische Rathaus umgeben von den Häusern und Hallen der Gilden: der Schuhhof auf der Südseite, wo jetzt die Universitätsapotheke; das Brothaus, das östlich davon gelegene Eckhaus; das der Kaufgilde, dem Rathause gegenüber. Seitdem das Fürstentum aus den Mauern Göttingens hatte weichen müssen, gab es nur einen Mittelpunkt in der Stadt. Wenn jetzt vom Hause schlechthin die Rede war, so wußte jedermann, welches Haus gemeint, und wer der Herr im Hause war.

III.

Es ist wenig, was wir den Zeugen althansischer Herrlichkeit in den nordischen Städten entgegenstellen können; und es ist begreiflich, daß wir auf dies Wenige um so stolzer sind. Aber als ehrliche Historiker dürfen wir die Kehrseite nicht verbergen. Zur Schönheit unseres Rathauses gehört seine von allen Seiten freie Lage. Wer aber von Westen herankommt, wird schmerzlich betroffen, wenn er in dem südlichen Dritteil des Gebäudes den prächtigen Zinnenkranz unterbrochen und den kraftvollen Mauerbau durch ein Dreieck von Fachwerk ersetzt sieht. Es kann dahin gestellt bleiben, ob die Ursache in einem widrigen Naturereignis oder in dem Versiegen der Geldmittel zu suchen ist. Immer ist der Notbau ein Zeichen, daß die Stadt unternommen hatte, was sie entweder zu erhalten oder auszuführen nicht die Kraft hatte. Es ist die Kehrseite des Muts, der der Bürgerschaft nachgerühmt wird: die Überspannung ihrer Kräfte, wie sie in den Finanzkalamitäten zu Ausgang des Mittelalters sichtbar wird. Jener Notbau aber ist zugleich wie ein Fingerzeig in die Zukunft: so wie hier wird es einstens in der Stadt aussehen!

Mit der Blüte und dem Wohlstand eines menschlichen Gemeinwesens geht es nicht auf einen Schlag zu Ende. Göt-

---

[1] Das. S. 305.

tingen hat noch im 16. Jahrhundert kraftvolle Zeiten gehabt;
s hat ohne, ja gegen die Landesherrschaft die kirchliche Reformation durchgeführt und entsprechend der Mahnung Luthers,
christliche Schulen aufzurichten, 1542 aus dem Paulinerkloster
ein Pädagogium geschaffen. Den Wohlstand der Bürger jener
Zeit zeigte das 1545 erbaute Kaufhaus und zeigt noch das
Junkernhaus mit seinen schönen Holzschnitzereien aus dem Anfang des 16. Jahrhunderts. Auch die rechtliche Stellung der
Stadt erscheint noch unerschüttert, ja wenn man einzelnen Anzeichen trauen darf, ist gerade in dieser Zeit versucht worden,
die Stadt zu einer Reichsstadt zu machen. Den Glauben, dafs
Göttingen selbst danach gestrebt hätte, vermag ich nicht zu teilen.
Sein stärkster Beweis ist der Eintrag des Stadtschreibers in die
Rechnung von 1499/1500: »*14 mk. in saken, so uns de Romesche
koningk anthuet unde hefft geheisschet gelick anderen des rikes
steden*« [1]. Die Beweisführung [2] übersieht einmal wieder, dafs »*ander*«
in der mittelalterlichen Sprache nicht eine Gleichstellung, sondern
eine Gegenüberstellung anzeigt. Auch hat Göttingen, als ihm
1508 ein Beitrag zum Reichskammergericht abgefordert wurde,
zwar seine 24 fl. an Nürnberg eingesandt, aber mit der Bitte,
die Auszahlung zu verschieben, bis über seine Verpflichtung entschieden sei, denn es sei nicht kaiserlicher Majestät und dem
heiligen Reiche ohne Mittel unterworfen, sondern gehöre an das
Haus Braunschweig als seine rechte angeborne Erbherrschaft [3].
Mochte der kaiserliche Hof noch bis 1662 den Versuch fortsetzen,
die Stadt zu Reichssteuern heranzuziehen und dienstwillige Federn
für seine Deduktionen finden [4], das Leben hatte längst über das
Schicksal der Stadt entschieden. War es doch schon bezeichnend,
wie das oppositionelle Verhalten Göttingens gegen Herzog Erich I.
auslief. Fünfzehn Jahre lang hatte es ihm die Huldigung ver-
sagt, weil er die von der Stadt geforderten Garantieen verweigerte. Nachdem sie sich zur Aufnahme des Herzogs verstanden, liefs er es bald seine Sorge sein, den Streit zu erledigen,

---

[1] Göttinger U.B. II, S. 408.

[2] A. Ulrich, Die Reichsstandschaft der Stadt Göttingen (Zeitschrift des
historischen Vereins für N.S. 1885), S. 163 ff., insbes. S. 166.

[3] Göttinger U.B. III, Nr. 40.

[4] Ulrich a. a. O.

der sich in Göttingen zwischen Rat und Gemeinde in den Jahren
1511—1513 wie in so vielen deutschen Städten[1] entzündet
hatte. Er liefs den alten patrizischen Rat, der ihm so lange
Widerstand geleistet hatte, seine Macht empfinden und strafte
die revolutionären Elemente mit Tod und Verbannung. Dadurch
dafs er zugleich in die wiederhergestellte Ratsbehörde Mitglieder
der bis dahin ausgeschlossenen Kreise der Bürgerschaft eintreten
liefs, stellte er sich über die Parteien und reformierte den über-
kommenen Rechtszustand[2]. Es war eine That des aufsteigenden
Fürstentums, das seine Kraft dem niedersteigenden Städtetum
gegenüber bewährte.

Eine deutsche Stadt ist nicht eine vereinzelte politische
Erscheinung. Sie ist ein Glied in der Kette ihrer Schwestern;
sie sinkt und fliefst, wie es in dem alten Göttinger Bürgereide
heifst, mit ihnen. Ranke hat einmal eine glänzende Schilderung
des Wohlstandes entworfen, dessen sich die deutschen Städte in
dem halben Jahrhundert nach dem Religionsfrieden erfreuten[3].
Aber dieser äufsere Wohlstand konnte die schweren Gegensätze nicht
verdecken, die unter der Oberfläche schlummerten, die Gegensätze kirchlicher, wirtschaftlicher und rechtlicher Art. Die Tage
der kleinen selbständigen Gemeinwesen waren gezählt, und was
an Wohlstand vorhanden war, vernichtete der grofse deutsche
Krieg. Er hat nicht alle Städte gleichmäfsig getroffen. Aber
gerade Göttingen und seine Nachbarn Münden und Northeim
hat er zu Grunde gerichtet. Viermal ward Göttingen im Verlaufe des Krieges belagert, zweimal hart beschossen, einmal mit
Sturm genommen und gründlich ausgeplündert[4]. Auf Christian
von Braunschweig war Tilly gefolgt, und sechs Jahre lang seufzte
die Stadt unter dem Druck der kaiserlichen Besatzung; 1632 im
Februar eroberte Wilhelm von Weimar die Stadt, den Schweden
folgten die Hessen. Und ob Freund, ob Feind die Stadt in ihrer
Hand hatten, den nächsten Erfolg lehrt das Lied[5]:

[1] v. Ranke, Deutsche Geschichte im Zeitalter d. Reformation I, S. 142.
[2] v. Heinemann II, S. 233.
[3] Über die Zeiten Ferdinands I. u. Maximilians II. (S. W. S. VII, 30 ff.).
[4] v. Heinemann III, S. 196.
[5] F. W. Unger, Göttingen und die Georgia Augusta (1861) S. 64.

die Kaiserschen haben uns ausgesogen,
die Weimarschen haben uns ausgezogen,
aber die Hessen
bedenken uns ganz und gar aufzufressen.

An die Kaiserlichen mufste eine Brandschatzungssumme von fast
400 000 Thalern gezahlt werden. Bereits 1639 war die Bevölkerung der Stadt auf die Hälfte herabgesunken. Aus der wohl-
bewehrten ansehnlichen Stadt mit einer in Handel und Gewerben
froh gedeihenden, waffengeübten und selbstbewufsten Bürgerschaft
war eine kleine Landstadt geworden, deren Bevölkerung sich von
geringem Handel und Gewerbe, Ackerbau und Viehzucht nährte.

IV.

Hundert Jahre nachdem der ehrenvolle Name Göttingens
unter den deutschen Städten erloschen war, erhob er sich zu
neuem Glanze, getragen von einem andersgearteten Gemeinwesen,
das die Landesherschaft ins Leben gerufen hatte. Von allen
politischen Faktoren der deutschen Entwicklung war die Fürstengewalt fast allein auf dem Platze geblieben. Das Reich hatte
sie bis auf dürftige Reste zerbröckelt; den Adel und das Bürger-
tum durch die Zerrüttung der ständischen und der städtischen
Verfassungen um ihre Kraft gebracht, die Korporationen unterdrückt. So hatte die Fürstengewalt nun auch die Pflicht auf
sich nehmen müssen, die Aufgaben zu erfüllen, denen die Korporationen nicht mehr gewachsen waren. Gestützt auf Beamten-
tum und Militär, die Pfeiler des neuen Staatswesens, ist sie an
die Arbeit gegangen und hat in den schweren Zeiten nach dem
dreifsigjährigen Kriege erst die Wunden, die er dem deutschen
Volksleben geschlagen hatte, heilen müssen, dann auch zu posi-
tiven Schöpfungen schreiten können. Hatte vor Jahrhunderten
Göttingen den Landesherrn aus seinen Mauern verdrängt, so
kehrte die landesherrliche Regierung zurück, erst ordnungstiftend,
dann segensreiche Organisationen neu begründend. Wie anders
stellten sich aber die Landesherren damals und jetzt dar! Das
war nicht mehr jener schmale Herr von ehedem, fehdelustig,
prunksüchtig, geldbedürftig, der sich mit seinen Bürgern schlug
und vertrug. An die Stelle jener kleinen Tyrannen waren
grofse Herren getreten; bei aller Verwandtschaft dem Blute

3 *

nach Männer eines ganz andern Schlages! Die Devise: ein jeder
Reichsstand ist Kaiser in seinem Lande drückte ihre Ziele noch
bescheiden aus; denn das imperium, das sie dem Kaiser nur
theoretisch zugestanden, nahmen sie für sich praktisch in Anspruch. Unter ihren fürstlichen Genossen hervorragend durch
ihren Länderbesitz, zu Ansehen und Ehren durch ihre eigene
kriegerische Tapferkeit und die ihrer Truppen aufgestiegen,
unterstützt in ihrem Emporstreben durch kluge Staatsmänner,
durch Begüntigung von Kunst und Wissenschaft die wenigstens
für den Nachruhm einflufsreichen Kreise der Gelehrten und
Gebildeten für sich gewinnend. Nicht zum wenigsten trug sie
die moderne Staatskunst empor, die in allen grofsen und kleinen
Territorien die allgemeine Wohlfahrt zu verwirklichen strebte.
So mancher Mifsbrauch im Zweck wie im Mittel sich unter dem
weiten Mantel der salus publica barg, sie hat doch dazu gedient,
das morsch gewordene Alte zu beseitigen und bessere Zeiten
heraufzuführen.

Mit der Ordnung der Göttinger Verfassungsverhältnisse hatte
sich schon Ende des 16. Jahrhunderts Herzog Heinrich Julius
beschäftigt[1]. Er hatte die Selbständigkeit des Rats gebrochen,
indem er zwar die Wahlfreiheit bestehen liefs, sich aber die
Bestätigung und das Recht, mifsfällige Personen aus der ihm
vorzulegenden Liste zu streichen, vorbehielt. Im folgenden
Jahrhundert griffen die Brüder Georg Wilhelm und Ernst August
nacheinander energischer durch. Eine landesherrliche Unter-
suchungskommission hatte die Stadtökonomie fehlerhaft, die Polizei
schlecht und die Justiz parteiisch befunden[2]. Die Stadt schul-
dete mehr als 25 000 Thlr. restierender Zinse und hatte in den
letztern Jahren ihre Gläubiger nicht mehr bezahlt. Der gröfste
Schaden war das Darniederliegen der Justiz. »Die liebe heilige
Justiz« — sagt der grofse Geschichtschreiber, den diese kleinen
Verhältnisse gefunden haben, Spittler — »war ein Werk der
Vetter und Baasen untereinander«[3]. Es hing das vorzugsweise
damit zusammen, dafs das Schultheifsenamt, seit dem Mittelalter

---

[1] Havemann, Geschichte der Lande Braunschweig u. Lüneburg III, S. 64.
[2] Regulativ von 1690 bei E. v. Meier, Hannoversche Verfassungs- und
Verwaltungsgeschichte II (1899), S. 446.
[3] Geschichte des Fürstenthums Hannover II (1786), S. 256.

von den Herzögen an die Stadt verpfändet, vom Rate mit untauglichen, abhängigen Leuten besetzt wurde. So verloren Justiz und Obrigkeit ihren Respekt bei der Bürgerschaft. Die Regierung löste deshalb die noch in den Händen der Stadt befindlichen Hoheitsrechte, Zoll, Münze, Wechsel und das Schultheifsenamt ein[1] und setzte nunmehr von sich aus den Gerichtsschulzen ein, der an der Spitze des Rats stand, sowohl in Sachen der Verwaltung wie der Civilrechtspflege. Die Kriminalgerichtsbarkeit übte der Gerichtschulze allein aus und war zugleich der erste Beamte des Gerichts Leineberg.

Die Stadt bedurfte aber nicht blofs der Reform in ihrer Verfassung, vor allem verlangten ihre wirtschaftlichen und polizeilichen Verhältnisse die ordnende und bessernde Hand. Auch hier hat die Regierung zugegriffen, zum Wiederaufbau verfallener Häuser durch Zuschüsse beigetragen, die Niederlassung auswärtiger Gewerbtreibender gefördert, einheimische Manufakturen ins Leben gerufen und, was die Zeit unter den damaligen Kalamitäten besonders schätzte, ein Leihhaus eingerichtet. Aber immer blieb das innere Aussehen der Stadt wenig von einem Dorfe verschieden. Das Rathaus, die Kirchen, einige wenige Privathäuser und die Befestigung, die im Jahr 1716 noch gebessert und verstärkt wurde, mochten ihre Auszeichnung vor einem Dorfe bilden.

Es war ein kühnes Unternehmen, in diese kleine Stadt eine Universität zu verlegen. Dafs man sie erwählte, als man den Plan fafste, in den kurfürstlichen Landen eine Hochschule zu begründen, wurde durch mancherlei Rücksichten motiviert. Der tauglichen Städte gab es im Lande nur wenige. Hannover als Residenz kam nach den damaligen Anschauungen nicht in Betracht; Lüneburg hatte die Ritterakademie, Celle das Oberappellationsgericht und das Zuchthaus. Was Göttingen besonders empfahl, waren die Räumlichkeiten, die hier zur Verfügung standen. Paulinerkirche und Kloster waren seit der Reformation durch das Pädagogium benutzt worden. Die Schule hatte sich durch einzelne hervorragende Lehrer einen guten Namen erworben. Man besann sich nicht, sie einer capitis deminutio zu unterwerfen, die obern

---

[1] Zeit- und Geschichtbeschreibung I, S. 214 ff.

Klassen einzuziehen und nur die untern als Trivialschule fort-
bestehen zu lassen. Die alten Räume der Dominikaner, von
denen einst ein braunschweigischer Herzog gesagt hatte, quorum
exemplis mundus regitur et doctrinis [1], wurden der neuen Universität übergeben, die am 17. September 1737 feierlich inau-
guriert wurde.

Es war ein idyllisches Gegenbild zu jenen stürmischen
Sommertagen des Jahres 1387. Der Vertreter des Landesherrn,
der jetzt in das Weenderthor einzog, war ein Mann des Friedens,
mag er auch auf dem Bilde im Vorzimmer dieses Saals, dem
Zeitkostüm entsprechend, einen Brustharnisch tragen [2], ausgestattet mit der reichsrechtlichen und staatswissenschaftlichen
Bildung seiner Zeit, ein Schüler der neuen berühmten Universität
Halle [3]. Verhältnismäfsig jung, mit 44 Jahren, war er in den
Geheimen Rat, der in Abwesenheit des Landesherrn das Land
in grofser Selbständigkeit regierte, eingetreten, hatte die geistlichen und Schulangelegenheiten bearbeitet, und ungleich seinen
Kollegen sich nicht begnügt, die geheimen Sekretäre arbeiten zu
lassen. Mochte seine Familie auch von Niedersachsen ausgegangen sein, die Linie der Münchhausen, der Gerlach Adolf
angehörte, war schon seit mehreren Generationen in Brandenburg und Kursachsen ansässig und angestellt [4], und wie die
Glieder so mancher auswärtigen Adelsfamilie war er über die
Brücke des Celler Oberappellationsgerichts in den hannoverschen
Staatsdienst eingezogen. Seine gelehrten Neigungen hatten ihn
in Hannover mit dem Kreise von Historikern und Publizisten
in Berührung gebracht, die, am Archiv und der Bibliothek thätig,
in den Ideen lebten, die von Leibniz ausgegangen waren Unter
Leibniz' Papieren befindet sich ein Vorschlag von 1680 [5], eine
höhere Bildungsanstalt im Lande zu schaffen und sie nach
Göttingen, dem Sitze eines wohl florierenden gymnasium ducale,

---

[1] U.B. der Stadt Braunschweig II, S. 549.

[2] In dem sog. Promotionssaale der Göttinger Aula, eine Kopie nach
dem um 1740 gemalten Originale von Ruska. Pütter II, S. 240; IV, S. 78.

[3] Mein Artikel Münchhausen in der Allgemeinen deutschen Biographie
XXII, 729 ff.

[4] E. v. Meier II, S. 205.

[5] Leibnizens Werke, herausgeg. v. O. Klopp V, S. 66.

zu legen. Je bedeutender und selbständiger sich das Kurfürstentum seit Beginn des 18. Jahrhunderts entwickelte, desto mehr fand die Idee Eingang und Beifall unter den Mitgliedern des Geheimen Rats und bei Hofe. Allerdings nicht sofort und nicht ohne Widerstand. Verhältnismäfsig rasch kam man mit der Beschaffung der erforderlichen Dotation zu stande[1]. Die sechs verschiedenen Landschaften und der König aus den Mitteln der Klosterkasse bewilligten die erforderlichen Summen. Schon von Ostern 1734 ab wurden die bewilligten Geldmittel bezahlt und im Herbst des Jahres mit einzelnen Vorlesungen begonnen. Aber als die Berufung von Celebritäten, auf die man sich Hoffnung gemacht hatte, mifslang, berufene bald starben oder ihren Ruf nicht rechtfertigten, und die Hindernisse, die sich dem Aufkommen der Universität in den Zuständen der Stadt entgegenstellten, sich als sehr bedeutend erwiesen und durch das Gerücht und die Neider noch über ihr wahres Mafs hinaus vergröfsert wurden, da wurden die Bedenken lauter als der Beifall. Man schalt über die Unbequemlichkeit der Häuser in Göttingen, die Teurung der Lebensmittel, die unzureichenden Buchdruckereien und Buchhandlungen, die schlechte Postverbindung, die starke Garnison, mit der die Studentenschaft, in einer jungen Universität erregter als anderswo, in Konflikt zu geraten drohte. Im Geheimen Rate erinnerte man an das Wort des alten Kammerpräsidenten von dem Bussche: man müsse sich hüten, etwas Neues anzufangen[2]; der König machte Äufserungen, als gereue ihn des Instituti, die fortwährenden Anfragen und Berichte ermüdeten, die sich wiederholenden Geldforderungen erschreckten ihn. Am schlimmsten mufs der Stand der Dinge 1736 oder zu Anfang 1737 gewesen sein. Der Helmstedter Theologe Mosheim, der mit Münchhausen fortwährend in Verbindung stand, meinte damals, das ganze Unternehmen laufe auf eine Flickerei hinaus[3]. Das Ergebnis werde im besten Falle eine Anstalt von Landeskindern sein, deren man 4—500 vi et precario am Ende zusammenbringen werde. Mosheim beklagt den grofsen Mann, der

---

[1] Röfsler, Die Gründung der Universität Göttingen (1855), S. 50 ff.
[2] Röfsler S. 6.
[3] Röfsler S. 52.

seinen Eifer, den Wissenschaften aufzuhelfen, an einen so un-
günstigen Boden verwende. Andern Beurteilern schien der
rechte Plan zu fehlen und der Ratgeber zu viele zu sein; was
der eine aufbaue, verderbe der andre. Der Baumeister allein,
mochte sich ihm auch das tantae molis erat oft genug auf die
Lippen drängen, blieb fest und unverdrossen und triumphierte
über alle Widersacher und alle Verzagtheit. Unter den Augen
der wertgeschätzten Neider wie der sorgenvollen Freunde vollzog der Minister die feierliche Inauguration und sah nach wenig
Jahren seine unermüdliche Arbeit, die dem kleinsten wie dem
gröfsten Interesse Aufmerksamkeit schenkte, von Erfolg gekrönt.
Am 1. August 1748 besuchte König Georg II. zum erstenmal die
Universität, und bei der feierlichen Tafel, die er auf dem Rathause hielt, trank er dem Minister auf das Wohl seiner Tochter,
der Georgia Augusta, zu.

Das Jahr 1748 und die nächstfolgenden bilden eine fried-
liche Oase inmitten einer kampferfüllten Zeit. Die Universität
war noch nicht zu ihren Tagen gekommen, als der siebenjährige
Krieg ausbrach und der Stadt wiederholte und langdauernde
Occupation durch die Franzosen zuzog. Nach dem Frieden
bedurfte besonders die Stadt erneuter Hebung und Unterstützung.
Das arme Göttingen, heifst es in einem Briefe Münchhausens
vom Jahre 1763, erfordert fast eine neue Kreation. Zu dem
Glücke, das Göttingen in seinen Anfängen beschieden war, gehört es, einen Kurator wie Münchhausen gefunden zu haben.
Kaum geringer war das Glück, dafs es ihm vergönnt war, fast
vierzig Jahre unter seiner Leitung zu bleiben.

Als die wichtigste Verbesserung nach dem siebenjährigen
Kriege pries man es, dafs der König sich hatte bewegen lassen,
der Stadt »die fürchterliche Gestalt einer Festung ganz zu be-
nehmen«[1], hatte doch der Festungscharakter wesentlich zur
Occupation während des Kriegs geführt. Von dieser Zeit ab
datierte die Bepflanzung des Walles mit Lindenbäumen und mit
Brusthecken, die der Stadt einen unvergleichlichen Spaziergang
verschaffte. Eine Beschreibung Göttingens aus dem Jahre 1761

---

[1] Putter, Versuch einer akademischen Gelehrtengeschichte von der
Georg-Augustus-Universität I (1765), S. 312.

rechnet die Stadt unter die wohlgebaueten Sädte in Niedersachsen. Man war bescheiden in seinen Anforderungen; denn das Lob wird damit begründet, dafs die Strafsen im Winter des Nachts durch Laternen erleuchtet werden, und dafs auf beiden Seiten der Strafsen vor den Häusern ein gutes Pflaster von breiten Steinen gelegt sei. Das war zur Zeit etwas Göttingen Auszeichnendes, und es wird wiederholt mit einem gewissen Stolz der Anerkennung gedacht, die es bei den Franzosen und namentlich den Parisern in den Kriegsjahren gefunden habe[1]. Strafsenpflaster kann nicht beschrieben, es mufs empfunden werden. Es ist deshalb ganz zweckmäfsig, dafs sich einige Reste jener alten Fufsbänke in der Nachbarschaft der Altertumssammlung noch heute erhalten haben. Die Stadt zählte gegen 1000 Häuser; bei der Erbauung neuer zahlte die Regierung eine Zeitlang einen Zuschufs bis zu 30 vom Hundert. Die Zahl der Einwohner belief sich auf 7000 bis 8000; ein Zehntel etwa kam auf die Studentenschaft. Den höchsten Stand, den die Frequenz der Universität im 18. Jahrhundert erreichte, weist das Jahr 1781 auf: nämlich 947, von denen etwa die Hälfte der juristischen Fakultät angehörte. Solche Zahlen erhalten ihren Wert erst durch Vergleichung. Die Zahl der Studierenden beträgt gegenwärtig 1342. So hoch sie, verglichen mit der der letzten siebzig Jahre, erscheint, so bleibt sie doch um 200 zurück hinter dem höchsten im Jahr 1825 erreichten Stand von 1545. Ungleich günstiger fällt wie natürlich der Vergleich zwischen der Stadt der Gegenwart und der Vergangenheit aus. Den 1000 Häusern des 18. Jahrhunderts stellt das Ende des 19. die doppelte Zahl, der Bevölkerung von 7000 mehr als das Vierfache gegenüber.

Handel und Gewerbe in der Stadt hatten sich gehoben. Der Geograph Büsching, der selbst hier in den Jahren 1754 bis 1761 Professor war, rühmt namentlich die Wollenmanufakturen des Oberkommissärs Graetzel und des Kommerzienkommissärs Scharf. »Die Waren, welche diese geschickten Männer liefern, sind sowohl wegen ihrer innern Güte als schönen Farben sehr berühmt und beliebt«[2]. Wenn auch nur nebenher gedenkt er

---

[1] Büsching, Erdbeschreibung III, 3 (1761) S. 2637. Siebente Auflage IX (1792), S. 278.
[2] Büsching III, 3, S. 2452, 2597.

der weit und breit versendeten Göttingischen Mettwürste, die
nach Lichtenberg die Konkurrenz mit den Göttinger Kompendien
siegreich bestanden. »Die litterarischen Produkte und hiesigen
Mettbücher kommen zuweilen wieder zurück, aber man hat kein
Beispiel, dafs je eine Wurst wieder zurückgekommen wäre« [1].

Die Universität war in die Stadt als eine selbständige Korporation eingetreten. Von jeder andern Jurisdiktion eximiert,
war sie selbst mit voller Gerichtsbarkeit über alle ihre Angehörigen ausgestattet. Dazu gehörten auch die Universitätsverwandten, d. h. Bediente und Künstler, die von der Universität
dependieren und Handwerksfreimeister nebst Familien und Gesinde [2]. Der Prorektor und eine ihm beigeordnete Deputation
übten diese Gerichtsbarkeit aus; die höhere Instanz bildete das
Geheime Ratskollegium. Die Stadt stand unmittelbar unter dem
Ministerium; die Polizeiverwaltung in der Stadt wurde durch
eine gemeinsame Kommission der Stadt und der Universität
wahrgenommen. Dafs sie sehr vollkommen gewesen sei, ist
nicht wahrscheinlich. Ein vorsichtiger Mann wie Pütter meinte,
sie gehöre doch nicht zu den unvollkommensten [3], ein Zeugnis,
das um so wertvoller ist, als zur Zeit, wo er dies schrieb, 1765,
sein Schwager Stock aus Braunfels seit zwei Jahren Oberpolizeikommissarius und erster Bürgermeister war. Pütter stellt bei
dieser Gelegenheit einige Sätze über die Polizei in den Städten
auf, die ich um einer bezeichnenden Äufserung willen der Vergessenheit entreifsen möchte: Je gröfser und volkreicher eine
Stadt, desto vollkommener wird ihre Polizei sein. Die Anwesenheit
einer Universität in einer Stadt wird immer ihrer Vollkommenheit etwas im Wege stehen. Zumal wenn die Glückseligkeit
einer gelinden Landesregierung, die hier zur Landesverfassung geworden ist, hinzukommt.

Die Selbständigkeit der Universitätskorporation machte sich
auch in dem Äufsern der Stadt geltend. Seit die Universität in
den Rahmen der Stadt aufgenommen war, gab es in ihr wieder
zwei Mittelpunkte. Der neue der Universität lag dem alten der

---

[1] Lichtenbergs Briefe (Vermischte Schriften VII) S. 8.
[2] Pütter I, S. 314.
[3] Das. S. 313.

Stadt nahe. Wer vom Bahnhof her in die Stadt kommt, und durch die Allee an den Wohnungen von Langenbeck und Thöl, Pütters und der Brüder Grimm vorbeigeht, betritt mit dem Überschreiten der Leinebrücke den ursprünglichen Bereich der Universität. Der Platz, den jetzt die Gebäude der Bibliothek einnehmen, war damals und bis vor zwanzig Jahren zum grofsen Teil frei und nur auf seiner Süd- und Westseite und einem Teil der Nordseite bebaut. Er hiefs der Kollegien- oder der Konzilienplatz, denn hier lagen die Gebäude für die Vorlesungen, wie für die amtlichen Versamlungen des akademischen Senats, damals Konzilium geheifsen. Die die Südseite des Platzes einnehmenden Räume der Paulinerkirche und ein ihr nördlich vorgelegter, aus den erweiterten Klosterlokalitäten erwachsener Anbau dienten dem Universitätsgottesdienst, der Bibliothek und den Vorlesungen. Noch hielt man an dem Zusammenwohnen der Korporationsmitglieder fest. Wohnhäuser von Professoren stiefsen östlich und westlich unmittelbar an das Kollegiengebäude oder lagen in den Nachbarstrafsen. Erst allmählich erweiterte sich der den Zwecken der Korporation selbst dienende Raum. Benachbarte Häuser wurden angekauft und für die Universitätsaufgaben mit verwendet. Am frühesten das auf der Nordseite des Platzes gelegene Haus, das dem letzten Haupte des Göttinger Pädagogiums, Heumann, gehört hatte, und zum Konzilienhaus gemacht wurde. Es war der Sitz der akademischen Behörden und der königlichen Societät der Wissenschaften, beherbergte die Wache und das Carcer, diente als Malerakademie und für die öffentlichen Konzerte oder, um in der akademischen Sprache der Zeit zu reden, für das collegium musicum, obschon Münchhausen für besser und anständiger hielt, Konzerte von solchen Orten wegzulassen, welche zu andern und ernsthaften Objectis bestimmt sind [1]. Nach Verlegung der akademischen Behörden und Anstalten in die 1837 neuerbaute Aula hat das Konzilienhaus als Hilfslaboratorium noch eine Zeitlang sein Leben gefristet, um zu Ende der siebziger Jahre dem Neubau der Bibliothek zu weichen Eine letzte Erinnerung ist die in die städtische Altertumssammlung auf-

---

[1] Nachrichten von der königl. Gesellschaft der Wissenschaften 1893, S. 336.

genommene Carcerthür mit dem Namen O. v. Bismarcks. Die
jetzt unbebaute Westseite des Platzes nahmen Professorenhäuser
ein, unter deren Pfeilern ein freier Durchgang nach dem Papen-
diek lag. Nachher wurden die Räume zur Entlastung der
Bibliothek für die naturhistorischen Sammlungen und das physi-
kalische Kabinett bestimmt. Hierher, in das Arbeitszimmer
Wilhelm Webers, führten die von der Sternwarte ausgehenden
Drähte des ersten elektrischen Telegraphen, der zum erstenmale
um Ostern 1833 seine Dienste zwischen Gaufs und Weber ver-
richtete.

Das Anwachsen der Bibliothek, die schon dreifsig Jahre
nach Stiftung der Universität 60000 Bände umfafste, war das
treibende Element in dem Centrum der Universität. Hatten
Mutter und Tochter eine Zeitlang unter demselben Dache ge-
haust, so drängte die Tochter die Mutter immer weiter zurück.
Der letzte Schritt geschah 1842, als das untere Geschofs der seit
1812 horizontal durchgeteilten Paulinerkirche, das bis dahin noch
als auditorium maximum benutzt war, für die Aufstellung der theo-
logischen Bücher in Anspruch genommen wurde. Von nun ab
war die Bibliothek alleinige Herrin im Hause. Aber noch mehr.
Sie blieb Siegerin auf dem Platze, den man einst als den Sitz
der Universität bezeichnen konnte. Was bis dahin auf engem
Raume vereinigt gelegen hatte, akademische Gebäude und Wohnhäuser der Professoren, verbreitete sich über alle Teile der
Stadt. Durch ihre 1878 begonnenen Erweiterungsbauten be-
mächtigte sich die Bibliothek des ganzen alten Konzilienplatzes,
und an den Anfang der Entwicklung, die Entstehungszeiten der
Universität, erinnert nur noch der südlichste Teil des Bibliothek-
gebäudes, die Paulinerkirche, die die Bücherschätze der Geschichte
aufbewahrt.

Aufserhalb jenes ersten engen Bereichs der Universität lagen
von Anfang an nur solche akademische Anstalten, die eines
gröfsern Raumes oder einer freiern Lage bedurften. Auf einem
alten Festungsturm an der südlichen Stadtmauer befand sich die
Sternwarte, mit Instrumenten ausgestattet, die aus England bezogen waren. So unvollkommen dieser Bau war, so sind doch
hier die Mondtafeln des Tobias Mayer, eine der glänzendsten

astronomischen Arbeiten aller Zeiten, entstanden. Im Norden
der Stadt wurde das Reithaus erbaut; es ist ganz charakteristisch,
dafs dies das erste eigens für die Zwecke der Universität errich-
tete und schon zwei Jahre vor der Inauguration fertiggestellte
Gebäude war. Auf den Besuch der adligen Jugend hoffte man
bei der Errichtung der Universität ganz besonders. Gegenüber
dem Reithause liegt der Eingang zu der Strafse, der Karspüle,
die zum botanischen Garten und der Wohnung Albrechts von
Haller führt, jenes grofsen Gelehrten von universaler Stellung,
der mit dem Philologen Gesner zusammen für die Geistesrichtung,
die die ersten Jahrzehnte der Universität beherrschte, bezeichnend
ist. Zugleich dafür, dafs bei der Gründung Göttingens es nicht
auf ein kurhannoversches Interesse abgesehen war, sondern auf
eine Universität grofsen Stils, mochte sie auch in die kleine ver-
kommene niedersächsische Stadt verlegt sein.

Im 15. Jahrhundert schrieb einmal ein Lütticher Weih-
bischof an zwei Göttinger Ratmannen: *»eyn recht stat maket nicht
kalk noch steyn, sonder als ons leren die heydensche meyster:* mul-
torum civium unitas«[1]. Man darf das ergänzen: eine Universität
macht nicht die Kostbarkeit ihrer Gebäude und Institute, noch
die Zahl ihrer Studenten, sondern der wissenschaftliche Geist.
der die Glieder der Hochschule, Lehrer und Lernende, belebt
und vereint.

Stadt und Universität sind einst als gesonderte Korporationen
entstanden, jede auf ihre Privilegien gegründet. Die hannoversche
Städteordnung von 1851, die Stüve, in den Fufsstapfen des
Freiherrn Karl vom Stein wandelnd, schuf, die neuen Justiz-
organisationen und Verwaltungseinrichtungen und nicht zuletzt
die preufsische Verfasssung haben die Schranken beseitigt, die
einst die Korporationen trennten. Das moderne Gemeinderecht
kennt keine Exemtionen mehr. Die Mitglieder der Universität
sind Bürger des städtischen Gemeinwesens geworden, und die
Gemeinden, haben sie auch dem Staate mit Recht zurückgeben
müssen, was des Staates ist, haben ihr ungeschmälertes Selbst-
verwaltungsrecht wiedererhalten; erst in diesem Jahre ist die

---

[1] Schmidt S. 35.

Polizei in die Hand der Stadt zurückgekehrt. Mögen die beiden in der »Universitätsstadt« vereinigten Gemeinschaften, da sie jetzt auf dem Grunde des gemeinen Rechts zusammenstehen, eine jede an ihrem Platze ihre Aufgabe erfüllen zur Ehre und zum Gedeihen des grofsen Gemeinwesens, dem sie beide zu dienen berufen sind!

III.

GRUNDLAGE
UND BESTANDTEILE DES ÄLTESTEN
HAMBURGISCHEN SCHIFFRECHTS.

EIN BEITRAG ZUR GESCHICHTE DES NORDDEUTSCHEN SEEHANDELS UND SEERECHTS

VON

THEODOR KIESSELBACH.

–

I.

EINLEITENDE BEMERKUNGEN.

Unser ältestes hamburgisches Schifffrecht[1] wurde gegen Ende
des 13. Jahrhunderts, wahrscheinlich im Jahre 1292, von dem
gesamten Rate in Gemeinschaft mit dem Kreise der daran beteiligten Bürger gesetzlich festgestellt. Für die Geschichte des
norddeutschen Seerechts ist dasselbe offenbar von grofser Bedeutung. In ihm, das einer Zeit angehört, wo auf die Rechtssätze des Seeverkehrs an der nördlichen Seite Europas das
römische Recht noch so gut wie keinen Einflufs übte, haben
wir eine Beurkundung von Rechtsnormen vor uns, welche aus
dem Betriebe der Seeschiffahrt und des Seehandels jener Zeit
eigenartig hervorgegangen waren. Von jenen alten Rechtssätzen
aber hat ein Teil, der in das Stadtrecht von 1497 und sodann
in das Statut von 1603 überging, im hamburgischen Seerechte
Jahrhunderte hindurch in Kraft gestanden bis zu der Neugestaltung
des Rechts durch das deutsche Handelsgesetzbuch.

Zu den in den drei hamburgischen Gesetzen wesentlich
übereinstimmenden Normen gehören namentlich diejenigen

	1292:	1497 P:	1603 II:
über die Rhederei	25	1	13,1
	24	2	13,2
über die Flagge	26	4	14,1
über die Aufhebung des Dienst-			
vertrages aufser Landes . . .	12	16	14,13
betreffs Überladung eines Schiffes	23	25	14,24

[1] S. Lappenberg, Die ältesten Stadt-, Schiff- und Landrechte Hamburgs
(1845) S. 75—84 und Anhang. Vgl. Hans. Geschichtsbl. 1872, S. 179—180.

	1292:	1497 P:	1603 II!
über Fautfracht	15	30	vgl. 15,5 letzten Satz;
über den Seewurf	{22 27}	vgl. 33} 38}	16,2
über das Bergen beim Schiffbruch	28	42	17,1
über das Bergen seetriftigen Guts	20	46	17,5
über Ansegeln und Kollisionen .	21	47	17,6.

Als die älteste gesetzliche Quelle des stadthamburgischen Seerechts hat das Schiffrecht von 1292 notwendig einen grofsen rechtsgeschichtlichen Wert. Hinzukommt, dafs das im Jahre 1299 in Lübeck von dem ganzen Rate kraft seiner Machtvollkommenheit festgestellte dortige Schiffrecht [1] bezüglich der seerechtlichen Bestimmungen ein dem hamburgischen, wie eine Vergleichung lehrt, nahe verwandtes Recht darstellt. Dieses lübische Schiffrecht von 1299 läuft unverkennbar dem hamburgischen parallel und bezieht sich auf einen Seehandelsverkehr, der ebenso geartet war, wie derjenige, aus welchem das hamburgische Schiffrecht hervorging. Beide Städte, die Ostsee- und die Nord- (resp. West·) seestadt, besafsen in den am Ende des 13. Jahrhunderts in ihnen gesetzlich festgestellten Aufzeichnungen, im weiteren Sinne genommen, ein gleiches Seerecht.

Am Anfange oder jedenfalls im ersten Teile des 14. Jahrhunderts finden wir das hamburgische Schiffrecht von 1292 auch von Bremen in die Gesetze dieser Stadt aufgenommen [2], von wo dasselbe mit einigen Auslassungen im Jahre 1345, zusammen mit dem bremischen Stadtrechte, nach Oldenburg an der Hunte übertragen ist [3].

Vor ca. sechshundert Jahren also, — weit früher, als aus den Beschlüssen der zur Hanse vereinigten Städte allmählich die Satzungen des sogenannten hanseatischen Seerechts hervorgingen, — wurde bereits ein sehr bedeutender Teil des norddeutschen Schiffsverkehrs über See von den nämlichen oder doch von wesentlich gleichen Rechtssätzen beherrscht. Diese aber finden sich in

---

[1] Abgedruckt im Lüb. U.B. II¹ (1858), Nr. 105.

[2] G. Oelrichs, Vollständige Sammlung alter und neuer Gesetzbücher Bremens (1771) S. 291 ff. und Vorbericht S. XXIV f.

[3] A. a. O. S. 828 f.

ihrer zweifellos älteren Gestalt in dem hamburgischen Schiffrechte von 1292 erhalten.

Aber nicht nur und nicht vorwiegend in rechtsgeschicht-
licher Hinsicht zieht dieses älteste hamburgische Seegesetz die
Aufmerksamkeit auf sich. In noch höherem Mafse und in erster
Linie ist dies der Fall bezüglich der Geschichte der Schiffahrt
und des Seehandels, aus welchen jene Rechtsnormen sich
entwickelten, und deren thatsächliche Verhältnisse sie in ihrer
nach heutigen Begriffen ungelenken, aber anschaulichen, vielfach
konkreten Formulierung in mehr oder minder deutlichen Spuren
erhalten haben. Das bei mittelalterlichen Gesetzen häufig an-
wendbare Bild trifft bei unserem alten Schiffrechte in einem besonderem Mafse zu, dafs es seine Eierschalen noch fast ganz
an sich trägt.

Auf die sachliche Seite nun, auf den Ursprung und die
Grundlage des Schiffrechts von 1292, werde ich versuchen in
dem Nachstehenden des näheren einzugehen. Die Feststellung
des verhältnismäfsig engen und bescheidenen geschichtlichen
Kernes jenes Gesetzes wird uns erst, glaube ich, die Würdigung
seiner einzelnen Bestimmungen ermöglichen. Eine solche Würdigung im einzelnen ist hier nicht der Zweck. Die Einzelbestimmungen sollen nur darauf geprüft werden, ob und wie
sich aus ihnen der Charakter und Ursprung der Aufzeichnung
als eines Ganzen ergiebt.

Eine solche Materialkritik unseres Schiffrechts aber kann
ich trotz der in so mancher Hinsicht vorzüglichen Aufschlüsse,
welche wir den Forschungen und Mitteilungen Lappenbergs über
dasselbe[1] verdanken, nicht für überflüssig, ja mufs sie sogar in
gewissem Sinne gerade wegen derselben für um so mehr geboten
erachten. Denn wenn schon durch seine Untersuchungen der
Handschriften und durch seine Textesausgabe die interessante
alte Urkunde erst ans Licht gestellt, wenn von ihm nachdrück-
lichst auf den geschichtlichen Wert derselben hingewiesen ist, —
(»Unter den hamburgischen Rechtsaltertümern dürfte kaum eines
sein, welches so viele Aufmerksamkeit in Anspruch nehmen
mufs, als das alte Schiffrecht«, ... so beginnt er die Einleitung

---

[1] S. a. a. O. die Noten und die Einleitung, insbesondere § 15.

4*

zu demselben,) — und wennschon er über die einzelnen Bestimmungen desselben und deren Verhältnis zu anderen Rechtsaufzeichnungen, namentlich zu dem lübischen Schiffrechte von
1299, eine reiche Fülle von Belehrung giebt, hat Lappenberg
für die Aufsuchung des Ursprungs und der eigentlichen Grundlage doch vorwiegend nur die Wege angedeutet. Er selbst hat
in dieser Beziehung erhebliche Fragen offen gelassen. So z. B.
äufsert er (S. LXXXIX—CXL der Einleitung), dafs »schon bei
den ersten Artikeln sich die Bemerkung aufdränge, dafs
w e n i g s t e n s e i n T e i l des Schiffrechts zunächst durch autonomische Satzungen der Hamburger Hansen zu Utrecht, sowie
einer ähnlichen zu Ostkerken in Flandern entstanden und demnächst
vom hamburgischen Rate bestätigt sei«, auf eine Untersuchung
aber, ob sich feststellen lasse, w i e w e i t d i e s e r T e i l reiche,
ist er nicht eingegangen. So bemerkt er betreffs gewisser in
der Urkunde bezeichneter Frachtgüter (S. CXLII der Einleitung),
»dafs sie mehr auf Utrecht oder e i n ä h n l i c h e s a l t e s E m -
p o r i u m für den Handel der südlichen und nördlichen Produkte,
als auf Hamburg hinweisen«, e i n e A u f s u c h u n g des ähnlichen
alten Emporiums jedoch sehen wir ihn nicht vornehmen.

Indem man aber die von ihm angedeuteten, von ihm selbst
jedoch nicht begangenen Wege verfolgt, gelangt man nach meiner
Ansicht zu einer Auffassung des Schiffrechts als Ganzen, welche
von der seinigen notwendig abweicht. Die verschiedenartigen
Elemente, aus welchen er das Schiffrecht zusammengesetzt erachtet, ermangeln nach ihm einer inneren Zusammengehörigkeit.
»Dem eigentlichen Schiffrecht« in der Aufzeichnung, so urteilt
er (S. CXLVIII der Einleitung), seien »Gilde- oder Hansestatuten
von Utrecht und Ostkerken mit handelspolizeilichen Tarifen und
Beschlüssen« w i l l k ü r l i c h vorangestellt und eingeschaltet.

Demgegenüber mufs ich die gegenteilige Überzeugung,
welche sich mir bei eingehender Prüfung des Inhalts der Aufzeichnung immer entschiedener aufgedrängt hat, darzulegen
suchen. Gerade in der Zusammengehörigkeit und der inneren
Gemeinschaft der nach Lappenberg heterogenen Bestandteile
liegt, wie ich annehme, die Hauptbedeutung unseres Schiffrechts
für die Geschichte unseres Seehandels und unseres Seerechts
begründet.

II.

DIE ORDNUNG IM SCHIFFRECHT.

Nachdem die ersten Worte des Schiffrechts (1 a) die Entstehung und die rechtliche Grundlage desselben, als eines vaterstädtischen Gesetzes und zwar als einer zwischen dem Rat und den betreffenden Bürgern vereinbarten »Küre« oder »Wilküre«, ausgesprochen und beurkundet haben, giebt sofort die erste Bestimmung (1 b): *So wele use borgher kůmt in Flanderen etc.* sich als eine Satzung der Hanse der hamburgischen Bürger in Flandern unzweideutig zu erkennen. Was sie feststellt, soll und kann nirgendwo anders als dort geleistet werden, und ihr Ursprung kann nirgendwo sonst vernünftigerweise gesucht werden, als in jener Brüderschaft oder Genossenschaft selbst, an welche der in englischer Währung bestimmte Geldbetrag zu zahlen ist, bezw. als in Flandern, wo die zwei vlämischen Pfennige an Unsere Frau St. Marie entrichtet werden müssen.

An die Thatsache aber, dafs wir in unserem Gesetze es sogleich bei der ersten Bestimmung mit einem Rechtsstoffe zu thun haben, dessen Entstehungs- und Geltungsgebiet Flandern, und dessen Entstehungskreis die Hansebrüderschaft der hamburgischen Bürger daselbst war, knüpft sich unwillkürlich und notwendig die Frage, ob und inwieweit auch der übrige Inhalt als von gleichem Ursprunge sich ergebe. Die Beantwortung dieser Frage dürfte von einer für das Verständnis und die Auslegung unseres Schiffrechts grundlegenden Bedeutung sein, indem je nach der Bejahung oder Verneinung wir in der Urkunde Rechtssätze vor uns haben, welche aus dem korporativen Kreise der Bürger im Auslande in das Recht der Vaterstadt, und von Flandern nach Hamburg, übergingen, oder aber dem Ursprunge nach stadthamburgisches Seerecht, das hier nur mit einigen Sätzen jenes genossenschaftlichen Rechts aus dem Auslande aus uns nicht mehr erkennbaren Gründen vereinigt wurde.

Bei dem Eingehen auf diese Frage ist jedoch, um einem Mifs-verständnisse vorzubeugen, noch eine Bemerkung vorauszuschicken. Auf jener Hanse in Flandern lebten die Hamburger Bürger bezüglich der inneren Angelegenheiten ihrer Brüderschaft nach eignem Rechte und übten ihre eigne Gerichtsbarkeit. Das be-

kundet unser Schiffrecht selbst auf das klarste in Art. 3—5. In
Flandern war ihnen eine Autonomie in verhältnismäfsig grofsem
Umfange freigelassen. Nur die eigentliche Kriminaljustiz über
die Ausländer blieb stets bei den flandrischen Gerichten[1]. Die
Bürger nahmen ihr heimatliches Recht mit sich ins Ausland, und
das dort in ihren Angelegenheiten durch Gewohnheit und Autonomie erwachsende und namentlich in den Urteilen ihrer dortigen
Gerichtsbarkeit zur Anerkennung gelangende Recht stand indirekt notwendig auf vaterstädtischem Boden, indem ihr Rechts-
bewufstsein in diesem wurzelte. Rechtsauffassungen und Einrichtungen, welche ihnen dort im Auslande bekannt wurden,
mochten, zumal wenn sie einer viel höheren Stufe der Entwicklung angehörten als das Recht ihrer Heimat, immerhin einen
erheblichen Einflufs auf die Gestaltung des Rechts in ihrem
Kreise üben[2]. Dennoch kann es sich bei der Beantwortung der
hier zu prüfenden Frage nicht darum handeln, ob der Inhalt unseres
Schiffrechts ursprünglich ausländisches, d. h. flandrisches, oder
deutsches, d. h. hamburgisches Recht sei, sondern allein darum,
ob ihn ein von den hamburgischen Bürgern in deren Rechtsprechung auf der Hanse im Auslande anerkanntes, die
dortigen thatsächlichen Verhältnisse ihres Verkehrs regelndes
und aus diesen hervorgegangenes Recht bilde, oder ein den
Verhältnissen der Vaterstadt selbst angehörendes. Bei der
fraglichen Prüfung, ob hansisches oder ob stadthamburgisches
Recht, ist es aber auch nicht die Kompetenz der Hanse im
Auslande und der Vaterstadt, d. h. nicht eine Untersuchung, in
welchem Umfange die in der Fremde zu einer Brüderschaft verbundenen Bürger — der Heimatstadt gegenüber — ihre
dortigen Angelegenheiten zu regeln und ihre Rechtsnormen festzustellen befugt waren, was den hier ins Auge zu fassenden
Gegenstand bildet. An einen politischen Gegensatz zwischen
den alle Jahre zeitweilig im Auslande durch ihren Erwerb zu

---

[1] S. Gilliodts van Severen, Coutume de la ville de Bruges t. II, S. 266
Anm.

[2] »Die norddeutsche Kaufmannswelt berührte sich in Flandern mit einer
ihr weit überlegenen Kultur«, bemerkt treffend W. Stein, Die Genossenschaft
der deutschen Kaufleute zu Brügge in Flandern (1890) S. 7.

einer organisierten Gemeinschaft vereinigten Bürger und eben
diesen Bürgern zu Hause, in dem gröfseren Kreise der Stadt-
gemeinde, zu denken, liegt von vornherein ebenso fern, wie die
Regelung und Normierung der rechtlichen Angelegenheiten in
der Ferne durch jene Gemeinschaft selbst der Natur
der Sache entsprach. Entscheidend vielmehr bei der auf-
geworfenen Frage ist meines Erachtens der bezeichnete Punkt, ob
und inwieweit es die thatsächlichen Verhältnisse des Handels-
und Schiffsverkehrs in jenem Auslande sind, auf welche die im
Schiffrechte enthaltenen Normen und Entscheidungen sich beziehen, und aus welchen sie also in sachlicher Hinsicht hervorgingen, oder ob und inwieweit es die Verhältnisse des Handels-
und Schiffsverkehrs in Hamburg selbst waren.

In dieser Hinsicht nun haben wir es nach meiner Ansicht
nicht nur in den ersten Artikeln unserer Urkunde (— bei deren
Prüfung die angefügten »späteren Zusätze« aufser Betracht bleiben
müssen —), sondern in dem bei weitem gröfsten Teile des Inhalts mit Normen zu thun, welche dem Schiffs- und Handels-
verkehre der Hamburger auf der Hanse in Flandern angehörten.
Das Gewohnheitsrecht und autonomische Recht unserer Flandernfahrer, wie solches sich aus dem altherkömmlichen Schiffahrtsbetriebe, dessen kommerzielles Centrum Flandern bildete, entwickelt hatte und dort notwendig in den Urteilen der Morgensprache Ausdruck gefunden haben mufste, bildet den Hauptstoff
des Gesetzes. Darin spiegelt sich ein anziehendes Stück des
damals in dem Lande zwischen Schelde und Nordsee seinen
Mittelpunkt habenden, nach den Kreuzzügen mächtig entwickelten,
nordeuropäischen Handelsverkehrs wieder, an welchem die norddeutsche Schiffahrt und vor allem die der Hamburger einen hervorragenden Anteil hatte.

In dem Gesetze der Vaterstadt (unserer Wilkür) findet sich
jenes alte hansische Recht der Bürger bestätigt, und zwar, wenn
vielleicht auch mit einzelnen Abänderungen, durchweg in der
ursprünglichen hansischen Formulierung.

Mit dem ebenbezeichneten Grundstoff verbindet das Schiffrecht von 1292 noch zweierlei andere, dem Umfange nach viel
geringere Bestandteile. Der eine besteht in einigen Sätzen,
welche dem Gewohnheitsrechte der Hamburger Hanse in Utrecht

angehörten, in jenem damals bei dem starken Schiffsverkehre
durch die Zuidersee und weiter in die Gewässer des Rheines, der
Maas und der Schelde wichtigen Durchgangsplatze. Es sind das
die Artikel 17—19 und die beiden kurzen Bemerkungen über
die Hanse in Utrecht in Art. 1 c und in Art. 2. Auf einen
inneren Zusammenhang beider hamburgischen Hansen läfst der
Umstand schliefsen, dafs ein Teil des Schiffsverkehrs über
Utrecht nach Flandern ging. Auch die Bestimmung, dafs
ebenfalls in Utrecht »zwei Pfennige Unserer Frauen« zu
zahlen waren, und die Art, wie sie sich der entsprechenden
Vorschrift bezüglich der Abgabe in Flandern (Art. 1 b) anschliefst, deutet auf solchen Zusammenhang. Auf diesen Punkt
kann hier jedoch nur im Vorübergehen hingewiesen werden.
Die Frage nach dem Ursprunge jener Sätze auf der Hanse
in Utrecht berührt er nicht. Dafs aber nur die bezeichneten Sätze des Schiffrechts nach Utrecht gehörten und nicht
noch andere, ergiebt sich nicht blofs, wie ich glaube, aus einer
näheren Prüfung des Inhalts beider Teile, sondern auch mit
Bestimmtheit aus einer Vergleichung des hamburgischen Gesetzes
mit dem lübischen Schiffrechte von 1299. Denn auch die
lübische Rechtsaufzeichnung besteht im grofsen und ganzen aus
den Rechtsätzen der Hanse der Lübecker in Flandern. Gerade
durch den Ursprung beider Seegesetze aus demselben Seeverkehr
und aus demselben lokalen Centrum ging die grofse Übereinstimmung hervor, auf welche im einzelnen noch wiederholt
zurückzukommen sein wird, auf welche hier nur nachdrücklich
verwiesen wird. Die Rechtsnormen gehen durchweg parallel.
Von einer Hanse der Lübecker in Utrecht weifs aber das
lübische Schiffrecht nichts. Eine solche hat offenbar nicht
existiert. Die auf die hamburgische Hanse in Utrecht bezüglichen Normen des hamburgischen Gesetzes fehlen demnach in
dem lübischen. Diese im lübischen fehlenden sind aber die
obenbezeichneten und unter den dabei in Betracht kommenden
nur diese.

Als ein zweiter Bestandteil, gering an Umfang, aber wichtig
durch die sich darin aussprechende Erstarkung Hamburgs in
seiner Stellung nach aufsen, finden sich in das alte flandrisch-
hansische Gewohnheits- oder autonomische Recht die Bestimmungen

Artikel 4, 5 und 26 eingefügt, wonach einerseits den Bürgern
bei Androhung schwerer Geldbufse und Rechtsnachteile untersagt
wurde, in Streitigkeiten unter einander sich an die flandrischen
Gerichtsbehörden zu wenden, — den »baliu« und den Sculteten, —
und eingeschärft wurde, nur in ihrer Morgensprache Recht zu
suchen, wobei die Berufung an den Rat der Vaterstadt, »das
auf das Haus (das Rathaus) ziehen«, vorbehalten und bezüglich
des zu erlegenden Succumbenzbetrages normiert ward; und wonach andererseits den Bürgern, den Schiffsherren, befohlen, und
den Gästen verboten wurde bei gleich scharfer Bufse, das Er-
kennungszeichen der Stadt zu führen — *enen roden vlugher* —,
die rote Flagge, unter welcher bis zur jetzigen Neugestaltung
des deutschen Reiches die hamburgischen Schiffe fast sechs Jahrhunderte hindurch die Meere durchfahren haben.

Alle drei Elemente nun, welche ich wohl ohne Besorgnis
von Mifsverständnis als das flandrische, das utrechtische und
das stadthamburgische bezeichnen darf, sind im Schiffrechte in
einer Weise verbunden, welche eine, wenn zwar nicht ins ein-.
zelne streng durchgeführte, vielleicht auch durch nachträgliche
Einschiebsel beeinträchtigte, aber doch im ganzen wohl geordnete
Gliederung erkennen läfst.

Bevor ich diese Gliederung hervorhebe, mufs ich hinweisen
auf einige Verhältnisse des damaligen Seeverkehrs, welche den
Bestimmungen des Schiffrechts zu Grunde lagen und durch diese
selbst mehr oder weniger deutlich uns vor Augen treten.

Der Schiffer wird bezeichnet als der Schiffsherr (Art. 7
bis 14, 16, 17, 22, 23). Als alleiniger Eigentümer oder doch
Miteigentümer führt er das Schiff. Wo »Compane« dasselbe zusammen haben, fahren sie gewöhnlich auch zusammen auf demselben. Die »Compagnie« dürfte regelmäfsig aus einer kleinen
Zahl von Personen, meist wohl nur zweien, bestehen. Dafür
spricht der Ausdruck in Art. 24, 25, wo von zwei Teilen und
von zwei Leuten die Rede ist, und die Art, in welcher die
Auflösung und Auseinandersetzung mittelst »setten« und »kesen«
geregelt ist. Der Modus kann ursprünglich nur da in Anwendung
kommen, wo der Setzende und der Kiesende befahrene Männer
sind, und jeder von ihnen das Schiff zu führen vermag. Vor
etwa einem Dutzend Jahre schilderte mir in Finkenwerder ein

alter Kapitän die übliche Weise der Auseinandersetzung zwischen
den Miteigentümern eines der dortigen Fischerfahrzeuge im
Wege von ›kesen‹ und ›setten‹, so wie unser Schiffrecht sie
angiebt.

Wenn der Schiffsherr (›sowelc man‹, ›sowan so ein man‹)
sein Schiff nicht selbst beladet (der im Art. 16a und in Art. 18
beregte Fall, welcher bei den kleinen Schiffen der ältesten Zeit
des Seehandels ohne Zweifel häufig war), sondern es vermietet
und fremdes Gut darin über See bringt, gehen die Befrachter
— ›vruchtlude‹ — ausnahmslos noch mit ihrem Gute. Demgemäfs fällt die Verantwortung und Sorge auf der Reise für dasselbe erst in einem sehr geringen Umfange dem Schiffer zu.
Das Receptum des entwickelten römischen Seerechts kennt unser
Schiffrecht nicht.

Neben der Fracht an den Schiffsherrn für den Gebrauch
des Schiffes laufen für die Dienste bezüglich des Frachtgutes,
welche die Schiffsleute den Befrachtern leisten, selbständige Verpflichtungen der letzteren an die ersteren her. So für das Ein-
und Auswinden, für das Kühlen des Getreides unterwegs (Art. 16).
So die Verbindlichkeit, dem Steuermann und jedem Schiffsmanne
eine Verbesserung ihres Lohnes zu zahlen bei gewissen von
ihnen, den Mietern des Schiffes, bestimmten Änderungen und
Erweiterungen der Reiseroute (Art. 10). Beim Schiffbruch hat
der Schiffsherr — nach vorgängiger Bergung der notwendig in
erster Linie zu rettenden Werte — den Befrachtern lediglich das
Schiffsboot zu leihen, damit sie darin die Bergung ihres Gutes
vornehmen können (Art. 28). Zu einem Mittragen des Schadens,
welchen der Schiffer in Seenot absichtlich dem Schiffe durch
Kappen des Mastes oder der Taue zufügt, sind sie nur verbunden, falls sie zu dieser Mafsregel ihre Zustimmung gaben
(*dar ne werde wilkore ane dan*: Art. 22 b).

Der Verkehr der hamburgischen Schiffe im 13. Jahrhundert,
dessen Spuren das Schiffrecht bewahrt, ist nach heutigen Begriffen auf einen engen Gebietsraum beschränkt. Es reicht dieser
jedenfalls nicht über die Gewässer an der nördlichen Seite
Europas hinaus. In das Mittelmeer und von daher gehen ersichtlich die Fahrten nicht. Bei den Abladungen von Feigen
und Mandeln (Art. 16 uu, vv) ist jedenfalls nicht an Verschiffungen

von jenseits Cadix zu denken[1]. Unter den genannten Landstrichen und Städten findet sich im Schiffrechte kein südlicherer Abgangspunkt als Rochelle (Art. 9b, 1600). Im Nordosten bildet Gothland, also Wisby, den äufsersten namhaft gemachten End- bezw. Anfangspunkt der Verfrachtungen (Art. 6a, 9a).

Aber innerhalb des geringen räumlichen Umfangs des fraglichen Seeverkehrs erscheint dieser inhalts unseres Gesetzes als von einer Stetigkeit, Gleichförmigkeit und Unveränderlichkeit der ihm zu Grunde liegenden wirtschaftlichen Verhältnisse, in die wir uns nur schwer zurückversetzen können. Denn, wenn nicht nur für das Ein- und Auswinden der Frachtgüter und für das Kühlen des Korns, was verständlich, die Gebühren durch Rechtssätze feststehen (Art. 16), sondern nicht minder, und also ein für allemal, der im festen Verhältnis zum Lohne der Mannschaft stehende sog. »Vorlohn« (vorlone: Art. 6, 17a, 19) und damit der Lohn, sowie der zu diesem hinzutretende Vorteil der sog. Führung (voringhe, Paccotille) der Schiffsleute, so weist das auf dauernd stationäre Verhältnisse hin, die uns fremd sin. Der Seehandel erscheint noch gebunden in den Bestimmungen eines festen und engen Gilde- oder Hanserechts.

In dem Gesetz nun scheint mir der Stoff geordnet zu sein wie folgt:

Zuerst die Beziehungen der hamburgischen Bürger zu ihrer Hanse — der Brüderschaft oder Gilde — in Flandern: die Abgaben, der Sitz der Hanse und der Fall einer etwaigen Verlegung, die Versammlungen und die Gerichtsbarkeit (Art. 1—4).

---

[1] Es sei hier verwiesen auf das alte Seebuch, welches die Commerzbibliothek zu Hamburg besitzt. Dasselbe, herausgegeben von K. Koppmann (1876) und von ihm in Verbindung mit A. Breusing und Chr. Walther mit einem vortrefflichen Kommentar versehen, beginnt in seinem ersten und ältesten Teile mit den Segelanweisungen bezw. den Angaben der Ebbe- und Flut-Zeiten und -Strömungen von Cadix (Calismains) ausgehend nordwärts. Darüber hinaus vom Süden her enthält es keine. Die Abfassungszeit der ursprünglichen Redaktion glaubt Koppmann »mit gutem Gewissen«, also wohl mindestens, ein Jahrhundert vor die der uns erhaltenen, aus der 2. Hälfte des 15. Jahrhunderts stammenden Exemplare setzen zu dürfen. Einleitung S. XII. Vgl. auch Fragment des Seebuchs im Jahrb. d. V. f. nd. Sprachforschung Jahrg. 1876, S. 80—82.

Eingeschaltet sind bei den Abgaben und bei dem Sitz die entsprechenden Bestimmungen von Utrecht (Art. 1 c, 2). Es sind
angeschlossen die bei Angehung der ausländischen Behörden an
die Stadt Hamburg verwirkte Bufse und die Berufung an den
hamburgischen Rat, als das Obergericht (Art. 4 a, 5).

Sodann das Verhältnis der Schiffsherren, des weitaus wich-
tigsten Teiles der hamburgischen Bürger auf der Hanse in
Flandern, zu ihrem Schiffsgesinde (Art. 6—12): Lohn,
Verhalten, die sog. Führung, Lohnverbesserung, Lösung des
Dienstes.

Es folgt das Verhältnis der Befrachter zu den Schiffsherren und den Schiffsleuten (Art. 13—16): Dauer der Sommer-
miete, Fracht, Fautfracht, Gebühren für Ein- und Auswinden.

Hiermit schliefst der sich auf die Vertragsverhältnisse beim
Schiffahrtsbetriebe bezügliche Teil des flandrisch - hansischen
Rechts. Mit dem Art. 20 beginnen dann Bestimmungen, welche
Fälle von Haverei betreffen.

Angeschlossen jener ersten Abteilung und vor den Normen
über Seeunfälle finden sich eingefügt:

Die Beziehungen der Schiffsherren zu ihrem Schiffsgesinde, wie solche auf der hamburgischen Hanse in Utrecht
geregelt sind (Art. 17 und 18), mit dem anscheinend späteren
Einschiebsel Art. 19.

Hierauf die weiteren flandrisch-hansischen Sätze von Havereifällen (Art. 20—23, 27, 28): Bergen über Bord gegangenen
Frachtguts, Ansegelung und Kollisionen, Seewurf, Schaden bei
Überladung des Schiffes, Reihenfolge der Benutzung des Schiffs-
bootes beim Schiffbruch.

Aufser der Ordnung und an unverständlicher Stelle allerdings stehen die beiden von der Compagnie und dem Mit-
eigentum an Schiffen, sowie von deren Aufhebung handelnden
Artikel 24, 25. Unter der Aufschrift *van den reeders* finden wir
dieselben völlig umgestellt im Schiffrecht des Stadtrechts von
1497 wieder [1], wogegen letzteres, insoweit als es den Inhalt des
alten Schiffrechts in sich aufgenommen, im übrigen die Ordnung
des Stoffes ziemlich getreu beibehalten hat.

---

[1] Artikel 1 und 2 daselbst.

Jenen zwei Artikeln von der Rhederei ist in Artikel 26 der wichtige von der hamburgischen Flagge hinzugefügt.

III.

DER ORT DER HANSE.

Nach der Darlegung, dafs der Stoff des Gesetzes eine Ordnung und Zusammengehörigkeit darthut, wende ich mich zu dem Orte der hamburgischen Hanse in Flandern, Ostkerken (Art. 2).

Der Ort, jedenfalls der Name, ist noch vorhanden, nordwärts von Damme, nur 2—3 Kilometer von diesem entfernt [1].

Die nach Bremen gelangte Handschrift des hamburgischen Schiffrechts enthält an Stelle von Ostkerken den Namen Hoke [2]. Letzteres liegt etwa 3 Kilometer nördlich von Ostkerken [3].

Als der Sitz der Hanse der Lübecker ist im lübischen Schiffrechte von 1299 ebenfalls Hoke (*to deme Hoke*) — Houck genannt [4].

Wie nun verhielten sich die Hansen der Ostsee- und der Nordseestadt zu einander?

Die beiden Rechtsaufzeichnungen zeigen, dafs eine Verschmelzung der zwei Hansen nicht stattfand. Von der auf beiden gleich hohen Abgabe an die Brüderschaft verthaten die Hamburger auf ihren Gelagen zwei Drittel und legten ein Drittel in den Block (*bloc*), während die Lübecker zwei Drittel in die Büchse (*de bussen*) legten und ein Drittel *blideliken* verthaten. Die Abgabe der 2 vlämischen Pfennige an Unsere Frau St. Marie [5] kennt das lübische Schiffrecht nicht. Die hamburgischen und die lübischen Schiffsherren hatten das Zeichen je ihrer Stadt zu führen: *enen roden vlugher* bezw. *enen lubeschen vloghel* [6].

---

[1] S. Reymanns Specialkarte 327: Brügge.
[2] S. Oelrichs a. a. O. S. 291 3. Abs.
[3] S. Reymann a. a. O.
[4] Lüb. Art. 2, 4.
[5] Hamb. Art. 1 b.
[6] Hamb. Art. 26. Lüb. Art. 27.

Die Vorschrift, welche »den Gästen« der Hamburger das Führen des hamburgischen *vlughers* verbietet, findet analog im lübischen Rechte sich nicht u. s. w.

Dafür aber sprechen mehrere Gründe, dafs beide Hansen an demselben Orte ihren Sitz hatten, wenigstens am Ende des 13. Jahrhunderts, und dafs dieser Platz im Jahre 1299 Houck war.

Den Schiffsherren aus Lübeck und deren Schiffsleuten schärfte ihr Recht ein, Sonntags ihre Bank, die *der heren van Lubeke*, zu besuchen, und der lübische Kaufmann wurde darin gebeten und nachdrücklich bedeutet, — also wohl auch für den Fall, dafs er auf einem nicht lübischen Schiffe sein Frachtgut nach Flandern gebracht hatte, — die Bank der Lübecker zu besuchen »zu seiner Stadt Ehre«. Diese Bestimmungen lassen vermuten, dafs die Hansen — und an welche andere als an die hamburgische dürfte hier als Nachbarin der lübischen zu denken sein? — nahe bei einander lagen. Darauf, dafs die Hamburger einige Zeit nach Abfassung unserer Wilkür von Ostkerken nach Hoke verzogen sind, weist die bremische Handschrift.

Als ein Lösch- und Lager- resp. Ladeplatz am Zwin tritt uns Ostkerken in einer Urkunde von 1247 deutlich vor Augen[1]. Der Ritter Wilhelm von Ostkerken räumte den Bürgern von Damme einen Weg neben dem Deiche über sein Land ein für alle Arten von Frachtfuhrwerk, so breit, dafs zwei beladene, einander begegnende Wagen bequem an einander vorbei fahren können. Die Wegstrecken werden genau bezeichnet. Güter und Gerätschaften aller Art sollen darauf gefahren werden dürfen[2]. Dagegen findet sich meines Wissens in keiner Urkunde aus einer späteren Zeit, als der der Feststellung unseres Schiffrechts, Ostkerken wieder genannt. Die nachdrückliche Vorschrift, dafs »nirgendwo anders, als in Ostkerken« die Hanse gehalten werden solle mit der Klausel: »es wäre denn, dafs der Oldermann sie nach Beratung mit den Hansebrüdern anderswohin

---

[1] S. Warnkönig, Flandrische Staats- und Rechtsgeschichte u. s. w. II[1] (1837), U.B. der Stadt Dam Nr. CXIV.

[2] »*mit allen goede*« »*mit alre hande goede ende instrumente te vaernn*«.

verlege‹, scheint selbst darauf zu deuten, dafs bereits zur Zeit ihrer Feststellung Gründe und Interessen für und gegen ein Festhalten dieses Platzes vorlagen und gegen einander stritten. Darauf, worin die letzteren zu suchen sein dürften, mufs ich hier eingehen.

Ostkerken und Hoke lagen damals am Zwin, der weiten Bai, welche das Hafenrevier von Brügge bildete. Die für den Zustand Flanderns etwa um das Jahr 1300 von Gheldolf oder doch auf dessen Veranlassung entworfene Karte[1] zeigt beide Orte am l i n k e n Ufer der stromartig sich ausdehnenden Bucht. Zwischen ihnen lag Monikereede (Monckerede, Munnikereede), Ostkerken, wie schon bemerkt, ganz nahe bei Damme, Hoke etwas weiter abwärts, dem Meere näher.

Es ist bekannt, wie diese einst so berühmte Seebucht — welche bezüglich ihres Entstehens, ihrer Verzweigung und ihrer Veränderungen[2], bezüglich der zahlreichen Benennungen, unter welchen sie in den Urkunden begegnet: Zwin, Zwjn, Swyn, Swin, Swen, Cenum, Sincfal, Cincval, Cincfala u. s. w., bezüglich der politischen Vorgänge, welche sich in ihr abspielten, vor allem aber in Hinsicht auf den Seehandel im Mittelalter in hohem Grade die Aufmersamkeit auf sich ziehen mufs — so gut wie bis auf die letzte Spur verschwunden ist. Wo einst im breiten Gewässer tief landeinwärts die Seeschiffe fuhren in ungezählter Menge, hat Sand und Schlick, unter Nachhülfe von Menschenhand durch Eindeichung zahlreicher Polder, festen Boden geschaffen. Fortgesetzte Anstrengungen zwar sind von Brügge gemacht, die Zugänge zur See durch das Zwin sich zu erhalten, resp. wiederzugewinnen. Kanäle sind gegraben, ein grofser Landstrich wurde preisgegeben, indem man den Seedeich einschnitt, um das Meer wieder einströmen zu lassen, allein der Prozefs des An- und Aufschwemmens von Land war unaufhalt-

---

[1] Dieselbe findet sich dem 1. Bande von W a r n k ö n i g s angeführtem Werke angefügt; und ebenso der Ausgabe und Überarbeitung desselben in f r a n z ö s i s c h e r Sprache von G h e l d o l f tome 1 (1835).

[2] S. darüber Alphonse Belpaire, De la plaine maritime depuis Boulogne jusqu'au Danemark (1855) § 43 und die dort wieder abgedruckte Abhandlung des Vaters Antoine Belpaire, Sur les changemens, que la côte d'Anvers à Boulogne a subis etc. (1825).

sam und unüberwindlich [1]. Brügge wurde immer mehr von der See abgedrängt, wobei die Zunahme der Gröfse und des Tiefganges der Schiffe mitgewirkt haben wird. Seinem maritimen Niedergange entsprach das Emporblühen Antwerpens auf nicht flandrischem Boden, aufwärts an der Schelde.

In der 1589 zu Amsterdam gedruckten Übersetzung »des Spiegels der See« von dem »weitberühmten Piloten und Schiffssteuermann Lucas Johannes Wagener von Enckhuisen« (S. 738) lesen wir bereits: »Brug ist die schönste Statt des gantzen Niederlandes an Gebäw und Herrlichkeit, weit berühmt durch die grofse Hantirung so vor Zeiten daselbst ist getrieben worden« u. s. w. . . . . »aber, nachdem ihr Flufs [2] oder Riviere, das Swy (Zwin) geheifsen, mit Sandt verlauffen und zugeschuttet, hatt der Kaufhandel abgenommen und ist nach Antorf verzogen«.

Die Umgestaltung des Zwin, namentlich die Veränderung der Wasserläufe und ihrer Tiefe, sowie der Beschaffenheit der Ufer wird in Ermangelung zuverlässiger alter Karten sich nur in geringem Mafse aus urkundlichem Material feststellen lassen. Einige durch die allmähliche Umgestaltung herbeigeführte Änderungen des dortigen Verkehrs der Seeschiffe treten jedoch deutlich hervor.

Seit dem Ende des 12. Jahrhunderts bis ins 14. bildete die Stadt Damme (le dam), eine Meile nordwärts von Brügge gelegen und mit ihm durch die Reye, einen mittelst Schleusen kanalisierten Flufs, verbunden [3], den verkehrsreichen eigentlichen Seehafen jenes Weltmarkts. Zu diesem Hafen am

---

[1] Gegenwärtig wird ein Kanal hergestellt, der für Brügge einen Ausgang zur See über Heyst zu schaffen bestimmt ist, mit einem Binnenhafen in Brügge nnd einem Hafen zum Anlaufen der Schnelldampfer an der Küste bei Heyst; s. die Schrift: Compagnie des installations maritimes de Bruges Le Port d'escale et Le Port intérieur de Bruges. Bruxelles Impr. A. Lesigne (1898).

[2] Die Bezeichnung als Flufs findet auch in einer Urkunde v. 1297 (in fluvio Zvene): Höhlbaum, Hansisches U.B. 1, Nr. 1237.

[3] 1288 macht Damme gegen Brügge bei einem Streite über Deichlast geltend: Ke cil de Bruges faisaient, quand il leur plaisait, monter et avaler l'eawe de le dite Reye par leur espoie dou Dam par mener et remener leur marchandise a nef . . .: Warnkönig a. a. O. II², Nr. CXXV; vgl. das. Nr. CV.

oberen Winkel des von Seedeichen [1] umschlossenen Zwin und zu seinen Nachbarplätzen [2] ging der grofse überseeische Schiffsverkehr in jener Zeit.

Im Laufe des 14. Jahrhunderts trat das zweimal so weit von Brügge belegene Lammnisvliet, welches in seinem Namen Sluis (l'Écluse) auf eine neue Anlage an jenem Wasserbecken hinweist, als der eigentliche Seehafen Brügges an die Stelle von Damme [3]. Der Zugang und das Hinaufsegeln zu letzterem wurde durch die Anschwemmungrn immer schwieriger.

Das gleiche Geschick hat später dann ebenfalls Sluis getroffen. Der ganze Norden Flanderns ist, was uns seine zahlreichen Polderländereien noch deutlich zeigen, seit den früheren Zeiten vollständig verändert.

Wenn man die Beschaffenheit und die Geschichte des Zwin erwägt, so liegt die Vermutung nahe, dafs es die Wasserverhältnisse gewesen sind, welche die Verlegung der Hanse von dem oberhalb gelegenen Ostkerken nach dem weiter abwärts am Zwin belegenen Hoke bewirkten — zwischen 1292 und 1299.

Aber, wie dem auch sein mag, jedenfalls war es gegen Ende des 13. Jahrhunderts, zur Zeit der Abfassung des Schiffrechts, noch die Stadt Damme [4] und der obere Teil des Zwin, bis wohin die Schiffe, deren Frachtgüter nach Brügge bestimmt waren, segelten. Daran ist nachdrücklich zu erinnern, weil, wenigstens bei früheren Schriftstellern, die Verschiedenheit der kommerziellen Verhältnisse im Zwin zu den verschiedenen Perioden oft ganz aufser Augen gelassen erscheint. Der frühere Zustand war vergessen, man übertrug den späteren auf die ältere Zeit, und damit hing, wenn ich nicht irre, auch eine Verdunkelung der eigentlichen Bedeutung unsres Schiffrechts und wohl nicht blofs dieses mittelalterlichen Seegesetzes zusammen [5].

---

[1] »tra Cassante (Cad sand) e Brugia«: Dante inferno XV.

[2] pertinentiis ejusdem ville, wie es am Eingange der Dammer Zollrolle von 1252 heifst: s. Höhlbaum Nr. 432; vgl. Nr. 433.

[3] Über einen »hanzehoff« der hamburgischen Kaufleute in Sluys s. H.R. I, 6, Nr. 474 v. 1417, 556 A § 75, B § 51.

[4] Auf die Eventualität der Verlegung des Orts oder der Eindämmung des Wassers wurde schon 1228 Bedacht genommen: Höhlbaum I, S. 91 Anm. 1.

[5] So z. B. nannte Sartorius das Zwin »den Hafen von Sluis« (ohne

Ostkerken sowohl wie Hoke[1] waren Nebenplätze des Hafens von Damme, von welchen also ersteres anscheinend von den Hamburgern um 1299 bereits aufgegeben und mit letzterem vertauscht war, neben welchem Platze wir in den Urkunden der späteren Zeit verschiedentlich das unterhalb Ostkerkens belegene Monikereede[2] als einen Lösch- und Lagerplatz genannt finden, welcher Ort gänzlich verschwunden zu sein scheint[3]. Damme aber konnte nach Warnkönigs Bezeichnung (II, S. 16; vgl. I, S. 382) »als eine Ausdehnung der Stadt Brügge angesehen werden und stand auch zu ihr in einem untergeordneten Verhältniss«.

Die in der Geschichte des Seehandels vergessenen Namen Ostkerken und Hoke in den beiden Schiffrechten von 1292 und 1299 dürfen uns darüber nicht täuschen, dafs wir es bei diesen Aufzeichnungen mit dem grofsen Schiffsverkehre Brügges zu thun haben, an welchem die Schiffe beider Städte, in erster Linie aber diejenigen Hamburgs, damals seit alter Zeit einen sehr bedeutenden Anteil nahmen. Von den verschiedenen Küsten und Plätzen führten sie jenem Weltmarkte die Landesprodukte und Waren zu, darunter selbstverständlich auch die aus der eignen Heimat und deren Umgegend, bezw. Hinterlande.

Zeitbestimmung), und ging von diesem Sachverhalte auch bei einer Urkunde von 1244 aus; s. in »Urk. Geschichte der deutschen Hansa« (1830) Bd. I, S. 213 Anm. 1; Bd. II, S. 49 Anm. 1. Ähnlich Hoffmann, Gesch. des Handels, der Erdkunde und Schiffahrt« (2. Aufl. 1847) S. 407; Scherer, Allgemeine Geschichte des Welthandels Teil I (1852), S. 365; Beer, Allgemeine Geschichte des Welthandels 2. Abteilung (1862), S. 171. Elard Meyer in der Dissertation de historia legum maritimarum medii aevi celeberrimarum (1824) äufserte, Damme habe, weil nicht an der See, sondern im Binnenlande gelegen, ein eigenes Seerecht nicht haben können; Portus Dammi erat urbs jam memorata Sluis. Scherer a. a. O. Teil I, S. 360 Anm. spricht seltsamer Weise von einem aus dem neunten Jahrhundert stammenden Seegesetze der Stadt Damme.

[1] Über das aus der Stadtrechnung Brügges vom Jahre 1402—3 ersichtliche Haus der Österlinge zu Hoke (Houk) vgl. Koppmann, Hans. Geschichtsblätter Jahrg. 1875, S. 130.

[2] Z.B.HR. I, 7, Nr. 801 § 5: *van aller houde (Holz), dat men ten Damme, to Monnekereyde unde ten Huke upsettet;* vgl. Nr. 803 § 6.

[3] So wenigstens nach Henri Pirenne, Geschichte Belgiens, übersetzt von Fr. Arnheim (1899) Bd. I, S. 288.

Gerade für diejenigen Frachtgüter, welche die Schiffe
brachten, wenn sie »von Haus« kamen, — von wo sie früh im
Jahr bei wieder offenem Wasser in zahlreicher Flotte auszusegeln
pflegten —, dürfte der hauptsächliche Lösch- und Niederlegungs-
platz einer jener Vororte am Zwin, Ostkerken, bezw. Hoke,
gewesen sein. Der Sitz der Hanse daselbst richtete sich also
nach dem bei der ersten Ankunft der Schiffe in Flandern,
d. h. im Zwin, regelmäfsigen Liegeplatze. Dieser Liege-
und Löschplatz konnte aber unmöglich bei Anbringung aller
Arten von Frachtgütern, welche auf hamburgischen Schiffen
nach dem Zwin verschifft wurden, — für die lübeckischen Schiffe
galt entsprechend dasselbe —, aufgesucht und gewählt werden.
Die Thatsache, dafs die betreffenden Schiffe auch an anderen
Plätzen des Zwin lagen, ergiebt der lübische Artikel 2, worin
der allsonntägliche Besuch der vaterstädtischen Bank jedem
Bürger vorgeschrieben wird, *de ein schiphere is unde to deme .
Hoke licht mit sineme schepe oder anderswar in deme Swene.
de dar comen mach to deme Hoke.*

Die aus dem Jahre 1323 stammende Urkunde des Grafen
Ludwig [1], in welcher die Verhältnisse des neuen Hafenplatzes
Sluis zu Brügge festgestellt wurden, enthält bezüglich der verschiedenen Frachtgüter und der Plätze im Zwin, wo sie bisher
gelöscht und niedergelegt zu werden pflegten, Angaben, welche
auch für die hier in Betracht kommende Zeit des 13. Jahrhunderts Aufschlufs über den fraglichen Punkt geben dürften.

Darnach sollten alle Arten der in das Zwin gebrachten
Güter vor ihrem Verkauf und Kauf nach Brügge, als ihrem
rechten Stapelplatze, gebracht werden, jedoch mit gewissen
bezeichneten Ausnahmen. Zu diesen gehörte einerseits
eine Anzahl von Warenarten, welche man in Damme nieder-
legen könne, weil die Kaufleute sie dort lieber als in Brügge
lagerten. Unter diesen finden sich an erster Stelle: Weine
(von denen ein Teil wieder seewärts ging). Sodann aber wird
eine Reihe anderer Frachtgüter angegeben, welche man innerhalb des Schöffentums von Damme, in Hoke und Monikereede, ausschiffen könne. Zu diesen gehörten getrocknete

---

[1] Höhlbaum 2, Nr. 401.

Fische, Getreide, alle zum Schiffsbau gehörenden
Hölzer und Schiffsgeräte, Teer — gerade solche Frachtgüter, welche uns in in dem Schiffrechte als mit hamburgischen
Schiffen von Haus, d. h. von Hamburg, nach Flandern gehend,
bezeichnet sind.

IV.

DIE EINZELNEN BESTIMMUNGEN DES ERSTEN TEILS.

Die Generalklausel am Schlusse der Gebührensätze für das
Ein- und Auswinden: *unde al is id bi englischen ghelde gheseghet*
(Art. 16 yy) weist auf einen gemeinsamen Ursprung der
Liste. Die in dieser sich findenden Ansätze nach anderem Gelde,
als englischem, erscheinen darnach als Zusätze gegenüber einer
früheren Fassung, auf welche die Klausel paſste.

Für die Anwendung und Maſsgabe der Sätze des Art. 16
war es notwendig ein gemeinsames Erfordernis, daſs diese
durch objektives Recht, sei es zufolge von Gewohnheit oder ge-
setzgeberischem Willen, festgestellten Gebühren, wenn streitig oder
nicht gezahlt, einer Rechtsprechung unterlagen, für welche dieses
Recht verbindende Kraft hatte. Eine nach hamburgischem Rechte
oder, um den weiteren Ausdruck zu gebrauchen, nach dem
Rechte der Hamburger entscheidende Rechtsprechung steht
inhalts unseres Schiffrechts nur für drei Orte in Frage: Hamburg
selbst, Ostkerken (bezw. Hoke) und Utrecht.

Für das Ein- und Auswinden war von den Kaufleuten
(vruchtluden, vrachters 1497) dem Schiffsgesinde zu zahlen.
Ablade- und Bestimmungsorte kommen also in Frage.
Eine Einheitlichkeit der ersteren ist ausgeschlossen, denn
die bezeichneten Frachtgüter zeigen uns die hamburgischen
Schiffe mit Waren aus sehr verschiedenen Gegenden und an
sehr verschiedenen Plätzen beladen. Wir sehen u. a. Verschiffungen
aus dem Norden, von England und Irland, von Hamburg, von
Frankreich und aus dem Rheinlande. Ein den Plätzen des
»Einwindens« gemeinsames Recht der Hamburger konnte es
nicht geben. Der für diese Gebühren entscheidende Ort, wo

erforderlichen Falls die Rechtshilfe anzugehen war, mufste aber auch der Natur der Sache nach der Ort der Bestimmung sein. Hier trennten sich Ladung und Schiff voneinander.

Ein gemeinsamer Destinationsplatz der mannigfaltigen Abladungen wird zwar in Art. 16 nicht bezeichnet. Auf einen solchen weist aber nach dem Vorbemerkten der Tarif selbst. Für unser Seegesetz bedurfte es der Bezeichnung nicht, denn jener Platz verstand sich ohne weiteres von selbst. Die Kurse oder Linien jener Verschiffungen konvergierten alle nach einem Punkt, und der war das Zwin in Flandern. Dafür sprechen zusammentreffend negative und positive Gründe.

Utrecht konnte jenes Endziel nicht sein. Denn das lübische Schiffrecht von 1299, welches eine Fahrt der Lübecker Schiffe nach Utrecht und eine lübische Hanse in Utrecht nicht kennt, enthält in seinen Artikeln 19—22 einen im grofsen und ganzen gleichen Tarif, in welchem nur gewisse, sich als spätere hamburgische Zusätze charakterisierde Einzelposten fehlen.

Hamburg war ebenfalls unmöglich das gemeinsame Endziel jener Verschiffungen. Denn ein grofser Teil dieser ging gerade von Hamburg aus. Man beachte z. B. die in der Nähe Hamburgs belegenen Ursprungsorte der Versendungen von Asche: Liebenwalde, Perleberg, Hitzacker, Boizenburg (16 kk), Blekede (16 pp), — die Abladungen von Holz, namentlich zum Schiffsbau, und von Holzgeräten, den damaligen Ausfuhrartikeln Hamburgs vom erheblichsten Umfange.

Andererseits gehören die im Art. 16 aufgeführten Arten von Frachtgütern durchweg zu den derzeitigen Einfuhren Flanderns. In dem Zolltarife von Damme vom Jahre 1252 dürfte keines fehlen. Auch die Mehlfässer und Mulden (16 ss) finden sich wieder.

Ein Teil der Verschiffungen ist insbesondere charakteristisch für Flandern. So die Importe von Schiffsbauholz, wofür dort grofser Bedarf war, während das Land selbst so gut wie keines lieferte; die Importe von Asche zum Reinigen der Wolle [1]; insbesondere die Einfuhr von Wolle selbst, für die wichtigste In-

---

[1] Potasche »zur Reinigung der Schafwolle . . . . . unentbehrlich«, s. Comptoirhandbuch nach Mac-Culloch von L. R. Schmidt S. 1147.

dustrie Flanderns; die von Wein in dem Weinhandel nach Damme u. s. w.

Eines Eingehens auf alle einzelnen Sätze bedarf es zur Klarstellung dieses Punktes nicht. Nur zwei will ich noch hervorheben. Die Ansätze nach nicht englischem Gelde lassen sie zwar als dem ursprünglichen Tarife später (in Hamburg) eingefügt erscheinen. Das ändert aber für die Beweiskraft in Bezug auf den hier fraglichen Punkt nichts. Gerade die Landes·münzen jener Sätze weisen deutlich auf Flandern als die Örtlichkeit des »Auswindens«, d. h. den Bestimmungsplatz; nämlich (16 gg): für »*Coghenbrede XL vote lanc enen Hamborghcren penning in, unde uth enen Vlameschen* und (16 ii) für *waghenschot, litholt, stappen* von bezeichnetem Werte *II penninghe Hamborghere in unde II penninghe Vlamis uth*«.

Indem wir nun den Tarif als der hamburgischen Hanse in Flandern angehörend und dort im Gebrauch anerkennen müssen, können wir ihn auch nicht wohl anderswo als im Verkehrsleben jener Brüderschaft am Zwin entstanden ansehen. Nicht einen, direkt oder indirekt, auf Hamburg gerichteten Seehandel bringt er uns vor Augen, sondern einen solchen, welcher in hamburgischen Schiffen auf Brügge und das Zwin ging und dort als in seinem Centrum von den verschiedenen Küsten her zusammenlief.

· Mit diesem Ergebnisse des Art. 16 stimmen die Rechtssätze im Art. 9 überein betreffs der sog. Führung *(voringhe)*, d. h. des Vorteils oder der Nutzung, welche der Schiffsherr dem Schiffsmanne auf den bezeichneten Reisen durch Einräumung eines gewissen Laderaums zu gewähren hatte; wenigstens insoweit, als für diese Reisen deren Endziel nicht ausdrücklich angegeben ist. Denn in dem am Eingange nicht ganz klaren Artikel erscheint zunächst jene Verpflichtung für die Ausreisen nach Norwegen und nach Gothland normiert. Erst darnach folgen mit den zweimal gebrauchten Worten *unde van den* die Bestimmungen, welche die »Führung« (Paccotille) von daher feststellen. Die Holzladungen von Norwegen *(ofte dat schip mit holte laden is)* zeigen die Richtung von dort noch besonders deutlich. Daran schliefsen sich die Vorschriften für die Reisen von Rochelle, von England, von Irland, von

Hamburg. Die Thatsache, dafs die »Führung« auf ihnen durch Rechtssatz feststand, also ein für allemal, weist auf beständig wiederkehrende Verfrachtungen hin. Damit ist ohne weiteres die Vermutung gegeben, dafs auch das Ziel jener regelmäfsigen Verschiffungen ein für allemal ein gleiches war. Das Schiffrecht giebt in dieser Beziehung keinen Namen eines Ortes oder Landes. Das ist verständlich, wenn es sich nur um einen einzigen Bestimmungsort jener verschiedenen Reisewege handelte und dieser, weil jedem bekannt, keiner Namhaftmachung bedurfte. Das gemeinsame Ziel konnte aber damals kein anderes sein als das Zwin. Was der Artikel 16 an der Hand des Windegeldes lehrt, erklärt ebenfalls die Destination der fraglichen Frachten des Art. 9, sowie umgekehrt dieser jenen bestätigt.

Das lübische Schiffrecht von 1299 enthält in Art. 10 betreffs der Reisen aus der Ostsee *(umme lant)*, von Rochelle, von England und von Irland, mit einer einzigen hier bedeutungslosen Abweichung, die gleichen Bestimmungen über die »Führung«, wodurch nach dem oben Bemerkten Utrecht als etwaiges gemeinsames Ziel aufser Frage bleiben mufs. Hamburg ist als solches ebenso deutlich ausgeschlossen durch unseren Art. 9d, der gerade die von Hamburg ausgehenden Verfrachtungen angiebt.

In diesen Verschiffungen von Hamburg finden sich andererseits Flanderns Einfuhrartikel, die von der Elbe dorthin gingen, wieder: das Holz (auch die Mehlfässer und Mulden), die Asche, Getreide u. s. w.

Auch die in *enen sac wüllen van tven waghen* bestehende »Führung« von England und von Irland her (9c) weist klar auf den Wollhandel nach Brügge, wie das *ein vat wines* von Rochelle (9b) auf die Weinladungen nach Damme.

Wenn wir es aber bei den in Art. 9 bezeichneten Reisen gleichfalls mit im Zwin, als ihrem Endpunkte, zusammenlaufenden zu thun haben, wo also auch vorkommenden Falles auf der Morgensprache die Durchschnittsfracht *(twisschen min unde mest*: 9a) festzustellen war, so werden wir auch hier zu der Annahme geführt, dafs diese Bestimmungen ursprünglich der hamburgischen Hanse in Flandern und dem dorthin und von dort aus betriebenen Frachtverkehr der hamburgischen Schiffe angehörten.

Die in Art. 9a beregte Verpflichtung der Schiffsherren
betreffs der »Führung« nach Norwegen und nach Gothland
muſs ich in dem Zusammenhange mit dem übrigen Inhalte des
Schiffrechts — und ebenso die in Art. 6a enthaltene über den
bei Vermietung eines Schiffes nach Norwegen oder nach
Gothland dem Knappen im voraus zu zahlenden Lohn (*vorlon*)
von 10 Schillingen englisch von Reisen verstehen, welche
von der hamburgischen Hanse in Flandern und nicht
von Hamburg ausgingen.

In dem Schiffsverkehr und dem Handel von ihrer flandrischen Hanse aus gebrauchten die Hamburger englisches
Geld, — Schillinge, Pfennige. Der Kaufschatz des nach Flandern
kommenden Bürgers wird (Art. 1b) in diesem abgeschätzt und
die Abgabe an die Hanse ist darin zu zahlen *(enen schilling*
englis).

Diese Thatsache war offenbar nicht zufälliger und willkür-
licher Art, sondern ging aus den Verhältnissen und Bedürfnissen
des von Flandern aus mit hamburgischen Schiffen betriebenen
Seehandels hervor. In Utrecht wurde die Abgabe an die
Hanse in utrechtischem Gelde gezahlt. Die Sachlage war
also dort eine andere. Ebenso sehen wir in unserer Urkunde
diejenigen Geldbeträge, welche die Ausreisen der Schiffe von
Hamburg aus betreffen und in Hamburg zu zahlen sind,
nicht nach englischem Gelde bestimmt, sondern nach hamburgischen[1]. Der Gebrauch des englischen Geldes auf der
Hanse in Flandern und in dem von dort ausgehenden Schiffsverkehre hebt sich also in unserer Rechtsaufzeichnung scharf ab
von der Seite des Verkehrs derselben Schiffsherren und Bürger,
welche auf Hamburg und Utrecht sich bezog.

Der Einwand, daſs der Schluſs von den englischen Schillingen und Pfennigen auf Flandern unhaltbar sei, weil im 13 Jahr-

---

[1] S. den an den Schiffsmann im voraus für die Reise nach Flandern (Vlandern wart) zu zahlenden Teil des Lohnes (Art. 6b), die Gebühren
für das Einwinden gewisser von Hamburg nach Flandern gehender
Schiffsbauhölzer (Art. 16, oben citiert), auch Art. 19. Diese nach hamburgischen Gelde bestimmten Posten erachtet Lappenberg gewiſs zutreffend
für den ursprünglichen Artikeln erst später (in Hamburg) eingeschaltet (Einl.
CXLI), wofür er sich namentlich auf das lübische Schiffrecht bezieht.

hundert in unseren norddeutschen Städten erweislich vielfach nach diesem Gelde gerechnet wurde, ist meines Erachtens nicht stichhaltig. Denn zunächst handelt es sich bei der Verbindung des englischen Geldes mit Flandern nicht um einen Schluſs, sondern um eine durch unser Schiffrecht selbst ins Licht gestellte Thatsache. Diese wird ganz erheblich bestätigt durch das lübische Schiffrecht von 1299, welches ebenfalls für den Schiffs- und Handelsverkehr der Lübecker in Flandern nur Ansätze nach englischem Gelde kennt. Im lübischen Gesetze fehlen die Ausnahmen von utrechtischem und hamburgischen Gelde begreiflicherweise. Ansätze nach lübischem Gelde finden sich darin überhaupt nicht. Sodann dürfte die Frage nahe liegen, ob nicht die Verbreitung der englischen Münzen in den norddeutschen Städten und des Gebrauchs, nach diesem Gelde in gewissen Verhältnissen zu zu rechnen, im wesentlichen gerade eine Folge war des flandrisch-englischen Handelsverkehrs und der groſsen Beteiligung der Bürger und namentlich der Schiffe unsrer Städte an demselben. Diese Frage muſs ich hier auf sich beruhen lassen und ebenso die ihrer Beantwortung notwendig voraufgehende nach der Handelsbilanz zwischen England und Flandern, soweit diese für jene Zeit des Mittelalters erkennbar ist. In letzterer Beziehung jedoch will ich ein Paar Bemerkungen mir erlauben.

Macpherson[1] giebt für das Jahr 1354 den Wert der Gesamtausfuhr Englands an auf £ 212338.5.0. und den der Einfuhr auf nur £ 38383.16.10. Bei der ersteren seien Zinn und Blei, die wichtigen Exportartikel, sowie verschiedene unbedeutendere nicht einmal mitgerechnet. Den Wert der Wollausfuhr beziffert er mit nicht weniger als £ 195982.1.8. — Der Wollhandel aber ging in ganz vorwiegendem fast ausschlieſslichem Umfange nach Flandern.

Diese Angaben würden freilich, auch wenn sich ihre Zuverlässigkeit erweisen lieſse, für die Zeit des 13. Jahrhunderts keinen sicheren Beweisgrund abgeben. Dennoch wird bei der Gewiſsheit, daſs die flandrische Wollenindustrie seit Jahrhunderten bereits bestand und schon im 13. Jahrhundert für das Rohprodukt der

---

[1] Annals of Commerce Vol. I, S. 553.

Wolle vor allem auf England, bezw. Irland angewiesen war, nach ihnen sehr wahrscheinlich, dafs für den Bezug der englischen Wolle der Kaufpreis in einem aufserordentlich grofsen Umfange durch Barmittel ausgeglichen werden mufste[1].

In dem lateinischen Gedichte Wilhelmi Britonis aus dem Anfange des 13. Jahrhunderts werden bei der Schilderung des Hafens von Damme und der dort von den Schiffen aus allen Gegenden angebrachten Güter namentlich auch die Mengen ungemünzten edlen Metalls genannt (infecti argenti massas rubeique metalli)[2]. Auf die erheblichen Einfuhren von Edelmetall (or et argent en plate) weist ebenfalls die den Handelsverkehr der Stadt Brügge im 13. Jahrhunderte darstellende alte Pariser Handschrift[3]. Gerade für die Bezahlung der englischen Wolle dürfte Flandern der Barmittel bedürftig gewesen sein, und England inhibierte früh den Eingang fremden Geldes.

Was aber auch das häufige Vorkommen englischen Geldes in den norddeutschen Städten zur Zeit des 13. Jahrhunderts verursacht haben mag, es steht davon unabhängig durch unsere Urkunde selbst fest, dafs die Hamburger Bürger am Zwin in ihrem Schiffsverkehr englisches Geld gebrauchten, nicht dagegen, soviel ersichtlich, in Utrecht und in Hamburg.

Daraus ist auf Grund der englischen Pfennige (sol. u. den.) zu folgern, dafs ebenso, wie die Vorschrift des Art. 1 b und die Strafandrohungen in Art. 3, welche unverkennbar dorthin gehören, auch die Bestimmungen im Art. 6 a und Art. 7 der Hanse in Flandern angehörten. Bestätigt wird dies durch den Tarif des Windegeldes (Art. 16) und das dazu bemerkte, namentlich durch die Generalklausel (16 yy).

Die Vermietung von hamburgischen Schiffen zu Reisen nach Norwegen und Gothland mufs deshalb auch aus diesem Grunde in Art. 6 a von Fahrten verstanden werden, welche von Brügge resp. vom Zwin ausgingen. Nach dem Weltmarkte von Brügge waren ebenfalls die in Art. 9 beregten

---

[1] Über den Aufschwung der Wollausfuhr der Deutschen den Lombarden gegenüber von 1277 bis in die 40er Jahre des 14. Jahrhunderts s. K. Kunze, Hanseakten aus England S. XLII.

[2] S. Warnkönig a. a. O. Bd. I, Anhang S. 75.

[3] S. das. Bd. II¹, Anhang S. 146 f.

Rückfrachten bestimmt, wofür auf Obiges zurückverwiesen wird.

Auch die Verschiffungen von Winterfischen[1] aus Norwegen und Schonen mit hamburgischen Schiffen sehen wir nicht etwa auf die Elbe gerichtet (Art. 10), sondern ihrem regelmäfsigen Laufe gemäfs *(unde also dat schip kümt to etc.)* nach der Südwestecke der Nordsee, zum Vorkanal, (den Hoofden, Hovede), nach England oder nach Flandern. Wie aber der sich daran schliefsende Fall des Art. 11a zu denken ist, wo das mit Winterfischen angekommene Schiff verkauft wird, zeigt die lübische Fassung[2]: *so wanne ein schip in dat Swen cumt unde de schiphere dat schip vercoft.* Dafs es sich um einen Verkauf des hamburgischen Schiffes im Auslande und nicht in Hamburg bei dem gesetzlich normierten und demnach wohl nicht seltenen Falle des Art. 11a handelt, tritt durch die Vorschrift noch hervor, die den Schiffsherrn verpflichtet, ein anderes Schiff zu mieten, womit die Kaufleute (vruchtlude) ihr Gut *to hus* bringen können (also nach Hamburg).

Ebenfalls ist der im Art. 11c normierte Thatbestand des Legens eines Schiffes (seitens des hamburgischen Schiffsherrn) *to winterlaghe* nicht von Hamburg, sondern von Flandern zu verstehen. Die Lübecker Fassung[3] zeigt das noch deutlicher: *Leghet ieman sin schip in Vlanderen to winterlaghe* .... Darnach mufs auch wohl das Untersagen des *opleghen to winterlaghe*[4] ohne Zustimmung der »Frachter« in Art. 13a von Flandern verstanden werden.

Auch die Bestimmung des Art. 15b, wonach der Mieter des Schiffes, der wieder ausschiffen will, volle Fracht zu zahlen hat, wenn das Schiff drei Meilen seewärts gesegelt ist, — nicht wohl verständlich, wenn man sie sich an der Elbe, abwärts von Hamburg, entstanden vorstellt, — dürfte bei den

---

[1] Der Winterfisch war nach Hermann Langenbecks Anmerkungen über das Hamb. Schiff- und Seerecht (1727) der Backeliau, Stock- und Klipfisch; der Sommerfisch: der Häring.

[2] Lüb. Art. 11,

[3] Lüb. Art. 31.

[4] Vor St. Martin (Nov. 11).

Fahrten vom oberen Winkel des Zwin aus durch dieses hindurch bis zur Mündung in See, welche Strecke etwa 3 Meilen betrug, den dortigen Verhältnissen entsprechend erscheinen.

Es handelt sich hier jedoch nicht um die Prüfung aller Einzelbestimmungen unseres Schiffrechts zu einem andern Zweck als um die Verkehrsgrundlage desselben festzustellen und den Ursprung seiner Bestandteile zu erkennen. Das bisher Bemerkte liefert nach meiner Auffassung den Nachweis, dafs die ersten 16 Artikel — abgesehen von den hervorgehobenen Einschaltungen und Zusätzen — der hamburgischen Hanse in Flandern angehörten, d. h. aus dem dortigen Verkehr der Bürger hervorgegangen und mittelst Herkommen, Beschlüsse und Rechtsprechung Recht geworden waren. Eine Scheidung dieses Rechtsstoffes in zwei Teile, von welchen der erste auf die Gilde in Ostkerken, der zweite auf die Vaterstadt Hamburg bezogen wird, ist durch nichts angezeigt, macht den Sinn und Ursprung der Sätze unverständlich und läfst ihn zusammenhangslos erscheinen.

V.

DIE EINZELNEN BESTIMMUNGEN DES ZWEITEN TEILS.

Die Sätze der Art. 17, 18 kennzeichnen sich durch den Inhalt ohne weiteres als auf der hamburgischen Hanse in Utrecht entstanden. Nach der Vorschrift im Art. 2 hatte die Hanse dort in der Stadt selbst ihren Sitz.

Für den Weitertransport der über die Zuidersee und den Vecht zu Schiff gebrachten Waren war jene Rheinstadt ein Eingangsthor sowohl für Köln wie für Brügge. — Die Vorschrift des Art. 18, dafs der Schiffsherr, wenn er selbst sein Schiff befrachte, seine Leute während des Ladens und Löschens zu unterhalten habe, sprach für Utrecht dasselbe aus, was für Flandern negativ in Art. 16a ausgedrückt war, wonach der Schiffsherr im Falle, dafs er selbst der Befrachter war, kein Windegeld zahlte.

Der Art. 19 war nur ein angehängter Zusatz.

Während nun das lübische Schiffrecht von 1299, wie schon bemerkt, keinen der utrechtischen Sätze enthält, finden sich in ihm analoge zu allen hier noch übrigen hamburgischen Sätzen — Art. 20—28 — wieder[1]. Damit werden wir auch für diese Sätze auf den gemeinsamen Boden beider Rechtsaufzeichnungen versetzt, d. h. in die Hansen der Bürger beider Städte am Zwin in Flandern.

Bei den auf Haverei bezüglichen Rechtssätzen: über Bergen seetriftigen Frachtguts, über Anseglung, über Seewurf u. s. w. finden sich in der Fassung lokale, auf Flandern als das Entstehungsgebiet hinweisende Spuren allerdings nicht. Das ist natürlich, da es sich um Vorgänge auf der Reise handelt. Aber, wenn die bisherige Erörterung richtig ist, wenn also unser Schiffrecht uns einen von den verschiedensten Küsten auf Brügge und das Zwin als einheitliches Centrum gerichteten Schiffs- und Handelsverkehr abspiegelt, dann zwingt uns der Sachverhalt, als das erste und eigentliche Gebiet dieser seerechtlichen Bestimmungen eben jenes Centrum anzuerkennen. Denn dort waren die Havereien zu regulieren. Dorthin ging die gemeinsame Fahrt der Schiffe, auf welcher der Fall: *sowelc man den anderen anseghelet* u. s. w., nicht selten vorkommen mußte; dort am Bestimmungsplatz trennten sich Schiff und Ladung, Schiffsherr und Befrachter, Befrachter und Schiffsleute voneinander.

Der Art. 20 bringt uns, wenn zwar in Einzelnheiten dunkel, aber doch in der hier hervorzuhebenden Richtung anschaulich und unverkennbar, die Verschiffungen von Holz vor Augen. Wohl zum Teil auf Deck verladen, mußte der Fall, daß Hölzer, Holzgeräte u. dergl. über Bord gingen, längsseite des Schiffs trieben (*unde drift id bi der bord*) und aus der See womöglich geholt sein wollten, nicht selten sich ereignen. Hölzer aller Art, namentlich Schiffsbauholz, bildeten aber, wie schon angegeben, das hauptsächliche Frachtgut der hamburgischen Schiffe auf ihren Fahrten von »zu Haus« nach Flandern. Nicht nur die waldreiche Umgebung von Hamburg selbst lieferte diese Frachten,

---

[1] Hamb. 20: Lüb. 14, 15, 17; H. 21: L. 23; H. 22: L. 24; H. 23: L. 32, 34; H. 24: L. 25; H. 25: L. 26; H. 26: L. 27; H. 27: L. 29; H. 28: L. 30.

sondern ebenfalls ging ein Teil des Holzhandels der Lübecker nach Flandern auf hamburgischen Schiffen vor sich.

Das lateinische Schreiben des hamburgischen Rats an den lübischen (nach Höhlbaum aus dem Jahr 1259), welches Lappenberg in den Noten zu unserm Schiffrechte wiedergegeben hat[1], versetzt uns in den Gegensatz der Interessen zwischen dem lübeckischen Befrachter und den Schiffsleuten der hamburgischen Schiffe. Denn bei der dort beregten Differenz zwischen Lübeck und Hamburg stand nicht ein Berge- oder Hilfslohn im Sinne unsres heutigen Rechts in Frage. Auf einen solchen hat die eigne Schiffsbesatzung in Havereifällen jetzt überhaupt keinen Anspruch[2]. Der Schiffer hat für die Ladung zu sorgen unter persönlicher Verantwortlichkeit[3].

Es ist schon oben darauf hingewiesen, dafs das Rechtsverhältnis zwischen dem Schiffsherrn, resp. seinen Leuten und andererseits den Befrachtern zur Zeit unseres Schiffrechts ein völlig anderes war.

Bei der in dem Ratsschreiben beregten Bestimmung über das Bergen von Frachtgütern steht die Leistung der Leute des Schiffes in Frage. Die Kauffahrer fordern sie zur Hilfeleistung auf und versprechen ihnen zu zahlen, was recht ist. Der hamburgische Rat hegt Bedenken gegen eine geringere Vergütung für die Arbeit der Knechte (pro labore famulorum), weil sie solchen Falls sich weniger willfährig zur Bergung zeigen dürften.

Von eben diesem Lohne spricht der Art. 20 unserer Urkunde.

Wirksamermafsen konnte auch nur auf eine Feststellung des Lohnes an die Schiffsleute der hamburgischen Bürger und nicht auch eines etwaigen Lohnes an Dritte die Aufforderung von Seiten Lübecks gerichtet gewesen sein. Denn nur jene unterstanden dem Rechte und der Gerichtsbarkeit der hamburgischen Hanse. So weisen die Bestimmungen in Art. 20 (ebenso die, in der Normierung der Löhne allerdings sehr ab-

---

[1] Höhlbaum I, Nr. 538.
[2] Art. 742 Abs. 3 Hand.G.B.
[3] Vgl. Art. 504 insbes. Abs. 2; Art. 634, 478, 479 Hand.G.B.

weichenden lübischen Art. 14, 15, 17) auf den Kreis der Gilde oder Brüderschaft am Zwin. Der Gerichtsgebrauch, auf den im Eingange des Antwortschreibens Bezug genommen wird (Respondemus, nostrae jurisdictionis esse), muſs, wenn nicht ausschlieſslich, jedenfalls in erster Linie jener der Rechtsprechung am Zwin gewesen sein. Eine Regulierung dieser Seesachen durch die obere, meist erst nach langer Zeit erreichbare Instanz in Hamburg konnte der Natur des in Rede stehenden Verhältnisses gemäſs — falls sie überhaupt damals schon vorkam —, nur in ganz vereinzelten Fällen erfolgt sein.

Durch das über den Ort der Regulierung Bemerkte, durch den Zusammenhang mit den übrigen Sätzen unseres Schiffrechts — und durch das Hinzukommen analoger Bestimmungen in dem Schiffrechte der Lübecker vom Jahre 1299 — werden auch die übrigen Vorschriften für Havariefälle als dem Rechte, bezw. der Rechtsprechung auf der — hamburgischen — Hanse in Flandern angehörig charakterisiert. Zur Feststellung dieses Sachverhalts scheint es mir keines Eingehens auf die einzelnen anderen Artikel zu bedürfen. Nur den Art. 21 über die Ansegelung hebe ich noch hervor. Sein Inhalt entspricht dem Ergebnisse, daſs es die Rechtssätze der Brüderschaft waren, welche den Grundstoff des Schiffrechts bilden, — und zwar der Brüderschaft im Hafenreviere von Brügge, im Zwin — ›dem Schlüssel des Meeres‹, wie mittelalterliche Schriftsteller die Bai bezeichneten, wo, als in ihrem Centrum, die Linien des damaligen Seehandels von Nordeuropa zusammenliefen. Das gemeinschaftliche Versegeln einer groſsen Zahl von Schiffen nach einem Platze und die daraus entstehende Gefahr des Zusammenstoſsens und des daraus direkt oder — durch die Ersatzpflicht — indirekt entstehenden Schadens bildete, wie man annehmen muſs, den ursprünglichen Grund der Teilung des Schadens. Der Rechtssatz, wonach jedes der beiden Schiffe den halben Schaden trug, — auf gleichmäſsige Fahrzeuge hinweisend —, ersetzte, wenigstens für Einen Fall und im bescheidenen Maſse, was später die Versicherung leistete. In dem Grundsatze selbst spricht sich eine gewisse Verbrüderung aus zwischen den Seefahrern einer gröſseren Gemeinschaft. Ebenso in dem Verfahren, das der Art. 21 normiert, durch den Eid über Nichtvorsätzlichkeit, über die Höhe des Schadens und über die Reparaturkosten. Auch setzen die Bestimmungen ein Beieinanderbleiben oder doch eine Gemeinschaft der Schiffe voraus, welche die Erfüllung der Verpflichtung des einen gegen das andere sichert.

Diese Gesichtspunkte leiten auf einen zusammengehörenden kleinen Kreis von Schiffen. In den Worten: *sowelc man den anderen (anseghelet)* dürfte kein anderer, jedenfalls kein weiterer Kreis ursprünglich gedacht gewesen sein, als er in den Worten des Art. 4b: *Ein man scal den anderen* uns entgegentritt, wo er ausgesprochenermafsen die zur Brüderschaft gehörenden Bürger umfafst, welche gegen einander nur sollen klagen dürfen *in der morghensprake*.

Der später im hanseatischen Seerechte anerkannte (übrigens ebenso schon in früher Zeit in anderen Seerechten, bezw. auf anderen räumlichen Gebieten des Seeverkehrs begegnende) Grundsatz von der Gemeinschaftlichkeit des Schadens in Kollisionsfällen hat seinen Ausgangspunkt im Gilderecht.

Den Sätzen über Haverei folgen die Artikel über die Gemeinschaft von Schiffen und über den Modus ihrer Aufhebung (24, 25), (woran sich die unverkennbar s t a d t h a m b u r g i s c h e Vorschrift über die Flagge, *enen roden vlugher*, schliefst). Auch im Lübischen Schiffrecht stehen die entsprechenden Vorschriften (Art. 24, 25) unmittelbar vor dem Gebot der Führung des *lubeschen vloghel* (lüb. Art. 27). Das »setten« und »kesen« bei Schiffen entspricht dem bei Aufhebung einer Gemeinschaft an Grundstücken (erve) üblichen Brauch[1]. Ob die, äufserlich nach dem Zusammenhange als Teile des Gilderechts sich darstellenden Bestimmungen (Art. 24, 25) deren Anwendung sowohl auf der Hanse in Flandern — zur Sommerzeit —, als auch in Hamburg (*to hus*) — in der Winterszeit — vorgekommen sein wird, ihren Ursprung an der nordöstlichen oder an der südwestlichen Ecke der Nordsee hatten, ist nach meiner Ansicht nicht zu erkennen.

---

[1] Hamburgisches Stadrecht von 1270, I, Art 21.

VI.

SCHLUSSBEMERKUNGEN.

Im Nachstehenden fasse ich meine Ansicht unter Hinweis noch auf einige andere beweisende Umstände zusammen.

Zwischen dem ersten und dem zweiten Satze des Art. 1 besteht ein vernünftiger Zusammenhang. Die Bürger *van der stat van Hamborch*, in Gemeinschaft mit welchen der Rat das Schiffrecht »wilkürte«, waren die sogleich darnach bezeichneten, nach Flandern kommenden Bürger, die Flandernfahrer.

Das Recht dieser in ihren inneren Verkehrsangelegenheiten autonomen Gilde oder Hansebrüderschaft in Flandern, hervorgegangen insbesondere aus Herkommen und Ordelen, wurde durch diese »küre« (cora) als vaterstädtisches, stadthamburgisches Recht bestätigt. Dabei ward es durch einige mehr oder weniger deutlich erkennbare stadthamburgische Zusätze ergänzt; auch wurden mit ihm einige Sätze der anscheinend eng mit der Hanse in Flandern zusammenhängenden Utrechtischen Hanse der Hamburger verbunden.

Das in diesem Sinne erweiterte Recht behielt jedoch seinem Inhalte und seiner Form nach das bisherige Gepräge des Gilderechts. Nur die kurzen, aber für das Verhältnis der Vaterstadt zu den Hansen politisch wichtigen Einschaltungen über die Gerichtsbarkeit und die Flagge heben sich als stadthamburgischen Ursprungs scharf ab von dem übrigen Inhalte.

Wenn man das Alter des Schiffrechts erwägt, ist, — was von Lappenberg (Einl. § 15 S. CXXXVII) nicht genügend gethan zu sein scheint —, zwischen dem in den Handschriften auf uns gekommenen Gesetze, der Willkür, und den in ihm enthaltenen Sätzen, seinem Rechtsstoffe, scharf zu unterscheiden. Sowie dadurch, dafs ein Teil der seerechtlichen Bestimmungen des Statuts von 1603 aus dem Stadtrechte von 1497 stammt, welche letzteres wieder aus unserem Schiffrechte von 1292 genommen hat, nur das höhere Alter gewisser Bestandteile erhellt, ohne dafs von einer Identität der drei Gesetze gesprochen werden kann, so vermag der Nachweis, dafs ein Teil der Sätze der Willkür von 1292 bereits seit lange bestehendes Recht war, für eine identische oder auch nur gleichartige Rechtsgrund-lage derselben nichts darzuthun.

Auf Grund der Handschrift des Stadtrechts, welche Lappen-berg und ebenso Lambeck[1] dem Jahre 1292 zuschreibt, und welcher der von ersterem seiner Ausgabe zu Grunde gelegte Text des Schiffrechts angefügt ist, wird das Gesetz als diesem Jahre 1292 angehörend erachtet. An der Richtigkeit der An-nahme ist nicht zu zweifeln. Zweifelhaft könnte nur erscheinen, ob nicht der von Lambeck gegen ein früheres Datum der Ab-fassung geltend gemachte, von Lappenberg zurückgewiesene Grund, dafs erst durch das Privilegium vom 20. März 1292[2] das Recht der Kore dem Rate eingeräumt worden sei, für das Schiffrecht als zutreffend anzusehen ist. Aber wie dem auch sein mag, es ist hier nur von Belang, dafs das Alter des Schiffrechts, als des in der städtischen Urkunde fest-gestellten Gesetzes, nur nach dem Zeitpunkte seines Erlasses zu bezeichnen ist.

Der Inhalt des Gesetzes zeigt uns althergebrachte Institutionen, so: die Hanse am Zwin, die regelmäfsigen Wege der Schiffahrt u. s. w. Auch wenn uns keine urkundlichen Spuren davon vorlägen, dafs wir es in einem mehr oder weniger grofsen Teile der Sätze mit altem Rechte zu thun hätten, müfsten wir das aus dem Inhalte entnehmen. Auch die Sache selbst wiese uns darauf. Denn, solange die Hamburger das Centrum der sommerlichen Schiffahrt und des Seehandels im Zwin, d. i. in ihrer in den Artikeln 1—4 bezeichneten Hanse hatten, mufste es auch bereits Rechtssätze geben, welche die Verhältnisse des Schiffsherrn zu seinem Gesinde, des Befrachters zu dem Schiffsherrn und ebenfalls zu seinen Leuten und die der verschiedenen Beteiligten in Fällen der Haverie regelten.

Diese Rechtssätze konnten der Natur der Sache nach nicht wohl anderswo entstehen als unter den Verhältnissen, auf welche sie sich bezogen, und als in dem Kreise der im Auslande zu einer Genossenschaft verbundenen Bürger, in welchem sie an-zuwenden waren. Es ist gar nicht abzusehen, wie es auch nur

---

[1] Origines Hamburgenses LII.
[2] S. Hamb. U.B. 1, Nr. 1360 S. 722.

möglich gewesen wäre, in lange zurückliegenden Zeiten, — man
nehme das 12. Jahrhundert, in welchem es überhaupt noch
keine in deutscher Sprache abgefaßte Rechtsaufzeichnungen gab —,
von der Vaterstadt an der Elbe aus die Verkehrsverhältnisse
der Bürger im Auslande zu normieren und überdies Verkehrsverhältnisse von so außerordentlicher Verschiedenheit, wie die
derzeitigen in Flandern und in Hamburg.

Aber auch dafür findet sich meines Wissens nicht irgendwelche Spur, daß jemals früher, d. h. vor Erlaß der Willkür
von 1292, die Rechtssätze der Bürger für ihren Verkehr auf der
ausländischen Hanse Gesetzesrecht der Vaterstadt geworden
wären. Im Gegenteil — das hamburgische Recht dürfte sehr
entschieden dagegen sprechen. In dieser Hinsicht verweise ich
auf folgendes.

Das Stadtrecht von 1270 zeigt durch eine Reihe von
Klauseln, in welchen es auf seine »außer Landes« [1] — »in einem
andern Königreiche« [2], ihres Berufes wegen [3] — sich aufhaltenden
Bürger eine deren Rechte und Rechtsbehelfe sicherstellende
Rücksicht nimmt, daß in sehr großem Umfange die Thatsache
der langen Abwesenheit von der Vaterstadt zu den Lebens-
gewohnheiten der Bürger gehörte. Als ein großer und wichtiger
Bestandteil der Bürgerschaft treten uns bereits in jenen Bestimmungen die Schiffsherren und Kauffahrer entgegen. Um so
auffallender ist es, daß dieses Stadtrecht keinerlei
Schiffrecht enthält. Wenn damals das Schiffrecht bereits
ein städtisches Recht gewesen wäre, würde das Fehlen desselben
im Stadtrechte völlig unverständlich sein. Daß es ein Schiffrecht der Hamburger damals gab, versteht sich von selbst; das
Stadtrecht selbst verweist in dem vom Ersatz und Beweise des
Schadens handelnden Art. 13 des Abschnitts VI auf ein solches,
— *mer schiprecht heft ander recht van schaden* [4]. Es drängt sich,
scheint mir, daraus von selbst die Erklärung auf, daß das

---

[1] I 6.

[2] VI 31 — VII 2, 13, 15.

[3] I 15; VII 13; I 19, vgl. X 7; III 9; V 6; VIII 4; XII 1.

[4] Einen Unterschied des Rechts über den Schaden zwischen dem Stadtrecht und dem Schiffrecht dürfte eine Vergleichung von VI 13 des Stadtrechts mit Art. 21 unsres Schiffrechts von 1292 ergeben.

6*

Schiffrecht damals noch ein vom städtischen Rechte ge-
trenntes, ein dem Kreise der Beteiligten ausschliefslich angehörendes, ein Gilde- oder Hanserecht war.

Hiergegen spricht nicht das Ratsschreiben von 1259. Allerdings ergiebt sich aus ihm, dafs es damals bereits in deutscher
Sprache aufgeschriebene seerechtliche Sätze gab, welche einigen
der im Schiffrechte von 1292 enthaltenen glichen oder ähnlich waren.
Der Ausdruck »nostrae jurisdictionis« weist auf Ordele, jedenfalls nicht auf ein bereits vorhandenes städtisches Gesetz. Die
Zusammenstellung solcher Ordele in der *schipseghelinghe*, von
welcher das Schreiben spricht, enthält über den Charakter und
Ursprung derselben nichts. Wenn die *schipseghelinghe* eine
städtische Wilkür gewesen wäre, müfste es auffallen, dafs
der städtische Verfasser des lateinischen Schreibens die (in unserem Schiffrechte von 1292 Art. 20 wiederkehrenden) Ausdrücke
»oppe dheme vorende« und »oppe dheme reve« als ihm in
ihrer Bedeutung fremd unübersetzt gelassen hat, »supra vorende«
und »supra revam«. Ebenso zeigt die Erklärung des Rats in
dem Schreiben bezüglich des Fehlens einer Bestimmung über
die Beitragspflicht für Silber und Gold zur grofsen Haverei,
nämlich dafs die Kaufleute zur Zeit der Feststellung jener Sätze
noch keine Edelmetalle über See zu bringen gewohnt gewesen
seien, dafs damit auf eine weit zurückliegende, unvordenk-
liche Zeit sollte verwiesen werden[1]. Auf ein damals vorhandenes stadthamburgisches Statut ist dadurch keineswegs
verwiesen.

Die Thatsache, dafs unser Schiffrecht von 1292 selbst den
Charakter einer besonderen aufserhalb des Stadtrechts (von 1292)
stehenden Küre hat, bestätigt die Annahme, dafs der in ihm
enthaltene Rechtsstoff, soweit er schon bestand, nicht zum

---

[1] Super argentum et aurum non est jus aliquod ordinatum, quia tunc
temporis, cum hec statuta fuere, mercatores non solebant usquam
talia bona navigio destinare. Lappenberg will dies von »Geschmeide« verstehen; s. Einleitung S. CXXXVIII. Nach meiner Ansicht ist hierbei an
die grofse Einfuhr von Edelmetallen in Flandern zu denken, von
welcher die auf das Jahr 1213 sich beziehende Schilderung Wilhelmi Britonis
(s. oben) bereits spricht.

städtischen Recht gehörte, sondern dem engeren Kreise der Hanse oder Gilde angehörte.

Auch das lübische Schiffrecht von 1299, welches den gleichen örtlichen Ursprung mit dem hamburgischen von 1292 hatte, war ebenfalls eine selbständige, aufserhalb des Stadtrechts vorgenommene Rechtsaufzeichnung; die der letzteren in dem Lübecker Urkundenbuche II¹ (1858) gegebene Überschrift: »Aufzeichnung der lübeckischen Schiffs- und Seerechte, zunächst in Beziehung auf die Fahrt nach Flandern 1299 März 8« ist nach meiner Auffassung insofern eine nicht zutreffende, als sie an ein ursprünglich lübeckisches, den nach Flandern fahrenden Bürgern mitgegebenes Recht denken läfst, während es sich auch in jener Stadt um ein von Flandern her, aus dem dortigen Kreise der Bürger in die Vaterstadt herübergenommenes und hier aufgezeichnetes Recht handelt.

Die Verbreitung des hamburgischen Schiffrechts von 1292 in norddeutschen Städten und die von Lappenberg nachgewiesene Verbreitung der Handschriften desselben findet ihre Erklärung in der Teilnahme der Schiffe der anderen Städte an dem grofsen in Brügge zusammentreffenden Handels- und Schiffsverkehr und in der Bedeutung, welche das die Bedingungen des Transports der Frachtgüter über See nach und von jenem Centrum feststellende Gesetz notwendig für die Befrachter haben mufste. Durch die Verladung ihrer Güter auf hamburgischen Schiffen nach dem Zwin müssen auch sie jenem ursprünglich hansischen »und nun zu einem stadthamburgischen« gewordenen Seerechte bezüglich der Überführung unterworfen gewesen sein. Ihr Verhältnis zu den Schiffsherren, welche den gröfsten und wichtigsten Teil der hamburgischen Bürger bildeten, liegt aufserhalb der Grenzen dieser Erörterung. Ebenso das Verhältnis der Schiffe anderer Städte zu jener Hanse. Dafs solche an dieser verkehrten und dann auch der Rechtsprechung der Hanse unterworfen waren, glaube ich aus Art. 26b entnehmen zu müssen. Für die Ansicht Lappenbergs, dafs »jedenfalls der rote Flüger der hamburgischen Schiffe im hiesigen Hafen sie von den Schiffen der fremden unterscheiden sollte«, und »dafs der Gast oder Fremde, welcher zu Hamburg den roten Flüger führe, ebenso von dem dortigen Gerichte bestraft werden sollte‹, giebt unser Schiffrecht keinen Anhalt. Wenn die hier vertretene Auslegung seines Inhalts richtig ist, hat man vielmehr anzunehmen, daſs der rote Flügger, von welchem Gaedechens treffend bemerken dürfte, daſs er ein charakteristisches Zeichen der hamburgischen Schiffe gewesen sein müsse, gerade im Auslande, dort im Zwin, und auf den Wegen dahin, wo die Schiffe der verschiedenen Städte zusammenzutreffen pflegten, am Maste geführt werden sollte. — Auf die Frage, in welcher Art bremische Schiffe an dem damaligen Seeverkehre nach Flandern teilnahmen, ist hier ebenfalls nicht einzugehen. Die Tatsache einer solchen Teilnahme aber liegt ausgesprochen in der Aufnahme des hamburgischen Schiffrechts von 1292 unter die bremischen Gesetze. Der auf jenen Mittelpunkt, das Zwin, gerichtete und in diesem Sinne einheitliche Seeverkehr der Städte hatte schon für jene frühe Zeit ein innerhalb dieses Verkehrs wesentlich gleiches Seerecht zur Folge.

ANHANG.

Van schiprechte[1].

1 a. De meine raet unde dhe bórghere van der stat van Hamborch hebbet dit schiprecht ghewilkoret unde uthghegheven.

1 b. Sowelc use borgher kůmt in Flanderen, unde hevet he also vele copschattes, also XIII sol. Englis oder mer, he scal gheven enen schilling Englis to hanse unde twe penninghe Vlamis user vrouwen sunte Marien.

1 c. To Uttrecht scal jewelc use bórghere gheven III sol. Trechtis to hanse und twe penninghe user vrowen.

1 d. Unde van desseme ghelde, dat men aldus to hanse ghift, scal de olderman unde dhe dhenne dar sin dhe twe deil

---

[1] Der nachfolgende Abdruck des Schiffrechts beruht auf der Ausgabe Lappenbergs und einer Kollation mit dem Original, die der Güte des Herrn Senatssekretär Dr. Hagedorn verdankt wird. Die von Lappenberg herrührende Gliederung des Stoffs ist beibehalten und nur im einzelnen von der Redaktion weiter durchgeführt worden.

vordoen na eren willen, unde den dridden deil scal men in den bloc lecghen to nutschap.

2. To Uttrecht binnen der stat scal men dbe hanse holden, also scal men och to Ostkerken in Vlanderen dhe hanse holden, unde anders nerghene, de olderman ne lecghe se anderswor mit der hansebrodere rade.

3a. Ein jewelc man user bórghere scal des sunnendaghes komen to der morghensprake bi twen penninghen Englis, id ne do eme noet, ofte he ne hebbe orlof van deme oldermanne.

3b. Sowe och dar gheladet wert umme claghe, unde ne kómet he nicht, he scal id beteren mit XII penninghen Englis. .

4a. Id ne scal nen use bórghere den anderen vorclaghen vor dheme baliu ofte vor dheme sculteten. Sowe so dat deit, de scal dat beteren mit III marken silveres to der stat kóre, unde he scal och eme sinen schaden oprechten.

4b. Ein man scal den anderen verclaghen in der morghen-sprake, unde dar scal men dat scheden mit rechte.

5. Id ne mach nen man nen ordeil beschelden in der morghensprake, he ne moghe id besetten mit V verdinghen; unde sowe dat beschelt, de scal id denne to Hamborg oppe dat hus theen.

6a. Sowan so ein man sin schip verhuret to Norweghene oder to Gotlande, so scal he jewelkeme knapen gheven to vor-lone X sol. Englis to XII weken, unde dar na to jewelker weken X den. Englis.

6b. To Vlanderen wart XII sol. Hambórghere to VII weken, unde dar na to jewelker weken IX penninghe Englis.

6c. Al de wile dat ein man to dheme schore leghet, he ne darf nicht mer gheven to der weken na der halven marc, den to der weken II sol.

7. Sowelc schipknape des nachtes buten schepe leghet sunder orlof, de scal id beteren mit IIII penninghen Englis; dhe scolen nemen dhe schipheren unde de schipmanne.

8. Sowelc schipman van she weghen wederghift ofte legher-achtich wert, de scal wederkeren al sin vorlon; dat scolen op-nemen dhe schipheren unde dhe schipmanne ghelik.

9a. Ein jewelc schiphere scal vóren jewelkeme schipmanné to Norweghene unde van den, to Gotlande unde van den, V

schippunt swares, ofte XX rechtere, ofte dat schip mit holte
laden is. Ne mach ein knape sine vóringhe nicht laden, de
schiphere scal eme gheven, dar he sine vrucht nimt, van dheme
punde, also eme boret twisschen min unde mest.

9 b. Van Rotzeil ein vat wines ofte V hóde soltes.

9 c. Van Enghelant ofte van Irlande enen sac wûllen van
twen waghen.

9 d. Van Hamborg XVI verdere beres, oder IIII punt
swares, oder ein picvat, oder ein woltvat asschen, oder ein
hundert seven vóte holtes, oder ein half hundert waghenschotes,
dat min den X sol. coft si, ofte ein hundert melevate, ofte ein
half hundert molden ofte lucghen, ofte enen wicschepel kornes,
so welker hande id si.

10 a. Wirt ein schip ghehuret to wintervische to Norweghene
ofte to Schone, unde also dat schip kûmt to Enghelande ofte
to Vlanderen, unde willet dhe vruchtlude dat schip hebben dor
dhe Hovede, se scolen dheme schipheren gheven den dridden
deil der vrucht mer, also dat dhe erste vrucht si dhe twe deil,
unde dheme sturmanne unde jewelkeme schipmanne den dridden
deil sines lones mer.

10 b. Is och ein schip ghehuret to Schone, unde slipth it[1]
des haringhes, unde willet dhe vruchtlude to Norweghene, se
scholen och gheven den dridden deil der vrucht mer. Unde
den haring, den de sturman und dhe schipmanne copen scolden
to Schone, scal men in gheven uth dheme boneke.

11 a. Sowan ein schip van Norweghen kûmt mit winter-
vissche, unde de schiphere dat schip vercoft, so sin ledich
de sturman unde dhe schipmanne. De sciphere scal aver den
vruchtluden huren ein goet scip, ofte se id hebben willet, dar
se ere goed mede to hus vóren.

11 b. Sowor so ein man sin schip vercoft, so scal he sinen
schipmannen gheven to XIIII nacht wekelon.

---

[1] Im Manuskript steht, wie Herr Senatssekretär Dr. Hagedorn feststellt, deutlich: *slifchit;* zu verstehen ist aber nach gütiger Auskunft des
Herrn Dr. Walther, dem ich auch anderweitige Belehrung über sprachliche
Dunkelheiten verdanke, unzweifelhaft: *slipth it* = *slipt it,* gebricht, fehlt,
mangelt es.

11 c. Leghet aver ein man sin schip to winterlaghe, so ne ghift he mer to achte daghen wekelon.

12. Id ne scal och nen schiphere sinen knapen orlof gheven ofte laten oppe eneme olande, he ne hebbe wittelike broke dan. Also ne scal och nen knape sinen heren dar begheven.

13 a. Id ne mach och nen schiphere sin schip vor sunte Mertines daghe oplecghen to winterlaghe sunder der vruchtlude willen.

13 b. Na sunte Mertines daghe ne scal och nen schiphere to der she seghelen to der vruchtlude willen.

14¹. Sowor so ein schip tobricht, unde komt mit dheme brokenen schepe also vele to lande, also dhe vrucht wert is, dar scal de schiphere sine vrucht af nemen.

15. Sowe so huret ein schip, unde schepet he dar in ofte nicht, unde wil he uthschepen, eir dat schip to seghele gheit, he scal gheven halve vrucht. Seghelet aver dat schip III mile weghes to der she wart, he scal gheven vülle vrucht.

16 a. Sowelc man selve sin schip schepet, de ne ghift nen windeghelt.

16 b. Sowe so huret ein schip, de ghift windeghelt:

16 aa. Van ene[me]² hundert kornes ghift men in unde uth to schepende II sol. Englis, unde to kolende I sol.

16 bb. Van der last wasses IIII penninghe Englis.

16 cc. Van der last coperes, tenes und blies III penninghe Engles.

16 dd. Van ene[me] hundert sparren van vertich voten VII sol. Englis.

16 ee. Van XXIIII vote sparren II sol. Englis.

16 ff. Van stenderen, dhe beneden XX vote lanc sin, III sol. Englis, unde dhe boven XXII vote sin. IIII sol. Englis.

16 gg. Van ene[me] cocghenbrede XL vote lanc enen Hamborgheren penning in, unde uth enen Vlameschen. Is id L vote lanc, men ghif dar vore enen Englischen penning.

16 hh. Van ene[me] hundert remen boven XX vote ghift men VI penninghe, unde beneden XVIII vote IIII penninghe Englis.

---

¹ Art. 14 ist durchstrichen; vgl. den späteren Art. 36 bei Lappenberg.
² Das Manuskript schwankt zwischen: *eneme* und *enen*, begnügt sich aber meistens mit dem Abkürzungszeichen.

16 ii. Van waghenschote, van litholte, van stappen, dat boven XXXV sol. is ghecoft, scal men gheven II penninghe Hamborghere in, unde II penninghe Vlamis uth; unde is id ghecoft umme II punt ofte durere, men ghift van dheme hunderde II penninghe Englis; unde is id beneden XXX sol. coft, id ghift enen Englischen penning in unde uth.

16 kk. Van ene[me] vate aschen van Lewenwolde unde van Parleberghescen vate IIII penninghe, van Hiddesackerschen vate III penninghe, [van[a] eneme Boycenborgheren vate II penninghe].

16 ll. Van eneme woltvate II penninghe Englis.

16 mm. Van ene[me] vodere vate smeres IIII penninghe.

16 nn. Van ene[me] vate wedes III penninghe. Van ener mese wedes VI penninghe.

16 oo. Van ene[me] vate wines van Rotzeil ofte van enen olgyevate VI penninghe; van ene[me] Rineschen vate [van[b] XII amen] enen scillingh [Englis[c] in, unde ut enen schilling].

16 pp. Van ene[me] voder pekes IIII penninghe Englis [in[d] unde ut. Van enen vate aschen van Blekede II penninghe Englisch in unde ut].

16 qq. Van ene[me] kanenblocke XVIII penninghe.

16 rr. Van ene[me] hunderde knarholtes, dat XXIIII vote lanc is ofte dar boven, II schillinghe, unde beneden XX vote enen scilling; van twen hunderden seven vote holtes ofte vif vote enen penning.

16 ss. Unde van twen hundert molden also, unde van III hunderden melevate enen penning.

16 tt. Van stenderen XIIII vote lanc XVIII penninghe.

16 uu. Van VI vighencorven enen penning.

16 vv. Van III mandelsacken enen penning.

16 ww. Van twen waghen vlocken enen penning.

16 xx. Van der tere wandes III hellinghe.

---

[a] van — penninghe fehlt im Manuskript.
[b] van — amen fehlt.
[c] Englis — schilling fehlt.
[d] in — ut fehlt.

16 yy. Unde al is id bi Englischen ghelde * gheseghet.

16 c. Sowat in unde uth gheschepet wert mit des schipheren touwe, des windegheldes scal he hebben den dridden deil.

17 a. Sowelc man sin schip verhuret to Uttrecht, de scal
gheven jewelkeme schipmanne XII sol. to der vart, se si cort
ofte lanc.

17 b. Dhe schipmanne sin och schuldich to licghende to
Marsen na ereme schipheren XIIII nacht; unde bevreset se
binnen der tit, de schiphere ne ghift en nene bate. Mar¹ is dat
water open, und wil de schiphere wachten na vrucht, unde
leghet he boven ere tit, he scal en gheven to der weken XVIII
penninghe Trechtis oder dhe cost; unde dat steit an des schipheren willen, welc ere he en gheven wille. Unde sowan so de
schiphere seghelen wil, so scolen se rede wesen, unde mit eme
varen.

17 c. Unde bevrore dat schip underweghen, se scolden sin
nene wis vertien, eir se dat schip to hus brechten. Unde unt-
brake en spise unde ghelt, de sciphere scal en ghelt lenen, unde
dat scolen se ghelden, also dat schip to hus komet. Unde ne
wil he des nicht doen, so moten se wol eme unfaren.

17 d. Untgheit och ein knape sineme heren mit moetwillen,
he scal eme wederkeren al sin lon, dat he van eme untfink.

18. Sowan so ein man sin schip silve ladet to Uthtrecht,
al dhe wile dat men inschepet ofte uthschepet, scal he dhe
knapen becosteghen.

19. Seghelet ein man to Stade, to ladende to Uttrecht
wart, he scal iewelkeme knapen gheven to bate enen schilling
Hamborghere; oppe de Store XVIII penninghe.

20. Sowe schipbroken goet vint oppe dheme vorende, de
scal dar af hebben den twintighesten deil. De id halet oppe
dheme reve ofte in der she, de scal hebben den dridden deil.
Unde drift id bi der bord vore, dar ein schip rit, unde de dat
optuht, de scal hebben den twintighesten deil.

21. Sowelc man den anderen anseghelet oder oppe ene

---

* Im Manuskript: *ghelde ghelde*.

¹ Im Manuskript: *war*. Gemeint mufs jedoch sein das vlämische: *mar*,
aber; s. Art. 27.

drift mit ungherade, sowelc ereme schade dar scuht, den scal de andere half ghelden. Unde den schaden scal men bewisen; unde dhe anseghelinghe ofte dhe drift scal men tughen. Unde de den anderen den schaden deit, de scal sweren, dat id ane sinen danc si gheschen. Unde de andere scal sweren, wo grot sin schade si unde wat sin schip hebbe costet weder to makende.

22 a. Sowor so ein scip dor noet willen goet uthwerpet, dat schip scal mede ghelden marc marke like.

22 b. Wert mast ofte touwe ghecorven, de schiphere hevet den schaden aleine, dar ne werde wilkore ane dan; unde den wilkore scolen tughen, dhe in dheme schepe do weren.

23 a. Sowan so ein scip gheladen is to dheme schore, unde wech seghelet ungheschuldeghet van den vruchtluden: kumt dheme goede gicht to van werpendes halven, dar ne scal de schiphere nene noet umme liden.

23 b. Wert och ein schiphere beleth mit goeden luden unde gheschuldeghet, dat sin schip si to sere laden, unde seghelet he dar boven enwech, unde wert des goedes wat gheworpen, dat scal de schiphere aleine ghelden.

23 c. Is och ein schip to sere laden, unde scal men uthschepen, de dar lest inschepede, scal erst uthschepen.

24. Sowor lude hebbet ein schip tosamene, ofte ein man den meren deil in dheme schepe, de minre scal dheme meren dele volghen, id ne si also, dat he mit den meren dele dat schip wolde licghen laten unde den anderen uthdroten; des ne mach nicht sin, wante men wiset ja dat schip to watere wart.

25. Hebbet compane ein schip tosamene, unde wil erer ein van deme anderen: sowelc erer van dheme anderen wil, de scal dat schip setten, beide dach unde ghelt, unde de andere scal kesen binnen XIIII daghen; unde also scolen se scheden wesen.

26 a. Ein jewelc user borghere scal voren enen roden vlugher. Sowe so des nicht ne deit, de scal id beteren bi III marken silveres to der stat kore, he ne lecghe ene neder dor anghestes willen.

26 b. Sowelc gast och enen roden vlugher voret, de scal gheven also vele, wert he an useme rechte beclaghet.

27. Ein schipman de ne ghelt nicht van siner voringhe to

werpinghe eir halver last; mar[1] werpt men over halve last, so
ghelt he mede, wat denne worpen wert, marc marke like.

28. Sowan so ein schip tobricht, so scal de schiphere
allererst berghen dhe lude unde dar na dat rede goet; unde
dar na moet he wol berghen sin touwe, ofte he mach; unde
dar na scal he den vruchtluden den boet lenen, dat se ere goet
mede berghen, ofte se dhene hebben willet.

---

[1] Im Manuskript: *war*, s. zu Art. 17 b.

IV.

BERICHT ÜBER DIE GESANDTSCHAFT DES ROSTOCKER RATSNOTARS KONRAD RÖMER AN DEN HOCHMEISTER KONRAD VON JUNGINGEN IM JAHRE 1394.

MITGETEILT

VON

KARL KOPPMANN.

· i

Im Ratsarchiv zu Rostock befindet sich ein der hansischen Forschung bisher unbekannt gebliebener Bericht über die Gesandtschaft des Rostocker Ratsnotars Konrad Römer an den Hochmeister Konrad von Jungingen, der unsere Kenntnis der meklenburgischpreufsischen Verhandlungen, die der Freilassung König Albrechts von Schweden vorangingen, in erwünschter Weise vervollständigt und den ich deshalb hier mitteile, indem ich einleitend kurz die Verhältnisse skizziere, unter denen die Gesandtschaft erfolgte [1], und aus dem Berichte selbst die wichtigsten Punkte hervorhebe.

Am 24. Februar 1389 war König Albrecht von Schweden in die Gefangenschaft seiner grofsen Gegnerin, der Königin Margarethe von Norwegen und Dänemark, geraten [2]; bis auf Stockholm war das Schwedische Reich der Siegerin zugefallen. Ihm dieses zu erhalten war sein Ohm, Herzog Johann I. von Stargard, im Jahre 1390 dorthin gefahren [3], hatten im Jahre 1391 die Städte Rostock und Wismar allen denen, die auf ihre eigene Rechnung Dänemark zu schädigen Willens wären, ihre Häfen geöffnet und dadurch den privilegierten Seeraub der Vitalienbrüder ins Leben gerufen [4]. Noch in demselben Jahre war von den Meklenburgern ein neuer Kriegszug nach Stockholm unternommen worden, auf dem sie die Inseln Bornholm und Gotland erobert hatten, und zu Nyköping, vermutlich im Oktober, hatten Verhandlungen zwischen ihnen und der Königin stattgefunden,

---

[1] Vgl. H.R. I, 4, S. X—XVI.
[2] Detmar (Chroniken der deutschen Städte 26) § 899.
[3] Detmar § 936 (verdruckt 935).
[4] Detmar § 974 zu 1392.

bei denen ein bestimmtes Lösegeld in Aussicht genommen und
ein neuer Tag, 1392 Juni 9 zu Falsterbo, anberaumt worden war[1].
Dieser Tag war, wenn auch nicht zu Falsterbo, sondern zu
Wordingborg, zu stande gekommen, aber erfolglos verlaufen und
unmittelbar darauf hatte Margarethe den Meklenburgern einen
von ihrem im Turm zu Lindholm schmachtenden Gefangenen
wohl schon vorher genehmigten[2], doch aus Wordingborg vom
10. Juli datierten Vertragsentwurf zugeschickt, der, wenn er bis
dahin nicht von ihnen bestätigt werden würde, am 4. August
aufser Kraft treten sollte. Von den Meklenburgern war aber
der Entwurf für unannehmbar erklärt worden und es war zu
weiteren Verhandlungen zwischen ihnen und der Königin, 1393
nach Ostern (April 6) zu Helsingborg und abermals Juni 24,
gekommen, von denen wir aber nur wissen, dafs auch sie ohne
Ergebnis geblieben waren.

Bis dahin hatten die Hansestädte einer Einmischung in den
dänisch-meklenburgischen Krieg sich fern gehalten. Die 1391
November 11 zu Hamburg von Rostock und Wismar erbetene
Mitbesendung des Falsterboer Tages vom 9. Juni 1392 war von
ihnen abgelehnt worden und den Übergriffen der Vitalienbrüder
gegenüber hatte man sich dadurch zu sichern entschlossen, dafs
man die Fahrt durch den Sund nur in Flotten von zehn Schiffen
anzutreten gestattete. Aber schon bei dem Kriegszuge von 1391
hatten die meklenburgischen Orlogsschiffe preufsischen Kaufleuten
vor Bornholm ihre Schiffe weggenommen und ehe noch jener
von Lübeck am 25. August 1392 gemachte Vorschlag der Flotten-
fahrt von den preufsischen Städten am 24. November angenommen worden war, waren, wiederum bei Bornholm, zwei
Elbinger Schiffe den Vitalienbrüdern in die Hände gefallen. Und
inzwischen hatte auch Margarethe Schiffe in die See gelegt
und eins der beiden Elbinger Schiffe, das die Vitalienbrüder,
nachdem sie es ausgeplündert, freigegeben hatten, war auf
dem Wege nach Stralsund in deren Hände gefallen. Die
Meklenburger aber hatten gegenüber der Forderung der Hansestädte nach Schadensersatz und Vermeidung künftiger Schädigung

---

[1] Detmar § 947.
[2] Städtechron. 26, S. 42 Anm. 4.

zu Anfang des Jahres 1393 eine Schädigung derer, welche die drei Reiche aufsuchen würden, für unvermeidlich erklärt und deshalb und im Interesse einer Beschleunigung des Nachgebens der Königin um eine zeitweilige Einstellung der Fahrt dorthin angehalten.

Angesichts der von beiden Parteien ihnen bereits zugefügten und für die Zukunft drohenden Verluste hatten sich die Städte am 22. Juli 1393 entschlossen, für diesmal von der Schonenfahrt zum Heringskaufe abzusehen und eine Friedensvermittelung zu versuchen. Auf dem Tage zu Falsterbo, der zwischen Margarethe und den Meklenburgern auf den 8. September anberaumt worden war, aber bis zum 29. September sich verzögert hatte, war als Grundsatz der Einigung anerkannt worden, »dafs König Albrecht auf bestimmte Zeit in Freiheit gesetzt und dafs während dieser Zeit Stockholm als Äquivalent für das Lösegeld des Königs von den Hansestädten in Besitz genommen werden sollte«, sodafs also, wenn nach Ablauf derselben, wenn inzwischen nicht ein Vergleich der Parteien erzielt worden war, entweder König Albrecht in die Gefangenschaft zurückkehren oder Stockholm der Königin von den Städten ausgeliefert werden mufste. Wenn dennoch der Tag »ane ende« verlaufen war, so scheint der Hauptgrund darin gesucht werden zu müssen, dafs man über die Höhe des Lösegeldes eine Einigung nicht hatte erzielen können.

Im Jahre 1391 zu Nyköping war nach der Angabe Rostocks eine bestimmte Summe, deren Betrag nicht genannt wird, vereinbart worden; nach dem Wordingborger Vertragsentwurf vom 10. Juli 1392 hätte Albrecht der Königin Stockholm für 50 000 Mark lötigen Silbers verpfänden, für den Verzicht auf Schweden und Dänemark aber von ihr 10 000 Mark lötigen Silbers erhalten sollen; von den Meklenburgern war eine solche Verzichtleistung zurückgewiesen, eine *moghelke schattinghe* König Albrechts verlangt und deren Feststellung den Städten Lübeck, Hamburg und Stralsund überlassen worden; der uns über die Verhandlungen vom 29. September 1393 erhaltene Bericht aber erwähnt des Lösegeldes mit keinem Worte.

Eine Tagfahrt der Hansestädte zu Lübeck, die für den 2. Februar 1394 in Aussicht genommen worden war und

deren Recefs vom 3. März datiert, war von der Königin
Margarethe nicht besandt worden, weil man ihr nicht schon zu
Falsterbo gesagt habe, dafs die Meklenburger mit dem, wozu sie
sich erboten, einverstanden und es ihr nunmehr nicht mehr
möglich sei, sich mit ihrem Rat zu besprechen. Da sie sich
statt dessen zu einem neuen Tage mit den Meklenburgern und
den Städten erboten hatte, so war ein solcher auf den 24. Juni
in Dänemark angesetzt worden. Infolgedessen war man am
22. Juli zu Helsingborg zusammengekommen; die Königin hatte
ein Lösegeld von 60000 Mark Silbers gefordert und König
Albrecht gegen Einnahme Stockholms durch genannte Hansestädte und auf deren Bürgschaft hin auf ein halbes Jahr frei-
lassen wollen; zur Vollziehung des Vertrags war ein neuer Tag,
November 1 zu Alholm, vereinbart worden.

Auf jenem Lübecker Tage vom 2. Februar war die verschiedene Stellung, welche die von Lübeck geführten Hansestädte auf der einen, die Preufsen auf der andern Seite zu den
kriegführenden Mächten einnahmen, offen zu Tage getreten.
Hatten erstere die Ausrüstung einer Flotte gewollt, doppelt so
grofs, wie diejenige, die man im Jahre 1367 zur Bekämpfung
der drei nordischen Reiche ausgerüstet hatte, zunächst um den
Vitalienbrüdern, den Parteigängern der Meklenburger, entgegen
zu treten, so hatten die letzteren ihre Beteiligung abgelehnt, weil
sie es nicht hatten durchsetzen können, dafs die Flottenhaupt-
leute ermächtigt würden, von den Dänen ebensowohl, wie von
den Meklenburgern Schadensersatz zu verlangen und diejenige
Partei, die sich dessen weigere, mit Gewalt dazu zu zwingen.
Von den Meklenburgern war daraufhin eine Gesandtschaft nach
Preufsen geschickt worden, die aus dem Ritter Reimar von Ha-
genow, Johann von der Aa von Rostock, Hermann Meyer von Wismar
und dem ihnen beigeordneten Rostocker Ratsnotar Konrad Römer
bestanden hatte, und von der wenigstens soviel erreicht worden
war, dafs Hochmeister Konrad von Jungingen die Beteiligung
des Deutschordens an den Helsingborger Verhandlungen zugesagt und bis zu deren Ablauf auf alle Feindseligkeiten
gegen die Meklenburger wegen der bisher von ihnen erlittenen
Schädigungen verzichtet hatte. Infolgedessen waren von Seiten
der Preufsen der Komtur von Schönsee, Arnold von dem

Borgel[1] und der Grofsschäffer von Marienburg Johann Tyrgart mit den Bürgermeistern Hermann von Alen von Thorn und Heinrich Damerow von Elbing abgeordnet worden und hatten vor Juli 7 an einer Versammlung zu Rostock, Juli 22 an den Verhandlungen zu Helsingborg und September 8 abermals an einer Versammlung zu Rostock teilgenommen.

Unmittelbar an diese zweite Rostocker Versammlung schliefst sich nun die Gesandtschaft Konrad Römers an den Hochmeister, von der wir durch unsern Bericht erfahren.

Erst nach der Beendigung der Versammlung wird es geschehen sein, dafs Herzog Johann II. von Stargard und sein Bruder Bischof Rudolf von Schwerin, die Vettern König Albrechts, mit dessen Rat und den Städten Rostock und Wismar zusammen sich zu einer abermaligen Besendung Konrads von Jungingen entschlossen. Die Preufsen haben die Rückreise bereits angetreten und der ihnen am 12. September nachgesandte Konrad Römer reitet die ganze Nacht durch, um sie noch in Stralsund anzutreffen und die Reise nicht allein machen zu müssen. Noch vor Thoresöffnung langt er an und verweilt den Tag über, einen Sonntag, mit ihnen in Stralsund. Am 14. September tritt man die Weiterreise an und gelangt über Greifswald, Swinemünde, Kolberg, Rügenwalde, Köslin und Stolpe[2] September 20 nach Danzig (§ 1). Zu Swinemünde[3] erhalten die Preufsen Nachricht, dafs der Hochmeister auf seiner Kriegsfahrt gegen die Litauer am 29. August vor deren Hauptstadt Wilna angekommen sei und binnen Monatsfrist, vom Datum des betreffenden Schreibens aus gerechnet, nicht nach Preufsen zurückkehren werde (§ 2). In Köslin trennen sich die Reisegefährten:

---

[1] Die vermeintliche Korrektur H.R. I, 4, S. 238 § 6 ist also zu beseitigen. Arnold von dem Borgel war 1392 (Juli 27) bis 1399 August 24 Komtur zu Schönsee: SS. rer. Pruss. 3, S. 229 und das. Anm. 2.

[2] Die Hinreise war über Stolpe, Rügenwalde, Kolberg und Greifswald gegangen: H.R. I, 4, Nr. 236 III §§ 1—4; die Swine und Köslin nennt unser Bericht. Näheres über die Handels- und sonstigen Strafsen zwischen Stralsund und Danzig s. bei Bruns in Hans. Geschbl. 1896, S. 85—87.

[3] S. Bruns a. a. O. S. 87 Anm. 2.

Arnold von dem Borgel und der Thorner Bürgermeister schwenken südwärts ab, während Johann Tyrgart und der Danziger Bürgermeister mit Konrad Römer ostwärts weiterziehen (§ 7). In Stolpe herbergt Konrad Römer bei dem dortigen Bürgermeister Walter Darsow, der den Meklenburgern freundlich gesinnt ist (§§ 3—6). Vor Danzig läfst er sich von seinen Gefährten versprechen, ihm für seinen dortigen Aufenthalt Geleit zu besorgen, es ihn wissen zu lassen, wenn sie die Heimkehr des Hochmeisters erfahren würden, und eventuell diesen von seiner Ankunft in Kenntnis zu setzen (§§ 7—9).

Da ihm kund geworden ist, dafs der Hochmeister für die Dauer seiner Heerfahrt den Komtur zu Elbing Sigfried Walpot von Bassenheim zu seinem Stellvertreter ernannt und ihm den Obersten Tresler Friedrich von Wenden beigeordnet hat, berät er sich am 21. September mit den Danziger Bürgermeistern und Johann Tyrgart wegen etwaiger Aufsuchung derselben, und als Johann Tyrgart in Erfahrung gebracht hat, dafs sie am 27. September in Elbing oder Leske sein würden, macht Konrad Römer sich am 26. September mit ihm auf den Weg, trifft die beiden Gewalthaber in Leske, überreicht ihnen sein Beglaubigungsschreiben und richtet seine Werbung aus (§§ 10—13). Sie beraten sich unter Hinzuziehung Johann Tyrgarts und erwidern ihm, sie hofften auf des Meisters baldige Heimkehr, würden aber im Fall einer längeren Verzögerung derselben die Gebietiger und Städte zusammenberufen, um seine Werbung zu beantworten (§ 14). Darauf erklärt sich Konrad Römer bereit, dies in Danzig abzuwarten, überreicht ihnen zwei weitere Schriftstücke und bittet sie um deren Zusendung an den Hochmeister; das eine enthält, wie es scheint, einen uns nicht erhaltenen meklenburgischen Bericht über die Helsingborger Verhandlungen, das andere handelt, Konrad Römers Angabe zufolge, *van der vangnisse des konynges, wo swarliken de vangen sittet*; dieses letztere hat er in 5 oder 6 Exemplaren, je in einem Sextern (einem Heft von drei Doppelblättern) ausfertigen lassen und in einem Exemplar schon zu Rostock dem Knechte des Komturs von Schönsee gegeben, von dem es an den Ordensmarschall übersandt worden ist, damit der Inhalt den an der Heerfahrt des Hochmeisters teilnehmenden fremden Gästen bekannt werde

(§§ 15—17). Ich glaube nicht zu irren, wenn ich annehme, dafs dieses Schriftstück jener Aufsatz sei, den ich als meklenburgische Parteischrift über die Ursachen des Streites zwischen König Albrecht von Schweden und Königin Margaretha von Norwegen und Dänemark vom Jahre 1394 im zweiten Bande der Lübischen Chroniken herausgegeben habe.

Über Elbing, wo er mit Bürgermeister Heinrich Damerow sowohl, als auch einem anderen Teilnehmer der Helsingborger Verhandlungen, dem sich hier aufhaltenden Bürgermeister Thidemann von der Halle von Riga, verhandelt, kehrt Konrad Römer nach Danzig zurück und verweilt hier, bis die Botschaft des Hochmeisters anlangt, dafs derselbe zum 11. Oktober seine Gebietiger und Städte nach Marienburg zusammenberufen habe und für ihn zu sprechen sein werde (§§ 18—20). Alsbald, am 9. Oktober, macht er in Begleitung eines Schreibers des Hochmeisters dorthin sich auf, um, wenn möglich, noch vor der Versammlung der preufsischen Städte dem Hochmeister seine Werbung ausrichten zu können, und langt nach einem in Grieben gehaltenen Nachtlager am 10. Oktober in Marienburg an, wo an demselben Tage nach der Vesper der Hochmeister eintrifft (§§ 21—23).

Am folgenden Tage vom Hochmeister zu Tisch eingeladen, erhält er nach beendigter Mahlzeit in Gegenwart des Grofskomturs, der Komture von Elbing, Christburg und Thorn und des Treslers zu seiner Werbung das Wort (§§ 24, 25): Von Bischof Rudolf, Herzog Johann, dem Rat König Albrechts und den meklenburgischen Städten sei er abgesandt worden, dem Hochmeister, dem Deutschorden und den preufsischen Städten für die König Albrecht erwiesene Gunst, wie auch ihren Abgeordneten dafür zu danken, dafs sie sich zu Helsingborg als Ehrenmänner bewährt, König Albrechts Recht auf Schweden und das ihm zugefügte Unrecht vernommen und die Erbietungen, die sowohl Herzog Johann, der Rat des Königs und die meklenburgischen Städte wiederholt zu Lübeck, als auch König Albrecht selbst in ihrer Gegenwart im Turm zu Lindholm gethan, angehört hätten, und sie zu bitten, eben dieselben Gesandten bevollmächtigt, auch im Namen der etwa verhinderten livländischen Städte, zu den Verhandlungen in Alholm zu schicken, dem

Könige aus seiner Gefangenschaft zu helfen, ihn mit Geld und Gut und anderer freundschaftlicher Beihülfe zu unterstützen und zur Sicherung ihrer Entschädigung Stockholm einzunehmen, das die Meklenburger, wie sie den preußischen Abgeordneten schon zu Helsingborg heimlich gesagt, wenn es denn doch verpfändet werden müsse, Niemanden lieber gönnen würden, als den Preußen (§§ 25—27). Nach längerer Rücksprache mit seinen Gebietigern antwortet darauf der Hochmeister, wegen des ihm zu erteilenden Bescheides müsse er sich erst mit seinen Städten besprechen, doch hege er den Wunsch, daß der bisherige Verlauf der Verhandlungen sich als gut erweise und dieselben zu einem befriedigenden Abschluß gediehen, und als darauf Konrad Römer bemerkt, von Seiten der Meklenburger würde es gern gesehen worden sein, wenn die Helsingborger Verhandlungen einen besseren Verlauf genommen hätten, und man erhoffe einen solchen von dem Alholmer Tage, beendigt der Hochmeister das Gespräch mit den Worten: Wenn Gott will, der vermag es wohl (§§ 28—33).

Noch am Abend desselben Tages ziehen die Sendeboten der Städte Kulm, Thorn, Braunsberg, Königsberg, Elbing und Danzig in Marienburg ein, mit denen der Hochmeister und seine Gebietiger am 12. Oktober verhandeln. In Gegenwart des Komturs von Schönsee und des Großschäffers erteilt dann der Hochmeister Konrad Römer den versprochenen Bescheid: Orden und Städte werden ihre auch wegen der livländischen Städte bevollmächtigten Abgeordneten auf den Tag zu Alholm senden; dem Könige mit Geld und Gut zu helfen, kann er zur Zeit nicht versprechen, denn Krieg und Orlog nötigen ihn, seinem Gelde selber weh genug zu thun; was ihm aber zur Hülfe des Königs zu thun möglich ist, wird er allewege gern thun (§§ 34—37). Dankend nimmt Konrad Römer diesen Bescheid entgegen, erklärt, mit demselben alsbald heimwärts reisen zu wollen, und bittet, den Hochmeister um einen Geleitsbrief (§§ 38—40). Nachdem ihm dieser zugesagt worden ist, treten zwei von den Meklenburgern geschädigte preußische Kaufleute auf und begehren Ersatz; erst der Elbinger Marquard Warsow, den die Moltken bei Nachtzeit mit seinem Schiff aus dem Rostocker Hafen gefangen hinweggeführt haben, dann Swencke wegen Roggens, der ihm weggenommen worden ist. Dem Ersteren gegenüber vermag Konrad Römer sich darauf zu berufen, dafs Herzog Johann schon früher für ihn eingetreten sei und gleich den Rostockern seinethalben mit den Moltken in Fehde stehe; dem Letztern kann er nur versprechen, über seine Klage zu Hause berichten zu wollen, und mufs es hören, dafs der Hochmeister sagt: Wir halten sie für unsere Freunde und sie berauben die Unsrigen (§§ 41—43).

Vom Hochmeister entlassen, begiebt er sich zum Tresler, um, wenn möglich, diesem ein Wort über die Gesinnung des Hochmeisters zu entlocken. Nachdem er ihm im Namen seiner Auftraggeber für die ihm erwiesene Förderung freundlich gedankt, sagt er daher, er fürchte, in Betreff einer Hülfe mit Geld und Gut sei keine Gnade auf dem Wege, und der Tresler antwortet ihm: Wer weifs, was Gott geben würde, wenn nur erst der König in Freiheit wäre und seine Freunde selbst aufsuchen könnte. Diese Antwort befestigt Konrad Römer in der Ansicht, die er sich über die Meinung des Hochmeisters gebildet hat, dafs nämlich der König in Freiheit sein müsse, bevor sich finde, was zu seiner Hülfe gethan werden könne (§§ 44—46).

Die Gesandtschaft nach Dänemark abermals zu übernehmen, hat der Komtur von Schönsee abgelehnt und an seine Stelle ist der Komtur von Schwetz, Graf Albrecht von Schwarzburg, abgeordnet worden. Auch Johann Tyrgart hat sich gesträubt, ist aber mit seinen Entschuldigungsgründen nicht durchgedrungen. Beiden sind Bürgermeister der drei Städte, welche die Königin Margarethe zu Bürgen verlangt hat, Thorn, Elbing und Danzig, beigeordnet worden. Am 25. Oktober werden die Gebietiger und die preufsischen Städte abermals zu Marienburg zusammenkommen und am 28. Oktober sollen die Abgeordneten sich auf den Weg nach Alholm machen (§§ 36, 47)

Der weitere Verlauf der Ereignisse ist bekannt: Die preufsischen Abgeordneten werden unterwegs durch Herzog Wartislav von Stolpe gefangen genommen, infolge davon wird der Alholmer Tag auf 1395 April 23 zu Skanör und Falsterbo verlegt und kraft der unter Beteiligung der preufsischen Abgeordneten getroffenen Vereinbarungen kommt König Albrecht am 8. September nach sechseinhalbjähriger Gefangenschaft endlich wieder in Freiheit, freilich nur auf drei Jahre und gegen die

Verpflichtung, alsdann entweder in den Kerker zurückzukehren oder ein Lösegeld von 60 000 Mark lötigen Silbers (etwa 2½ Millionen Reichsmark) zu zahlen oder aber sich die Übergabe Stockholms an die Königin Margaretha einwandlos gefallen lassen zu müssen.

Waren die Wünsche der Meklenburger offenbar dahin gegangen, dafs erstens das Lösegeld König Albrechts herabgemindert, zweitens dessen Auszahlung vom Hochmeister ganz oder doch grofsenteils übernommen und drittens Stockholm nicht den Städten zur eventuellen Auslieferung an die Königin, sondern dem Hochmeister zu zeitweiligem Pfandbesitz übergeben werde, so hatten sie daran scheitern müssen, dafs einerseits die Königin darauf ausging, sich durch die Festsetzung eines voraussichtlich unerschwinglichen Lösegeldes die Auslieferung Stockholms zu sichern, und dafs andererseits der Hochmeister nicht gewillt war, seine Streitkräfte und seine Geldmittel durch den Pfandbesitz eines Schlosses lahmzulegen, das nur für die Beherrschung Schwedens von Wert sein konnte. Immerhin aber war in der Verlängerung der dem Könige gestellten Frist von nur einem halben auf drei volle Jahre eine nicht unerhebliche Verbesserung der Helsingborger Vereinbarungen erzielt worden, und wenn auch von Seiten des Hochmeisters dabei wohl nicht nur im Interesse des Königs gehandelt worden war, so hatte doch dieser der preufsischen Vermittelung einen wesentlichen Vorteil zu danken, von dem er freilich den rechten Gebrauch zu machen nicht vermocht oder verstanden hat.

---

1. Anno Domini 1394 sabbato proximo infra octavas nativitatis Marie[1] equitavi de Rozstock et per illam noctem equitavi, ita quod veni mane[2] ante civitatem Sundis, antequam aperta fuit, quia timui recessum dominorum Prussiensium mane fieri, qui ibi pernoctabant, quod me solum sine comitiva contingeret equitare . . . . .[a] per totam diem dominicam ibi permanserunt, et

---

[a] Zwei kurze Wörter und per — permanserunt übergeschrieben.
[1] September 12.
[2] September 13.

veni in Dantsik die dominica sequenti in vigilia beati Mathei
apostoli et ewangeliste [1].

2. To deme ersten umme de breve, de ick uppe der
Swyne to rugge screff an myne heren to Rozstok, wo den
Prusseschen heren, de to deme dage weset hadden, tydinge dar
under ogen quemen, dat de meyster in sunte Johannis dage de-
collacionis [2] vor de Wille komen were unde bynnen enem mande
na der gift des sulven breves nicht in Prussen wedder queme [3]:
oft de boden, de ut Prussen wedder to deme dage sand worden,
also drade to deme dage to Aleholm nicht komen konden, dat
me dat den van Lubeke edder der konynginnen enbode.

3. Dar ik quam to der Stolpe, do sprak ik mit her Wolter
Darsowe, deme borgermestere darsulves, de was myn wert unde
de gunt der herscop to Mekelenborch wol, alse ik vornam, dat
de hertoge van [a] Pomeren to lande komen was [4], unde nam den
scheffer dar aver: oft myn [b] here hertoge Johan van Mekelenborch,
des konynges rad unde syne stede boden sendende worden to
deme homeyster, dat he my guden rad geve, wo se velich
mochten komen dor eres heren, des hertogen, land.

4. Do sede he, he wolde spreken mit des hertogen ampt-
luden; de quemen kortliken uppe ene stede, dar he mede bi queme.

5. Ok vragede ik em, wo em nutte duchte, dat ik myn
dond helde upper wedderreise, oft ik allene wedder to lande [c]
rede, dat ik ungehindert bleve.

6. Do sede he, em duchte best, dat ik en ringe wagen to-
makede unde toge dor de land alse en pilgrime. Also dede ik.

7. Do wy quemen vor Danczik, do sede ik to deme groten
scheffere unde to her Hinrik Damerow, deme borgermestere to

─────────

[a] van Pomeren übergeschrieben. [b] my. [c] to lande übergeschrieben.
[1] September 20.
[2] August 29.
[3] Über die Juli 25 angetretene Reise Konrads von Jungingen, auf der
er August 29 bis September 21 Wilna belagerte, s. SS. rer. Pruss. 2, S.
654 ff.; 3, S. 193—196; Caro, Geschichte Polens 3, S. 155.
[4] Wartislav VII. von Pommern-Stolpe. 1394 vor Juli 7 erscheint,
offenbar wegen seiner Abwesenheit, seine Gemahlin Marie, Tochter Herzog
Heinrichs III. von Meklenburg-Schwerin, als Regentin: H.R. I, 4, Nr. 236
III § 2.

deme Elvinge, de commender van[a] Schonensee unde de rad-
man van Thoren reden van us to Koslin: Leven heren, gi wetet
wol, dat ik gesand byn to dem meystere mit werven; ik bidde
jw, dat gi id also vorwaren willen, dat ik geleydet werde[b].

8. Do seden se: also drade alse see in dar[c] quemen,
wolden se senden to deme commender[1] unde to deme rade
unde woldent bestellen, dat ik vorwaret worde.

9. Do bad ik se vordan: weret, dat en to wetende worde,
wan de meyster queme, dat se my dat witlik deden, edder
wolden se em yenige breve scryven, dat se dat mede screven,
dat ik dar imme lande were unde hadde werve unde bodesop
to deme meystere van des konynges, synes rades unde syner
stede wegen. Dat wolden se gerne don.

10. Ok sprak ik in sunte Matheus dage[2] mit den borger-
mesteren[d] to Dantzik unde sede, dat ik gesand were to deme
meystere unde vruchtede langh leger; wat se my reden: wer ik
des meysters beyden scholde edder wer ik myne werve to
yemende anders van synen bedigeren werven mochte; my were
wol berichtet, dat de commender van deme Elvinge[3] were in des
meysters stad unde de treseler[4] were syn hulper.

11. Do seden se, dat ik dar umme spreke mit deme scheffere,
wat syn rad were; en duchte gut wesen, dat ik den bediger
vorbenant myn werff tovorn openbarede.

12. Des sprak ik dar umme mit[e] deme scheffere. De sande
synen boden, to vorhorende, wor he[f] se vynden mochte. De
quam wedder unde sede, dat se wolden wesen to deme Elvinge
edder to deme Leske des sondages darnegest[5].

13. Also red ik des sunnavendes vor sunte Michelis dage[6]
mit[e] deme sceffere na deme Elvinge, unde vunden de bedigere
vorbenant, den cummender van deme Elvinge unde[g] her Fre-

---

[a] van Schonensee übergeschrieben. [b] werde fehlt. [c] indat. [d] borger-
mester. [e] mit — scheffere am Rand. [f] he fehlt. [g] unde fehlt.

[1] Jobann von Rumpenheim.
[2] September 21.
[3] Sigfried Walpot von Bassenheim: H.R. I, 4, Nr. 140 § 8.
[4] S. 109 Anm. 1.
[5] September 27.
[6] September 26.

derik van Wenden, den treseler [1], to deme Leske, unde antwerdede
en myne credencien unde worf myne werve to en.

14. Do bespreken se sik lange und repen den scheffer do
to syk unde spreken ok mit em. Unde antwerdeden my, dat ik
my vorhelde; se hopeden, de meyster queme schiere heyme;
were aver, dat he kortliken nicht heyme queme, so wolden se
de bedigere, der dar bedarff to were, unde de stede vorboden
unde my en gud antwerde geven. Dat held ik also na ereme
rade.

15. Ok antwerdede ik den vorbenomeden bedigeren enem
yewelk ene scrift, dar de degedinge inne stan, de to deme
Aleholm [2] begrepen sint. Unde dede deme treseler ene scrift
van der vengnisse des konynges, wo swarliken de vangen sittet;
dat was em wol to dancke. Unde bad, dat he se deme mestere
lesen lete; dat wolde he don. Unde hadde der scrifte wol 5
edder 6 scriven laten, jo van ener sexternen, und dedet vaste
den bedigeren. Des kumpters knecht van Schonensee deme had
ik to Rozstok ene geven; de hadde se . . . . . uppe Prusseschen
unde hadde se deme marschalk [3] sand, dat se den gesten, de in
der reyse weren, to lesende worden is. Unde bad se vruntliken,
dat se dachten myner werve unde sanden ere breve deme
meystere under ogen, uppe dat, wen he queme[a], dat my des de
êr ende mochte werden; to Dantzik wolde ik des warden edder
anderswor[b], wor id en[c] nutte duchte.

16. Do seden se: id scholde my tydegen noch to wetende
werden[d]; dat ik des to Dantzike wardede; se wolden deme
meystere breve senden.

17. Des sanden se ere breve deme meystere under ogen
umme dat sulve.

18. To deme Elvinge dar was her Tydeman van der Halle
ute Liflande. Mit em unde mit hern Hinrik Damerowen, borger-

---

[a] uppe — queme wiederholt.   [b] anderswor überschrieben.   [c] en fehlt.
[d] werden fehlt.

[1] Friedrich van Wenden folgt dem zum Hochmeister erwählten Konrad
von Jungingen als Oberster Tresler: SS. rer. Pruss. 3, S. 190.

[2] Flüchtigkeitsfehler; es können nur die Helsingborger Verhandlungen
von 1394 Juli 22 gemeint sein; vgl. unten §§ 31, 33.

[3] Werner von Tettingen, Oberster Marschall.

mestere to deme Elvinge, sprak ik: weret, dat de stede ut Liflande, de de konynginne nomet hadde to borgen, nicht komen
konden uppe den dach to Aleholm, dat her Tydeman dar umme
spreke mit den van deme Elvinge unde mit anderen steden in
Prussen, dat se mit erer macht van der Liflandeschen wegene
quemen to deme dage.

19. Do[a] red ik wedder to Dantzike; do quemen breve,
dat de meyster was upper wedderreyse.

20. Des quam en en antwerde weder van den meystere,
dat he des sondages na sunte Dioniß dage[1] wolde wesen to
Marienborch unde hadde syne bedigere unde de sendeboden, den
commender van Schonensee, den groten scheffer unde syne stede,
dar to vorbodet. Dat screff he ok den van Dantzik, dat se my
dat seggen scholden.

21. Des vrydages vor sunte Dioniß dage[2] red ik na der
Marienborch unde was de[b] nacht to Grewin. Dat dede ik dar
umme, dat ik deme meystere myner werve berichten wolde, êr
de stede tomale quemen, uppe dat my des de êr ende worde.

22. Uppe deme wege sprak ik vaste mit des meysters
scriver. De sede my, wo de scheffer besloten breve mit sik
bracht hadde van der konynginnen, dar se inne screff grot van
ereme rechte.

23. Des sunnavendes[3] na vesper quam de meyster to
Marienborch. Do en konde ik nicht vor em komen unde bad
den scheffer, dat he dat deme meystere seggen wolde, dat ik
dar was unde were gerne vor synen gnaden.

24. Des sondages[4] let my de meyster to gaste bidden.

25. Do dar geten was, do warff ik to em unde to synen
bedigeren myne werve. Dar weren jegenwordich de grotcom-
mender[5], de commender van deme Elvinge, de commender van

---

a Do — Dantzike übergeschrieben statt anderer darunter stehender Worte.
b de fehlt.

[1] Oktober 11.
[2] Der 9. Oktober fiel auf einem Freitag.
[3] Oktober 10.
[4] Oktober 11.
[5] Wilhelm von Helfenstein.

Kersborgh[1], de treseler unde de[a] commender van Thoron[2].
Unde bot tovorn dem meyster willekome, unde sprak: Leve
gnedige here; de biscop van Swerin, hertoge Johan van Mekelenborch, syn broder, des konynges rad unde syne stede hebben
my sand to juwen gnaden, unde groten jw mit eren odmodigen
denste, unde dancken juwen woldaden, de gi unde juwe orde
unde juwe stede an deme konyng unde an den synen bewiset
hebben, unde willen juweme orden unde den juwen dar vore
dancken unde denen mit eren vrunden, heren, riddern, knechten
unde steden, wor se mogen. Unde dancken vortmer den erliken[b]
heren juwes ordins, dem commender van Schonensee unde groten
scheffere van Marienborch unde juwen steden, de gi to deme
dage[c] sand hadden to Helsingborg umme des koninges beste
willen, dat se sik erliken unde wol in des konynges saken bewiset hebben alse bedderve lude unde syn recht gehort hebben,
dat he heft to deme rike to Sweden, unde ok dat[d] unrecht, dat
em geschen is, des he unde syn veddere hertoge Johan, syn rad
unde syne stede bleven bi den sulven juwen sendeboden unde
bi den anderen steden unde noch also don willen, des jw de
sendeboden wol berichten mogen, unde hebben sik vaken unde
vele vorboden to Lubeke vor den menen steden, dat se likes,
rechtes, mynne unde der schattinge over den konyng scholden
mechtigh wesen, dar id newerlde to komen konde, unde ok sik
de konyng to dem Borcholm[3] vorbot, des juw de cummender van
Schonensee wol berichten mach, de vor em was, unde andere
lude, riddere unde knechte unde de borgermestere van den
steden.

26. Dat ik dat recht rorede in myme werve, allene dat
id myne credencie nicht inne hadde, dat dede ik dar umme,
wente my des meysters scriver secht hadde, alse vor screven
is[4], dat de scheffer der konynginnen breve mit sik bracht hadde,

---

[a] de fehlt.   [b] erliken übergeschrieben.   [c] dage übergeschrieben.   [d] dat
übergeschrieben; darunter getilgt: syn.

[1] Johann von Beffart, Komtur von Christburg und Oberster Trappier.
[2] Engelhard Rabe.
[3] Flüchtigkeitsfehler; König Albrecht wurde zu Lindholm gefangen
gehalten.
[4] S. oben § 22.

dar se grot inne screff van erem rechte etc., unde dat meste del
dar umme, dat de meyster to somer screff an syner scrifft, he
wolde syne boden senden to deme dage unde seen laten, in ,weme
dat unrecht gevunden worde, dar wolde he denne umme spreken
mit synen bedigeren, uppe dat se wisten, dat dat unrecht an us
nicht gevunden wart.

27. Unde bad vordan, dat de meyster de sulven sendeboden
wedder sande to deme dage to Aleholm, oft id synen gnaden
also behegelik were, wente en alle sake des konynges recht unde
syn unrecht, witlik weren*, unde makede se mechtich, alsodane
stucke unde sake to ramende unde vulbordende, alse in den
degedingen begrepen weren edder de me noch begripen worde,
id were umme vrede unde sone to wissende, den konyng utto-
borgende unde bewaringe dar vore to nemende. Unde ok, oft
de ut Liflande, de de konynginne ok nomet heft to borgen,
nicht komen konden uppe den dach to Aleholm, dat den syne
boden mit vuller macht van erer wegen quemen, wente ik hopede,
he were erer wol mechtich. Unde bad odmodigen, dat se an-
segen God unde dat mene beste unde den groten jamer des
konynges, den he lit in syner vengnisse, alse he doch in eren,
umme unrecht to wedderstande, vangen is, dat newerlde vorste
edder en misdedich mynsche also holden wart, des en de commender to Schonensee unde andere bedderve lude, de vor deme
konynge weren in deme torne b, wol berichten mochten, unde
hulpen em, dat he leddich unde los worde, wente c negest Gode
syn losinge unde alle syn trost an en lege, unde dat se em
hulpen mit gelde unde mit gude unde mit anderer vruntliken
hulpe, wor em des nod unde behuf were, se weren jo rechtis,
like, mynne unde schattinge over en mechtich, unde nemen dar
vore bewarynge; synes ordens boden wisten wol, dat des konynges
rad unde stede en in vorborgenheit den Stokholm to vorpan-
dende boden hadden; weret, dat me ene vorsetten scholde, dat
se des nemande bet gunden, den juwem orden. Unde sede:
Leve here, desse werve hebbe ik tovorn worven to den erliken
heren, deme commender von dem Elvinge unde to dem treseler,
do gi noch nicht heyme komen weren, unde hebbe en geant-

---

* were. b tone. c wente — alle übergeschrieben.

werdet eyne credencien, unde bad, dat se dar umme spraken unde geven my eyn gutlich antwerde.

28. Des nam de meyster ene lange besprake mit synen bedigeren. Do wart ik wedder eschet.

29. Do sprak de meyster: Leve meyster Conrade, juwe werf hebbe wy[a] wol vornomen, alse gi id[b] to us[c] unde to unsen bedigern tovoren worven hebben, des se uns wo berichtet hebben, unde hedden jw wol gelovet ane credencien; wy wolden dat de[d] degedinge wol begrepen weren, unde dat id ok den ende neme, dat sege wy gerne. Wy hebben unse stede vorbodet; de komen hiir[e]; dar wil wy mede spreken unde juw eyn gutlich antwerde seggen; unde hebbet des nyn vordret.

30. Do sede ik, ik wolde gerne warden.

31. Unde to den reden, alse de meyster sede, wy wolden, dat de degedinge wol begrepen weren etc., dar sede ik to: Leve here, des konynges rad unde syne stede Rozstok unde Wismer, de to deme dage weren to Helsingborch, haddent gerne nomen, dat de[f] degedinge beter worden hadden, konde id schen hebben; men de hopen des jo to juwen sendeboden unde to den steden, dat de degedinge beter werden scholen uppe deme dage to deme Aleholm.

32. Do sede de meyster: Uft God wil[g], de vormach id wol.

33. Do bod ik em ene utscrift der degedinge. Do sede he: Wy hebben se alrede wol gehort, de gi usen boden antwerdet hebben.

34. Des sondagen[1] avendes quemen de sendeboden van ses Prusseschen steden: Colmen, Thoren, Brunsberge, Konyngesberge, Elving unde Dantzike, van ener yewelken stad jo vere edder dre boden.

35. Des mandages[2] vromorgen weren se mit deme meystere unde mit synen bedigeren imme rade. Des berichteden[h] de sendeboden der degedinge, de de handelt weren uppe deme dage to Helsingborch. Dat warede bet to hogen middage.

---

[a] wy übersgechrieben; darunter getilgt: ik. [b] id übergeschrieben. [c] us übergeschrieben; darunter getilgt: my. [d] de fehlt. [e] hiir undeutlich. [f] de fehlt. [g] wil fehlt. [h] berichteten — sendeboden übergeschrieben.

[1] Oktober 11.
[2] Oktober 12.

36. Des naetendes gingen se wedder in den rad, alse umme des ordens boden to deme dage to vogende, unde de commender van Schonensee entredede sik des so lange, dat is em vordregen wart; he clagede, syn ampt worde vorderfft[a], he wolde uppe de see nicht, eme konde nemend vornemen[1] etc. De scheffer entredede sik des gelik; deme wolden se des nicht vordregen. Dat warede den[b] gantzen dach.

37. Do let my de meyster eschen vor sik unde vor syne bedigere und rep do dar to den commander van Schonensee unde den scheffer unde sede: Meyster Conrad, umme juwe werve unde bodescop hebbe wy sproken mit usen bedigeren unde steden; dat unsem orden de heren dancken, dat hore wy gerne; wy hopen, se syn unses ordins holde heren; konde wy en wor mede denen, dat dede wy gerne; wy hebben deme konynge und den synen gerne dan dat beste, dat wy mochten. To dene anderen umme de sendeboden: wy willen unses ordins unde unser stede boden wedder senden to deme dage unde hebben en bevolen, wat se gudes dar to don konen van unser wegen unde van der Liflandesche wegen, dat de konynk leddich werde, dat se dat don scholen. Ok, alse gi werven, dat wy em helpen wolden mit gelde unde mit gude etc.: dar en kone wy uppe desse tyd nicht to antwerden; de heren wissen wol, dat wy grossen crich[c] unde orlogh haven[2] unde don unsem gelde sulven we nugh; wor wy aver unde unse orde deme konynge mede helpen mogen, dat uns vogelik is, dat do wy alle wege gerne.

38. Do danckede ik synen gnaden umme syn gutlick antwerde unde umme den wyn, den he my sand hadde. Unde bad synen gnaden: ik vruchtede, dat my dat leger to langh worde, syner sendeboden to vorbeydende; ik meynde, heyme to ridende; dat he my synen open breff geve[d], biddende alle de gene, de umme des ordens willen don unde laten wolden etc., dat se myk vordereden; ik were an syner bodescop.

39. Do sede he: wolde ik velege[e] breve hebben, de my dar to nutte weren, de wolde he my gerne geven.

---

[a] vordrefft. [b] de. [c] cricht. [d] geve übergeschrieben. [e] vele.
[1] Doch wohl: seiner Mundart wegen.
[2] Nachahmung des Mitteldeutschen.

40. Na deme breve wardede ik bet in de dustere nacht. Do wort he[a] my, aldus ludende: Allen unde besundere etc.

41. Do de breff bevolen was to scrivende, do clagede Marquard Warsow van deme Elvinge, wo ene de Molteken vangen hadden und hadden ene ute der haven to Rozstock gevoret[1].

42. Dar antworde ik to: dat hertoge Johan unde myne heren to Rozstok der Molteken nicht mechtigh weren; se hadden slote unde lande; dat se ene ute der havene voret hadden, dat hadden se hemelken dan bi nacht umme Rozstok hen; Marquard wuste sulven wol, dat sik myne heren van Rozstok an em unde an den anderen wol bewiset hedden unde seten umme synen willen in groter vede mit den Molteken. Doch bad my de meyster unde Hinrik Damerow van dem Elvinge, dat ik dat werven wolde.

43. Ok clagede Swancke umme synen roggen. Ik sede: ik woldet gerne werven. De meyster sede: Wy holden se vor unse vrunde, unde se nement jo den unsen.

44. Do gyngh ik ute des meysters gemake to deme treselere in syn gemak unde danckede em vruntliken van der heren wegen, de my utesand hadden, dat he my hulplich hadde weset in mynen werven, alse he werliken was, unde sede umme vorhorendes[b] willen: Leve here, my duncket, dat hiir nyn gnade uppen wege sy, dat de meyster deme konyng mit gelde unde gude helpen wille.

45. Do sede he: Were de konyng vord ute, dat he sulven syne vrund mochte beriden, we wet, wat God geven mochte etc.

46. Uppe den sulven syn is och des meysters antwerde: wen de konyng leddich is, wor em denne mede hulpen wert, dat vynt sik denne wol.

47. De bedigere unde de stede in Prussen holden enen dach to Marienborch des[c] sondages uppe sunte Crispini unde Crispynianus dach[2]. Van deme dage riden de boden vordan[d] to dessen dage to Aleholm in sunte Symonis unde Jude dage[3]

---

[a] he fehlt. [b] vor übergeschrieben. [c] des sondages übergeschrieben.
[d] vordan übergeschrieben.

[1] Vgl. H.R. I, 4, Nr. 236 II § 10.
[2] Oktober 25.
[3] Oktober 28.

S*

von Dantzik mit vuller macht van der Liflandeschen wegen.
Des ordens boden sint de commender van der Swetze, dat is
de greve von Swartzeborch, unde de grote scheffer van Marienborch unde boden van den dren steden Thoren, Elvingh unde
Dantzik, de de konynginne nomet heft to borgen.

48. Ik sprak to deme Gripeswolde mit her Hinrik Kemerer,
myme werde, unde mit deme scrivere, wer ere rad ere boden to
deme dage senden wolden. De seden: se wolden loven, men
se twyvelden, wer se ere boden aversenden wolden.

49. Wat me hertogen Johan, syme rade unde den Wismerschen
hiir van enbeiden wil, dat mach me don.

50. Leven heren, konde ik myne werve bet geworven
hebben, dat hadde ik gerne dan; ik was jo allene.

51. Uppe desse syd der Swyne bejegende my der konynginnen pape; de wolde riden to deme hertogen van Pomeren.

V.

ZUR GESCHICHTE DES ALAUNHANDELS IM 15. JAHRHUNDERT.

VON

GOSWIN VON DER ROPP.

Im Laufe des Sommers 1900 wurden die vom italienischen Staate angekauften Gemälde und Kunstgegenstände des ehrwürdigen, 1288 gegründeten Hospitals S. Maria nuova in Florenz von ihrem bisherigen Standort entfernt und teils dem Nationalmuseum im Bargello, teils der Gallerie der Uffizien überwiesen. Letztere erhielt das Hauptwerk der Sammlung, ein grofses Triptychon des Hugo van der Goes, dessen Mittelstück die Anbetung Christi durch die Hirten darstellt, während auf dem linken Flügel zwei Heilige, Antonius Abbas und der Apostel Thomas, dem Kinde den Donator Tommaso Portinari mit zwei Söhnen zuführen und auf dem rechten seine Gattin und Tochter in ähnlicher Weise durch S. Maria Magdalena und Margaretha präsentiert werden [1].

Das Gemälde zählt seit jeher zu den Meisterwerken der altniederländischen Malerei und erweckt, auch abgesehen von seiner hervorragenden Schönheit, unser Interesse um der Persönlichkeit des Donators willen. Denn Thomas, der es in seinem Hause zu Brügge malen liefs, war ein direkter Nachkomme des Stifters jenes florentiner Hospitals, Folco Portinari, des Vaters der von Dante gefeierten Beatrice, und ihm verdankt, freilich recht unfreiwilligerweise, auch die Marienkirche in Danzig ihren kostbarsten Schmuck: das jüngste Gericht von Hans Memling [2]. Es

---

[1] Photographien von Alinari Nr. 4174—4176; schlechte Lichtdrucke bei Wessely, Vläm. Schule S. 80, 89.

[2] Für die von Schnaase, Voll u. A. angezweifelte Autorschaft von Memling ist zuletzt kräftig eingetreten Fr. Bock, Memlings Jugendwerke, Düsseldorf 1900 S. 17 ff. Vgl. dazu die Besprechung von L. Kaemmerer im Repertorium für Kunstwissenschaft 23, S. 416 ff.

gehört zu der reichen Beute, welche Paul Beneke und Genossen
1473 bei Wegnahme der von Portinari befrachteten sogenannten
»Galeide« anheimfiel und die Angelegenheit hat den Hanseaten
recht langwierige Verhandlungen verursacht. Sie läfst uns indessen zugleich Einblicke gewinnen in eigenartige italienisch-han-
sische Beziehungen im 15. Jahrhundert.

Thomas entstammte einem in der Handelswelt weithin bekannten alten florentiner Geschäftshause, welches bereits im
14. Jahrhundert, als Florenz in der Levante in die Stelle von
Pisa einzurücken unternahm, Filialbanken in Alexandria und
Damaskus besafs[1]. Er selbst mufs jedoch, gleich manchem
seiner Vorfahren, schon früh in den Dienst des Hauses Medici
eingetreten sein und begegnet uns zuerst 1468 als dessen Vertreter in Brügge bei Gelegenheit der Festlichkeiten zu Ehren der
Hochzeit von Herzog Karl von Burgund mit der Herzogin Margaretha von York. Der Trauung in Damme folgte ein pomp-
hafter Einzug in Brügge, bei welchem auch die fremden Nationen
wetteifernd mitwirkten. Sie zogen unmittelbar nach den Gesandten fremder Höfe auf, jede Nation geführt von 50—60
Dienern mit Kerzen in der Hand[2]. Den Beginn machten die
Venetianer, deren Zahl nicht angegeben wird, hoch zu Rofs.
Ihnen folgten zu Fufs die Florentiner, die sich dafür 4 Streit-
rosse (destriers) durch ihre Pagen vorreiten liefsen. An ihrer
Spitze marschierte Thomas Portinari, »chef de leur nation, vestu
comme les conseillers de monsieur le duc, car il estoit de son
conseil«; hinter ihm 10 Kaufleute und 10 Faktoren. Darauf
kamen die Spanier, 34 Kaufleute zu Pferde, die Genuesen,
108 Mann zu Fufs, und endlich die Osterlinge, 108 Mann zu
Rofs[3].

---

[1] Heyd, Geschichte des Levantehandels 2 S. 477.

[2] Nach der offiziellen Beschreibung des burgundischen Hofmeisters
Olivier de la Marche, Michaud et Poujoulat Coll. d. mém. 3 S. 524 f. Vgl.
das Schreiben von Goswin von Coesfeld in meinen Hanserecessen 6, Nr. 117.
Despars Chron. von Vlaenderen ed. de Jonghe 4, S. 24 nennt unter den
Nationen, die sich um den Einzug sehr verdient gemacht, die Hanseaten an
erster Stelle, hierauf Spanier, Venetianer, Genuesen, Florentiner, Katalonier,
Luccaer, Portugiesen, Sicilianer und Arragonesen.

[3] Sie waren gleich den übrigen Kaufleuten prächtig gekleidet »vestus
de robes de violet et plusieurs fourrees de gris; et avoyent six pages, vestus

Portinari ist der Einzige, der aus der ganzen Gruppe namentlich hervorgehoben wird; selbst von den fremden Gesandten
wird diese Ehre in dem Hofbericht nur den Bischöfen zu Teil.
Seine Eigenschaft als herzoglicher Rat mag das Ihre dazu beigetragen haben, immerhin war seine Stellung in Brügge hiernach
eine recht angesehene, auch in der Kaufmannswelt. Und dafs
der Umfang seines Geschäftes ihr entsprochen, darüber unterrichten uns nicht nur seine noch zu erwähnenden Ersatzansprüche
an die Hanse, sondern auch die Rechnungen und Akten der
apostolischen Kammer. Denn Thomas, oder richtiger das Haus
Medici, besafs seit 1466 durch Vertrag mit Papst Paul II. das
Monopol des Handels mit Alaun für die gesamte abendländische
Christenheit. Und dieses Verhältnis, über welches uns Gottlob
zuerst näheren Aufschluss gegeben[1], erklärt uns wiederum Art
und Beschaffenheit der reichen Ladung der Galeide.

Der Alaun (alumen) gehörte im Mittelalter zu den wert-
vollsten Handelsartikeln und fand eine ausgebreitete Verwendung
in der Färberei und Weifsgerberei[2]. Man hielt ihn für unentbehrlich, wenn es galt Farben auf Stoffen aller Art — Seide,
Wolle, Pergament — zu fixieren, namentlich sollte er nach der
Anschauung des farbenfreudigen 15. Jahrhunderts die Farben
schöner und leuchtender machen[3]. Dazumal war es indessen
noch unbekannt, dafs der Alaun ziemlich überall auf der Erde
vorhanden und zu gewinnen sei, denn seine chemische Zusammensetzung und Erzeugung ist erst zu Beginn des 19. Jahrhunderts
gefunden worden, und da er ferner heutzutage vielfach durch
andere Beizmittel verdrängt worden ist, so fehlt uns, wie Gottlob
richtig bemerkt, der Mafsstab die mittelalterliche Bedeutung des

---

de satin violet, robes de damas blanc, et leurs chevaux houssés de damas
violet. Et faisoyent les dicts Ostrelins porter devant eux soixante torches, les
hommes portans icelles aussi vestus de violet«.

[1] Gottlob, Aus der camera apostolica des 15. Jahrhunderts, Beilage II
»Die Entdeckung der Alaunlager von Tolfa und das päpstliche Alaunmonopol«, S. 278 ff.

[2] Vgl. Heyd, Levantehandel 2, S. 550 ff.

[3] Speziell die carmoisinroten Zeuge wurden stark alaunt. Krünitz,
Encykl. ad v. alaun behauptet, dafs die Fischer den Alaun zum Dörren des
Stockfisches gebraucht hätten, doch verbot dieses im Mittelalter schon die
relative Kostbarkeit des Alaun.

Alaunhandels zu schätzen«. In der Blütezeit der Färberei in Italien und Flandern nach dem Ausgang der Kreuzzüge kam jedenfalls der Orient ganz vorzugsweise als Alaunquelle in Betracht. Die vereinzelten Minen auf einigen italienischen Inseln, Ischia, den Liparen, die uns gelegentlich genannt werden, ergaben nicht viel, genügten in keiner Weise der Nachfrage, auch galt ihr Erzeugnis als minderwertig. Im Orient hingegen gab es eine gröfsere Anzahl von Stapelplätzen für diesen Artikel, so Alexandria, wohin Nilbarken den Alaun aus Nubien und Arabien schafften, so Aleppo, als dessen Hinterland Mesopotamien und Armenien genannt werden, so namentlich Konstantinopel, wohin die Produkte von Thracien, einzelner griechischen Inseln (Lesbos) und vor allem des ungemein alaunreichen Kleinasiens zusammenströmten. Die Eroberung dieser Stadt durch den vierten Kreuzzug liefs Venedig vorübergehend die Vorherrschaft am Bosporus gewinnen, allein die Unterstützung, welche Genua dem Paläologen Michael bei Wiederaufrichtung des griechischen Kaisertums gewährte, verschaffte der Stadt des h. Georg unter Anderem für fast zwei Jahrhunderte das so gut wie ausschliefsliche Monopol des Handels mit Alaun. Die besten Sorten kamen eben aus Kleinasien, und nicht nur durften die Genuesen allein ihn aus den Häfen des schwarzen Meeres, namentlich Kerasunt, zollfrei ausführen, genuesische Geschlechter besafsen obendrein die reichhaltigsten Alaungruben jener Zeit von 1275 bis 1455, mit nur kurzer Unterbrechung, von den Griechenkaisern zu Lehen [1]. Manuele Zaccaria de Castro, dessen Bruder mit einer Schwester des Kaisers Michael vermählt war, erhielt nämlich 1275 die Stadt Phokäa, von den Italienern Foglia genannt, am nördlichen Eingang des Busens von Smyrna mit den umliegenden Bergen verliehen, und deren Alaungruben warfen alsbald ihm und seinen Nachkommen unermefsliche Einkünfte ab [2].

---

[1] Zum Folgenden vgl. Hopf, Art. Giustiniani in Ersch und Gruber, Encyklopädie I, 68, S. 308 ff.

[2] Marino Sanudo (gest. nach 1334, aber bereits vor 1290 in Akkon thätig) schildert die Brüder als »uomini astuti e industriosi e di gran negozio in traffici e magisteri ed esperti, a quali donò l'imperatore la Foggia, nella qual li detti fecero lavozar lume di rocca«. Hopf, Chron. grèco-romanes S. 146. Das Wort »rocca« (Fels) bezeichnet die feinste Qualität Alaun, nicht einen Ort, wie in älteren Warenlexicis zu lesen. Vgl. Heyd, 2, S. 554.

Die günstige Lage der Stadt machte nicht nur die Verschiffung des Produkts so bequem wie möglich, sie erleichterte den Zaccarias sich auch der benachbarten Sporaden, Chios, Samos, Kos zu bemächtigen und aus den Mastixpflanzungen auf Chios einen kaum minder grofsen Gewinn zu ziehen wie aus den Alaunbergen bei Phokäa. Tapfer und unternehmend verwandten sie ihren Reichtum im Osten auf die eifrige Bekämpfung der Türken und die Wiedererwerbung des heiligen Landes, während sie im Westen sich kräftig in die politischen Wirren der griechisch-romanischen Mittelmeerwelt einmischten, bald mit, bald ohne Erfolg. Manuel, der erste Herr von Foglia, war z. B. neben Johann de Procida einer der vorzüglichsten Förderer der sicilischen Erhebung gegen die Anjous. Sein Grofsneffe Martin liefs sich wiederum von Philipp von Tarent, dem Titularkaiser von Byzanz, 1315 gar zum König von Kleinasien und Despoten der Inseln Chios, Samos, Lesbos u. s. w. ernennen. Die Überhebung bekam ihm freilich schlecht; er verlor die gesamten Besitzungen an Andronikus III. (1329), und das Haus erhielt sich nur in einer Seitenlinie, deren letzter Vertreter, Centurione II., 1432 als Fürst von Morea und zugleich als der letzte occidentalische Herrscher dieser Halbinsel gestorben ist. Chios und Phokäa wurden dagegen bereits 1346 von Genuesen zurückerobert, und die grofse Adelszeche der Giustiniani[1], eine Aktiengesellschaft, die den bisher noch nicht erklärten Namen Maona führte, behauptete sich in ihrem Besitz, bis die Türken 1455 auch ihrer Herrlichkeit ein Ende bereiteten[2].

Bis dahin beherrschten sie und Genua den Alaunmarkt und ergab die Ausbeute von Phokäa nach dem Zeugnis des ältesten florentinischen Handbuchs für Kaufleute[3] alljährlich im Durchschnitt

---

[1] Mit der bekannten venetianischen Familie dieses Namens hatte die genuesische Handelsgesellschaft, deren Angehörige alle den Namen Giustiniani annahmen, nichts zu schaffen.

[2] Auf Chios hielt sich die Maona trotz des türkischen Druckes bis 1566, und an den Staat Genua machte sie noch bis 1805 wiederholt aber ohne Erfolg Ersatzforderungen für den Verlust der ihr garantierten Insel geltend.

[3] Pegalotti, La pratica della mercatura ed. Pagnini 1766; mir nur bekannt aus Heyd, Levantehandel 1, XIII ff. Pegalotti war Agent des Hauses Bardi und hat in dessen Diensten 1315—1335 den Orient und Occident bereist.

14 000 Centner[1]. Was das besagen will, veranschaulichen einige
weitere Daten[2]. Benedetto I. verkaufte 1298 einmal 650 »cantaria«[3]
Alaun für die fast unglaubliche Summe von 1 300 000 Lire, und
sein Sohn Palaeologo 1311 an zwei Genuesen 1000 Cantaria fertigen
Alauns und 1500 Alaunerde für »ungeheuere Summen«. Die
Ziffern erklären nicht nur die Machtstellung der Zaccarias im
griechischen Archipel, sie erläutern auch trefflich die Verse des
Büchleins von der englischen Staatsklugheit, welches um 1440
von den Genuesen berichtet, daſs sie auf ihren groſsen Last-
schiffen neben Gold- und Silberstoffen, Baumwolle und Pfeffer,
hauptsächlich Potasche, Waid und Steinalaun (roche-alum) eingeführt hätten[4].

Um so empfindlicher war der Rückschlag, als der Fall von
Konstantinopel und der heillose türkische Steuerdruck den Preis
des Artikels gewaltig in die Höhe trieb. Man berechnete, daſs
das Abendland an die Sultane jährlich über 100 000 Gold-
dukaten an Pacht für die kleinasiatischen Alaungruben entrichten
müsse — die Pächter waren zumeist Italiener — und unter
diesen Umständen wird der Jubel begreiflich, mit dem Papst
Pius II. 1461 die Entdeckung der reichen und auch heute
noch im Betrieb befindlichen Alaunlager bei Tolfa im Kirchen-
staate begrüſste. Er selbst berichtet uns die Thatsache so anschaulich in seinen Denkwürdigkeiten, daſs ich es mir nicht ver-
sagen kann, seine Erzählung im wesentlichen unverkürzt folgen
zu lassen[5].

»Kurz vor jener Zeit (1461) kam Johannes de Castro

---

[1] Heyd, 2, S. 551.

[2] Bei Hopf S. 310, 312 aus handschriftlichen Quellen.

[3] Schedels Warenlexicon 5. Aufl. von 1834, 1, S. 18 erwähnt, daſs
der Alaun damals in Livorno »nach Cantar von 150 Pfund« verkauft wurde.
Ulman Stromer, Chron. d. D. Städte 1, S. 103, berichtet, daſs der Cantar
in Lemberg zu 4½ Stein, in Nürnberg zu 1 Centner weniger 4½ Pfund
gerechnet wurde. In Danzig wurde der Alaun nach Stein zu 24 Pfund gehandelt, Hirsch, Danzigs Handelsgesch. S. 243, in Köln nach Saumlasten
(soem) von 2½ Centner, Stein, Akten z. Gesch. von Köln 2, S. 49.

[4] The libell of englishe policye ed. Hertzberg u. Pauli v. 330 ff.

[5] Commentarii 1. VII, Rom 1584, S. 339 f. Weitere Berichte über
den Fund s. bei Voigt, Enea Silvio 3, S. 547 f. und Pastor, Geschichte der
Päpste 2, S. 182 f.

nach Rom, der dem Papste schon früher bekannt gewesen, da
er in Basel Handel getrieben und als Depositar des Papstes
Eugen fungiert hatte. Sein Vater war Paulus, der sehr berühmte
Rechtsgelehrte, der lange in Padua gelehrt und in ganz Italien
Rechtsgutachten erteilt hat[1]. Paulus hinterliefs ein ansehnliches
Vermögen und zwei Söhne. Der ältere wurde ein tüchtiger Jurist;
der jüngere, ein findiger Kopf, trieb sprachliche und geschichtliche
Studien und machte ausgedehnte Reisen. Schliefslich blieb er
in Konstantinopel und erwarb sich ein grofses Vermögen durch
die Einfuhr italienischen Tuches, welches er dort bei dem Alaun-
reichtum jener Lande färben liefs. Dadurch lernte er auch die
Zubereitung des Alauns und die Erden kennen, aus welchen er
gewonnen werden kann. Bei der Eroberung und Plünderung
der Stadt durch Muhammed 1453 büfste er jedoch seine gesamte
Habe ein und war froh, dem Schwert und dem Feuer der
Türken überhaupt entrinnen zu können. Nach Erhebung des
Paptes Pius begab er sich zu diesem, da er mit ihm verwandt war, und wurde vom Papste zum Generalkommissar über
alle Einkünfte der apostolischen Kammer in und aufserhalb der
Stadt und im Patrimonium ernannt. Er durchstreifte nun Berge
und Hügel, drang selbst in das Innere der Erde ein und liefs
keinen Felsen unberührt, bis er endlich in der wald- und wasser-
reichen Gemarkung von Tolfa, unweit von Civitavechia, zu
seiner Verwunderung eine Pflanze antraf, welche den auf den
alaunhaltigen Bergen Kleinasiens wachsenden entsprach. Daneben erblickt er weifse Steine, beifst hinein, sie schmecken
salzig. Da kocht er sie aus, probiert und erzeugt Alaun. Er
eilt zum Papste und redet ihn an: Heute bringe ich Dir den
Sieg über den Türken! Mehr als 300000 Dukaten erpresst er
jährlich von den Christen für den Alaun, dessen wir zur Färbung
der Zeuge bedürfen, weil Ischia nur wenig ergiebt und die
liparischen Gruben bereits von den Römern erschöpft worden
sind. Ich habe jedoch 7 Berge gefunden von Alaun in solcher
Fülle, dafs man 7 Erdkreise damit versorgen kann. Wenn Du

---

[1] Vgl. Savigny, Geschichte des röm. Rechts 6, S. 281 ff. und 522 ff.
(zwei merkwürdige Briefe von Paulus von 1399 über den Erwerb des Ordens
(divisa) Karls VI. von Frankreich und verschiedener Ratstitel für Zenobius,
Sohn des Baldus).

nun befiehlst, Handwerker anzuwerben, Kessel aufzustellen und die Steine auszukochen, so wirst Du sämtlichen Europäern Alaun liefern und dem Türken den Gewinn nehmen können. Dein Nutzen wird jenem doppelten Schaden bringen. Material und Wasser sind reichlich vorhanden, einen nahen Hafen besitzest Du in Civitavechia; jetzt kannst Du den Krieg gegen den Türken vorbereiten, die Minen liefern Dir die Hauptsache dazu, das Geld. Die Worte des Johannes schienen vom Wahnsinn eingegeben; der Papst und die Cardinäle hielten sie für Träumereien eines Astrologen, aber de Castro, wiederholt abgewiesen, kam immer von neuem darum ein, ein Experiment mit dem gefundenen Steine vor dem Papste machen zu dürfen. Schliefslich berief Pius Sachverständige, welche das Vorhandensein des Alauns bezeugten, während andere Ausgesandte die Mächtigkeit der Lager feststellten. Nun wurden Handwerker aus Genua, welche einst in Kleinasien in den Alaungruben gearbeitet, herbeigeholt, sie bestätigten das Ergebnis und weinten vor Freuden. Die Steine wurden ausgekocht und der Alaun weit besser und schöner befunden als der asiatische. Venedig und Florenz wurden besandt, doch schlossen Genuesen den ersten Kauf um 20 000 Dukaten ab, dann Cosimo de Medici einen für 75 000. So viel ergab bereits das erste Jahr wider Jedermanns Erwartung. Pius erachtete denn auch Johannes für würdig besonderer Ehren und der Errichtung eines Standbildes mit der Inschrift: Dem Entdecker des Alaun. Er erhielt auch einen Anteil am Gewinn[1].

Die tolfaer Gruben wurden noch bei Lebzeiten von Pius II. in solchem Umfange in Betrieb genommen, dafs an 8000 Menschen dabei beschäftigt waren und der Reingewinn der päpstlichen Kammer auf 100 000 Dukaten berechnet wurde. Er stieg 1471 und 1472 sogar auf 140 000 Dukaten, doch sank der Alaunpreis seit 1474 ungemein rasch, weil der europäische Markt die gewaltigen Mengen um so weniger aufnehmen konnte, als auch der asiatische Alaun trotz aller päpstlichen Verbote immer noch den Weg nach Europa fand und obendrein nunmehr alsbald auch an andern Orten, in Piombino und im Neapolitanischen,

---

[1] Seine Nachkommen bezogen noch unter Leo X., und wahrscheinlich auch später noch, eine jährliche Rente. Gottlob S. 287.

in Spanien und Frankreich, Alaun gesucht und gefunden wurde.
Die Kammer, welche unter Pius II. und Paul II. 2 Dukaten für
den Cantar erhalten, erlöste 1474 nur noch einen, 1506 nur
einen halben dafür und verpachtete schließlich 1513 den Ertrag
um 15 000 Dukaten[1].

Die Blütezeit des päpstlichen Alaungeschäfts dauerte mithin
verhältnismäfsig kurz, aber in diese Jahre fallen auch die Ver-
wicklungen der Hanse mit Thomas Portinari und sie werden
uns hierdurch erst recht verständlich.

Pius II. hatte den technischen Betrieb der Gruben einer
Alaungesellschaft (societas aluminum) übertragen, der auch der
Finder de Castro angehörte. Sie löste sich indessen, anscheinend
aus Mangel an Mitteln, bald auf, und 1466 pachtete das Haus
Medici, vertreten durch Lorenzo, sowohl den Betrieb der Werke,
als auch den Vertrieb der fertigen Ware auf neun Jahre von der
päpstlichen Kammer. Es zahlte hiernach für jeden Cantar verkauften Alauns 2 Dukaten in Gold, dazu sollte die Kammer $^2/_3$
von dem Mehr erhalten, falls der Verkaufspreis höher als
3 Dukaten steige. Der Papst verpflichtete sich dafür, der
Christenheit den Handel mit nichtrömischem Alaun zu verbieten
und verlieh u. a. den Unternehmern für die Dauer des Vertrages
alle Rechte und Privilegien der päpstlichen Familiaren.

Der Versuch, den gesamten Alaunhandel zu Gunsten der
Erzeugnisse der päpstlichen Gruben zu monopolisieren, steht
vielleicht einzig in der Geschichte da. Er erklärt sich indessen
daraus, dafs Pius II. bereits 1463 den Ertrag der tolfaer Werke
für den Türkenkrieg bestimmt, und die Wahlkapitulation Pauls II.
die Festsetzung wiederholt hatte. Daraufhin hatte Paul II. 1465
die alten Handelsverbote gegen die Ungläubigen erneuert und
auf den Alaun ausgedehnt, und wurden nun, entsprechend dem
Vertrage mit den Medici, sowohl geistliche Strafen angedroht,
als auch der Beistand der staatlichen Gewalten zu Gunsten des
Monopols in Anspruch genommen.

Über die zum Teil sehr charakteristischen Verhandlungen

---

[1] In der zweiten Hälfte des 16. Jahrhunderts stieg die Pachtsumme
wieder auf 34 000 Scudi, und der römische Alaun behauptete seinen hervorragenden Platz auf dem Weltmarkt bis in das 19. Jahrhundert hinein.

mit den einzelnen Mächten berichtet Gottlob in eingehender
Weise nach den Akten des vatikanischen Archivs[1], doch interessiert uns hier nur der niederländische Markt. Wie andere
Fürsten so wurde auch Herzog Karl von Burgund 1466 durch
einen Nuntius um ein strenges Verbot alles fremden Alauns an-
gegangen, und wirklich verstand er sich zu einem zwölfjährigen
Vertrage, wonach nur der durch Thomas Portinari als Vertreter
der Medici eingeführte päpstliche Alaun in allen seinen Landen
gehandelt und verwendet werden durfte. Aufserdem versprach
er seine Unterstützung zur Durchführung der geistlichen Strafen,
mit welchen der Handel mit verbotenem Alaun belegt war oder
noch belegt werden würde. Dafür übernahm der päpstliche
Gesandte, Lucas de Tolentis, die Verpflichtung, dafs der tolfaer
Alaun in den Nachbarlanden von Burgund nicht billiger als hier
verkauft werden sollte und setzte er zugleich den jetzigen hohen
Preis auf 4½ Pfund flandrischer Groschen für das brügger Mafs
(caricum) herab[2]. Aufserdem sollten 6 Schillinge von jedem
verkauften Caricum an die herzogliche Kasse abgeführt werden,
so dafs Portinari nur 4 Pfund 4 Schillinge verblieben.

Der Vertrag verknüpfte mithin recht geschickt die Interessen
der päpstlichen und herzoglichen Finanzen, aber die Höhe des
Alaunpreises bewirkte, dafs schon sehr bald fremder Alaun ein-
geschmuggelt wurde und der Herzog, fraglos auf Andringen der
Flandrer, 1470 die Sistierung der Alaunverkäufe auf 16 Monate
beantragte und spätestens 1475 sogar die Einfuhr des römischen
Alauns verbot. Der Erlafs ist nicht überliefert, doch erhielt
Lucas de Tolentis, der inzwischen Bischof von Sebenico geworden,
im Februar 1476 den Auftrag, dem Herzoge vorzuhalten, dafs
der Vertrag von 1466 noch nicht abgelaufen und er überhaupt
nicht berechtigt sei, den päpstlichen Alaun zu verbieten, weil
dessen Ertrag für den Türkenkrieg bestimmt sei.

Über den Erfolg dieser Einsprache verlautet nichts, doch
fand das päpstliche Alaunmonopol bald darauf ein Ende eigener
Art. Als Sixtus IV. nach dem Mifslingen der Verschwörung

---

[1] A. a. O. S. 296 ff.
[2] Das Verhältnis des caricum zum cantar ist mir nicht bekannt.
4½ Pfund sind 18 Dukaten, s. H.R. 7 Nr. 41 § 1.

der Pazzi seinem Hass gegen die Medici die Zügel schiefsen liefs, erklärte er u. a. am 25. Januar 1479 sämtlichen Alaun, den das Haus aus Tolfa ausgeführt, gleichviel wo er sich befände, für konfisziert. Die Bulle wird wohl ebenso grofse oder geringe Beachtung gefunden haben wie die grofse Exkommunikation, die schon vorher über Lorenzo und Genossen verhängt worden war [1]: sie schädigte aber fraglos die päpstliche Kasse. Denn die wechselnden Nachfolger der Medici in der Pachtung der tolfaer Gruben waren erst recht nicht imstande, der Konkurrenz der fremden Alaune zu begegnen und auch die abendländischen Mächte versagten fortab dem päpstlichen Monopol ihre Anerkennung [2].

Zu diesen Daten, welche auf das Verhalten des Herzogs Karl und den Fortgang des Prozesses von Portinari gegen die Hanse einwirkten, gesellt sich noch ein weiterer für uns bedeutsamer Umstand. Im Jahre 1471 hatte das Haus Medici für 70000 Centner Alaun 140000 Dukaten an die päpstliche Kammer abzuführen, doch erwirkte es sich die Vergünstigung, diese Summe in vier Jahresraten und zum Teil in Waren, nämlich in Tuchen und Seidenstoffen entrichten zu dürfen [3]. Vergleichen wir damit die Verlustangaben von Portinari, so ergiebt sich ohne weiteres, dafs Paul Beneke und Genossen den heiligen Vater allerdings schwer geschädigt haben.

Ihr reicher Fang ist von hansischen Zeitgenossen mit sichtlicher Genugthuung, von Jüngeren alsbald sagenhaft ausgeschmückt geschildert worden [4]. Das für uns Wesentliche bestand in Folgendem.

---

[1] Der deutsche Kaufmann in Brügge berichtete im Januar 1480 nach Danzig, dafs man in Flandern »nicht sunderges« darauf achte. Schäfer, H.R. 1 n. 126.

[2] Nachweise bei Gottlob S. 300 ff.

[3] Ein ähnliches Abkommen wurde auch 1472 getroffen, Gottlob S. 288.

[4] S. die Litteratur in meinen H.R. 7, S. 2. Am ausführlichsten erzählt die Sage nach Reimer Kock Deecke, Lüb. Geschichten und Sagen S. 240. Die erste auf die reichen Danziger Akten gestützte Darstellung giebt Hirsch in der von ihm und Vossberg 1855 veranstalteten Ausgabe von Kaspar Weinreichs Chronik S. 92 ff. Nachträge und Korrekturen ergeben die von mir und Schäfer edierten Hanserecesse. Hervorzuheben ist, dafs die Verlustliste von Portinari von 1473, H.R. 7 Nr. 41 § 17, ausdrücklich »beede de

Am 27. April 1473 nahm Paul Beneke, »en hart sevogel«,
der sich im englisch-hansischen Kriege bereits mehrfach bewährt
und u. a. 1471 den Lordmayor von London gefangen hatte, im
Angesicht der Küste von England nach hartem Kampf ein
reichbeladenes florentiner Schiff, welches nach seiner Gattung
eine Galeide (triremis, Galeere) genannt wurde. Es war hauptsächlich von Florentinern in Brügge befrachtet und sollte zunächst England anlaufen. Eine zweite kleinere, gleichfalls Florentinern gehörige Galeere entkam. Um beide vor den hansischen Kapern zu sichern, waren Schiffe und Ladung auf den
Namen von Portinari eingetragen, der sie in seiner Eigenschaft .
als herzoglicher Rat unter burgundischer Flagge hatte auslaufen
lassen. Kapitän und Besatzung waren gleichfalls überwiegend
Florentiner. Die willkommene Beute wurde alsbald, um allen
Weiterungen mit den heimischen Obrigkeiten zu entgehen, nach
Stade gebracht und hier im Gebiete des Erzbischofs von Bremen
geteilt. Die Söldner (ruters), welche die Schiffsmannschaft bildeten, erhielten vorweg 4385 Mark Prisengeld[1], der Mann nach
Kaspar Weinrich 21 Mark. Aufserdem fiel ihnen die eine
Hälfte der Beute zu und ergab sie Anteile von 80—100 Mark
pro Kopf. Die andere Hälfte nahmen die drei Eigentümer und
Rheder des Peter von Danzig, so hiefs Benekes Schiff, an sich.
Und da Paul bei Übernahme des Kommandos sich ausbedungen
hatte, dafs man ihn anstatt der Besoldung zu $1/6$ Part zum Mit-
eigner des Schiffes machte, so wird er aus der zweiten Hälfte
befriedigt worden sein und $1/12$ des Gesamtertrages der Beute
erhalten haben.

Bevor noch die Teilung vollzogen, hatte Portinari ein
Mandat des Herzog Karl erwirkt, welches Genugthuung für die

outaertalien« aufführt. Hirsch citiert die Akte wiederholt und druckt sogar
S. 101 Anm. 2 die §§ 2, 3, 22, 24, 25 ab, hat aber § 17 übersehen
und betont S. 100, dafs in ihr des Memlingschen Bildes nicht gedacht wird.
Das Schicksal des zweiten Bildes ist unbekannt.

[1] Nach dem Bericht von Pawest und Veltstede an Danzig vom 22. Juni
1473, H.R. 7 Nr. 52. Ist die Notiz von Weinreich richtig, so war die Schiffsmannschaft etwas über 200 Köpfe stark, nicht 300, wie ein päpstliches Breve
von 1477, Hirsch-Vossberg S. 102, und vollends nicht 400, wie die späteren
Erzählungen angeben.

Beschimpfung der burgundischen Flagge sowie Schadenersatz
forderte und die vorläufige Beschlagnahme der Waren des
deutschen Kaufmanns in Brügge anbefahl[1]. Angesichts der oben
erwähnten Weiterungen zwischen dem Herzog und dem päpstlichen Stuhle wegen des Alaunvertrages von 1466 und wohl
auch, weil die Schiffspapiere nicht in Ordnung, verheimlichte
indessen Thomas den Befehl, bis der Herzog nach dem Scheitern
der Trierer Zusammenkunft mit Kaiser Friedrich III. sich aus
den Niederlanden entfernt und nach Burgund begeben hatte. Erst
im Januar 1474 liefs er plötzlich die Habe des ahnungslosen
deutschen Kaufmanns in Brügge durch einen Gerichtsbeamten
thatsächlich arretieren, vor jede der vier Herbergen, welche der
Kaufmann bewohnte, einen Wächter aufstellen und bei allen
Wechslern und Rauchwarenhändlern der Stadt dessen Ausstände
beschlagnahmen. Augenscheinlich hoffte er den Kaufmann über-
rumpeln und zur Nachgiebigkeit bewegen zu können, aber die
Erwartung traf nicht zu. Die vier Lede von Flandern waren
über den brüsken Einbruch in ihre Privilegien nicht minder un-
gehalten wie der deutsche Kaufmann. Sie legten sich energisch
ins Mittel und erwirkten eine Vertagung der Vollstreckung des
Mandats behufs Veranstaltung neuer Versuche, um von Danzig
eine Schadloshaltung der Florentiner zu erlangen[2].

Denn bereits im Sommer und Herbst 1473 war gelegentlich
der Friedensverhandlungen der Hanse mit England und Holland
in Utrecht eingehend darüber gestritten worden, nachdem verschiedene Fürschreiben und Sendungen des Herzogs und der
Lede an die Städte ergebnislos geblieben. Die herzoglichen
Räte und die flandrischen Gesandten betonten dabei übereinstimmend hauptsächlich den der burgundischen Flagge angethanen
Schimpf, während die Städte jede Verantwortung von sich ab-
lehnten und den privaten Rhedern des Peter von Danzig zu-
wiesen[3]; die Ratssendeboten von Danzig dagegen erklärten, dafs
sie von der Wegnahme der Galeide erst nach ihrer Abreise von
Hause in Lübeck Kunde erhalten hätten und daher ohne

---

[1] H.R. 7 Nr. 29, vom 30. Mai 1473.
[2] II.R. 7 Nr. 134 ff.
[3] Danzig legte mit Recht dagegen Protest ein.

9*

Instruktionen wären. Die gleiche Antwort erhielt ein päpstlicher Legat, der sich zufällig in Utrecht befand und mit »langen gezirden worden« die Rückgabe der dem heiligen Vater im genommenen Schiffe abhanden gekommenen »*clenode to tzirheit sines pallacii, alse toppelaken, luchter, lichte etc.*« forderte. Und nicht besser erging es schliefslich dem Vertreter von Portinari Christoph Spinelli (de Spinis), einem hitzigen Herrn, der auf die Mitteilung, dafs Lübeck und Hamburg den Vertrieb der erbeuteten Waren bei sich untersagt hätten, spitz antwortete, dafs dieses Gebot wohl bei Tage, nicht aber bei Nacht beobachtet würde[1].

Christoph überreichte indessen zugleich ein Verzeichnis der von Portinari und Genossen durch die Wegnahme des Schiffes erlittenen Verluste[2], betonte jedoch, dafs er seine Bücher nicht bei sich habe und deshalb die Rechnung nur »*int grosse ... te goeder trauwe*« aufgestellt sei. Ferner habe er die bedeutenden Unkosten für den Rücktransport der gefangenen Schiffsmannschaft aufser Acht gelassen und desgleichen die von andern »Freunden der Hanse« in der Galeide verfrachteten Waren — *allun ende andere maniere van coopmansceppen* — im Werte von ungefähr 35—40 000 Dukaten nicht berechnet. Die Richtigkeit dieser Ziffer können wir nur zum Teil beurteilen. Der Alaun gehörte Portinari, im übrigen hören wir von Verlusten der Herzogin Margaretha von Burgund[3], der Luccaer in Brügge[4], eines Harlemers[5] u. a. m. Dagegen können wir die einzelnen Posten der Rechnung von Spinelli kontrollieren an der Hand des Urteils des grofsen Rates von Mecheln vom 5. August 1496[6], denn es verzeichnet gleichfalls die Ladung der Galeide, soweit sie Portinari angehörte. Und in den meisten Punkten stimmen

---

[1] H.R. 7 Nr. 34 § 10, 35 § 32 ff., § 106 ff.

[2] H.R. 7 Nr. 41.

[3] 3 Dosen vul fiins goldes, davon 2 mit Gold von Florenz, 1 mit Gold von Genua. Zusammen 17 Pfund 9 Unzen Gold. Ferner 2 Pfund Silber, das Pfund zu 2 Pfund 9 Schillinge gr. Summa 49 Pfund 7 Schillinge 7 gr. H.R. 7 Nr. 164. Ihr war auch ein Knecht gefangen, doch brachten die Hamburger ihn nach Utrecht mit, nachdem er alles wiedererhalten, was ihm genommen war. H.R. 7 Nr. 34 § 10.

[4] H.R. 7 Nr. 30, 33.

[5] H.R. 7 Nr. 35 § 62 ff., 107.

[6] Schäfer, H.R. 3 Nr. 676.

die Listen bezüglich der Waren überein, während sie in deren Bewertung auseinandergehen.

In der nachstehenden Tabelle sind deshalb die gleichen oder annähernd gleichen Posten mit den Wertangaben zusammengestellt. Sie veranschaulicht zugleich am kürzesten die Kostbarkeit der Beute [1].

1473 [2].	1496 [3].
§ 4 Wert des Schiffes und der darin befindlichen »Artillerie« 800 Pfund.	§ 12 8000 Goldgulden und mehr
§ 5 Bares Geld 400 Pfund.	§ 15/16 Der Patron hatte ca. 1660 g., die Besatzung ca. 2000 g.
§ 7 Eine Tonne voll »bonetten« 80 Pfund.	§ 5 (bonnetz) 420 g.
§ 14 Eine desgleichen 200 Pfund.	§ 6 (bonnetz fins) 820 g.
§ 8 120 Pfund gesponnenes Gold 360 Pfund.	§ 8 Trois bottes de fillet dor: 1140 g.
§ 19 Noch 30 Pfund 90 Pfund.	
§ 9 Betten, Federkissen, Leinwand 150 Pfund.	§ 13 (grande quantite de vaiselle etc.) 1200 g.
§ 10 Drei goldene Laken und verschiedene Ballen Spezereien 600 Pfund.	§ 2 Drei Stück de drap dor (1 cramoisy, tres riche, 43 Ellen; 2 und 3 violett, 77 Ellen): 2800 g.
§ 11 Zwei Koffer und 1 Packen mit seidenen und goldenen Laken 750 Pfund.	§ 3 Sechs desgl. (1 violet, 3 cramoisyz, 2 bleu, zusammen 176 Ellen), dazu 1 Stück satin cramoisy: 3360 g.
§ 12 Ein goldenes Laken »al up sattiin gewrecht« 300 Pfund.	
§ 13 Ein desgl., der Grund von Gold und »blau van coleure« 80 Pfund.	§ 9 Zwei Koffer mit Tuchen (velours, satins et damas): 1650 g.
§ 15 Tapisserie, Handtücher, Leinwand 50 Pfund.	§ 7 Ein Ballen tapisserie 324 g.

---

[1] Bezüglich der Münzsorten sei konstatiert, dafs 1 Pfund gr. = 4 Dukaten = 5 Kronen = 6 Goldgulden sind, und das Pfund gr., ohne Rücksicht auf die Kaufkraft, ca. 75 Reichsmark wert war.

[2] Meine H.R. 7 Nr. 41.

[3] Schäfer, H.R. 3 Nr. 676. (Die Einzelposten habe ich der Bequemlichkeit halber paragraphiert.)

§ 16 Zwei Ballen Laken von Armentières und Brügge 120 Pfund.

§ 17 Zwei Altartafeln 100 Pfund.

§ 18 Eine Tonne voll grauer »rugghen« (Felle) 200 Pfund.

§ 20 Diverse geringere Gegenstände 10 Pfund.

Summe: 6540 Pfund gr. (= 39 240 Goldgulden).

§ 10 Ein Ballen mit 24 Stück Tuch von Armentières 870 g.

§ 11 (fort belles et riches) 360 g.

§ 4 Drei Ballen langen Pfeffers ca. 440 g.

§ 14 Lebensmittel 800 g. (Summa ca. 26 844 Goldgulden.)

Bedeutsamer als die aus obiger Gegenüberstellung sich ergebenden Abweichungen beider Listen ist die auf den Alaun, den Hauptbestandteil der Ladung, bezügliche. 1473 liquidierte Spinelli nur die Fracht für den Alaun mit 4000 Dukaten = 1000 Pfund gr., dazu die Fracht für die übrigen nach England bestimmten Waren mit 450 Pfund, und endlich die Fracht für die nach Pisa konsignierten Güter mit 300 Pfund (§ 1—3). 1496 dagegen beanspruchte Portinari für 1250 »charges« (carica) Alaun im Werte von 4 Pfund gr. und mehr 30 000 Gulden (§ 1). Diese Preisangabe bestätigt, dafs die Beschwerden über die Höhe des Alaunpreises einen, wenn auch bescheidenen Erfolg gehabt hatten, während die Forderung ergiebt, dafs der Alaun nach England fest verkauft war und Spinelli es 1473 nicht eingestehen mochte. Gemäfs dem damals im nördlichen Europa geltenden Satze, dafs Neutrale den im Kriege befindlichen Staaten nach erfolgter Warnung keine Güter zuführen dürften, waren mindestens die nach England bestimmten Waren von Beneke rechtmäfsig gekapert, und hieraus erklärt es sich auch, weshalb Spinelli dieser nur beiläufig gedenkt. Er versuchte dafür, sich anderwärts schadlos zu halten. Nicht nur, dafs er einzelne Posten höher bewertete, als sie 1496 in Rechnung gestellt wurden[1]: er beanspruchte auch den Ersatz der Unkosten, die seinem Hause bei der zweiten, Beneke entschlüpften Galeere erwachsen waren. Sie hatte sich, während Paul das gröfsere Schiff angriff,

---

[1] Die beiden Gemälde z. B. kosteten 1473 600, 1496 360 Gulden.

eiligst nach Southampton geflüchtet und demzufolge mufste der in ihr verladene Alaun zu Lande nach London geschafft werden (Kosten: 500 Pfund). Dazu hatte die Besatzung auf der Flucht Waren im Werte von 600 Pfund über Bord geworfen, um schneller vorwärts zu kommen. Ferner mufste die nach Florenz bestimmte Ladung gleichfalls über Land von London nach Southampton geführt werden (400 Pfund) und büfste Portinari an entgangener Fracht von England nach Pisa 2000 Pfund ein. Endlich hatte er nunmehr für die Seeversicherung 200 Pfund *boven de ordinare ende ghemene costen* zu entrichten, und zogen ihm die Kaufleute, welche die jetzt allein segelnde Galeere befrachtet, *om den twifele van onverzekertheden* 500 Pfund vom *vrachtgelt ende stixghelt* ab [1].

Im Jahre 1496 vernehmen wir nichts davon. Die Vertreter von Portinari beanspruchen nur den Ersatz von Schiff, Waren und Unkosten und erhalten von dem herzoglichen Rat zuerkannt 6000 Goldgulden für Schiff und Schiffsinventar sowie 40 000 Kronen für Schiffsladung und Unkosten [2], zusammen mithin 9000 Pfund gr. gegen 10 740, die Spinelli 1473 liquidiert hatte.

Der Spruch war 23 Jahre nach erfolgter That und obendrein nach einem unregelmäfsigen Rechtsverfahren gefällt worden [3] und er wurde nur zum Teil ausgeführt.

Die Stellung der Portinari hatte sich nach 1473 erheblich verschlechtert. Im Sommer 1474 entzog Papst Sixtus IV. dem Hause Medici die einträgliche Verwaltung der päpstlichen Geldgeschäfte und übertrug sie dem feindlichen Bankhause der Pazzi [4]. Bald darauf bereitete Herzog Karl, wie erwähnt, dem päpstlichen Alaunmonopol in seinen Landen ein Ende. 1478 folgte die Verschwörung der Pazzi und der offene Kampf zwischen Papst und Florenz [5], während in Flandern die Kriege des Herzogs, sein früh-

---

[1] Vgl. Goldschmidt, Handbuch des Handelsrechts 3, S. 365 ff.

[2] Thomas Portinari beschwor am 16. August 1496, dafs die Wertanangaben seiner Vertreter vor Gericht nicht übertrieben seien. Schäfer, H.R. 3, S. 507.

[3] S. die Ausführungen von Albert Krantz, Schäfer, H.R. 4 Nr. 184.

[4] Pastor, Geschichte der Päpste 2, S. 468.

[5] Der Kaufmann in Brügge riet Danzig, den Zwist zu benutzen, um beim Papste die Zurücknahme der 1477 von den Medici gegen Danzig erwirkten Bannandrohung zu erreichen. Schäfer, H.R. 1 Nr. 126. Das Droh-

zeitiger Tod und die darauf folgenden Wirren das Mandat von 1473 verjähren[1] und in Vergessenheit geraten liefsen. Erst nachdem die Herrschaft der Habsburger sich gefestet und Portinari zu den neuen Herren, Maximilian und Philipp, in ein ähnliches persönliches Verhältnis eingetreten war wie zu Herzog Karl, nahm er seinen Ersatzanspruch gegen die Hanse wieder ernstlich auf. Und nun mit guten Aussichten auf Erfolg. Denn er hatte, wie Albert Krantz den Danziger Abgeordneten 1499 berichtete[2], den römischen König und dessen Sohn durch grofse Darlehen sich verpflichtet[3], den Grafen von Nassau, der im Namen des jungen Erzherzogs die Regierung führte, durch Verschreibung von 300 Gulden jährlicher Rente auf die Stadt Amersfort gewonnen, während der herzogliche Kanzler Vormund der Kinder eines der nächst Portinari am meisten von Paul Beneke Geschädigten war. Dennoch erreichten die Portinari — Thomas hatte sich nach 1496 nach Florenz zurückgezogen und zwei Neffen bevollmächtigt — ihr Ziel nur unvollkommen. Die Städte bestritten die Rechtskraft des Spruches und verweigerten jederlei Ersatz, sodafs schliefslich Brügge, um sich den hansischen Stapel zu erhalten, 1499 die Befriedigung der Florentiner auf sich nahm. Doch mufsten sich diese nun mit der Zusicherung von 16 000 Gulden[4] begnügen und nach Ausweis der brügger Kämmereirechnungen ist die Stadt, wenn auch nicht ohne Unterbrechungen, ihren Verpflichtungen im wesentlichen nachgekommen[5].

Brügge, der Enstehungsort der beiden Gemälde in Florenz und Danzig, deren wir zu Anfang gedachten, hat somit auch ihre Herstellungskosten unfreiwillig getragen. Mitverschuldet hat es aber das päpstliche Alaunmonopol.

---

schreiben des Papstes Sixtus auszüglich gedruckt bei Hirsch und Vossberg a. a. O. S. 102 Anm. 1, kurz verz. Schäfer 1 Nr. 92.

[1] Das Mandat von Maximilian von 1492 betont ausdrücklich die Verjährung. Schäfer, H.R. 3 Nr. 173.

[2] Schäfer H.R. 4 Nr. 184.

[3] Der Kaufmann in Brügge hatte bereits 1480 darauf hingewiesen, Schäfer, H.R. 1 Nr. 126.

[4] Zu 40 grote, mithin 2666⅓ Pfund.

[5] 1512 restierten noch 745 Pfund, Schäfer, H.R. 4, S. 273 Anm.

VI.
KLEINERE MITTEILUNGEN.

WANN ENDETE DIE HANSE?

VON

ADOLF WOHLWILL.

In der Abhandlung, die an der Spitze des vorjährigen Heftes zum Abdruck gelangt ist, habe ich darzulegen versucht, daſs sich die Frage, wann sich das alte hansische Bündnis in das Bündnis der drei Städte Lübeck, Bremen und Hamburg umwandelte, nicht mit Bestimmtheit beantworten läſst. Wollte man dennoch das Ende der Hanse durch ein Datum bezeichnen, so dürfte man zu diesem Behuf mit einigem Grund auf die Jahre 1678 und 1679, d. h. auf die Zeit des Friedenskongresses von Nimwegen hinweisen.

Zu diesem Kongreſs entsandten Lübeck, Bremen und Hamburg zusammen 5 Deputierte, deren Vollmacht und Instruktion dahin ging, nicht nur für die drei genannten Städte, sondern für das Interesse der gesamten Hanse (pro communi Hansae teutonicae interesse et commodo) zu wirken. »Alß von dem gesambten Hanseeschen corpore dazu gevollmächtigte: bezeichneten sich die Bürgermeister und Räte von Lübeck, Bremen und Hamburg in dem deutschen Beglaubigungsschreiben für ihre Abgesandten vom Juni 1678. Auch die zur weiteren Empfehlung der auf dem Kongreſs angestrebten kommerziellen Begünstigungen Ende 1678 und Anfang 1679 an Ludwig XIV. und seine Minister Pomponne und Colbert gerichteten Briefe waren von den Räten der drei Städte im Namen dieser und der übrigen Hansestädte abgefaſst. Fünfzig Jahre hindurch haben sich

also Lübeck, Bremen und Hamburg der ihnen 1629 erteilten
Vollmacht gemäfs als Wortführer der Hanse im alten Sinne betrachtet. Nach dem Jahre 1679 schwindet diese Vorstellung,
die zuletzt fast zu einer blofsen Fiktion geworden war. Wenn
auch später noch häufig genug von Anträgen und Verhandlungen
communi hanseatico nomine geredet wurde, so sollte dadurch
nur die Gemeinschaft der drei Städte Lübeck, Bremen und
Hamburg bezeichnet werden.

Wie sehr übrigens schon im Jahr 1679 auch die Verbindung
dieser drei Städte gelockert war, veranschaulicht ein Vorgang,
der sich an die erwähnte im Namen der gesamten Hanse geführte diplomatische Aktion von 1678/79 anschliefst.

In dem am 26. Januar (5. Februar) 1679 zwischen Frankreich und den Herzögen von Braunschweig abgeschlossenen
Frieden war auch den Hansestädten Sicherheit des Handels ver-
heifsen worden. Weitere günstige Erklärungen hatte der französische Gesandte Graf Rebenac in Zelle mündlich hinzugefügt.
Um nun im Interesse der hansischen Schiffahrt noch bestimmtere
Garantieen zu erlangen, namentlich aber um die bisher vergeblich
verfolgten Zwecke, die Erneuerung des französisch-hansischen
Handelsvertrags von 1655 und die Gleichstellung mit den Niederländern zu erreichen, schlug Hamburg den Schwesterstädten vor,
eine gemeinsame Gesandtschaft nach Paris abgehen zu lassen.
Bremen und Lübeck schreckten jedoch vor den Unkosten einer
solchen Mission zurück, hielten diese auch nicht für so dringend
geboten; immerhin erklärten sie sich damit einverstanden, dafs
die Hamburger auf ihre Kosten Bevollmächtigte nach Paris
schickten, um dort im Namen der Hanse zn verhandeln.
Während der damaligen für Hamburg besonders unerfreulichen
Zeitläufe war der Rat dieser Stadt indessen nicht geneigt, wie
einst bei der Erwirkung des Vertrags von 1655, die hamburgischen Finanzen zum Besten der beiden anderen Städte zu
belasten.

Die hamburgischen Deputierten, die im Sommer 1679 in
Paris eintrafen, waren daher ausschliefslich mit der Wahrnehmung
der Interessen ihrer Vaterstadt betraut. Bei Lübeck und Bremen
erregte dies isolierte Vorgehen Hamburgs grofsen Verdrufs. In
einem gemeinsamen Schreiben an den Hamburger Rat (vom

4. Juli) machten sie geltend, »dafs solche particuliere negotiation nicht allein in Frankreich, sondern auch anderwerts das ansehen möchte gewinnen, ob wehren die noch wenige zusammenstehende Hansee Städte auch getrennet«. Sie ersuchten darum, dafs die hamburgischen Deputierten nachträglich angewiesen würden, nomine hanseatico zu verhandeln, und hofften umso mehr auf Willfährigkeit, als »dadurch die Abgesandschaft an ihr selbst ansehenlicher und das negotium in publicum favorabler« werde. Die Antwort lautete ausweichend. Es schien in der That, als ob die Hanse erloschen sei.

Obwohl den hamburgischen Deputierten am 9./19. Juli 1679 von Ludwig XIV. eine huldvolle Audienz gewährt worden, waren ihre Verhandlungen in der Hauptsache ergebnislos. Unzweifelhaft hat zu dem Mifserfolg ihrer Sendung neben anderen Ursachen auch der Umstand beigetragen, dafs Hamburg bei dieser Gelegenheit den Wert des Zusammenhaltens mit den anderen Hansestädten unterschätzt hatte.

Dafs jedoch auch in Hamburg die hansischen Traditionen nicht völlig erstorben waren, beweist der weitere Verlauf der hamburgischen Geschichte.

—

NORWEGER UND DEUTSCHE ZU BERGEN.

VON

FRIEDRICH BRUNS.

Das in lebendiger und knapper Rede und Gegenrede ge-haltene nachstehende Schriftstück, welches den Inhalt eines in Pergament gebundenen, 12 Blätter starken Papierheftes in Oktav-format bildet, das sich im Archive der Handelskammer zu Lübeck unter den Bergenfahrer-Akten, Fasc. 124, befindet, betrifft eine Reihe zum Teil auch zu andern Zeiten seitens der Norweger gegen die Angehörigen des deutschen Kontors in Bergen erhobener Beschwerden. Yngwar Nielsen, der es in den Forhandlinger i Videnskaps-Selskabet i Christiania 1876 Nr. 8 mitteilt, verweist es (S. 6) ins 15. Jahrhundert. Für seine Datierung kommt jedoch der Umstand in Betracht, dafs es die anderweitig bekannte Hand-schrift des Priesters Jakob Dus aufweist. Dieser gelangte im Jahre 1512 in den Besitz der ältesten Vikarie am Bergerfahrer-altar der Marienkirche zu Lübeck[1], nachdem er bis dahin Sub-stitut der dortigen Ratskanzlei gewesen war[2], und hat in seiner neuen Stellung die Sekretariatsgeschäfte der Lübecker Bergen-fahrerkompagnie bis an sein in den Herbst 1538 fallendes Lebens-ende verwaltet[3]. In solcher Eigenschaft wird er das betreffende Stück aufgezeichnet haben.

[1] Bruns, Die Lübecker Bergenfahrer und ihre Chronistik, S. 300.
[2] Als solcher wird er noch 1512 März 10 im Lübecker Niederstadtbuch genannt.
[3] Bis in dieses Jahr ist sowohl das älteste Rechnungsbuch (vgl. Bruns, a. a. O., S. 299) wie auch das älteste Protokollbuch der Bergenfahrer (Stadt-bibliothek zu Lübeck) von seiner Hand geführt. Ein die Jahre 1529—1560 umfassendes Rechnungsbuch der Marienkirche (Archiv der Marienkirhe) be-richtet (Bl. 40): Item anno 1538 in deme herveste starff her Jacob Dus.

Eine auf der ersten Seite des Heftchens, und zwar parallel zur Langseite des Blattes stehende, unvollständige und teilweise vermoderte Überschrift von derselben Hand:

>Der wendeschen steder
denstlike bede,
[dat den No]rmannen [a] vorbaden werde, der ghenen guder ...<
bezieht sich nicht auf den Inhalt der folgenden Blätter.

Dyt[1] is der Norman[nen clage unde][b] der Dudeschen antw[ort.]

[1.] Int erste dat de copman make [gardekop] beyde heme-liik unde apembar [an den] stucken, de up dem torge [de Normans vorko]pen, alße verske viske, [vlesch] unde ander stucke, de me[n dar bringet].

Darup antwort [de cop]m[an]:

Wy kopen verssche viske unde vlesch to unser kost, eyn yewelik, des he behoff hefft; kofft jemant anderst in unwontliken steden, dat moge gy uns to kennende gheven.

[2.] De Norman:

Item dat de copman leth bruwen mungaet, wedder to vorkopende deme tokamende volke.

De copman:

Wy don bedderven luden molt, hoppen unde holt unde wes se darto behoff hebben, unde geven ene so vele vor ore arbeyt, dat en genoget, to unser eghene behoff nicht unde to vorkopende.

[3.] De[2] Norman:

[Item] dat summelke don oren hovesken [vruwen] unde anderen losen wyven [b]eer unde ander war to tappende [unde

---

[a] Die Buchstaben: rmannen auf einem in die betreffende Lücke passenden Papierfetzen.

[b] Die obere äufsere Ecke der ersten Blätter ist vermodert.

[1] Blatt 2 a.

[2] Blatt 2 b.

to vor]kopende uns tor hant; dar [vorlust] dat volck den oltap
aver, [de eme m]yt rechte borde.

De copman:

Wy bringen hiir ber, meell, molt unde ander ware; dat vorkope wy, wor wy uns betalinge vormoden; myt deme oltap
bekummert sick de copman nicht.

[4.] De Norman:

Item dat de copman uthmangelt meel, molt by halven
wagen unde by helen, hoppen, erweten unde ghorte by marken,
by halven besemerpunden und by helen, want, sulffer, louwent
unde ander ware dergelick by halven elen unde by helen.

De copman:

Leven frunde. Alse van deme mele unde molte, want,
sulffer unde louwent, erweten¹, ghorte unde hoppen t[o vor-
kopende] unde to wegende by halven [wagen]ᵃ unde by helen,
dat vorkope wy, alse idt [vor] oldinges gewesen is unde unse
vo[r]faren vor uns gedan hebben. D[it recht] hapen wy ock to
brukende.

[5.] De Norman:

Item dat de copman vorheget unde vordedinget in to sick
schomakere, schumere², schrodere, goltsmede unde ander Dudesschen, de by der stadt blyven scholden.

De copman:

De gesellen van den straten de synt in der hense gebaren
so wol, alse wy syn, unde hebben jewerle by dem copmanne
gewesen, doch so vordegedinget se de copmann nicht baven recht;
weret ock jemant, de se darbaven drengen wolde, dat se vurder
don scholden, wen ere vorfaren gedan hebben, dat were uns
nicht to willen, unde mosten dat furder soken, dar uns dat von
rechte borde.

ᵃ wagen fehlt.
¹ Blatt 3ª.
² Barbiere.

[6.] De [1] Norman:

[Item] dat de copman kofft etende waer, alse botter, koflesch, laß unde solten visch unde speck, mer, wen em behoff is, unde vorkopent anderen tokamende luden; wat [se] nicht vorkopen konen, dat voren se uth deme ryke.

De copman:

Wy voren int land beyde ethen unde drinken unde ander ware; dat vorkope wy. Wes uns darvor betalet wert, dat bruke wy to unsem besten unde delen idt myt unßen frunden beyde Nornesschen unde Dudesschen, de des behuff hebben.

[7.] De Norman:

Item offte eyn Norman unde eyn Dudessche scheelafftich werden edder eyn Dudessche myt enem Normanne, dat willen de Dudesschen sulven richten myt orem tohopekamende unde macht, unde schonen darane wedder kloster edder kerken edder husfrede.

De [2] copman:

De copman richtet sulven nicht noch myt macht offte tohopelopende, men de copman is alle tydt deme rechte horsam unde bystendich; darumme wert idt deme kopmanne averdacht unde hefft dar nene schult ane.

[8.] De Norman:

Item wor broke volt manck den Dudesschen, dat drucken se nedder, dar deme koninge unde der stadt neyn broke van en wert.

De copman:

Wy bekummeren uns dar nicht mede. Wen juw wol claget, so richtet; wan juw nement klaget, so dorve gy nicht richten. Wor wy gebrek ane weten, dat plege wy juw to seggen; vynde gy wene brokafftich, dar ga idt umme, alse recht is.

---

[1] Blatt 3b.
[2] Blatt 4a.

[9.] De Norman secht:

Item dat wy meel, molt, beer unde ander ware uth der mate vorsetten, dat dar nement kôp hebben kan, wente idt is vele aver den olden kop unde sede kamen, unde holden luttick van unses hern des koninges[1] breven, alse he gebaden hefft, dat men schal kopen unde vorkopen na oldem kope unde sede.

De copman:

Wy kopen meel, molt, beer unde andere wâr darna, dat uns Got de tydt gyfft, unde vorkopen dat wedder na der tydt; wan uns Godt gude tydt gifft, so gheve wy guden kôp; dat is eyn sede unde ôlde kopenschup in allen landen.

[10.] De Norman:

Item dat unse ware is nicht so gudt, · alß se tovoren plach to wesende, unde is gantz unde uthermaten dure, unde der Normanne war wart nu mehr vorsmaet, wen se tovorn was, alse visch unde ander dinck, unde is doch nu so gudt, alse aver hundert jaren was.

De copman:

Unse ware is nu so gudt, alse se aver hundert jaren was; de mote wy vorkopen unde kopen[2] na der tydt; unde wy traffen juwer war nicht eyn ißlich vor syn werdt.

[11.] De Norman:

Item dat de copman vorbuth tokamenden luden, de in der henze unde ere selschop nicht en syn, unde ock bulude, de in des stades rechte syn, dat men den nicht vorkopen schall.

De copman:

Wy vorbeden nemande, myt erliken bedderven luden to kopen unde to vorkopen; dar wy uns gude betalinge vormoden, dar vorkopen wy levest.

---

[1] Blatt 4 b.
[2] Blatt 5 a.

[12.] De Norman:

Item dat de copman to sick tuth vele unnuttes volkes, alse
loze wiiff, der stadt to schaden unde grave vorteringe.

De¹ copman:

Wy en foren sodane loße wyve nicht int lant; ock sende wy
en nenen baden; hefft de stadt dar schaden aff, dat is uns un-
witlich; dar wart mede, alse recht is.

[13.] De Norman:

Item dat de Dudessche copman by der Brugge gifft nicht
so vullen leytanger, alse wontlick is unde dat lochbock uthwiset.

De copman:

Wy geven unßen leytanger na older wanheit unde meer,
wen wy van oldinges gegeven hebben.

[14.] De Norman:

Item dat de copman vorkofft unde uthmangelt in oren
stavenen unde hußen allerleye kram unde copenschup.

De copman:

Dat den steden und orem copmanne nene kopenschup vorboden en is in oren privilegien² kleyn offte groth to vorende
offte to vorkopende, men fry to brukende in erem besten, in
wat steden dat se syn.

[15.] De Norman:

Item dat de Normans vor ore stockfisschesghildinge nicht
raden mogen, men wy nement, alß uns idt sulven behaget.

De copman:

Dat is uns unwitlick. Wol schelafftich is myt deme anderen
umme gildinge, de neme dar gude lude to unde vorlike sick
darumme, alß eyn olde wonheyt is.

---

¹ Blatt 5 b.
² Blatt 6 a.

[16.] De Norman:

Item so en mach de Norman sinen visch uth synem schepe in des copmans hus schepen etc. by vorlust des hußes edder dar-van de werde. Item als in de herde to varende in de vorde unde up de ø myt kopenschup vor ydermans dor unde halen ore schut mylt eres sulvest macht.

De [1] copman:

Wy don unse gudt unde pennynge in guden truwen unde up gantzen geloven to borge in orer rechten notrofft unde be-huff; unde wanner wy in sodanen guden truwen unde geloven wedder betalt worden, so dorffte wy nicht darna faren. Dat holt de privilegie.

17.] De Norman:

Item dat de copman sulven in den schoff vart offt or volck umme tymmer, berneholt unde ander holt up ores sulves kost unde nicht en kopen van deme Normanne, alße oldinges plach to wesen; dar is der Normanne bergynge mede vorstort, de sick hiir mede plegen to bargende.

De copman:

Wy en latet nenerleye tymmerholt offte berneholt houwen offte halen, ydt en sy myt der guder lude wyllen offte orloff, den de schoff tobehort; deme gheve wy dar al vul vor. Breckt dar wol an, dat is uns unwitlick; de do so vele darvor, alse recht is.

[18.] De [2] Norman:

Item dat de copman borget syn gudt uth, ock sine pennynge, to kopslagende unnutten loßen luden unde den armen Normans, alse dat recht unde de olde rechticheit vorbuth, dem ryke to grotem schaden, unde darumme konen de bunden neyn volck krygen in der herde, unde de erde blyfft woste liggen.

---

[1] Blatt 6 b.
[2] Blatt 7 a.

De copman:

Dat wy darane gedan hebben aldus lange, dat hebbe wy gedan vor dat gemene beste, uns sulven to grotem schaden. Nu dat der menheit entegen is, so wyl wy uns darna gherne richten, dat idt nicht meer en sche, unde beholden unße gudt.

[19.] De Norman:

Item dat de copman leth buwen schepe unde huß in der herde up sine eghen kost unde penninge yegen recht.

De copman:

Wy laten nene schepe edder huße buwen van unses sulvest kost. Wy gheven den bunderen dar vulle penninge unde werde vor; dat mene wy, dat sy vor dat gemene beste¹; is idt jegen dat gemene beste, dat latet uns vorstan; dar wille wy uns gerne na richten.

[20.] De Norman:

Item dat de copman vorbuth, dat de Normans nicht mogen so vry segelen myt orer kopenschup in de stede myt erem gude also vryg, alße de copman in Norwegen.

De côpman:

Wy segelen in de ryke up der stede privilegie; des gelick moghe gy ock segelen in de stede up juwe privilegie.

[21.] De Norman:

Item offt dat gantz unnutte sy deme ryke Norwegen, dat de Dudesche copman des wynters licht in dem ryke, alse koning Haken rechtbote uthwiset, myt velem unnutten volke.

De copman:

In der steder privilegie is deme copmanne belavet, vrye to kamende unde to liggende, nene tydt uthbescheden, noch wynter edder² samer, myt siner kopenschup, so wyth alse dat ryke van

---

¹ Blatt 7b.
² Blatt 8a.

ſ

Norwegen is, unde wy weten van neynen unnutten volke. Wolde uns wol war furder aver drengen, dat moste wy soken vor unses heren des konginges gnaden unde de stede, den de privilegie vorsegelt is.

[22.] De Norman:

Item dat de uthlendesschen hantwerkeslude beweren unde entjegen syn de anderen hantwerkeßlude, de dar wyllen blyven myt des stades rechticheyt, des se nicht en mogen bruken ere hantwerck in der bû.

De copman:

Dar bekummert sick de copmann nicht mede. Wol dar ane breckt, dat he betere.

[23.] De Norman:

Item dat de uthlendeschen hantwerkeßlude neynen leydtanger en gheven, als ander bûlude don.

De ¹ copman:

Wes ore vorfaren gedan hebben, dat se ock so don.

[24.] De Norman:

Item dat de schomakere up der straten vorderven des konynges havene myt orer borken.

De copman:

Se seggen, dat se sick myt des koninges vogeden darvor vorlikent unde vordragen hebben.

[25.] De Norman:

Item dat de copman vorbuth den tokamenden kopmannen, de in de hense nicht en hort unde nicht van unser selschup en syn, neyne huse to hurende van deme Normanne unde nicht to brukende orer copenschup, alse dat stadesrecht uthwiset, sunder ene allene to vorkopende.

---

¹ Blatt 8 b.

De copman:

Wy bekummeren uns nicht myt denjennen, de in de henße nicht en horen, unde heben dar[1] neyn don mede unde hebben en ock nicht vorbaden kleyn offte groth.

[26.] De Norman:

Item so wert des konynges munte gestraffet unde vor- valschet unde uth deme ryke geforet, darumme konen se nene rede pennynge beholden.

De copman:

Dar antwort de copman aldus to: de copman straffet edder vorvalschet des konynges munte nicht; wo de koning unde des rykeß radt de munte setten, dar schelet deme copmanne nicht an; unde ock plecht de copmann pennynge unde golt int lant unde nicht uth deme lande to foren to unsem besten unde des landes nutte. Item also se clagen van deme punder unde van der wycht, dar antwordet de copman to: wy hebben vaken gebeden, dat me scholde hiir punder unde wychte setten, alse idt oldinges hadde gewesen[2], undt dar bydde wy noch umme.

[27.] De[3] Norman:

Item so schole gy clagen aver den unrechtferdigen cŏp, de en wedderfart van deme copmanne to Bargen, dat se nicht moghen bruken orer olden vischgyldinge, unde alle dinck is em vorseth, dat se von uns hebben scholen.

De copman:

Welke lude schelafftich synt umme ghildinge, de nemen dar gude lude to unde vorliken sick darumme; unde wen wy guden kop hebben, so geve wy guden kop, alse wy er[4] geantwort hebben.

---

[1] Blatt 9a.
[2] Vgl. Hans. U.B. 1 Nr. 1136, bezw. 3 Nr. 13.
[3] Blatt 9b.
[4] Vgl. unter [9.].

[28.] De Norman:

Item also gy seggen, dat de armen Normans, de dem Dudesschen schuldich syn, wan gy komen to Bergen, so nemen
de Dudesschen van juw, wat armoth gy hebben, myt unwyllen
unde don juw wedder, wat se willen; darumme kone gy nummer
uth der schult kamen unde uth erem eghendom.

De [1] copman:

Wy Dudesschen don unse gelt unde guth myt gudem willen
in grotem geloven to borge in oren noden, dar wy doch sere
inne bedragen werden; unde wen se komen, so entbringen se
uns de gudere, de wy hebben scholen, myt behendicheyt unde
betalen unse schulde nicht, alse se uns gelavet hebben, unde
don uns, wat se willen; darumme willen se uth unser schulde
nicht wesen unde vormeren de schulde van jare to jare.

---

[1] Blatt 10 a.

AMTSRECESS DER KLIPPENMACHER DER STÄDTE LÜBECK, ROSTOCK UND WISMAR VOM JAHRE 1486.

MITGETEILT VON

KARL NERGER.

Die nachfolgende Urkunde (Original; Pergament, in Zärterform) stammt aus der Lade des hiesigen Pantoffelmacher-Amts, dessen Auflösung am 20. April 1886 durch den Rat öffentlich bekannt gemacht wurde. Sie gelangte damals in den Besitz des noch heutigen Tages in seinem Gewerbe thätigen Meisters Klenow, der sie mir zum Geschenk machte. Im Einverständnisse mit dem früheren Besitzer habe ich sie nunmehr dem Ratsarchiv übergeben.

In Gades namen, amen. Ene belevinge is dar upgenamen in vortyden van unsen olden vorvarden, de in Got vorstorven sint in selige dechtnisse: so sint de to Lubke unde de to Rostke kamen to der Wysmer unde sint des gantz endrachtken aver en gekamen, to holdende sulke belevinge in dessen dren steden Lubeke, Rostke unde Wysmer, dar wy uns hebben to hope vorgaddert, gantz endrachtliken to holdende sodane belevinge, alze hyr na screven steyt. De belevinge is dyt:

[1.] Wen dar en knecht entgeyt van uns van Lubeke uth unseme denste efte van der Wysmer na Rostke, so scalme den knecht dar nicht entholden, so vro alze dar breve na kamen. Des geliken wille wy van Lubeke unde ok van der Wysmer den

van Rostke ock alzo don, stede vnde vast to holdende. Efte
dar nu en, de syk dar entjegen settede, hee were de hoge edder
de syde, olderman edder amptbroder, tegen de belevinge dede,
de desse dre* stede belevet hebbet, so wille wy dat sameliken
by den ersamen rat setten, wat de broke wesen scal, wente he
mach dat vorgeves nicht gedan hebben in der stat, dar dat
schut, van dessen dren* steden, dede vorbenomet sint.

[2.] Vortmer weret sake, dat dar en knecht wanderde uppe
ene unwanlike stede: wyl de knecht wedder arbeyden in dessen
dren steden, so scal he deme ampte lyk vor don in der stad,
dar he lestwerve ute wandert is, van dessen dren steden.

[3.] Item so sint wy aver en gekamen samentliken umme
dat verde[b] iar tosamende to kamende welke van Lubke unde
ok welke van Rostke hyr to der Wysmer unde to vorhandelende
sodane belevinge myt vulbort der heren.

Item desse olde belevinge is vortan bevestiget unde belevet
uppe dat nyge in deme pinxsten feste to der Wysmer int jar
unses heren м.cccc·lxxxvi. by den tyden der olderlude
Peter Koster unde Hans Wrede unde ok der olderlude van
Lubeke Kersten Kusel unde Syman Brwer unde ok der olderlude van Rostke Clawes Reydin unde Peter Rokeman, klypken-
makers in alle dren steden. Item desser certen sint dre, de
ene ute der anderen sneden vormittelst der hilgen drevaldicheyt
vormiddelst den bockstaven A B C D.

Der Amtsrecefs der Klippenmacher vom Jahre 1486 war
bisher noch nicht in originaler Fassung, sondern nur als erster
Teil einer Urkunde vom 20. März 1527 bekannt, die Bodemann
(Die älteren Zunfturkunden der Stadt Lüneburg S. 173—174)
herausgegeben hat. In ihr erklären die Pantoffelmacher zu Lübeck,
dafs sie mit Vollmacht der Pantoffelmacher zu Rostock und
Wismar den Pantoffelmachern zu Lüneburg, deren beide Älterleute offenbar zu diesem Zweck nach Lübeck gekommen sind,
ihrer Bitte gemäfs vergönnt haben, an der in ihm enthaltenen
Beliebung teilzunehmen. Auch im Amtsrecefs von 1486 aber
ist die Beliebung nicht erst geschaffen, sondern nur erneuert

a) iii.   b) iiii

worden: die durch je zwei Älterleute vertretenen Klippenmacher jener drei Städte vereinbaren bei ihrer Zusammenkunft in Wismar, zu halten, was in Vorzeiten von ihren alten, in Gott verstorbenen Vorgängern beliebt worden ist. Den Inhalt der alten Beliebung bilden einesteils Bestimmungen über ein gemeinsames Vorgehen gegen Gesellen, die entweder dem Dienst ihres Meisters entlaufen oder »uppe unwanlike stede« wandern würden, andernteils der Beschluß, alle vier Jahre zu Pfingsten in Wismar zusammenzukommen. Es fällt auf, daß an der Beliebung vom Jahre 1486 nur Lübeck, Rostock und Wismar, nicht auch Hamburg und Lüneburg beteiligt sind, und daß die regelmäßige Zusammenkunft der drei Ämter nicht in Lübeck, sondern in Wismar stattfinden soll. Vielleicht hängt beides mit der verschiedenen Art und Weise zusammen, wie die Gewerbe, welche als Vorgänger der Pantoffelmacher zu betrachten sind, in den einzelnen Städten organisiert waren. In meinem Aufsatz: Die Mannstracht der Hamburger im Mittelalter (Koppmann, Aus Hamburgs Vergangenheit, Erste Folge) habe ich die uns über die älteren Fußbekleidungsstücke erhaltenen Nachrichten zusammengestellt und zu erklären versucht. Im Unterschiede von den zwischen 1488 und 1493 in Lübeck zuerst genannten Pantoffeln, die, nur von dem Vorderfuß gehalten, hinten lose waren, saßen die älteren Fußbekleidungsstücke am ganzen Fuß oder Schuh fest oder wurden mittels Riemen an ihm befestigt, sowohl die sandalenartigen Pantinen von Holz, wie die als Überschuhe getragenen gröberen Glotzen (galoches) und zierlicheren Klippen von Korkholz und Leder. Aus dem Amte der Glotzenmacher oder Klipper aber hat sich das spätere Pantoffelmacher-Amt entwickelt.   K. K.

AMTSRECESS DER SCHUHMACHER DER SECHS WENDISCHEN STÄDTE VOM 19. MÄRZ 1624.

MITGETEILT VON

ERNST DRAGENDORFF.

Der nachstehende Amtsrecefs ist uns in der Original-Ausfertigung auf Pergament mit sechs angehängt gewesenen Siegeln, von denen sich jedoch nur die beiden mittleren erhalten haben, in der Lade des hiesigen Schuhmacher-Amts aufbewahrt, von dem er dem Ratsarchiv, vorläufig leihweise, anvertraut worden ist. Da Amtsrecesse der Schuhmacher bisher unbekannt sind[1], so wird hoffentlich auch seine Veröffentlichung nicht unwillkommen sein. Beim Abdruck habe ich eine leichte Vereinfachung der Schreibweise walten lassen.

[1.] In dem jahr Christi unsers herrn gebort sechzehenhundert vierundzwanzig mitwochen im pfingsten sein binnen Lubeck bey einander erschenen die ersamen und vernuftigen menner[a], warkmeisters des ambts der schumacher uth den soß Wendischen stetten, nemblich Lubeck, Hamburgk, Rostogk, Stralsundt, Wißmar und Lueneburgk, und hebben dar eindrechtigen geschlaten und averein gekamen, dat ein meister unsers ambts schall knechte meden efte thosetten nicht anders alse by halven

---

a) manner.

[1] Vgl. Hofmeisters Zusammenstellung in Hans. Geschichtsbl. 1889, S. 204—208.

jharen. Und wo dusse nageschrevene articul luden von worden
tho worden, also allewege stets und vaste unverbraken tho
holden, mach ein jeder sich weten na tho richten, wente se
sin also geholden worden woll aver drey edder vier hundert
jharen.

[2.] Item so schall kein meister seinem knechte arbeit geven,
sunder he schall ehme den winkop geven, wen he ehm ingebracht
wert, it sy binnen oder buten der wandertyt; und ein knecht,
[de]ᵃ mit seinem meister denede und entgeit ehm uth seinem
dienste, densulven schal de meister verklagen vor den oldermannen
binnen dren rechtdagen, edder de meister schall verfallen sein
eine tunne behrs. Wo averst dennoch de meister sich mit dem
knechte nicht verliken kan und de knecht wil wechlopen, so
schall de meister mit dem knechte vor de olderlude kamen, und
de eine schall dem andern dar seggen, wo se beide stahn; dar
willen alsdan die oldermanne des besten darinne raden, als se
vermögen. Lopt de knecht hirbaven wech, so schall men den
knecht mit breven verforderen van einer stadt thor andern;
kumpt he nicht wedder binnen einem jahre und maket willen,
so schall men ehne up den bref setten mit rechte und nicht
mit unrechte, und deß schal de meister verfahren mit seinem
rechte. Und schall de knecht verlengung hebben nicht lenger
alse ein jhar, ehr he up den bref gesettet wert, und nene tyt
lenger.

[3.] Item ein schoknecht, de drey dage und drey nachte
uth seines meisters hause schlept und verseumet seines meisters
arbeit und maket nicht ein par scho, darvon de meister gelt
mach kopen, de meister schall den knecht verklagen vor sinen
oldermannen binnen dren rechtdagen, edder de meister schall
eine tunne behrs verfallen sin. Wo ock de knecht drey nacht
uth seines meisters hause schlept, de schall eine mark Lubisch
verbraken hebben; lept de knecht daraver wech, und will den
mark Lubisch nicht uthgeven, schall men den knecht verforderen
glick einen ungehorsamen knecht und setten ehn up de bref
und schall nageschreven werden fort na der wandertyt; wurde
he alseden den bref entwiken und demsulven nicht folgen, so

---

a) de *fehlt.*

schall he in dissen soß Wendeschen stetten nicht geehret noch
gefordert werden.

[4.] Item ein jeder fram schoknecht, de dar arbeidet in dissen
soß Wendeschen steden up dat schowark, schall nicht dabelen
edder spelen umb gelt edder geldeswerth tho nenen tyden jeniger-
ley spyll, it sy in der wandertyt edder buten der wandertyt, it
sy dan in der stadt edder buten der stadt; kumpt dat uth, so
schall he achte schilling Lubisch verfallen sin. Und dat scholen
fordern de meisterknaben mit flyte; wo averst se daranne
seumich wurden vermerket und it uthkeme, so scholen de meisterknaben den broke sulvest dubbelt geven.

[5.] Ferners ist belevet, dat de veer weken scholen geholden
und de lade in bysittende der vorstender geopent werden, und
schall alsdenne ein jeder fram schoknecht de straffe, so he ver-
böhret und ehme thoerkent ist, fort in de lade geven. Lopt he
daraver wech und gifft dat nicht uth, so schall men densulven
knecht verfordern geliek alse einen ungehorsamen knecht, alse
mit breven nathoschriven, und darna recht tho donde verpflichtet sein.

[6.] Item ein jeder fram schoknecht, de mit seinem meister
denet und ist verbunden mit sinem winkope, dem schall de
meister geven in dem halven jhare ein par scho van geschmerden
ledder; dar sick ein jeder meister wete na tho richten; versuth
he sick hieranne und maket it anders, so schall disse meister
eine tonne behrs tho gevende fallich sin, und de knecht schall
sick daran genogen laten.

[7.] Item vordermehr sint averein gekamen de warkmeistere
der schomaker uth den soß obgemelten Wendischen steden, dat
ein jeder knecht, de sick will setten und begehret unse ambtbroder tho werden, de schall sick vorhen vorwilkören vor dem
ganzen ambte, wenner he dat ambt will eschen: efte ehm her-
namals, wen he unse ambtbroder geworden ist, lasterlike breve
van unehrliken saken worden nageschreven, dar he muchte miß-
gehandelt hebben, edder van dussen articuln, de hirinne be-
rahmet, wurde angesecht, mit weme he gearbeidet hedde, und
oft [he]ᵃ wor up dem breve stunde und queme uth, alsden

---

schal diesulvige ambtbroder na sinem eigenen freyen wilkohr,
wo he sick vorhen verwilliget heft, dat ambt so wedderumb
willigen und frey vorlaten und uthghan, alfe he dar iß in gekamen.
Dar gedenke jedermenniglich tho, ehr he sinen wilkohr deit, dat
he redliken gehandelt hebbe, wor he vormals gedenet heft, up
dat darnamals, oft sodanes einen wedderföhre, muege nirgent in
entschuldiget sein und hirwedder pertigh tho maken hebbe, also
wo ehme dusse stucke, puncte und articule vormals nicht ver-
klaret gewesen sin.

[8.] Item welker ambt der schomaker in dissen soß Wendischen steden einen bref will senden dem ambte, dar schall ein
vollenkamen segel des ambts vor sin, edder de bref schall macht-
los sin.

[9.] Item wen ein schoknecht in dissen soß Wendischen
steden vormals in bröke gefallen und darna wedderumb willen
gemaket heft, und dessulven schin und beweis in ein ander
stadt bringen wurde, so schall datsulve bewis mit des ambts
segel in der stadt, dar he willen gemaket heft, versegelt und
bekreftiget sin.

[10] Fordermehr sint ock avereingekamen de vorgedachten
warkmeistere der soß Wendischen stede und de disse belevinge
mit en holden und alle umbliggende nabers, den alsolk eines behaget: so ein schoknecht sin ambt will lehren, de schal it lehren,
dar richt, raht und ehrliche ambtsgerechtigkeit ist. Wo aver
na disser tyt ein schoknecht, de in dorpern gelehret edder bey
freyschostern, de in stedten wohnen, gearbeidet, so befunden
wurde, de schal nicht werth sin, dat he in dissen soß Wendischen stedten arbeide edder meister werde; und so jennig schomaker edder meister were, de solk einen knecht hadde, und
verschwege it und wuste it vorhen, dat sodane knecht up dorpern
gearbeidet hadde, desulve meister schall in bröke verfallen sin
eine tunne behrs.

[11.] Item fordermehr iß belevet und gesettet, dat ein jeder
meister schall dem knechte geven vor korkscho, ingebunden und
afsettede scho vor ein jeder par soß penninge Lubisch, vor
dubbeltsalige scho 4 ₰, vor schlichte stevelen einen schillingh,
vor stevelen mit stulpen afgesettet 2 ß Lubisch, und umbher

tho laschen vor ein jeder par einen Lubischen schilling. Deß
scholen de knechte, dar se vull flickent hebben, sick sulvest be-
kostigen, und wen se ehr dachtewerk ferdich hebben und se
etwas tho flicken hebben, dartho schal ehne de meister ledder
dhon; so schall he dat flickwerk verfertigen und nicht liggen
laten. Dar dat flickent nicht ist, wert sick ein meister weten
tho schicken.

[12.] Ferners ist durch die anwesende abgesanten belevet,
dat kein schoknecht ganz und gar kein korkmest schall by sick
dragen, vielweiniger binnen noch buten der stadt, by ernstlicher
straffe.

[13.] Weiters haben de anwesende der soß Wendischen
stedter des sondages arbeit der meister und knechte genzlich
abgeschaffet, bey ernstlicher straffe des ambts, der hern straffe
unverseumet.

[14.] Ferners soll auch hiemit des sondages uthflyent genzlich abgeschaffet sin, bey straffe dem ambte zwe mark und den
hern drey mark sulvers.

[15.] Item so jennig schoknecht were, de wolde up disse
belevinge und bewilligung wrevelen edder singen edder seggen
mit unbohrliken worden up diße soß Wendische stede und up
unse edder unse kinder, desulvige knecht schal nicht werdich
sin, in dissen soß Wendischen steden tho arbeiden.

[16.] Ferners ist belevet und ingeghan von den soß Wendischen steden afgesandten, dat woferne ok ein meister straffellich
befunden und sick von den olderluden nicht straffen laten
wolde, des meisters volk schall in dissen soß Wendischen steden
nicht geehret noch gefürdert werden, der hern straffe furbeholden.

[17.] Vortmehr sint avereingekamen de vorbenomeden olderlude desser soß Wendischen steder und hebben vor nutte und
gut angesehen, sodane thosamenkunft tho holden na disser tyt
alle soven jhar, der orsaken, dat it schal faste und eindrechtig-
liken geholden werden.

[18.] Vortmehr ist belevet, dat nen schomaker disser vorbenomeden steder einen lehrjungen annehmen schall, he hebbe
en dan vor den olderluden ofte ambte vor ersten durch twe
lofwerdige lüde echt tügen laten.

[19.] Item so wen it geschege, dat ein schomaker in un-
gefal keme, jegen de meisters efte jegen de knechte brokhaftig
wurde, so scholen nicht de schoknechte, sunder dat ambt den
man bröken; und damit ein jeder diße belevinge desto mehr
gehorsamer naleven und gewarnet sein moge, so schall man dem
ganzen ambte alle jhar diße belevinge tweymal furlesen laten.

[20.] Item welk knecht seines meisters brot schendet, schall
in dißen vorbenomeden steden by dem ambte nicht arbeiden
noch meister werden und des ambts nicht werdich sein.

[21.] Item ein jeder schoknecht schal des dingstages
morgens tho teyen uhren up sines meisters arbeit sin, by straffe
8 ß Lubisch; und so faken he in der weken sines meisters
arbeit versumet, schal he sulke straffe geven.

[22.] Item de knechte, so sick malkander hartagen und
schlagen, scholen straffe geven 8 ß Lubisch, und der anfenger
schal solke straffe dubbelt geven, so vaken solkes geschuet, der
hern bröke unversumet.

[23.] Vortmehr ist belevet, dat kein schomaker nicht mehr
den twey knechte und darby einen lehrjungen holden schall,
und mogen de olderlude ᵃ drey knechte holden; de andern bliven
by ihrer gerechtigkeit, wo de von oldings her gewesen.

[24.] Vortmehr hebben de anwesende der soß Wendischen
steder uth sonderbaren erheblichen ursachen wegen der benachbarten bohnhasen den Hamburgern den dritten knecht nach-
gegeven; wen aber uber den dritten knecht mehr arbeiden würde,
der soll in dißen soß Wendischen steden nicht geehret noch
gefurdert werden.

[25.] Jedoch hebben ock de andern funf steder den Hamburgern guthwillich nachgegeben wegen des lohns und wegen
der knechte ihrer tyt, so ᵇ auch wegen der lehrjungens: wo se
solkes bethero geholden hebben, solkes schall alles by ehnen in
sinen werden bliven.

[26.] Verner ist belevet: wofern ein schoknecht dem meister
sine knehte den montag oder dingstetag edder in der weken
von der warkstede locket edder affordert, darmit des meisters

arbeit versumet wert, de dat deit, schall straffe geven 8 β
Lubisch.

[27.] Ock welke schoknecht den mondach edder in der
weken vor dem hogen feste tho behr geit, schal straffe[a] geven
16 β Lubisch, so vaken solkes geschuet.

Solke vorgeschrevene puncta und articul, so hirinnen ver-
fatet sin, willen de erbarn soß Wendischen steder stedes vaste
und unverbraken holden und geholden hebben und solkes by
ernstliher straffe einer jeden stadt. De belevinge iß geschehen
in Lubeck im jhar und dage, wo baven geschreven. Hiraver
sint gewesen die ersamen und verstendigen menner, de wark-
mestere von baven geschrevene steder, de dissen verdrach ein jeder
mit seines ambts segel versegelt und bekreftigt hebben, und soll
de zusamenkunft, geliebt es Gott, aver soven jharen wiederumb
zu Lubeck geholden werden, bey straffe zehen reichsthaler einer
iglichen stadt; und sollen die vier izigen wesende olderlude tho
Lubeck bis umb de soven jhar by einander verbliven.

---

a) straffen.

V.

NACHTRÄGE ZUR LEBENSGESCHICHTE HANS RECKEMANNS UND GERD KORFFMAKERS.

FRIEDRICH BRUNS.

Zur Lebensgeschichte des der Lübecker Bergenfahrer-kompagnie angehörigen Chronisten Hans Reckemann und seines Berufsgenossen Gerd Korffmaker, dessen eigenhändiger Bericht über die Besiegung des Seeräubers Martin Pechlin der Recke-mannschen Chronik einverleibt ist, habe ich im Jahrgang 1896 (S. 167—177) dieser Blätter einige urkundliche Beiträge ver-öffentlicht, nachdem bereits im Jahrgang 1876 Dietrich Schäfer beide Männer auf Grund der in der Reckemannschen Chronik enthaltenen Angaben behandelt hatte.

Einen auf diesen Quellen beruhenden kurzen Lebensabrifs Hans Reckemanns habe ich einer kürzlich unternommenen Ver-öffentlichung seiner auf die Geschichte der Lübecker Bergenfahrer bezüglichen Nachrichten[1] einleitungsweise vorangestellt[2]. Dort ist auch der Vermutung Ausdruck gegeben, dafs der Chronist innerhalb des Zeitraumes vom November 1559 bis zum Januar 1562 gestorben sei. Eine bestimmte Nachricht über die Zeit seines Ablebens lieferten nunmehr die mit dem Jahre 1531 ein-

---

[1] Bruns, Die Lübecker Bergenfahrer und ihre Chronistik (Hans. Ge-schichtsqq. N. F. II) S. 395—399.
[2] Das. S. 345 f.

setzenden sog. Wochenbücher der Marienkirche zu Lübeck, d. h.
die wochenweise vom Werkmeister aufgestellten Einnahmen und
Ausgaben der Kirche; ihnen zufolge starb der Chronist Ende Januar
1561, da am letzten Tage dieses Monats der Sarg, das Bahrtuch
und das Grabgeläute für ihn bestellt worden sind.

Nach Reckemanns Angabe ist Gerd Korffmaker im Jahre
1548 an der Pest gestorben[1], die nach Ausweis der Wochenbücher vom Mai bis November in Lübeck zahlreiche Opfer gefordert und auch in Reckemanns Hause zweimal Einkehr gehalten hat. Diese Nachricht wird bestätigt durch eine Eintragung
der Wochenbücher, der zufolge am 24. November 1548 der
Kirche ein ihr von Gerd Korffmakers ausgesetztes Vermächtnis
von 3 ℔ ausgekehrt worden ist. Da die Wochenbücher jedoch
keine Eintragung über Gerd Korffmakers Beerdigung enthalten,
der gleich Reckemann in der Alfstrafse, also im Marienkirch-
spiel gewohnt hat[2], so ist anzunehmen, dafs er aufserhalb Lübecks,
vermutlich auf einer Geschäftsreise, gestorben ist.

Die Nachrichten, welche die Wochenbücher über beide
Männer und deren Ehefrauen bieten, lauten folgendermafsen.

1. Hans Reckemann.

Anno 1546 in der 12. weken na dem pinxten *(Sept. 5—11)* entfangen.

Item des fryedages *(Sept. 10)* sprack Hans Rekeman vor enen
jungen 1 sarck, graffludenth unde yt laken, is 5 ℔.

Anno 1548 in der 18. weken na den pingsten *(Sept. 23—29)*
entfangen.

Unter des mytwekens (Sept. 26):
Item noch sprack Hans Rekeman vor sinen jungen 1 sarck,
grafludent, laken, is 5 ℔.

Anno 1548 in der 5. weken na Michaelis *(Okt. 28—Nov. 3)*
entfangen.

Unter des dunnerdages (Nov. 1):
Item noch sprack Hansz Rekeman vor 1 sarck, graffludent unde
yt laken synem jungen, isz 5 ℔.

---

[1] Vgl. Jahrgang 1876, S. 91.
[2] Vgl. Jahrgang 1896, S. 176.

Anno 1552 in der 4. weken na dem wynachten *(Jan. 17—23)* entfangen.

Unter des sonavendes *(Jan. 23)*:

Item noch van Kasten Petersen unde Matyas Werneken entfangen, dat se myt Hans Rekemanne moegen de tydt eres levendes in deme stole stan yegen dem predickstole etc., is 6 ℔.

Anno 1561 in der 5. weken na winachten *(Jan. 26—Febr. 1)* entfangen.

Item des friedages *(Jan. 31)* sprack Hans Vrese vor Hans Rekeman ein sarck, ludent ene stunde unde it laken, is 10 ℔.

Anno 1563 in der 4. weken nha wynachten *(Jan. 17—23)* entfangen.

Item des dunnerdages *(Jan. 21)* sprack Hans Passow vor Hans Rekemans nagelaten wedewen[1] 1 sarck, ludent ene stunde und id laken, is 9 ℔.

2. Gert Korfmaker.

Anno 1548 in der 8. weken na Michaelisz *(Nov. 18—24)* entfangen.

Unter des sonavendes *(Nov. 24)*:

Item noch entfangen van Hans Busche deme Bargevarer alse testamentarien seligen Gert Korffmakers, so he in synem testamente der kerken gegeven, is 3 ℔.

Anno 1554 in der 12. weken na pinxten *(Aug. 5—11)* entfangen.

Item desz sonavendes *(Aug. 11)* sprack Hansz Busck unde Peter Yode vor Anneken Korffmakers 1 sarck, ludenth 1 stunde, de kerkengrafft unde it laken, is 28 ℔.

Anno 1555 in der 6. weken na wynachten *(Febr. 3—9)* entfangen.

Item des dunnerdages *(Febr. 7)* van Jochim Vote entfangen alse medetestamentarien selygen Anneken Brandes offte Korffmakers, so se in erem testamente tor kerken gebuwte gegeven, is 10 ℔.

---

[1] *Elisabeth, geb. Wegener;* vgl. Jahrgang 1896, S. 172.

ZUR LEBENSGESCHICHTE DES CHRONISTEN HEINRICH REHBEIN.

VON

FRIEDRICH BRUNS.

Die Wochenbücher der Marienkirche zu Lübeck, denen die obigen Nachträge zur Lebensgeschichte Hans Reckemanns und Gerd Korffmakers entnommen sind, enthalten auch einige Nachrichten über den Lübeckischen Chronisten Hinrich Rehbein.

Den Autor und sein zwölf Foliohefte umfassendes, 904 Seiten starkes eigenhändiges Werk, welches seit kurzem der Handschriftenabteilung der Stadtbibliothek zu Lübeck einverleibt ist, hat bereits Ernst Deecke in seinen 1835 erschienenen »Beiträgen zur Lübeckischen Geschichtskunde« behandelt. Nach der dort abgedruckten Vorrede Rehbeins hat sich dieser i. J. 1568 entschlossen, »eine sonderliche Linea des Rhats ad perpetuam rei memoriam zu machen, welchs auch nicht allein die Linea des Rats, besondern zugleiche die Lubische Cronica, nemblich ein kurtzer Auszzugk sein soll der nöttigsten Dinge und Historien dieser Statt Lubeck«. Die Chronik reicht bis zum Jahre 1619 und ist durch häufige eingeheftete Nachträge erweitert, deren spätester aus dem Juli 1629 stammt.

Aus den unten mitgeteilten Eintragungen der Wochenbücher geht hervor, dafs Hinrich Rehbein ein Sohn des zu Anfang Juli 1585 gestorbenen Lübecker Bürgers Thomas Rehbein und ein Bruder des am 11. April 1573 zum Protonotar, am 25. Januar

1593 zum Ratsherrn gewählten Magister Thomas Rehbein[1] gewesen ist, der am 2. Mai 1610 starb, und dafs er selbst zu
Anfang August 1629 gestorben ist.

Die betreffenden Buchungen lauten:

Anno 1585 yn der 6. wecke na pynxten entfangen. — 4. julyus.

Item eyn sundage *(Juli 4)* sprack Henryck Reyben for synen
fader Tomas Reben eyn sarck und eyne stunde luden, yn de
kercken bograffen, 18 ℳ, unde dat swarte laken unde dat
wytte schyr 14 ℳ, ys 32 ℳ.

Anno 1586 yn der pasckewecken entfangen. — 3. apryl.

Unter eyn mandage *(April 4)*:

Item noch sprack Henryck Rebeyn for syne moyder eyn sarck
unde eyne stunde yn de kercke to luden, 18 ℳ, unde dat
swarte lacken unde schyr 14 ℳ, ys tosamen 32 ℳ.

Anno 1588 in der osterweken entfangen: — 7. aprilis.

Noch up 1 frydach *(April 12)* entfangen van Hynrick Reben vor
2 stende an der nordersyden, dar syn selige vader Thomas
Reben gestanden, welcker 2 manszstede myne hern vorstender
ehne vorkoft vor 60 ℳ.

Noch up 1 frydach entfangen van Hynrick Reben van wegen
eynes schappes in der karcken, so syner seligen suster Anna
Popincges geschreven unde nu siner suster Kattrinen, eyne
junckfrouwe, hebben myne hern vorstender heten thoschryven,
doch myt der condition, so dat stollbock hyrvan folio 236
wert utwisen, entfangen de gebor, is 2 ℳ.

Anno 1610 sondags in der veste wecke nha ostern entfangen. —
6. maji.

Sondags *(Mai 6)* bestelde Hynrich Reben for weylandt synen
broder hern Tomas Reben, gewesenen rathsverwanten der
stadt Lubeg, in Marienkarcken ein dubbelt stunde ludent, is
20 ℳ, einen schwarten sammit, is 35 ℳ, lacken und schir
14 ℳ, is 69 ℳ; wart in Marienkarcken in synes vadern graff
begraffen; ungelt 7 ℳ 2 ß, blifft 61 ℳ 14 ß.

---

[1] Jac. von Melle, Gründliche Nachricht von der ... Stadt Lübeck
3. Aufl. (Lübeck 1787) S. 72, S. 98.

Anno 1629 in der 19. wochen nach ostern entfangen. —
9. augusti.

Sontag *(Aug. 9)* bestalte Rolof Backhusz und Clausz Suerbeer
befehlich habende von Pauwel Storeken fur Hinderich Reeben
ein stunde leutent, wart in der kirchen unter sel. herr Tomas
Reeben stein begraben, darfur mit leuten, schier und laken
entfangen 34 ℔; ungelt 7 ℔ 2 ß abgezogen, 26 ℔ 14 ß.

RECENSIONEN.

DIE LEIPZIGER KRAMER-INNUNG IM 15. UND 16. JAHR-
HUNDERT. Zugleich ein Beitrag zur Leipziger Handels-
geschichte. Herausgegeben von der Handelskammer zu
Leipzig. Verfaſst von deren Bibliothekar Siegfried Moltke.
Mit einem Stadtbilde und mehreren Tafeln. Leipzig, Verlag
der Handelskammer, 1901. 186 S. in 8.

VON

KARL KOPPMANN.

Im Archiv der ehemaligen Kramer-Innung zu Leipzig, deren
Erbin die dortige Handelskammer ist, hat der Verfasser ein
Buch wieder aufgefunden, von dessen ehemaligem Vorhandensein
man wuſste, das aber für verloren erachtet wurde. Dieses Buch
ist das älteste uns erhaltene Kramerbuch Leipzigs, dessen Inhalt
zu veröffentlichen und nach allen Richtungen hin zu erläutern
der glückliche Finder sich in dem oben genannten Werke zur
Aufgabe gemacht hat. Den ersten Teil dieser Aufgabe sucht er
auf 86 (101—186), den andern auf 99 Seiten (1—99) zu lösen.
Als Herausgeber ist er leider nicht auf die Gestaltung eines leicht
verständlichen Textes, sondern auf eine ängstlich getreue Wieder-
gabe seiner Vorlage bedacht gewesen und um die für nötig gehaltenen Erläuterungen geben zu können, hat er sich zwar mit
anerkennenswertem Fleiſs mit dem ihm offenbar von vornherein
wenig vertrauten Stoff bekannt zu machen bemüht, hat sich
aber doch nicht überall völlig in ihn versenkt und zuweilen ihn
mehr von auſsen her, als von innen heraus zu beleuchten gesucht.
Dafs er dabei manchmal gröblich irre geht, z. B. die Bemerkung
über Gebhard Rau: »Item er hat die innung aufgesagt, der

(= ihrer) nyt zu geprauchen‹ (S. 164), dahin versteht, im Zorn
hätten die ›ehrsamen Herren Kramermeister… dem Abtrünnigen,
böswillig Verlassenen das wenig innungsbrüderliche Epitheton‹
erteilt: ›der nicht zu geprauchen‹, stört mich weniger, als seine
Sucht, einerseits humoristisch und witzig zu sein, andererseits
seine Vorgänger in mehrzeiligen Citaten reden zu lassen.

Das Kramerbuch von 1477—1577, auf das der Verfasser
nach einer kurzen Einleitung (S. 1—10) in Kap. II: Das
älteste Kramerbuch (S. 11—15) eingeht, ist ein in Leder
gebundener Folioband von ursprünglich 234 Blättern, welche
39 Lagen von je drei Doppelblättern bildeten: jetzt fehlen die
ganze erste Lage (Bl. 1—6) und mehrere andere Blätter (13—15,
36, 220—223). Ein grofser Teil des Buches ist unbenutzt geblieben; der Inhalt der beschriebenen Blätter ist folgender:

Bl. 7 a:	Aufnahme-Artikel . . .	S.	105
„ 8:	Kramer-Ordnung	„	106—107
„ 17 b:	Innungs-Wittwen . .	„	129—130
„ 18 a—31 a:	Innungs-Brüder .	„	112—129
„ 32 a—35 b:	Ausstände	„	163—167
„ 38—39:	Unentgeltlich aufgenommene Brüder . .	„	130—131
„ 106 a—199 a:	Rechnungen	„	133—163
„ 137—138:	Beschlufs v. J. 1539 . . .	„	107—109
„ 178 b:	Feuer-Dienst	„	110
„ 201—203:	Dr. Georg Wirt's Spende	„	181—184
„ 219 a—225 a:	Ausstände	„	167—174
„ 234 b:	Waffen-Verzeichnifs	„	184.

Dazu kommt noch der Inhalt der beiden Deckelblätter: auf dem
Innenblatte des untern Deckels Notizen über das dem Innungs-
knechte zukommende Jahrlohn und über Geldgeschenke, die dem
Richter und dem Vogt, später auch den Marktmeistern, gemacht
werden (S. 185); auf dem Innenblatte des obern Deckels das
älteste Stück des Buches, die Wage-Tafel (S. 177).

Die Altersbestimmung des Kramerbuchs, 1477—1577, beruht darauf, dafs einesteils das bis 1548 reichende Verzeichnis
der neuaufgenommenen Innungsbrüder, von dem der Verfasser in
Kap. IV: Das Mitgliederverzeichnis (S. 34—40) handelt,
mit dem Jahre 1477 beginnt und dafs andererseits die Rechnungen

sich über die Jahre 1515—1577 erstrecken. Aber diese Thatsachen, die ja durchaus genügen, um das Buch in Inventaren
oder Katalogen als Kramerbuch von 1477—1577 aufzuführen,
können doch für eine wissenschaftliche Altersbestimmung desselben nicht als hinlänglich erachtet werden. Die so nahe liegende
Frage, ob das Buch, trotzdem die in ihm enthaltenen Nachrichten bereits mit dem Jahre 1477 beginnen, nicht doch erst
einer späteren Zeit angehöre, hat aber dem Verfasser die Freude
über seinen Fund offenbar gar nicht in den Sinn kommen lassen.

Das Fehlen der ersten Lage meint er (S. 13) durch die
Vermutung erklären zu können, dafs dieselbe unbeschrieben gewesen sei und zum Schutze der beschriebenen Blätter gedient
habe, bis diese im Jahre 1515 den jetzigen Einband erhalten
haben. Aber nur das Binden des Buchs in diesem Jahr, nicht
»dafs der Einband erst 38 Jahre nach dem Beginn des Buchs
hergestellt worden ist«, kann als eine aus der betreffenden Nachricht der Rechnung von 1515—1516 sich ergebende »Thatsache«
angesehen werden: »Ausgegeben von dissem newen register eyn-
zubinden und zu uberziehen«. Neu wird doch schwerlich ein
seit 38 Jahren vorhandenes Buch genannt worden sein, weil es
nunmehr einen Einband erhalten hatte, und die Annahme, dafs
es neu heifst, weil es eben damals neu war, statt eines bisher
geführten älteren Buches in Gebrauch genommen wurde, ist
zweifelsohne natürlicher. Mit dem Jahre 1515 beginnen er·
wähntermafsen die Rechnungen. Das Verzeichnis der Ausstände
hebt mit der Aufzählung dessen an, was Hans Steffe, Heinrich
von Kempen und Hans Mengelein der Innung schuldig geblieben
sind: die beiden ersten haben aber 1513, der letzte erst 1515
die Brüderschaft erworben. Das Verzeichnis der Witwen umfafst
19 Namen; bei den meisten steht keine Jahreszahl, bei zweien
1511, bei vieren 1514, bei einem 1510; an fünfzehnter Stelle
wird »Die Kilian Gurtlerin« genannt, die am 28. April 1515
bereits in zweiter Ehe mit Gebhard Rau vermählt war: »syn
weyp hat vor die innung, die Kilian Gurtellern« (S. 117); offenbar sind also 1515 die damals lebenden Kramer-Witwen verzeichnet worden. Eben das ist meiner Meinung nach 1515 auch
in betreff der Innungsbrüder geschehen, die damals am Leben
waren: von Simon Alex, der der Innung seit 1477 angehörte,

bis auf den am 3. Februar 1515 aufgenommenen Kaspar Apel [1],
sind ihrer 81. Möglich wäre es ja, dafs man 1515 das Verzeichnis aller seit dem Jahre 1477 der Innung beigetretenen
Brüder aus einem älteren Buche abgeschrieben hätte; aber dagegen spricht einesteils der Umstand, dafs man von vornherein neben
den Eintragungen einen Platz frei liefs, um einen Vermerk über
das Aufhören der Mitgliedschaft anbringen zu können (»Gestorben; gar aus«, »Er hat die innung aufgesagt«, »Ist seyn
weyp dot; er helt nyt innung«), anderenteils die Zahl der verzeichneten Brüder, die nicht nur hinter den 119 neuen Auf-
nahmen, die von 1515—1548, also in 34 Jahren, stattfanden,
nicht unerheblich zurückbleibt, während sie dem für das Jahr
1588 ermittelten Bestand von 103 Mitgliedern (S. 39) durchaus
entspricht, sondern auch, rückwärts betrachtet, von Jahrzehnt zu
Jahrzehnt immer geringer wird [2]. Endlich aber liefern die auf
S. 110 und S. 132 zur Anschauung gebrachten Schriftzüge den
vollgültigen Beweis, dafs die mit dem Jahre 1477 beginnenden Eintragungen des Mitgliederverzeichnisses von eben derselben Hand
herrühren, welche die Rechnung von 1515 — 1516 eingetragen hat.

Aus dem vermeintlichen Alter des Registers folgert der
Verfasser in Kap. III: Die Verfassung der Kramerinnung
S. 16—33, dafs die beiden in ihm enthaltenen Ordnungen, die
Aufnahme-Ordnung und die Kramer-Ordnung älter seien, als die
bisher für die älteste gehaltene, 1484 vom Rate bestätigte Ordnung.
Was er zur Bestätigung dieser Ansicht durch Vergleichung der
Ordnungen unter einander beibringt, ist wenig überzeugend. In
Leipzig werden drei Jahrmärkte gehalten, der Oster-, der Michaelis-
und der Neujahrsmarkt; aufserdem findet ein dreimaliger Wochenmarkt, Dienstags, Freitags und Sonnabends, statt: wenn nun in
der einen Ordnung dem Innungsbruder, dem »gewerk«, nur eine,
die andere dagegen zwei Buden aufzuschlagen gestattet, so scheint
mir nichts im Wege zu sein, um jenes auf die Wochenmärkte,

---

[1] Der nächstfolgende Mattes Walther findet sich schon in der Rechnung
von 1515—1516 (S. 133).

[2] Aufgezählt werden: von 1477— 1486: 8, von 1487—1496: 12, von
1497—1506: 24, von 1507—1515: 37 Mitglieder, während neu aufgenommen
wurden: von 1515—1524: 28, von 1525—1534: 24, von 1535—1544: 54,
von 1545—1548: 13.

dieses auf die Jahrmärkte zu beziehen. Auf das Ausbleiben in der angesagten Morgensprache, bei Leichenbegängnissen u. s. w. wird eine Strafe gesetzt, die nach der einen Ordnung 6 Pfennig, nach der andern 1 Pfund Wachs beträgt: wenn nun jene hinzufügt, dafs, wer »frevelich« ausbleibe, 1 Pfund Wachs geben solle, so kann man füglich entweder annehmen, dafs diese nur von einem solchen freventlichen Ausbleiben rede oder dafs erst in späterer Zeit eine mildere Praxis eingetreten und zwischen einem durch Nachlässigkeit und einem durch Eigenwillen verursachten Ausbleiben unterschieden worden sei.

An der Spitze der Kramer-Innung stehen in älterer Zeit vier Kramermeister und vier Beisitzer, die jährlich gewählt werden, zwei von den ersteren aus den alten Kramermeistern, die übrigen sechs aus der Gewerkschaft. Nach dem Beschlusse von 1539 aber werden neun ständige Kramermeister gewählt, von denen in jährlichem Wechsel je drei, der eine als Obermeister, die beiden andern als seine Mitgesellen, die Regierung führen sollen, während die sechs übrigen die Stelle der ehemaligen Beisitzer einnehmen; aufserdem wird noch einer aus der Gewerkschaft, Johann Rappolt, erwählt, »das er alwegen, so oft die regirende obir- und kromermeister sein bedorfen und noch yme schicken werden, zu ynen komen, der ynnung notturft beschreiben und sonsten sich gebrauchen soll lassen«. Nach dem Verfasser (S. 29) war Johann Rappolt »ein, wir sagen im Deutschen heutzutage Sekretär oder Syndikus, ... gewissermafsen ein vortragender Rath, der zugleich wohl der Innung Schriftwart war«, und von den neun Kramermeistern meint er (S. 28), sie seien nur auf neun Jahre erwählt worden, da doch der Beschlufs nicht nur im allgemeinen besagt, dafs sie »stet und allerwegen der gemelten innung aufs best und vleissigst vorstehen« sollen, sondern auch im besondern völlig unzweideutig bestimmt: »Doch sollen auch aus den selbigen neun auf ein jhar drey, aufs ander jhar aber drey und aufs dritt jhar die letzten drey und also furtan alle jhar drey aus den neunen die verwaltung haben«. — Für ihre Mühewaltung erhalten die Kramermeister als »Gerechtigkeit« oder »Gebühr« einen Teil des Eintrittsgeldes der neuen Mitglieder; wenn aber der Verfasser (S. 29) von »einem kleinen Prozentsatz« redet, so ist das, wie ungenau, so auch, wenigstens für

die frühere Zeit, unzutreffend. Das Eintrittsgeld der Innungsbrüder betrug in älterer Zeit neben 4 Pfund Wachs 3 Gulden
(S. 105, 107); die Rechnungen verzeichnen aber 1515—1516
unter den Einnahmen nur je 2 Gulden (S. 133, 134) und wenn
sie 1540—1542 (S. 138, 139) als eingenommen je 3 Gulden
buchen, so heißt es dem gegenüber unter den Ausgaben (S. 140):
›Item die vier kremermeister, als Georg Bernecker mit seynen
zuvorordenten haben die zwei jhar gemacht siben kremer und
vor yre gebur genomen siben fl.; sollichs setz ich vor ausgeben
7 fl.‹. Das Eintrittsgeld der weiblichen Mitglieder wird neben
2 Pfund Wachs 1½ Gulden betragen haben, von denen den
Kramermeistern der halbe Gulden = 10½ Groschen zugefallen
sein wird. Statt des Wachses wird seit dem Jahre 1539 Geld
gegeben, 12 Groschen für 4 Pfund, 6 Groschen für 2 Pfund
Wachs (S. 123, 124); wenn der Verfasser (S. 35) darüber sagt:
›für die beim Eintritt zu liefernden 4 Pfund Wachs war die
Hinterlegung des Geldwertes, 12 Groschen, zulässig‹, so ist der
Ausdruck ›Hinterlegung‹ irreführend und die Auslassung der
Zeitangabe um so mehr zu·bedauern, als diese ihn von selbst
darauf geführt haben würde, daß die Umwandelung der Natural-
in eine Geldleistung mit dem Sieg des Lutherischen Bekenntnisses
in Leipzig in eben diesem Jahre 1539 (S. 51) zusammenhängt[1].
Im Jahre 1543 wird unter Beseitigung des Wachsgeldes das Eintrittsgeld auf beziehentlich 15 und 7½ Gulden erhöht (S. 125,
126), von denen ein Drittel an den Rat abgegeben wird (S. 53),
während die Gebühr der Kramermeister die frühere bleibt (S. 144).
In etwas späterer Zeit beziehen aber die Kramermeister ein
Jahrgehalt: 1557 erhalten sie noch den bisherigen Anteil an den
Eintrittsgeldern ›vor ire gerechtigkeit‹ (S. 146); 1565 jedoch
werden 4 Gulden als ›kramermeistergelt‹ in Rechnung gesetzt
(S. 153) und 1567 erhält einer der drei Kramermeister für drei
Jahre 12 Gulden, die beiden andern für zwei Jahre je 8 Gulden,
›von wegen der cramerinnung‹, ›das er kramermaister ist ge-
west‹; 1577 sieht man dieses Jahrgehalt bereits auf das Doppelte
erhöht, denn für drei Jahre erhalten die drei Kramermeister zu-

---

[1] Zweimal, 1528 und 1529, wird von einem neuen Amtsbruder bemerkt,
daß er ›Martinisch‹ sei (S. 120).

sammen 72, jeder also dreimal 8 Gulden (S. 159). — Unklar ist
das Verhältnis der Amtsschreiber, Johann Rappolts und seiner
Nachfolger, in Bezug auf ihr Gehalt und ihre Stellung zu den
Kramermeistern: nach der Rechnung von 1543—1545 wird dem
Stadtschreiber durch Hans Rappolt sein Lohn ausbezahlt (S. 144);
Ausgaben an ihn selbst finden sich nicht, es sei denn, dafs er
an den 1540—1542 den vier Kramermeistern in Rechnung gebrachten 7 Gulden beteiligt gewesen wäre; 1557 befindet er sich
aber neben dem Bastian Hofer, der von den abgehenden Kramermeistern 4 Gulden »schreybgelt« erhalten hat (S. 146), unter
den die Verwaltung übernehmenden Kramermeistern (S. 147).
Die darauf bezügliche Bemerkung des Verfassers (S. 56: »fast
hat es den Anschein, als ob auch der Kramermeister, welchem
die Buchführung und die sonstigen schriftlichen Arbeiten obliegen,
seinen Lohn erhielt. Es kommt dieser Posten ziemlich häufig,
z. B. im Jahre 1559, vor: »4 thaller Bastian Hoffer schreibgelt
diss jhar«) ist durchaus unbefriedigend; er hätte uns sagen sollen,
ob und wie lange das 1539 eingeführte Amt eines aus der Gewerkschaft erwählten Kramerschreibers sich in den Rechnungen
verfolgen läfst und ob und wann dessen Geschäfte, eventuell
auch sein Gehalt, an einen der Kramermeister übergegangen
sind.

Diese Fragen sich selbst zu beantworten, hat er dem Leser
dadurch unmöglich gemacht, dafs er nur einen Teil der Rechnungen zum Abdruck gebracht hat. Wie erwähnt, beginnen
seiner Angabe (S. 15) nach die Rechnungen mit dem Jahre 1515
und schliefsen mit dem Jahre 1577; veröffentlicht sind aber nur
diejenigen von 1515—1516, 1533—1534, 1540—1542, 1543—
1545, 1557—1558, 1564—1567, 1574—1577. Dafs der Verfasser den Hauptinhalt derselben (S. 41—62) verwertet zu haben
glaubt und vielleicht auch wirklich verwertet hat, kann uns für die
Unterdrückung des Textes der ausgelassenen Rechnungen nicht ent-
schädigen. Die von ihm (S. 50) hervorgehobene Nachricht über
die Disputation zu Leipzig [1] z. B.: »Ausgeben vier knechten,

---

[1] v. Ranke, Deutsche Gesch. im Zeitalter d. Reformation (5. Aufl.)
I, S. 280—284.

die im harnisch gangen seyn auf Johannis baptiste 1519, da man
die disputatio myt doctor Martino Luther hielt alhier aufm slos
bey vier wochen lang, inen geben 6 fl. 2 gr. — ♦‹ wird in
Kap. V seines Buchs: Die Kramerrechnungen und
Schuldenlisten dem Forscher zweifelsohne eher entgehen,
als wenn ihm die Kramerrechnungen von 1515—1577 vollständig
vorlägen. Vor allem aber kann das Licht, in dem der eine
oder der andere eine durch die Rechnungen bezeugte Thatsache
sieht, ein wesentlich verschiedenes sein. Um dies zu belegen
und dadurch meinen zu Anfang ausgesprochenen Tadel zu begründen, muſs ich etwas umständlich zu Werke gehen.

Die Sitzungen der Zünfte, sagt der Verfasser z. B. (S. 59),
die man im Mittelalter ›Morgensprachen‹ nannte, könne man
bei der Leipziger Kramerinnung ›Nachtzechereien‹ nennen, und
zum Beweise dessen führt er unter anderem an, daſs für Essen
und Trinken in der ersten Rechnung fast 33$^1/_3$, in der letzten
fast 50 Prozent gebucht seien. Nach der Rechnung von 1515—
1516 übernehmen die Kramermeister von ihren Amtsvorgängern
einen Kassenbestand von 82 fl. 15 gr. 6 ♂, überliefern ihren
Nachfolgern 93 fl. 4 gr., haben also erübrigt 10 fl. 9 gr. 6 ♂;
die Gesamteinnahme beträgt aber 109 fl. 20 gr. 4 ♂, nach Abzug des übernommenen Kassenbestandes also die eigentliche Einnahme 26 fl. 4 gr. 10 ♂, und die Gesamtausgabe 110 fl. 17 gr.
8 ♂, nach Abzug des überlieferten Kassenbestandes also die
eigentliche Ausgabe 17 fl. 13 gr. 8 ♂, was beides freilich mit
den vorangestellten Zahlen ebensowenig übereinstimmt, wie meine
Berechnung der einzelnen Posten der Einnahme auf 26 fl. 10 gr.
8 ♂ und der Ausgaben anf 19 fl. 15 gr. 9 ♂[1]. Fragen wir
nun, was für Essen und Trinken verausgabt worden ist, so finden
wir folgendes: als die Kramermeister erwählt wurden und die
ganze Innung zusammen war, für Bier und Getränke 6 gr.; als
wir zusammen waren und einige neue Gewerken beschickten, die
Innung zu gewinnen und anzunehmen, wie solches auch geschah,
ausgegeben 3 gr.; als wir zweimal zusammen waren, vertrunken
3 gr.; noch haben wir vertrunken 1 gr. 8 ♂; ferner: den Weibern
zur Vigil auf Weihfasten nach Pfingsten für Fleisch, Bier, Brot

---

[1] Der Gulden hat 21 Groschen, der Groschen 12 Pfennig. Der Verf.
berechnet die Ausgabe auf 17 fl. 37 gr. 33 ♂.

und anderes Zubehör 1 fl. 4 gr.; den Weibern zur Vigil nach
Inventio Crucis für Fleisch, Brot, Bier und anderes 1 fl. — gr.
1 ♂; den Weibern zur Vigil nach Lucia für Eier, Käse, Butter,
Fische u. s. w. 1 fl. 5 gr. 7 ♂; den Weibern zur Vigil auf Weihfasten nach Invocavit für Fische, Brot, Heringe und Bier 1 fl.
19 gr.; insgesamt 6 fl. — gr. 4 ♂, beziehentlich bei 5 Zusammen-
künften in der Innung vertrunken 13 gr. 8 ♂ und bei den vier
Quatember-Mahlzeiten der Weiber verzehrt 5 fl. 7 gr. 9 ♂.
Wesentlich wohl mit Rücksicht auf diese Quatember-Mahlzeiten
soll nach der älteren Ordnung jeder Innungsbruder ein Jahr-
oder Quatembergeld bezahlen, das nach der jüngeren Ordnung
2 Groschen oder viermal 6 Pfennig beträgt. Da nun 1515—
1516 an Quatembergeld unter Abzug eines rückständig gewesenen Guldens und mit Einrechnung restierender 6 Pfennige
4 fl. 2 gr. eingenommen werden, so ergiebt das, den Beitrag zu
2 Groschen berechnet, nur 43, den Beitrag zu 1 Groschen gerechnet, aber 86 Mitglieder, nämlich 81, die nach meiner Annahme bei Anlage des neuen Buchs vorhanden sind, und 5 im
weiteren Verlauf des Jahres 1515 hinzugekommene (S. 117). Die
von diesen 86 zur Innungssitzung erschienenen Mitglieder ver-
trinken bei der Wahl neuer Kramermeister zusammen 6 Groschen
oder 72 Pfennige, wofür man, da die Kanne Bier 1543—1545
fünf Pfennig kostete (S. 144) und im Jahre 1515 etwas billiger
gewesen sein mag, etwa 18 Kannen wird gekauft haben können,
ihre Frauen und die aufserdem vorhandenen 19 Witwen ver-
zehren bei 4 Quatember-Mahlzeiten zusammen 5 fl. 7 gr. 8 ♂,
und dabei spricht der Verfasser von »Nachtzechereien« und behauptet, die Worte »fresserey und swelgung« seien »wahrlich
die einzig richtigen Bezeichnungen«, weil jene kleinen Ausgaben
seiner Rechnung nach fast 33⅓ Prozent der Gesamtausgabe
ausmachen! Wesentlich anders steht es allerdings mit der in ihrer
Verworrenheit freilich schwer verständlichen Rechnung von 1574—
1577, obgleich sie zu einem Urteil, wie es der Verfasser fällt, in
keiner Weise berechtigt. An Kassenbestand erhalten die Kramermeister 216 fl. 3 gr. 10 ♂ (S. 154), mit Einschlufs dieser Summe
nehmen sie ein 822 fl. 13 gr. (S. 157) und 50 fl. (S. 156), zusammen 872 fl. 13 gr.; die Ausgaben betragen 323 fl. 8 gr. 3 ♂
(S. 159); mithin haben sie — abgesehen von rückständigen

Beiträgen der Mitglieder im Betrage von 71 fl. 14 ß — ₰ (S. 160) oder nach anderer Angabe von 68 fl. 10 ß 6 ₰ (S. 162) und von rückständigen Zinsen im Betrage von 191 fl. 10 ß 6 ₰ (S. 160,162) — einen Überschuſs von 549 fl. 4 gr. 9 ₰ (S. 159) oder nach Abzug des übernommenen Kassenbestandes von 333 fl. — gr. 11 ₰; von dem Gesamtüberschuſs belegen sie zinstragend 300, 100 und 50, zusammen 450 fl. (S. 161) und überliefern deshalb ihren Nachfolgern an barem Gelde nur 90 fl. (S. 162, statt 99 fl. 4 gr. 9 ₰), haben aber das Kapitalvermögen von 1115 auf 1565 fl. erhöht (S. 161, 162). Unter den Ausgaben finden sich nun folgende Posten: für Bier, als die Rechnung durchgesehen und sonst notwendiges besorgt wurde, 8 gr.; für Bier zu verschiedenen Zeiten, als man zusammen war, 1 fl. 15 gr. 3 ₰; als M. Heidenreich vorgefordert wurde, 1 gr.; als Guldemann dreimal vorgefordert wurde, 3 gr.; das Kramerbier, so anno 1574 getrunken, kostet in allem 147 fl. 9 gr. (S. 158—159). Die Umwandelung der vier Quatember-Mahlzeiten in ein Kramerbier beruht darauf, daſs die Innung einer Eingabe an den Rat zufolge, die vom Verfasser aus dem Jahre 1500 datiert wird (S. 59), ohne Zweifel aber erheblich späteren Ursprungs ist, den Beschluſs gefaſst hatte, die Quatember-Mahlzeiten der Weiber abzuschaffen und dafür jährlich einmal, am Pfingstdienstag, ein Faſs guten Biers von gemeiner Kasse wegen aufzulegen, wozu jeder Gewerk, der Lust dazu habe, mit seinem Weibe kommen und sein Essen mitbringen möge, um in Zucht und Frieden und guter brüderlicher Freundschaft mit einander zu trinken und fröhlich zu sein, bis das Faſs geleert sei, worauf dann jeder nach seinem Belieben entweder auf eigene Rechnung weiter trinken oder heimgehen könne. Wann diese Umwandelung erfolgte, läſst sich aus den vereinzelten Rechnungen natürlich nicht ermitteln, doch seien folgende Ausgaben notiert: 1557 für Essen 36 fl. 19 gr. 2 ₰, im Bierkeller für 4 Dreiling Bier 52 fl., für Wein 3 fl. (S. 146); 1564—1565 für 2 Dreiling Torgauschen Biers 26 fl. (S. 150); 1565—1566 für Essen und Bier 25 fl. 4 ß 6 ₰ (S. 152). Die letzte Rechnung nennt zwar nur das anno 1574, meint aber das in der ganzen Verwaltungsperiode getrunkene Kramerbier. Da diese Periode vom 4. Febr. 1574 bis zum 8. Juli 1577 reicht, so erstreckt sie sich über vier Pfingstdienstage,

und wenn an diesen zusammen 147 fl. 9 gr. vertrunken werden,
so kommen auf jeden durchschnittlich 36 fl. 18 gr., d. i. der Preis
von 3 Dreilingen oder einem Fafs Torgauschen Biers, was der
angeführten Eingabe von angeblich 1500 völlig entspricht. Als
für die Jahre 1575 und 1576 erhobenes Quartalgeld werden
19 fl. 13 gr. 4 ♂ angegeben (S. 157); das entspricht, wenn man
ein Jahrgeld von 2 Groschen annimmt, einer Mitgliederzahl von
103 Personen, also genau derjenigen, die uns erwähntermafsen
für das Jahr 1588 urkundlich angegeben wird. Dafs diese 103
Personen, wenn sie sich einmal im Jahr zur Pfingstzeit auf
Innungskosten gütlich thun konnten, mit ihren Frauen zusammen
zu dem mitgebrachten Essen ein Fafs Bier austranken, das
6 Eimer enthielt (S. 61), erfordert doch eine andere Beleuchtung,
als ihr der Verfasser auf Grund des Umstandes, dafs die Kosten
nach seiner Rechnung fast 50 Prozent der Gesamtausgabe ausmachen, zu teil werden läfst. War es ihm aber darum zu thun,
»die Sprache, welche jenes ehrwürdige Buch redet, zu neuem
Leben zu erwecken, um den Geschlechtern der Gegenwart und
der Zukunft von den rührigen Ahnen, von den Förderern des
Leipziger Handels und von den Leipziger Bethätigern regen
Handelsfleifses zu künden« (S. 10), so hatte er nicht einen solchen,
ich darf wohl sagen Mifsbrauch von der Statistik zu machen,
sondern sich in diese Sprache mit ganzer Hingebung zu ver-
senken, um sie, wenn auch nicht volltönend und wohllautend,
so doch nach Möglichkeit richtig und verständlich wiederklingen
lassen zu können.

Von besonderem Interesse sind die beiden Wage-Tafeln,
von denen die ältere, wie erwähnt, auf dem oberen Deckelblatt
unsers Kramersbuchs sich findende das Quantum angiebt, unter
dem ein Gast dem andern nicht verkaufen darf, während die
jüngere im zweitältesten Kramerbuche aufbewahrt, daneben auch
das Quantum bestimmt, von welchem an der Verkauf des Gastes
an den Bürger erlaubt ist. Der Erläuterung des Inhalts dieser
Tafeln ist Kap. VI: Die Organisation des Handels
(S. 63—99) gewidmet, in welchem 1. Der Gästehandel und der
Wiegezwang (!) und 2. Die Waren einer Besprechung unterzogen
werden. — Jede Tafel zählt 57 Artikel auf, doch fehlen von
den auf der ersten genannten auf der zweiten: ein unlesbarer,

der »by ganczen toppen« verkauft werden soll, Mechelnsche
Hasen, englische Hasen, Mützen, goldene Borten, Reinfal,
Brabanter Tuch und die Unterscheidung zwischen geringem und
gutem Kirsei, während neu hinzukommen: Mechelnsches Tuch,
Bombasin, Zwillich, Laubfeigen, Rosinen und kleine Rosinen,
Welschwein und Malvasier. — Der unlesbare Artikel der ersten
wird Rosinen sein, deren ein Gast dem andern nicht unter einem
»topf« verkaufen soll, obgleich diese dann zwischen Fischen und
Zeugen an etwas wunderlicher Stelle stehen; ein Buchstabe des
unleserlichen Wortes ist aber als .o. unverkennbar und wie auf
der ersten Tafel vor den Fischen: Feigen, Mandeln oder Reis
stehen, so folgen auf der zweiten nach Feigen, Mandeln oder
Reis: »laupfeigen«, »1 topf rosin« und »kleine rosin«. Die beste
Art der Rosinen sind bekanntlich die Topfrosinen, die nach
Schedel (Waaren-Lexikon 2, S. 351) in heifser Mittagssonne gelesen und in vorher verkalkte und sofort verkittete Töpfe gelegt
und zu solchen Töpfen von 1 Arroba oder 25 Pfund spanisch
im Gewicht verhandelt werden. Der Gast darf dem Bürger nicht
unter 3 Pfund Topfrosinen verkaufen, während er von den kleinen
Rosinen an einen andern Gast 10 Pfund und einem Bürger
2 Pfund ablassen darf. Laubfeigen kommen nach Nemnich
(Neues Waaren-Lexikon 1, S. 898) ebenso wie die Rosmarinfeigen
aus Tirol; das einzuhaltende Quantum ist bei Feigen beziehentlich 1 Korb und 5 Pfund, bei Laubfeigen ¹/₂ Stein und 5 Pfund.
Bei Mandeln und Reis ist das Verkaufsquantum nach der
älteren Ordnung ¹/₂ Hundert, nach der jüngeren ¹/₂ Stein und
5 Pfund. Zwillich und Drillich nennt die jüngere Rolle
nebeneinander; das Verkaufsminimum des Drillichs ist nach der
älteren Rolle 2 Stücke, nach der jüngeren 2 Stücke dem Gast,
1 Stück dem Bürger gegenüber, während dasjenige des Zwillichs
für Gast und Bürger 1 Stück ist. Für diese Artikel wäre mir
nähere Auskunft erwünscht gewesen, da zwar Nemnich (1, Sp. 233
Drell und Zwilch (1, Sp. 1302) unterscheidet, Schedel und Thon
aber beide Ausdrücke für denselben Gegenstand gebrauchen und
Leipziger Zwillige auch in Norddeutschland wohlbekannt waren
(Hans. Geschbl. 1899, S. 195). — Von den aufgezählten Fischen
nenne ich zunächst den mir bisher unbekannt gewesenen Zahl-
fisch. Man kann zweifeln, ob auf der älteren Tafel: czalvisch

oder: halvisch zu lesen sei (vgl. S. 73), aber der Verfasser hat
sich, wohl wegen der hier deutlicheren jüngeren Ordnung, mit
Recht für die erstere entschieden. Der Erklärungsmöglichkeiten
stellt er vier auf, entweder 1. im Unterschiede von den gedörrten
Fischen gesalzene, oder 2. Seeforellen, die in manchen (welchen?)
Gegenden Zalfische heifsen, oder 3. Schollen oder aber 4. Rapfe,
die in Preufsen Zalat genannt werden (Beleg?). Von diesen
Möglichkeiten sind die erste und die vierte aus sprachlichen
Gründen, die zweite der Mengenangabe wegen auszuscheiden.
Die dritte beruht darauf, dafs die mir nicht zugängliche »Allgemeine Schatz-Kammer der Kauffmannschafft« die Worterklärung
enthält: »Zahl werden 110 Platteifs oder Halb-Fische genannt«.
Bei Schiller-Lübben 4, S. 506—507 heifst es: »12 styge (240)
schollen is eyn tall schollen«, »twe par (4) schollen het eyn
worp, 60 worp (240) maket eyn tall«, wie auch ferner: »9 tael
herynghe dat is dusent ind achentich«, also 1 tael = 120;
darauf beruht Feits Erklärung im Hans. U.-B. 3, S. 576: (de
numero brismarum, qui dicitur tal) »eine bestimmte Zahl, 120
oder 240«. Es werden also Fische verschiedener Art nach
Zahl verkauft und je nach der Art ist die Zahl verschieden.
Da sich aber diese Handelsweise nach der »Schatzkammer«
gerade bei den Schollen festgesetzt zu haben scheint und die
besten Schollen nach Nemnich (1, Sp. 985) Zahlschollen genannt
werden, so scheint mir, dafs in der That unter »czalvisch« die
Scholle zu verstehen sei, obgleich das den Gästen gegenüber
einzuhaltende Verkaufsminimum nach der älteren Ordnung auf
2 Hundert, nach der jüngeren auf 4 Hundert, bestimmt wird.
Der Verkauf an Bürger ist hier und bei den übrigen Fischen
nicht beschränkt, sondern denen darf der Gast verkaufen, »wie
vil dieselbigen burger bedurfen, vil oder wenig«. — Auch für
»Prusch visch« wird das Quantum in der jüngeren Ordnung
erhöht, von 1 Hundert auf 2 Hundert; des Verf.s Erklärung:
preufsischer Stockfisch trifft sicher das Richtige. — Für den
Bergerfisch ist das Quantum nach beiden Ordnungen ¹⁄₂ Hundert;
der Verf. meint (S. 76—77) die Angabe von Bruns (Die Lübecker
Bergenfahrer und ihre Chronistik S. LXX): »Stockfisch oder Bergerfisch« dahin berichtigen zu können, dafs unter dem Namen von
Bergerfischen auch andere Fische in den Handel kamen; wenn

er sich für diese vermeintliche Berichtigung aber darauf beruft, dafs sich nach Hirsch (Handels- und Gewerbsgesch. Danzigs S. 154 Anm. 418) unter der Ladung, welche der Fischer (l.: Schiffer) Johann Gast 1423 aus Bergen nach Danzig brachte, als Bergerfische auch Öre befanden, so ist ihm zu entgegnen, dafs die gesperrt gedruckten Worte ihn selbst, nicht Hirsch zum Autor haben, indem Hirsch statt ihrer: »als Fischarten« sagt und die quellenmäfsige Unterscheidung durch die Bemerkung andeutet: »im Ganzen 80 Centner Fisch und 10 last ore, gerekent an gelde 900 mr.«[1]. — Das Verkaufsquantum für »lebenvisch« oder »loben« ist nach beiden Ordnungen 1 Viertel. Der Verf. hätte nicht nötig gehabt, die Erklärungsmöglichkeit »lebende Fische« erst anzuführen, um sie sodann abzuweisen, und von der Wahrscheinlichkeit der Identität der beiden Bezeichnungen zu reden, wenn er, wie oben geschehen, das Resultat einer Vergleichung des Gesamtinhalts der beiden Ordnungen seiner Besprechung der einzelnen Artikel vorangestellt hätte. Befremdend ist seine Bemerkung, dafs das Viertel als Viertelcentner zu verstehen sei, da doch Zahlfische, preufsische Fische und Berger Fische nicht nach Centnern, sondern nach Hunderten gehandelt werden und er vorher (S. 76) behauptet: »Unter »hundirt« sind in unsern Tafeln bei den Fischen 100 Pfund bezw. Stück gemeint«. Sicher ist, dafs Lobben ebenso gehandelt wurden, wie die drei andern Fischsorten, und dafs folglich nicht Centner, sondern Hundert ergänzt werden mufs. Hundert bedeutet aber schwerlich weder 100 Pfund, noch, wie man nach häufigem Sprachgebrauch (s. z. B. Feit im Hans. U.-B. 3, S. 543 unter centum) denken könnte, ein Centner, hier natürlich ein Leipziger Centner, das »Kramgewicht« von 110 Leipziger Pfund (S. 79 Anm. 174), sondern wahrscheinlich 100 Stück. Die Einfuhr des Bergerfischs, also auch der Lobben, geschah in Ballen; nach einer Verordnung von 1477 (Bruns S. LXXIV) sollte ein Ballen von 150 gemeinen Lobben 24 Lispfund = 336 Pfund, nach einem Lübecker Tarif von 1540 (Bruns a. a. O.) 18 Lispfund = 252 Pfund Lübisch, das Stück also durchschnittlich 2,24, bezw. 1,68 Pfund Lübisch wiegen, während für Königslobben ein Durchschnittsgewicht von

---

[1] S. jetzt H.-R. II, 1, S. 281—282.

bezw. 3,38 oder 2,99 Pfund Lübisch vorgeschrieben war. Bei
der Lübischen Ausfuhr handelte man Königslobben in Ballen
von 150, gemeine Lobben in solchen von 200 oder in sog.
Magdeburger Packung von 150, Rackfisch in Ballen von 200,
Lotfisch von 300, Halbwachsen von 400 Stück. In solchen
Ballen kam der Bergerfisch, wie sich aus einem Schreiben Strafsburgs an Frankfurt v. J. 1462 ergiebt, auch nach Süddeutschland, denn durch betrügerische Umwandelung von Rackfisch in
Lobbenfisch (bei Magdeburger Packung) konnte ein halbes hundert,
von Lotfisch in Rackfisch oder von Halbwachsen in Lotfisch aber
ein ganzes hundert Fische gewonnen werden. Wenn dagegen
Hirsch (S. 246, 247) angiebt, in Danzig seien die Bergerfische
nach Hunderten, die Helaischen und Kurischen Stock- oder
Flackfische nach Hunderten und Schocken gehandelt und beide
Male die Hunderte als Centner erklärt, so scheint mir letzteres
in Frage gezogen werden zu müssen. — Von Neunaugen
müssen nach der älteren Ordnung wenigstens für 1 Schock
Groschen verkauft werden, während die jüngere ein Verkaufsminimum von 3 Schock = 180 Stück bestimmt; könnte, was
aber wohl schwerlich der Fall, der vom Verf. angegebene Preis
des Schocks Neunaugen zu 10 Groschen mit Sicherheit als für
die ältere Ordnung geltend angesehen werden, so würde hier
eine Herabminderung des Verkaufsminimums von 6 Schock auf
die Hälfte vorliegen. — Für »spirlinge« oder »spirall« wird
bestimmt, dafs man wenigstens für ein halbes Schock oder halbes
neues Schock Groschen verkaufen müsse. Unter Berufung auf
Gesners Historia Animalium erklärt der Verf. diese Fische für
Sprotten; aber Sprotte (oder Breitling) und Spirling sind verschieden, jene ist clupea sprattus, dieser cyprinus aphia (Mnd.
Wb. 4, S. 329; Feit im Hans. U.-B. 3, S. 574). — Heringe
(clupea harengus) gehören nicht zu den Waren, die nur von
einem bestimmten Quantum an vom Gast verkauft werden dürfen.
Die jüngere Ordnung sagt nur, dafs ein Gast, der von einem
andern Gast oder einem Bürger Heringe, Fische, Honig oder
sonstige Kaufmannschaft, was es auch sei, in Leipzig kaufen
würde, sie dort nicht wieder verkaufen solle bei Strafe von
10 neuen Schock Groschen. — Diese Probe wird genügen, um
von der Bedeutung der Tafeln und von der Mannigfaltigkeit der

Waren, welche nach der älteren »dy Nuremberger und ander fromde koufleute«, nach der jüngeren »alle frombde, auslendische kaufleute«, die nicht burger sind«, auf den Leipziger Markt bringen, eine Vorstellung zu geben. Die Gerechtigkeit erfordert aber, es ausdrücklich anzuerkennen, dafs der Verfasser gerade auf diesem Gebiete nicht nur ernsten Fleifs und reiche Kenntnisse bekundet, sondern auch mit seinen Erklärungen meistens das Richtige trifft und manches Neue beibringt, was man anzunehmen oder doch in ernstere Erwägung zu ziehen hat.

———

DAS HANDLUNGSBUCH VON HERMANN UND JOHANN WITTENBORG.

Herausgegeben von Dr. Carl Mollwo, Sekretär der Handelskammer in Lübeck. Leipzig, Dyksche Buchhandlung, 1901. LXXIX u. 103 S. mit einem nicht paginierten Vorwort in 8.

VON

KARL KOPPMANN.

Ein im Staatsarchiv zu Lübeck im Jahre 1895 durch Herrn Staatsarchivar Dr. Paul Hasse aufgefundenes Handlungsbuch ist von dem vor 1338 März 29 gestorbenen Kaufmann Hermann Wittenborg angelegt und später von seinem Sohne, dem durch sein tragisches Ende allgemein bekannten Bürgermeister Johann Wittenborg geführt worden. Von den bisher veröffentlichten Handlungsbüchern Deutschlands ist es das älteste, wenn es auch, wie wir gelegentlich (S. XXXVIII) durch den Herausgeber erfahren, unter den in Lübeck erhaltenen erst an zweiter Stelle steht, da ein »wahrscheinlich von Johann Klingenberg« herrührendes Buch »Nachrichten über Haushaltsausgaben und kaufmännische Geschäfte aus den Jahren 1331—1336« enthält. Von den früher veröffentlichten des Rostockers Johann Tölner und des Hamburgers Vicko von Geldersen unterscheidet es sich infolge des Umstandes, »dafs jene beiden bedeutende Detaillisten waren... während Wittenborg im vollsten Umfang des Begriffs als Grofshändler zu bezeichnen ist« (S. LXVI), sehr wesentlich. Für den Entschlufs, ein Buch von solcher Bedeutung der wissenschaftlichen Benutzung zugänglich zu machen, gebührt dem Herausgeber voller Dank.

Die Edition unterscheidet: I. Das Handlungsbuch Hermann Wittenborgs (S. 1—9) und II. Handlungsbuch des Johann Wittenborg (S. 12—54), daneben:

Anmerkungen zu I (S. 10—11) und Anmerkungen zu II (S. 55—
65). Die Trennung der Anmerkungen vom Text begründet der
Herausgeber im Vorwort mit der Meinung, »dafs es für den
richtigen Eindruck eines solchen Handlungsbuches von Wert sein
werde, den Text nicht mit Anmerkungen zu beschweren«. Was
man aber bei einer darstellenden Arbeit als Geschmackssache gelten
lassen mufs, ist bei einer Edition meiner Meinung nach von einem
andern Standpunkt aus zu beurteilen. Deren vornehmste Aufgabe
sind und bleiben Zuverlässigkeit und Verständlichkeit: einesteils
Bemerkungen über Schreibfehler, Korrekturen, Auslassungen,
Tilgungen und Zusätze der Schreiber, Undeutlichkeit und Lücken-
haftigkeit des Geschriebenen, andernteils Leseanweisungen und
Ergänzungsvorschläge, wie auch Datumsreduktionen müssen unmittelbar beim Text gegeben, nicht erst durch zeitraubendes
Blättern ermittelt werden, und erst recht verdriefslich für den Be-
nutzer ist es, wenn er beim Nachschlagen nur einen Hinweis
auf eine andere Stelle findet, die er nun erst aufsuchen mufs
und kann. Kurz, wie die in Rede stehenden Anmerkungen mit
wenigen Ausnahmen sind, einzeilig oder nur aus 1—3 Wörtern
bestehend, würden sie den Text wenig beschwert haben, namentlich dann, wenn ein nicht unerheblicher Bruchteil dahin gewiesen
worden wäre, wohin er gehört, ins Sachregister. — Des weitern
umfafst die Edition vier verschiedene Arten von Beilagen:
III. Briefe (S. 66—67), drei an der Zahl, alle an Johann
Wittenborg gerichtet; IV. Oberstadtbucheintragungen
(S. 68—75, §§ 1—35); V. Auszüge aus dem Niederstadtbuch (S. 76—86, §§ 1—84) und VI. Testamente
(S. 87—93), unter welchem Rubrum auch eine Schuldverschreibung
(7) und zwei Vollmachten (6, 8) mitgeteilt werden. — In betreff
der vom Herausgeber gewählten Interpunktion wird man vielfach von ihm abzuweichen Anlafs finden, wenn auch anzuerkennen ist, dafs bei Eintragungen dieser Art die Bezeichnung
der Satzgliederung häufig sehr schwierig und eine volle Kon-
sequenz geradezu unmöglich ist. Der Text leidet an häufigen
Druckfehlern; die Lesart ist deswegen und bei dem bösen Latein
und der willkürlichen Schreibweite der Schreiber vielfach unsicher;
zuweilen liegt auch wohl ein Versehen des Herausgebers vor. —
Von dem Register (S. 94—103) ordnet das Personenregister

den Stoff nach Familiennamen, stellt aber, was doch nur das Auffinden erschwert, die Vornamen voran; einzelnes ist ausgelassen. Das Sachregister läfst in Bezug auf Vollständigkeit und Richtigkeit vieles zu wünschen: *affram* ist gewifs nicht Safran, *amen* nicht emendare, sondern aichen, *budel* nicht Pelzwerk oder Leder, sondern Beutel; *crosen* ist Dativform von crose, Krüge; *cogel* steht fälschlich für cogelenvoder, *Groft* für graft, *Guldel* für Gulden; das fehlende *litmatenlicht* (II, 88) ist nicht in lichamlicht zu ändern, sondern bedeutet Mitglieder-, Mitbruderlicht; *halfstoveken* steht für half stoveken, *Kalk* für sparkallic (s. Mnd. Wb. 4, S. 305); *lobbe* hätte einfach als eingravierter Stockfisch (auf einem Fingerring) erklärt werden sollen, nicht als kranzförmige Erhöhung vielleicht eines Siegelringes mit eingraviertem Stockfisch, »wie ihn später die Bergenfahrer im Wappen führten, deren Schütting auch als Lobben bezeichnet wird«; *to papenkive* steht nur II, 229, während es II, 257 *to kiv* heifst und wenn auch »Fastenspeise« nicht pafst, so war doch nicht ohne weiteres: Kebse, Pfaffenkebse zu erklären, sondern die Bedeutung: Speise beizubehalten und etwa an: Kostgeld eines Geistlichen zu denken; unter Pelzwerk steht fälschlich *wannes* für wunnes; das für 9 Gulden für eine Vikarie gekaufte *preprement* ist unmöglich Pfefferminz (!), wahrscheinlich entstelltes parament; *rogele* für rogelen, Chorrock, wird nicht erklärt; die Erklärung für *schats*, Becher mit einem Fufs bedarf, da durch den Hinweis auf Schiller-Lübben schlechterdings nichts gewonnen wird, einer Begründung, um nicht für willkürlich zu gelten; *stakensnider* wird durch die Bemerkung, dafs es eine Verordnung für Drechsler und Schachtschneider giebt, nicht erläutert; *sten*, ein Gewicht, sagt nicht genug; bei talia, »ein (!) Steuer. II, 207 = scot, Schofs«, hätte das letztere genügt; in II, 345 ist nicht von *Trinkgeld*, sondern von Weinkauf (dar moste ic to gheven 1 stoveken wines to drinkende) die Rede; *tunnen* sind natürlich Tonnen, nicht »Kabeljau (!)«; *Vatergeld* (!) steht für Gevattergeld; *wrach* steht für wagenschotes wrach und wird unter Hinweis auf »Hans. U.-B. III. Gl. s. v. Wrak und Schrader, Die Deutschen und das Meer, S. 42« als »aus Schiffbruch gerettet« erklärt (!). Dafs das so häufig vorkommende *beweren* nicht verzeichnet ist, begreife ich kaum.

Die Einleitung ist von sehr verschiedenem Wert.

Nach § I, Familie und politische Thätigkeit
Johann Wittenborgs (S. I—XXXIII) war der spätere
Bürgermeister der Sohn eines Hermann Wittenborg, der 1310
mit Johann von Dülmen zusammen ein Haus kauft, dessen
volles Eigentum er 1318 erwirbt (S. 68 §§ 1, 3), und 1337
Juni 15 zuletzt vorkommt (S. 79 § 32), während 1338 März
29 seine Ehefrau Margarethe Grope als Witwe bezeichnet wird
(S. 69 § 9). Der Verf. vermutet (S. III), dafs Hermann, obwohl Träger des Namens Wittenborg seit 1227 in Lübeck in
grofser Zahl vorkommen, aus der meklenburgischen Stadt Wittenburg dorthin eingewandert sei, weil eine Alheid, Gerhard Lur-
leys Wittwe, die als solche 1331 in Lübeck zuerst nachweisbar
ist (S. 87 Nr. 1) und ihrem Testament von 1344 zufolge (S. 87
bis 89 Nr. 2) in nahen Beziehungen zu Meklenburg und insbesondere auch zu Wittenburg stand, eine der Schwestern eines
Hermann Wittenborg war (S. 69 § 6, 87—89 Nr. 2) und mit
ihrer Schwester Windele zusammen 1334 ein Haus verkaufte,
das der Bruder 1318 käuflich erworben hatte (S. 69 § 6, 68
§ 2); aber die Identität dieses Hermann mit unserm Hermann,
der zur Unterscheidung von einem Namensvetter 1328 (S. 68
§ 4) bis 1332 (S. 76—77 §§ 3, 4, 7—9) als Hermannus major
bezeichnet wird, scheint mir weder erwiesen, noch wahrscheinlich,
da Alheid in ihrem Testament nur die Kinder ihres Bruders
Hinrich Parlin in Preetz und ihre Schwesterkinder in Wittenburg
bedenkt, nicht einen Sohn ihres Bruders Hermann, für den sie
doch ebenso wie für sich selbst im Kloster Rehna eine Memorie
stiftet. Noch weniger begründet sind die Hypothesen des Verf.
(S. 5), Johann Wittenborg, Hermanns Sohn, sei derjenige Johann Wittenborg, der 1333 unter Bürgschaft des Lambert Lange
das Bürgerrecht erwarb, sei demgemäfs zwölfjährig gewesen und
folglich 1321 geboren, denn erstens gab es mehrere Träger dieses
Namens, zweitens kann die Bestimmung des Lübischen Rechts,
nach welcher diejenigen über drei Monate in Lübeck sich aufhaltenden Personen, welche über zwölf Jahr alt seien und sich
in der Stadt nähren wollten, sich unmöglich auf einen Bürgers-
sohn beziehen, dessen Vater am Leben ist, und drittens tritt
unser Johann 1338 März 29 neben seiner Mutter unter der Bezeichnung »puer« auf (S. 69 § 9; vgl. S. 8 § 72). Noch ein-

mal im Jahre 1338 begegnen uns ›relicta et filius Hermanni
Wittenborch‹ (S. 70 § 10; vgl. S. 8 § 73) und im Jahre 1339
›Margaretha relicta et Henneco ejus filius‹ (S. 70 § 11; vgl.
S. 8 § 74). Auch noch im Jahre 1345 werden ›relicta et
filius Hermanni Wittenborch‹ zusammen genannt (S. 70 § 12),
doch kann diese Eintragung nicht mafsgebend sein, da sie auf
eine der angeführten früheren zurückgreift und von der Prosekution des ihnen nach dieser rentepflichtig gewordenen Hauses
redet. Für die Zwischenzeit beglaubigt uns das Niederstadtbuch
ein Schuldverhältnis von ›Hinricus Crumesse et Johannes Wittenborch‹ aus dem Jahre 1343 (S. 79 § 34) und der Verf. identifiziert den letzteren ohne weiteres mit unserm Johann
(S. XXXVIII); möglich, dafs er darin, obwohl uns eine Geschäftsverbindung desselben mit Hinrich Crumesse anderweitig
nicht bezeugt wird, das Richtige getroffen hat, da einesteils ein
älterer, ebenfalls Handelsgeschäfte treibender Johann Wittenborg,
der 1337 Juni 15 als Hermanns ›nepos‹ bezeichnet wird, wohl
derjenige ist, der 1338 November 1 bereits mit Hinterlassung
zweier Töchter verstorben war (S. 79 §§ 32, 33), andernteils
unser Johann sein Handlungsbuch mit der Nachricht über eine
Rente eröffnet, die er im Jahre 1343 bei der Stadt erworben
habe (S. 12 § 1). Zwischen 1339 und 1343 setzt der Verf.
demnach (S. VI) die letzten Nachrichten des ältern Handlungsbuchs (S. 9 §§ 83—87), die sich auf eine Reise Johanns mit einem
Knechte nach Flandern und einen offenbar längern Aufenthalt daselbst beziehen; um diesen aber als ›seine Lehrzeit im Ausland‹
zu bezeichnen, fehlt jeder Anhalt. Am 1. September 1345 wird
Johann als ›gener domini Arnoldi Bardewik‹ bezeichnet (S. 70
§ 13); damals war er also sicher schon mit dessen Tochter
Elisabeth vermählt, der er bei seinem Tode zwei Söhne und
vier Töchter hinterliefs. Im Jahre 1350 in den Rat gewählt,
erlangte er die Bürgermeisterwürde im Jahre 1360. Über seine
Hinrichtung meint der Verf. (S. XV) aus dem Handlungsbuche
neues Licht gewinnen zu können.

Trotz der von den Hansestädten über Flandern verhängten
Handelssperre, die von 1358 Mai 1 bis 1360 Juni 24 dauerte,
habe Bürgermeister Johann Wittenborg, so argumentiert er
(S. XV—XVII), im Jahre 1359 ein Geschäft mit flämischen

Tuchen gemacht; Witteke Busch, dem er diese verkauft, sei ihm am 18. Januar 1361 von verschiedenen Geschäften her 599 ℳ 5 ℬ schuldig gewesen, die er ihm zu Weihnacht habe bezahlen sollen (S. 85 § 72); vermutlich sei aber Busch inzwischen zahlungsunfähig geworden, bei der gerichtlichen Regulierung seiner Schulden sei das mit Johann Wittenborg im Jahre 1359 geschlossene Geschäft zu Tage getreten und dieses Vergehen des Bürgermeisters habe bei seiner durch den dänischen Krieg erschütterten Position zu seiner Hinrichtung geführt! Schon zu einer solchen Hypothese gehört die Kühnheit, sich über alles, was aus dem politischen und Rechtsleben unserer Städte während des Mittelalters bekannt ist, bewußt oder unbewußt hinwegzusetzen. Fragt man aber, wie es sich denn des Näheren mit der Sache verhalte, die geeignet gewesen sein soll, Johann Wittenborg »den Hals zu brechen« (S. XVI), und schlägt die angeführten Belegstellen (»II, 341. Vielleicht auch II, 295«) auf, so findet man folgendes. Die letztere Stelle lautet: »Dat si wittellic, is, dat de Vlamesce reyse wederkumut, so hebbe ic Wittenborch mit Lawerse van der Borse 7¹/₂ punt grot; dat punt grot dat golt do 9 mr. Lub. den«; d. h.: als meine Geschäftsverbindung mit Laurenz von der Börse in Brügge durch die Verhängung der Handelssperre abgebrochen wurde, blieb er mir gegenüber mit 7¹/₂ Pfund Grote, deren Kurs damals auf 9 Mark Lübisch stand, in Rückstand, und wenn die Handelssperre wieder aufgehoben werden sollte, so wird unsere Geschäftsverbindung mit diesem meinem Guthaben von neuem beginnen. Der ersteren Eintragung zufolge verkauft aber Johann Wittenborg 1359 zwischen August 15 und September 8 an Willeke Busch für 114 Mark, die dieser (1360) Juli 25 bezahlen soll, 9¹/₂ kurze Löwensche Tuche, die von dem Ertrage des ihm und seinem Schwager Arnold Bardewik gehörigen Pelzwerks aus Dordrecht gekommen sind! Man meint, seinen Augen nicht trauen zu dürfen, denn, wenn auch ein geographischer Schnitzer dieser Art bei einer gleichgültigen Gelegenheit entschuldbar sein mag, so ist er doch als Grundlage der Bezichtigung Johann Wittenborgs, geschweige denn der auf dieser gebauten Hypothese, schlechterdings unverzeihlich.

Das Handlungsbuch (§ 2, S. XXXIV—XXXV) besteht aus 2 Lagen Papier, die ursprünglich bezw. 25 und 6 Doppelblätter enthielten, uns aber nur verstümmelt überkommen sind; in der ersten fehlen 13 (9, 32, 33, 39, 42—50), in der zweiten 2 Blätter (11, 12); im Ganzen sind also 47 (37 + 10) Blätter erhalten, die, da auf dem ersten nur Federproben stehen, in der Ausgabe als Bl. o—46 gezählt werden. Aufserdem findet sich noch ein eingelegtes Blatt, dessen Inhalt auf S. 54 mitgeteilt wird. In der ersten Lage enthalten Bl. 1a—6b die Aufzeichnungen Hermanns, während das übrige (Bl. 7a, 8a—36b) mit der ganzen zweiten Lage von den Aufzeichnungen seines Sohnes eingenommen wird.

Was die Schreiber der in den beiden Handlungsbüchern enthaltenen Eintragungen anlangt, so behauptet der Verf. in § 3, Die Buchführung (S. XXVII—XLVIII), dafs das jüngere »völlig der Feder von Johann Wittenborg« entstamme, während in dem ältern sechs verschiedene Hände zu unterscheiden seien: §§ 1—43 seien von Hermann Wittenborg geschrieben, §§ 44 bis 57 von drei Händen, wahrscheinlich denen der Brüder seiner Witwe, Alwin uud Nikolaus Grope, und vereinzelt dieser selbst, §§ 58—74 von der Witwe, §§ 75—81, jedoch nicht alle, von der Hand Johann Wittenborgs, §§ 82—87 von derjenigen eines Schreibers. Wären diese Angaben richtig, so hätten sich bei der Führung des ältern Buchs nicht nur Hermann Wittenborg, sein Sohn und seine beiden Schwäger, sondern auch seine Witwe Margaretha der lateinischen, der Schreiber aber der deutschen Sprache bedient: das möge glauben, wer Lust hat!

Die §§ 1—43, welche Hermanns Angelegenheiten betreffen, aber schwerlich von seiner Hand herrühren, beziehen sich nicht ausschliefslich auf Handelsgeschäfte, sondern auch auf mancherlei Renten, die er zu beziehen hat aus Burg auf Fehmarn (§§ 9, 10), aus Meklenburg (§§ 11, 21), insbesondere aus Wismar (§ 12), Tarnewitz (§§ 19, 26, 27, 31, 38) und Neschendorf (§§ 21, 41), aus Lensahn im Bistum Lübeck (§ 39) und aus der Stadt Lübeck (§ 28). Über einen Teil dieser Renten bewahrt er in seiner Kiste Urkunden (§§ 9—12, 21, 27), von denen zwei vollständig abgeschrieben sind (§§ 9, 12). Einen von der Stadt Ripen ausgestellten Schuldbrief haben seine Gesellschafter in Verwahrung (§§ 24, 32). Über ein Schuld·verhältnis, in dem drei seiner Geschäftsfreunde zu ihm stehen, hat jeder von diesen gleich ihm selbst einen Kerbbrief (cedulam unam ex ista exscisa[m]), der ebenfalls seinem Wortlaute nach in das Handlungsbuch eingetragen ist (§ 22). Wegen anderer Geschäftsverhältnisse bezieht er sich auf den liber civitatis, das Niederstadtbuch (§§ 13, 37). Jene beiden Rentenbriefe stammen aus den Jahren 1329 und 1331, der Kerbbrief aus dem Jahre 1332. Alle übrigen Eintragungen sind undatiert. — Von den in §§ 44—57 mitgeteilten Eintragungen bezieht sich eine (§ 50) auf Hermann, die übrigen wohl auf seine Witwe Margarethe. Auch in § 46 redet also vermutlich diese von einer Rente von 35 Mark, die sie für 700 Mark aus einer Schusterbude bezieht, von der aber »sorori mee« 5 Mark für 100 Mark zukommen; der Verf. entstellt diese Eintragung in der Angabe (S. IV), dafs Hermann diese Rente besessen und 5 Mark zur Verzinsung eines Kapitals verwandt habe, »das ihm eine seiner beiden Schwestern geliehen hatte«. — Die §§ 58—74 beziehen sich wohl sämtlich ebenfalls auf Margarethe. — Von den in §§ 75—86 wiedergegebenen Eintragungen geht wenigstens eine auf Hermann zurück und ist vermutlich von ihm selbst geschrieben; sie bezieht sich auf die oben (S. 190) erwähnte Auseinandersetzung mit Johann von Dülmen wegen des gemeinschaftlich gekauften Hauses (§ 76): »1318 Prosexsit (= Processi et) Martiriani do schede ic Hermen Wittenborch dit hus van Johan van Dulmen«. Auch in Betreff der die Kolonen in Lensahn berührenden §§ 77 bis 81 könnte man zunächst an Hermann denken. — Wenn wirklich etwas von Margarethe Grope eigenhändig eingetragen sein sollte, so wird dies bei §§ 82—87 der Fall sein. Ohne weiteres möchte ich jedoch auch das nicht einräumen, da ihre Schwiegertochter in ihrem Testament von 1367 Juli 22 ihren »scolaris« Nikolaus bedenkt (S. 91), vermutlich doch wohl einen Schüler, einen angehenden Kleriker, der ihr besorgen mufs, was schriftlich abzumachen ist.

Die alleinige Führung des jüngern Handlungsbuchs durch Johann Wittenborg ungeprüft gelten zu lassen, bin ich ebenso wenig geneigt. In vier Eintragungen (§§ 256, 290, 291, 301) bemerkt dieser ausdrücklich, er habe »dit sulven screven« [1], was

---

[1] Vgl. auch § 213: Dit hebe ic Wittenborch gescreven to ener dac-

doch überflüssig sein würde, wenn das ganze Buch von seiner Hand herrührte, und in § 184 berichtet ein Ungenannter, der aber doch nur Hermann Wittenborg sein kann, über das Malz, das er von 1335 November 18 bis 1336 nach Michaelis bei achtmaligem Brau von seinem Vorrat genommen hat, zur Winterzeit jedesmal 33, zur Sommerzeit jedesmal 29 Scheffel. — Die Eintragungen Johanns umfassen nach Angabe des Verfs. (S. XXXIX), soweit sie datiert sind, die Jahre 1346—1360, aber das letztere habe ich nicht gefunden, sondern als das späteste Datum 1359 vor September 29 (§ 343; vgl. § 346). Was die Zeitangaben des Buches anlangt, so wird deren Unordnung durch nachstehende Übersicht veranschaulicht. In der ersten Lage finden sich auf Bl. 7a ein Handelsgeschäft mit der Jahreszahl 1347 (§§ 2a, 3) und fünf Rentenvermerke mit den Jahreszahlen 1338 (§ 6), 1343 (§ 1), 1345 bezw. 1347 (§§ 1a, 2), 1351 (§§ 4, 5); auf Bl. 8a—36b folgen (abgesehen von dem bereits angeführten § 184) Handelsgeschäfte mit folgenden Jahreszahlen:

1340: § 56.
1343: § 1.
1344: § 93.
1346: § 8a.
1348: § 110.
1351: §§ 57, 61, 63, 84, 85.
1352: §§ 69—71, 86, 92, 101, 104.
1353: §§ 73, 78, 87, 91, 100, 103, 114, 120, 157.
1354: §§ 79, 82, 83, 115, 122, 124, 127, 131, 133—136.
1355: §§ 137, 142, 146, 147, 150, 165, 167, 168, 176, 177, 188, 213, 249.
1356: §§ 148, 151—155, 161, 170, 178—180, 187, 190, 197, 198, 205, 207.
1357: §§ 171, 173, 175, 195, 208—210, 214, 215, 217, 218, 223—225, 227, 231, 234—236, 242, 243, 250, 257—261, 271, 273.

---

tenisse in tokomenden tiden, dat it nicht undertogen werde unde oc nicht vergeten werde.

1358: §§ 216, 229, 230, 232, 238—241, 253—256, 266
bis 270, 274, 275, 278—283, 287, 290—292, 294, 298.

1359: §§ 296, 301.

In der zweiten Lage stehen ebenfalls Handelsgeschäfte mit
folgenden Jahreszahlen:

1358: §§ 302, 317, 318, 327.

1359: §§ 306, 309, 315, 326, 329, 340, 341, 343, 345
bis 348.

Auf dem losen Blatte endlich findet sich einmal die Jahreszahl
1350: § 2. — Von diesen Jahreszahlen muſs 1340 in § 56
auf einem Schreib- oder Druckfehler beruhen, denn § 110 redet
von demselben Geschäftsverhältnis mit der Jahreszahl 1348 und
das an beiden Stellen als »des stades scultboch« angezogene
Niederstadtbuch bezeugt zu 1348 Dezember 4 (S. 80 § 38),
daſs die betreffende Schuld zwar schon 1349 Juni 24 bezahlt
werden sollte, aber erst 1354 Juni 24 vollständig getilgt war;
da nun § 110 auſser der in §§ 56 und der in § 57 zu 1351
berichteten weitere Teilzahlungen aus den Jahren 1352—1354
aufzählt, so ist § 56 zwischen 1349 Juni 24 und 1351, § 110
vermutlich 1352 eingetragen und bis 1354 mit Nachträgen versehen worden. Die Jahreszahl 1344 in § 93 ist ebenfalls un-
richtig, denn die Eintragung bezieht sich auf die oben (S. 191)
angeführte Prosekution eines Hauses, die nach dem Oberstadt-
buch (S. 70 § 12) durch Margarethe Grope, bezw. durch sie
und ihren Sohn, im Jahre 1345 erfolgte, kann also keinenfalls
vor 1345, wird aber vermutlich erst später geschehen sein, da
ihr zufolge Johann Wittenborg schon der alleinige Besitzer des Hauses
war. Abgesehen von der ersten Eintragung, die, wenn die für
mich unkontrollierbare Jahreszahl 1343 richtig ist, aller Wahrscheinlichkeit nach später niedergeschrieben wurde, ergiebt sich
also als früheste Jahreszahl 1346 in § 8a, deren Richtigkeit dadurch erwiesen wird, daſs die undatierten Eintragungen §§ 10,
11 nach Ausweis des Niederstadtbuchs gleichfalls in diesem
Jahre, § 10 nach 1346 Juli 25 (S. 80 § 36) und vor 1346
Dezember 6, § 11 nach 1346 Juni 29 (S. 79 § 35) und vor
1347 Juni 24, geschehen sein müssen. Was der Verf. (S. XXXVIII)
anführt, um eine frühere Benutzung des Buches durch Johann
Wittenborg wahrscheinlich zu machen, ist nicht stichhaltig. —

Dafs dieser neben dem uns erhaltenen Handlungsbuche noch
andere Bücher gehabt habe, läfst sich nicht nachweisen, ist aber
dem Verf. gegenüber (S. XLIV) doch wohl anzunehmen. Das
chronologische Durcheinander scheint mir nur dadurch zu erklären, dafs neben den gleichzeitigen auch nachträgliche Eintragungen und zwar auf Grund anderer Buchungen gemacht
wurden. In § 181 bemerkt Wittenborg von dem Gewicht einer
Partie verkauften Wachses: »dat steyt ghescreven in miner elpen-
benes tafelen«; als »Beweismittel für die Verschuldung seiner
Geschäftsfreunde« diente ihm aber diese Tafel sicher ebenso
wenig, wie dem Kaufmann heutigen Tages etwa sein Notiz-
büchelchen oder eine im Kleinhandel gebrauchte Schiefertafel.

§ 4, Gesellschaften und Sendeve (S. XLIX—LXV),
ist wie der umfänglichste, so auch der wertvollste Teil der Einleitung. Rehme gegenüber, der bei den älteren Lübischen
Handelsgesellschaften [1] drei Arten unterscheidet, »die offene
Handelsgesellschaft«, bei der jeder Partner an Kapital und Arbeit
beteiligt ist, die »vera societas«, bei der beide Partner am
Kapital beteiligt sind, während nur einem von ihnen die Arbeit
obliegt und die »Sendeve-Gesellschaft«, bei welcher der eine
Partner das Kapital hergiebt und der andere die Arbeit ver-
richtet, gelangt der Verf. auf Grund des neuen Materials zu dem
in der Überschrift gekennzeichneten, wie mir scheint, richtigen
Ergebnis, dafs das Sendeve-Geschäft nicht als Handelsgesellschaft
aufzufassen sei, und dafs neben der »vera societas« eine andere
Art von Handelsgesellschaften existiert habe. Die Wichtigkeit
des Gegenstandes wird seine ausführliche Besprechung ent-
schuldigen.

Von Handelsgesellschaften kommen, wenn wir unser
beiden Handlungsbücher reden lassen, folgende vor.

A. Die Partner schiefsen zu einem gemeinsamen Handelsgeschäft den gleichen Part ein und sind an Gewinn und Verlust
gleichmäfsig beteiligt. Nach I, 2 giebt Hermann Wittenborg
dem Thidemann Grope 50 Mark zu dessen 50 Mark »super
lucrum nostrorum amborum«. Bei einem Ertrage von 150 Mark

---

[1] Rehme, Die Lübecker Handelsgesellschaften in der ersten Hälfte des
14. Jahrhunderts (Zeitschr. für das gesamte Handelsrecht Bd. 42, S. 367—
410).

würde folglich jeder 25 Mark gewinnen, bei einem Ertrage von 75 Mark jeder 12¹/₂ Mark verlieren.

B. Die Partner schiefsen Parte von verschiedener Gröfse ein und sind an Gewinn und Verlust nach Verhältnis ihres Einschusses beteiligt. Nach I, 1 giebt Hermann dem Johann Bogener 80 Mark Silbers zu dessen 40 Mark Silbers »super veram societatem«. Bei einem Ertrage von 180 Mark würde Wittenborg 40, Bogener 20 Mark gewinnen, bei einem Ertrage von 90 Mark Wittenborg 20, Bogener 10 Mark verlieren.

C. Einer der Partner giebt aufser dem von ihm einzuschiefsenden Part eine Summe hin, die an Gewinn und Verlust nicht teilnimmt, ihm aber aus dem Ertrag vorweg zurückbezahlt werden mufs. Nach I, 5 giebt Hermann dem Nikolaus Grabow 80 Mark zu dessen 60 Mark und wird, wenn es zur Teilung kommt, 20 Mark vorwegnehmen. Bei einem Ertrage von 210 Mark gewinnt jeder 35 Mark, bei einem Ertrage von 105 Mark verliert jeder 17¹/₂ Mark. — Nach II, 3 giebt Johann Wittenborg seinem Knechte Berthold Wittenborg 5¹/₂ Mark zu dessen 5¹/₂ Mark »in kumpenighe« und aufserdem »boven de kumpenighe« 4¹/₂ Mark: »de scholen nicht winnen unde nicht vorlesen«; vermutlich ist der Ertrag 22¹/₂ Mark und jeder Partner gewinnt 3¹/₂ ₰; eine Fortsetzung dieser Eintragung besagt nämlich, dafs Johann dem Berthold 9 Mark zu dessen 9 Mark »in cumpenie up unser twier win« giebt (s. A); der Ertrag dieses zweiten Geschäfts ist vermutlich 24 Mark, sodafs jeder Partner 3 Mark gewinnt, denn nach einer weiteren Fortsetzung macht Berthold dem Hermann drei Teilzahlungen von je 4 Mark. — Diese Art der Gesellschaften unterscheidet sich von den beiden andern dadurch, dafs, während in jenen der das Geschäft betreibende Partner für seine Mühewaltung nicht entschädigt wird, hier des einen Partners Einschufs an Arbeitskraft ein über den eigentlichen Part hinausgehender, an Gewinn und Verlust nicht beteiligter, aus dem Ertrage vorwegzunehmender Kapitaleinschufs des andern Partners gegenüber steht. Wäre z. B. der Ertrag des ersten Geschäfts nur 10 Mark gewesen, so hätte jeder Partner 2³/₄ Mark verloren, und würde der Ertrag gar nur 4 Mark betragen haben, so hätte jeder Partner seinen vollen Einschufs verloren und Berthold wäre dem Hermann ¹/₂ Mark schuldig geworden. —

Über eine von drei Partnern geschlossene Handelsgesellschaft dieser Art geben uns die Eintragungen I, 15 und I, 25 Auskunft: Johann von Dulmen, Marquard Wittenborg und Hermann Wittenborg schiefsen jeder 300 Mark ein »in veram societatem super lucrum et periculum nostrorum trium«; aufserdem giebt Hermann weitere 100 Mark her, die er aus dem Ertrage vorweg nehmen wird; Marquard bezahlt für Hermann einer andern Person 100 Mark und giebt ihm selbst erst 200, dann 50 Mark; nunmehr wird Hermann, um sein eingeschossenes Kapital von 400 Mark zurückzubekommen, zunächst noch 50 Mark empfangen; alsdann behält er noch 150 Mark »in societate nostrorum trium«. Mit dem Gesamtkapital von 1000 wurde also ein Ertrag von 1450 Mark erzielt, von dem nach Zurückbezahlung der 100 Mark auf jeden Partner 450 Mark fielen, folglich ein Gewinn von 150 Mark.

D. Einer, der nur über seine Arbeitskraft zu verfügen hat, wird dadurch Partner eines andern, dafs er sich den von ihm einzuschiefsenden Part von diesem darleihen läfst. Nach II, 236 leiht Johann Wittenborg dem Berthold Wittenborg 10 Pfund Grote und giebt ihm dazu weitere 10 Pfund, sodafs sie nunmehr zusammen 20 Pfund »up unser twigher win unde vorlus« haben. Bei einem Ertrage von 30 Pfund gewinnt jeder Partner 5 Pfund, sodafs auf Hermann 25, auf Berthold 5 Pfund fallen; bei einem Ertrage von 15 Pfund verliert jeder Partner $2^1/_2$ Pfund, sodafs Hermann die 15 Pfund für sich nimmt und $2^1/_2$ Pfund von Berthold zu fordern hat. — Diese Art der Gesellschaften unterscheidet sich von der vorigen sehr wesentlich dadurch, dafs, wenn man auch bei beiden von einer Gegenleistung des einen Partners für die Arbeit des andern reden kann, doch durch dieselbe hier nicht neben dem eigentlichen Gesellschaftsvermögen ein an Gewinn und Verlust unbeteiligtes Extrakapital des ersteren, sondern ein Schuldverhältnis des letzteren zu ihm begründet wird, das den Charakter der zwischen ihnen geschlossenen Handelsgesellschaft nicht beeinflufst. — Auf drei Gesellschaften dieser Art, die sich unter den von ihm veröffentlichten Eintragungen des Niederstadtbuchs finden, hat schon Rehme (S. 381) aufmerksam gemacht: »A tenetur B in 75 mr. den., ad quas ei posuit idem B 75 mr. in societate« (Nr. 8); »A tenetur B in

32 mr. den., ad quas idem B·eidem A tradidit alias 32 mr. den. cum quibus scilicet 64 mr. simul computatis ipse A negociabitur in societate sub fortuna et eventu amborum« (Nr. 37): »A habet 10 mr. den. sibi a B mutuo traditas, ad quas ipse B sibi tradidit alias 10 mr. den., cum quibus negociabitur in societate, et lucrum equaliter dividere. Si vero A fortuna adversante totam hanc pecuniam perdiderit, nichilominus ipse debet B persolvere 10 mr. den.; si vero lucratus fuerit, extunc ipse B preanticipabit suas 20 mr. den. et lucrum, ut dictum est, equaliter dividere inter eos« (Nr. 28).

Die »offene Handelsgesellschaft«, die nach Rehme (S. 374) »in Lübeck (und vermutlich auch in dem übrigen Deutschland) jünger ist«, als die übrigen Handelsgesellschaften, kommt in unsern Handlungsbüchern nicht vor (S. LI). — Die »societas vera«, mnd. »wedderlegginge«, besteht (Rehme S. 369—371) aus dem Hinzulegen (contraponere, wedderleggen) eines Kapitals zu dem Kapital dessen, der die Geschäfte besorgen soll, oder (Mollwo S. LI—LII) darin, dafs zwei (oder mehrere) Leute ein Kapital zusammenschiefsen, mit dem einer von ihnen Handel treiben soll; das Risiko wird von beiden Partnern gemeinschaftlich nach Mafsgabe ihrer Einschüsse getragen, die am häufigsten in dem Verhältnis von 1 zu 1 (s. A), aber auch in dem von 2, 3, 10 zu 1 (s. B) oder von 3 zu 2, 4 zu 3 u. s. w. stehen. — Von der »societas vera« will der Verf. (S. LII—LIV) eine von ihm so genannte »societas« unterscheiden, die darin bestehe, »dafs der eine eine Einlage von Kapital, der andere von Arbeit machte und beide Gefahr und Gewinn gesellschaftsmäfsig nach feststehendem oder verabredetem Verhältnis teilten«, und die gewöhnlich so zu stande gekommen sei, »dafs der zweite Partner seinen fingirten Kapitalanteil am zu konstituierenden Gesellschaftsvermögen von dem ersten entlieh«; diese »societas« sei zwar häufig gewesen, komme aber bei den Wittenborgs nur zweimal vor: I, 6 und II, 236. Die erste dieser Stellen ist meiner Meinung nach aber nur ein Nachtrag zu der unter C angeführten Eintragung I, 5 und besagt wohl, dafs Hermann Wittenborg noch (adhuc), d. h. nach Vorwegnehmung seiner 20 Mark und nach Empfang des Hauptquantums seines Anteils am Ertrage, 10 Mark mit Nikolaus

Grabow »in societate« habe, vielleicht als seinen Anteil an dem
erzielten Gewinn, indem das Gesamtkapital von 140 Mark einen
Ertrag von 160 Mark gehabt hatte; von einer »societas« im
Sinne des Verf. ist hier jedenfalls nichts zu entdecken. Die
zweite Stelle habe ich unter D angeführt; in ihr ist nicht von
einem fingierten, sondern von einem wirklichen, dem einen
Partner von dem andern dargeliehenen Kapitalanteil die Rede.
Für das sonstige Vorkommen dieser »societas« beruft sich aber
der Verf. nicht auf die oben angeführten weiteren drei Stellen,
sondern (S. LIII Anm. 2) auf neun andere der von Rehme veröffentlichten Niederstadtbuch-Eintragungen. Diesen zufolge giebt
einer dem andern ein Kapital »ad dimidiam acquisicionem et
fortunam« (Nr. 10), »et lucrum dividend equaliter inter eos«
(Nr. 20), »sub amborum ipsorum eventu et fortuna« (Nr. 22),
»sub fortuna et eventu utriusque« (Nr. 40); ferner heifst es:
»medietatem lucri cum principali summa sibi tradita debet B
applicare« (Nr. 14), »restituet ipsas 4 marcas, et quicquid cum
hiis fuerit lucratum, equaliter dividend« (Nr. 18), »et medietatem
lucri cum sorte principali sibi presentabit« (Nr. 36); des weiteren:
»super eventu dicte domine negociabitur, et medietam partem
lucri sibi assignabit (Nr. 33); endlich: »ad utilitatem ipsorum
amborum«, für den Todesfall des die Geschäfte betreibenden
Partners aber heifst es zunächst vom andern: »800 aureos Lubi-
censes debet preanticipare et levare« und sodann: »quidquid inde
Deus lucro dederit, hoc ipsis ambobus pertinebit pari sorte,
dampnum autem si quod advenerit, ambo hoc idem equanimiter
sustinebunt; sic enim ambo presentes ad librum inter se bene-
vola concordabant voluntate«. Bei allen diesen Gesellschaften
schiefst der eine Partner das Kapital, der andere die Arbeit ein;
jener nimmt, was Nr. 14, 18, 36 gesagt und immer gemeint
sein wird, das eingeschossene Kapital vorweg; der Gewinn geht
immer zu gleichen Teilen; der Verlust fällt, was Nr. 33 gesagt
und immer der Fall gewesen sein wird, auf den Einschiefser des
Kapitals; bei der einzigen Gesellschaft dieser Art, bei welcher
beide Partner den Verlust tragen und folglich von einem fingierten
Kapitalanteil geredet werden kann, wird nicht nur, wie Rehme
(S. 388 Anm. 7) mit Recht bemerkt, durch den Satz: »sic ambo
inter se concordabant« auf eine Abweichung von dem Gewohn-

heitsrechte hingedeutet, sondern auch die ausdrückliche Bezeichnung »vera societas« gebraucht. Daſs diese Bezeichnung, wie Rehme (S. 372 Anm. 49) annimmt, nur auf einem Schreibfehler beruhe, ist wohl nicht glaublich, sondern durch die Beteiligung des Unternehmers am Verlust wird eine Handelsgesellschaft von eigentlich anderer Art der »vera societas« gleichartig, wird sie, könnte man sagen, eine »quasi-vera societas«. — Rehme (S. 372) faſst alle diese Gesellschaften als Sendeve-Gesellschaften auf. Diese Bezeichnung kommt aber nur in vier der von ihm veröffentlichten Eintragungen des Niederstadtbuchs vor: »A habet 118 mr. argenti sibi per B commissas in sendeve, B pertinentes« (Nr. 21); A einesteils und B und C andernteils haben je 28 Mark »in vera societate« und B giebt dem A »preter pecuniam pretactam 56 mr. den. sibi soli pertinentes, quas ducet ad sendeve« (Nr. 24); A hat 46, B 92 Mark Silbers »in vera societate« und B giebt dem A »specialiter 200 mr. puri argenti Lub. nomine sendeve ducendas per eundum« (Nr. 41); A und B haben »pariter« 196 Mark, von denen 98 Mark dem A allein gehörten »et negociantur in sendeve«, die andern 98 Mark »pertinent eis ambobus in vera societate« (Nr. 51). Die erste dieser Eintragungen enthält ein reines, jede der andern ein mit einer »vera societas« verbundenes Sendeve-Geschäft. Mit Recht bemerkt Mollwo (S. LV), aus diesen vier Eintragungen lasse sich mit Sicherheit nur das folgern, daſs das Sendeve-Geschäft von der »vera societas« verschieden war, und daſs das »in sendeve« gegebene Kapital im Eigentum des Gebers bleibe. Wenn er aber Rehme vorwirft, daſs er jene neun Eintragungen ohne weiteres für Sendeve-Geschäfte erklärt, so war er noch weniger berechtigt, sie als »societates« in seinem Sinne aufzufassen, denn die Beteiligung des Unternehmers am Verlust kommt, wie gesagt, nur einmal, bei der als »societas vera« bezeichneten Gesellschaft vor, während die übrigen Eintragungen von einer solchen nicht reden und eine ausdrücklich das Gegenteil besagt (Nr. 33). Quellenmäſsig kennen wir demnach:

1. »societas vera«: beiderseitige Kapitaleinlage unter gleichem oder verhältnismäſsigem Anteil an Gewinn und Verlust (A, B, D).

2. »sendeve«: einseitige Kapitaleinlage, die im Eigentum des Gebers bleibt (Rehme Nr. 21).

3. einseitige Kapitaleinlage unter einseitiger Tragung des Verlusts bei gleichem Anteil am Gewinn (Rehme Nr. 33).

4. einseitiger Kapitalzuschufs zur »societas vera«, der vom Geber vorweg genommen wird und entweder an Gewinn und Verlust nicht beteiligt ist (C), oder unter einseitiger Tragung des Verlustes bei gleichem Anteil am Gewinn (s. unten S. 206).

5. einseitiger Kapitalzuschufs zur »societas vera« »in sendeve« (Rehme Nr. 24, 41, 51).

Hält man mit Rehme 2 und 3 für identisch, so ergeben sich uns: »vera societas«, »sendeve« und »vera societas« in Verbindung mit »sendeve«. Hält man 2 und 3 mit Mollwo für nicht identisch, so mufs auch 4 von 5 unterschieden und eine weitere Art der Handelsgesellschaft angenommen werden, die sowohl allein, als auch in Verbindung mit der »vera societas« vorkam. Die Bezeichnung »societas« empfiehlt sich dafür um so weniger, als dieselbe quellenmäfsig in der gleichen Bedeutung wie »vera societas« gebraucht wird. Weniger irreführend wäre die Bezeichnung »quasi-societas«.

Was zunächst die sprachliche Bedeutung des oder, wie wie Rehme und Mollwo[1] sagen, der »sendeve« anlangt, so meint der letztere (S. LVII), es gehe aus ihm hervor, »dafs hier ursprünglich eine Art Dienstverhältnis vorliege«, denn einen andern senden könne nur derjenige, der zu ihm in einem Autoritätsverhältnis stehe. Das wäre richtig, wenn sich das »senden« auf eine Person bezöge; statt dessen bezieht es sich aber auf den Gegenstand, der gesandt wird. Im Korrespondenzblatt d. V. f. nd. Sprachforschung III (1878), S. 91 habe ich bei Besprechung des Wortes »eteve« auf das altsächsische *fehu*, ursprünglich Vieh, in übertragener Bedeutung Besitztum, hingewiesen und bemerkt, dafs das häufiger vorkommende Wort »sendeve« die Existenz eines mittelniederdeutschen »ve« in der Bedeutung von Gut vollständig zu erweisen scheine, wie denn auch das Mnd. Wb. 4, S. 189 im Unterschiede von Pauli »sendeve« mit einem Fragezeichen als »Kommissions-(Speditions-)gut, in Commission gegebene Waare« erkläre. Im zweiten Teil des Mnd. Handwörter-

---

[1] Auch L. Levin, Über das Kommissionsgeschäft im Hansagebiete S. 33 ff.

buchs (1888) S. 345 hat Walther das Fragezeichen weggelassen
und statt dessen zur Vergleichung auf alts. *fehu*, altn. s e n d i f ê
hingewiesen und im Hans. U.B. 5 (1899), S. 637 ist »sendeve«
von Kunze ohne weitere Bemerkung als Kommissionsgut erklärt
worden. Rehme, der für die »vera societas« die altn. Bezeichnung »fèlag (Gütergemeinschaft)« und für »sendeve« ein altn.
»hjáfèlag (Beigütergemeinschaft)« anführt, kann über die sprachliche Bedeutung des »sendeve« nicht in Zweifel sein. Ein
scheinbares Femininum findet sich zwar bei Johann Wittenborg
§ 275: »unde 9 s. de lenede ic eme to ener sende[we]n unde
10 s. 4 d. de lenede ic eme to lowende unde 9 s. vor 9 quarter
vanme witten Eygelesscen unde dat ghelt, swart to verwende,
dat hebbe ic eme oc ghelenet«, aber hier beruht das Wort, wie
die Klammern besagen, auf einer blofsen Konjektur, deren Un-
richtigkeit auf der Hand liegt. — Das in Bezug auf »sendeve«
beruhende Verhältnis zweier Leute zu einander bezeichnet der
Verf. S. LX als ein »Mandatverhältnis«, während es auf S. LXI
heifst, im allgemeinen stelle sich die »sendeve« als ein Mandat dar, mitunter sei es aber kein blofses Mandat, und auf
S. LXII wird das Verhältnis folgendermafsen formuliert: »Der
Missus tritt zwar dem Dritten . . . in eigenem Namen für
fremde Rechnung entgegen, ihm gegenüber entspricht er völlig
unserem Kommissionär, seinem Auftraggeber gegenüber ist er
aber nichts anderes als ein Handlungsbevollmächtigter mit Pro-
kura für eine bestimmte Reihe von Geschäften, deren Abwicke-
lung im Einzelnen ihm überlassen ist«. — Sehen wir das jüngere
Handlungsbuch durch, so finden wir folgendes. Erstens giebt
man einem andern, der sich nach auswärts begiebt, Geld oder
Waren »to sendeve« mit [1]. Zweitens sendet man einem andern,
der auswärts entweder ansässig ist oder vorübergehend sich auf-
hält, Geld oder Waren »to sendeve« [2]. Drittens kauft man aus-

---

[1] § 19: »ego dedi x ad sendeve«; § 21: »dat ic x mede do to
sendeve«; § 30: »dat ic mede hebe dan mime knechte to sendeve«; § 75:
»dede ic eme mede to sendeve«; § 78: »Item do [ic] x mede to sendewe«;
§ 81: »Ic do x mede to sendewe«; § 85: »do dede ich tho sendeve x«;
§ 103: »do dede ic x to sendewe«; § 179: »dat hebbe wi dan x to sendewe«; § 205: »do dede ic eme mede to sendeve«; § 217: »van deme
sendewe, dat ic x mede dede«; § 278: »do dede ic eme mede to sendewe«.

[2] § 29: »dat ic sende x to sendeve«; § 83: »dat sande x wech to

wärts auszubezahlendes Geld, das ein anderer dort »to sendeve«
erheben, »upboren«, soll [1]. Viertens soll der andere das ihm
mitgegebene, zugesandte oder auswärts für ihn bereit gemachte
Geld, bezw. Waren auswärts »beweren«, zum Einkauf bestimmter
oder nicht bestimmter Waren für den Auftraggeber verwenden [2];
zwei Eintragungen, die vom Kauf auswärts auszubezahlenden
Geldes, aber nicht von dessen »upboren to sendeve«, sondern nur von seinem »beweren to sendeve« reden [3], sind trotzdem ebenso zu verstehen. Fünftens handelt der andere mit dem
ihm »to sendeve« Anvertrauten nicht auf sein, sondern auf seines
Auftraggebers Risiko [4]. — Aus dem Gesagten erhellt, dafs beim
»sendeve« an ein Societätsverhältnis allerdings nicht zu denken
ist; »sendeve« ist Geld oder Ware, die einer auf sein Risiko
dem andern nach auswärts mitgiebt, dorthin sendet oder dort
bereithalten läfst, damit dieser ihm dafür Waren des dortigen
Markts zuführe oder sende; Sendeve-Kontrakte werden aber
nicht nur zwischen Kaufmann und Handlungsdiener, sondern
auch zwischen Kaufmann und Kaufmann geschlossen, nur dafs
der das Risiko tragende Kaufmann am Orte verbleibt, während
der andere, wenn er dort nicht angesessen ist oder schon verweilt, sich nach auswärts begiebt. Ein in Brügge ansässiger
Kaufmann ist der schon oben (S. 192) erwähnte, auch vom Verf.
(S. LXV) genannte Laurenz von der Burse, dem Johann Wittenborg »per Johannem Witten« 87 Schilde (§ 20), und »bi Claus

---

Revele to sendewe«; § 135: »do sande ic x to sendeve«; § 146: »do sande
ic bi y to sendeve an x«; § 168: »do sande ic wech bi y an x to sendewe«;
§ 343: »do sande ic ostwardes an x mit y to sendeve«.

[1] § 104: »de sal x upboren to sendeve«.

[2] § 78: »dat he mi beweren scal an lasten (Wieselpelzen)«; § 83:
»dat vorde wech x [tho] biwerende«; § 85: »dat he mi biweren scolde in
Flanderen«; § 103: »dat he mi biweren solde«; § 104: »dat he mi beweren
sal an Cortrikesscen lakenen«; § 135: »dat he mi biweren scolde to Darbete«;
§ 168: »dat se mi biweren scolen ostwart«; § 179: »dat he ostwart voren
scal to biwerende«; § 278: »dar he mi mede harinc solten scal«.

[3] § 234: »dat scal mi x biweren an Bruges lakene to sendewe«;
§ 235: »dat scal mi x biweren an Kortrikesche lakene to sendewe«.

[4] § 83: »dat vorde wech sin gheselle x up unser twiger eventhure [to]
biwerende«; § 85: »dat ghelt dat dede he in Ludeken Buxtehuden in sine
kisten in sin schip up min eventure; § 179: »to sendewe, dat he ostwart
voren scal up unse eventure to biwerende«.

Ditmerschen‹ 106 Schilde ›to sendeve‹ sendet (§ 29). Thidemann Wise, dem Johann Wittenborg durch Thidemanns Bruder
Gerwin 25 Mark Silbers und einen silbernen Gürtel (§ 135),
durch Arnold Bardewik 13 Stücke Silbers (§ 146) und ›mit
Johan Rokesberch‹ 9 Stücke Silbers schickt (§ 343), ist offenbar
in Lübeck selbständig, denn nach § 83 giebt er 100 Mark zu
Johann Wittenborgs 100 Mark her und das für die 200 Mark
eingekaufte Silber führt sein Handlungsdiener, ›sin gheselle‹, nach
Reval ›to sendewe, up user twiger eventhure [to] biwerende‹.

In dieser letztgenannten Eintragung wird also eine ›societas
vera‹ zum Zweck eines Sendeve·Geschäfts geschlossen; eine
anderweitige Verbindung des Sendeve·Kontrakts mit der ›vera
societas‹ zeigt sich in drei oben (S. 202) aus Rehmes Urkunden-
anhang angeführten Beispielen und auch in den Wittenborgschen
Handlungsbüchern kommen weitere Verbindungen beider vor,
wenn auch nicht in allen von Mollwo auf S. 100 angeführten
Stellen. Beispielsweise ist gleich die erste, I, 3, anders zu beurteilen. Ihr zufolge haben Hermann Wittenborg und Johann
Holt ›in vera societate‹ 63 Mark, von denen ersterem zwei, letzterem ein Drittel gehören; aufserdem giebt Hermann weitere 63
Mark ›super lucrum nostrorum amborum‹ her; ferner leiht sich
Johann Holt nach I, 4 von einem Dritten 10 Mark Silbers und
Hermann Wittenborg schiefst gleichfalls 10 Mark Silbers ein.
Wie in Bezug auf die ersten 63 Mark liegt auch in betreff der
20 Mark Silbers eine ›vera societas‹ vor, in Bezug auf die
weiteren 63 ₰ ein einseitiger Kapitalzuschufs, der wie bei der
›quasi-societas‹ vom Geber vorweg genommen wird, aber im
Unterschiede von den unter C angeführten Fällen, wo er ›nicht
winnen unde nicht vorlesen‹ soll, Geber und Unternehmer zu
Gute kommen wird (vgl. unter 4). Rechnen wir der Einfach-
heit wegen die Mark Silbers, die 1353 mit 3 ₰ 4 ß bezahlt
wurde (S. LXXVII) zu 3 ₰ 2 ß 4⁴/₅ ₰), also 10 Mark zu 31¹/₂
und 20 Mark zu 63 ₰, so entsteht ein Gesellschaftsvermögen
von 189 ₰, von dessen Ertrag Hermann 63 ₰ vorwegnimmt,
während der Rest so verteilt wird, dafs Hermann für (42, 31¹/₂
und 31¹/₂) 105 ₰ fünf, Johann Holt für (21, 31¹/₂ und 31¹/₂)
84 ₰ vier Neuntel erhält[1]. In §§ 55, 56 finden sich Ein-

---

[1] Bei der Nichtbeteiligung des Kapitalzuschusses an Gewinn und Ver-

tragungen, die sich vermutlich auf die Auflösung dieser Gesellschaft beziehen. Ihnen zufolge erhält Hermanns Witwe zunächst
für Luchsfelle 20¹/₄ Mark Silbers weniger 14 ₰ oder — hier die
Mark Silbers zu 3 ₰ 1 β 10 ₰ gerechnet — vorwegzunehmende
63 ₰ und sodann für Luchsfelle von wegen des verstorbenen
Johann Holt 120 Mark Silbers oder — bei gleicher Berechnung
— 373 ₰ 12 β vom Restertrag.

Interessant ist, dafs auch Verträge zwischen Kaufleuten und
Landleuten über das von ersteren den letzteren zur Mast gegebene Vieh als Gesellschaftsverträge aufgefafst werden. Unter
den von Rehme veröffentlichten, unter der Rubrik »Societates«
stehenden Eintragungen des Niederstadtbuchs befindet sich eine
(Nr. 39), der zufolge A dem B unter Zusicherung der Hälfte
des Gewinns Schweine zur Mast giebt; die Einlage des Unternehmers besteht, wie Rehme (S. 383) bemerkt, »lediglich in der
Einstellung und Fütterung der Thiere«. Auch Johann Wittenborg
schliefst Verträge dieser Art. Nach § 248 hat Hinze von Serben
von ihm 4 Milchkühe; Hinze unterhält sie für die Milch und
sendet Johann die Butter; die von den Kühen geworfenen Kälber
aber gehen zu halb und halb¹. Aufserdem hat Hinze von Johann
16 Milchschafe, die dieser mit 4 Schilling das Stück bezahlt hat;
Hinze soll sie unterhalten und, weil er keinen Einschufs geleistet
hat, von ihrem Ertrage Johann ein Drittel vorweggeben und den
Rest mit ihm teilen².

In § 5, Das Geschäft Johann Wittenborgs
(S. LXVI—LXXIII), sagt der Verf., der Umsatz habe in den
Jahren 1357 und 1358, nur unter Berechnung von Tuchen, Ge-
treide, Malz, Pelzwerk und Wachs, 6776 Mark Lübisch, »also
nach dem Schäferschen Reduktionssatz etwas über eine halbe
Million Mark unseres Geldes« betragen. Dabei hätte doch ge-

lust würde Hermann für (42 und 31¹/₂) 73¹/₂ ₰ sieben und Johann für (21
und 31¹/₂) 52¹/₂ ₰ fünf Zwölftel erhalten haben.
¹ »Hinse van Serben ... de heft van miner wegene 4 melkekoyge; de
scal he holden umme de melk unde senden mi de boteren; wat dar af kumut
van kalveren, dat is half unde half«.
² »Unde oc so hebe ic eme dan 16 melkescap; de kosteden to 4 s.;
dar en hevet he nicht entegen dan. De scal he holden to halven, wat dar
af kumut; unde dat driddendel dat scal he bitalen mi, alse en recht is«.

sagt werden sollen, daſs die halbe Million der gedachten Summe nicht in Bezug auf den Silbergehalt, sondern in Bezug auf die meiner Meinung nach nur mit groſser Unsicherheit zu berechnende Kaufkraft entsprechen soll. Welchen Wert aber die Berechnung zu 6776 Mark Lübisch haben kann, erhellt aus den obigen Angaben über das Durcheinander der datierten Eintragungen, das eine sichere Bestimmung aller undatierten ganz unmöglich macht. Die ›interessante Erscheinung, daſs ein Lübecker Brauer zum Betrieb eines Saisongewerbes nach Schonen auf ein paar Monate zieht, ebenso wie die Böttcher und Heringshändler‹, beruht darauf, daſs Johann Wittenborg von dem ihm von Berthold Wittenborg und Arnold Bardewik bei ihrer Abreise nach Schonen zurückgelassenen Malz im Betrage von 14 Last und 2 Drömt dem Klaus von Vemeren 4 Last (nicht 14 Last 2 Drömt) zu 8¹/₂ ℳ die Last unter der Bedingung verkauft, daſs er die Zahlung an Berthold und Arnold ˙ auf Schonen, eventuell aber nach seiner Rückkehr an Johann leisten soll (§ 280); warum der Verf. den auſserdem nur noch einmal (§ 300) genannten Klaus von Vemeren für einen ›Mälzer und Brauer‹ ausgiebt und ihn nicht wie Johann Wittenborg als einen Malz einkaufenden ˙ und Bier verkaufenden Kaufmann gelten lassen will, darüber sagt er kein Wort.

Den Schluſs der Einleitung bilden § 6, M a k l e r, H a n d e l s -
m a r k e n, S p e s e n (S. LXXIV—LXXVI) und § 7, M ü n z e n (S. LXXVII—LXXIX), die mir zu weiteren Bemerkungen keinen Anlaſs geben.

NACHRICHTEN

VOM

HANSISCHEN GESCHICHTSVEREIN.

Dreifsigstes Stück.

———

Versammlung zu Göttingen. — 1900 Juni 5 und 6.

———

NEUNUNDZWANZIGSTER JAHRESBERICHT.

ERSTATTET

VOM VORSTANDE.

———

Bei der im vorigen Jahre zu Hamburg abgehaltenen Versammlung unseres Vereins konnte der Vorstand die Zusicherung erteilen, daſs von dem hansischen Urkundenbuche in nächster Zeit zwei neue Bände erscheinen würden. Noch vor Ablauf des Jahres sind sie zur Ausgabe gelangt. Von ihnen umfaſst der fünfte Band, der von Herrn Dr. Karl Kunze bearbeitet ist, den Zeitraum von 1392 bis 1414, während in dem achten Herr Dr. Walther Stein die Urkunden von 1451 bis zur Mitte des Jahres 1463 veröffentlicht hat. Die Fortsetzung wird Herr Dr. Kunze für den Zeitraum von 1414 bis 1450 in zwei Bänden, Herr Dr. Stein für den Zeitraum von 1463 bis 1500 in [drei Bänden zusammenfassen. Von ihnen wird jeder 70 bis 80 Bogen enthalten. Beide Herren haben bereits mit der Bearbeitung des von ihnen im nächsten Bande zu veröffentlichenden Materials begonnen.

Die Inventare der hansischen Archive des 16. Jahrhunderts, von denen das Kölner Inventar zuerst in Angriff genommen ward, um das Muster für die übrigen abzugeben, haben auch in diesem Berichtsjahre erhebliche Fortschritte gemacht. Während des verflossenen Sommers und Herbstes ist Herr Professor Dr. Höhlbaum in Gieſsen für den zweiten Band des Kölner Inventars thätig gewesen. Die durch

14*

die Ungunst früherer Zeiten zum Teil verstümmelten Akten und Urkunden des Kölner Archivs für die hansische Geschichte im Zeitraum des zweiten Bandes (1572—91) sind nunmehr ganz zusammengebracht, im einzelnen genau bestimmt und für die hansische Forschung benutzbar gemacht worden. Nach unausgesetzten Bemühungen ist dieser schwierigste Teil der Vorarbeiten für den Band zum Abschlufs gebracht. Die im vorigen Berichte in Aussicht gestellten Ergänzungen sind gewonnen, so dafs auch das dort bezeichnete Ziel erreicht werden kann. In grofser Fülle ist Erläuterungsstoff aus niederländischen und englischen Veröffentlichungen, unter letzteren vornehmlich aus der langen Reihe der »Acts of the Privy Council of England N. S.« für die 70er und 80er Jahre des 16. Jahrhunderts, herausgearbeitet worden. Als an die Schlussredaktion des Werkes herangetreten werden sollte, befiel den Bearbeiter ein Augenleiden, das ihn während des ganzen Winters in seiner Thätigkeit gehemmt hat. Nachdem er diese jetzt zum Teil wieder hat aufnehmen können, ist begründete Hoffnung dafür vorhanden, dafs er sich im Herbst d. J. der noch ausstehenden Arbeit mit neuen Kräften wird widmen können und dafs der zweite Band noch vor Ablauf des neuen Berichtsjahres in den Druck gelangt. Er wird dem ersten an Umfang und Inhalt gleichstehen. Der Dokumenten-Anhang wird hier noch weiter ausgedehnt werden müssen. — Das auf einen Band berechnete Braunschweiger Inventar soll sich unter den in früheren Berichten angegebenen Bedingungen dem Kölner anschliefsen. Es ist von Herrn Dr. Mack in Braunschweig in Angriff genommen, im wesentlichen vollendet und wird vielleicht schon nach Abschlufs des Manuskripts für den zweiten Kölner Band die Schlufsredaktion erfahren, also vielleicht auch schon vor Ausgang des neuen Berichtsjahres dem Druck übergeben werden können.

Zur Gewinnung neuen Materials für die noch aufsenstehenden Bände der Hanserecesse Abt. III hat ihr Herausgeber Herr Professor Dr. Schäfer im vergangenen Jahre eine Reise nach Kopenhagen unternommen, die ihm zugleich die Möglichkeit gewährt hat, den zu Falsterbo an den Stätten der alten hansischen Niederlassungen vorgenommenen Ausgrabungen beizuwohnen.

Von den Hansischen Geschichtsquellen ist ein zweiter Band der neuen im Verlage von Pass & Garleb in Berlin erscheinenden Folge, die Bergenfahrer und ihre Chronistik, bearbeitet von Dr. Bruns, soweit vollendet, dafs er binnen einigen Wochen zur Ausgabe gelangen wird. Für die Herausgabe des ersten Bandes, der die von Dr. Siewert verfafste Geschichte der Rigafahrer in Lübeck enthält, hat unser Verein von der Handelskammer in Lübeck einen Beitrag von Mk. 600 erhalten, für den hiemit ein herzlicher Dank abgestattet wird.

Der Druck eines neuen Heftes der Hansischen Geschichtsblätter ist bereits nahezu vollendet.

Im verflossenen Jahre sind unserm Vereine beigetreten in Berlin Dr. F. Arnheim; in Dorpat Magister Feuereisen; in Göttingen Professor Dr. Krauske, Oberstleutnant a. D. Lehmann, Privatdocent Dr. Mollwo und Privatdocent Dr. Schücking; in Hamburg Senator Dr. Burchard, Archivassistent Dr. Becker, Direktor Dr. Gruner, Syndikus Dr. von Melle, Kaufmann C. A. Robertson und Kaufmann Herm. Tamm; in Hannover Reg.-Rat Krüger; in Köln Frau Geheime Kommerzienrätin von Mevissen; in Lüneburg Archivar Dr. Reinecke; in Marburg Studiosus O. Wendt; in Münster Archivrat Dr. Ilgen; in Stralsund Ratsherr Mafs; ferner die Universitätsbibliothek zu Göttingen, das historische Seminar der Universität Leipzig und der Geschichtsverein zu Stade.

Durch den Tod sind aus unserem Vereine geschieden in Bremen Dr. H. Martens und Kaufmann Ed. Müller; in Hamburg Dr. Kellinghusen und Bürgermeister Dr. Versmann; in Köln Geheimer Kommerzienrat Dr. von Mevissen; in Lübeck Rentier Th. Cruse und Konsul Marty; in Rostock Dr. K. Lorenz und in Stralsund Kaufmann Joh. Holm. Da acht Mitglieder ihren Austritt angezeigt haben, so zählt unser Verein zur Zeit. 411 Mitglieder.

Herr Professor Dr. Hoffmann, der nach Ablauf seiner Amtsdauer aus dem Vorstande ausgetreten, ist wiederum zum Vorstandsmitgliede erwählt und hat von neuem die Kassenführung übernommen.

Die Rechnung des vergangenen Jahres ist von den Herren

Heinr. Behrens in Lübeck und Kämmerer Thiemann in Göttingen
einer Durchsicht unterzogen und richtig befunden.

- - - - -

Schriften sind eingegangen

a) von Städten, Akademien und historischen Vereinen:

Zeitschrift des Aachener Geschichtsvereins, Bd. 21.

Baltische Studien, N. F. Bd. 3.

Mitteilungen des Vereins für Geschichte Berlins, 1900.

Schriften des Vereins für Geschichte Berlins, Heft 36.

Forschungen zur Brandenburgischen und Preufsischen
Geschichte, Bd. 12,2 und 13,1.

Mitteilungen des Vereins für Chemnitzer Geschichte, Heft 10.

Kämmereirechnungen von Deventer, V, 2.

Sitzungsberichte der Gelehrten Estnischen Gesellschaft in Dorpat
(Jurjew), 1899.

Verhandlungen der Gelehrten Estnischen Gesellschaft in Dorpat
(Jurjew), Bd. 19 und 20, Inhaltsverzeichnis zu Bd. 1—20.

Mitteilungen des Vereins für Hamburgische Geschichte,
Heft 19.

Gesamtregister über die Veröffentlichungen des Vereins für
Hamburgische Geschichte u. s. w. von Kowalewski.

Mitteilungen der Gesellschaft für Kieler Stadtgeschichte, Heft 17.

Von der Akademie zu Krakau:

Anzeiger 1899.

Rozprawy Akademii II, 12.

Geschichtsfreund der fünf Orte Luzern u. s. w., Bd. 53.

Geschichtsblätter für Stadt und Land Magdeburg, Bd. 34, 1. 2.

Mitteilungen des Vereins für Geschichte der Stadt Nürnberg,
Heft 13 und Jahresbericht 21.

Mitteilungen des Vereins für Geschichte Osnabrücks, Bd. 24.

Monatsblätter der Gesellschaft für Pommersche Geschichte,
1899.

Bau- und Kunstdenkmäler der Provinz Pommern, T. II, Reg.-
Bez. Stettin, von H. Lemcke, Heft 1—3.

Jahresbericht des historischen Vereins für die Grafschaft R a v e n s -
b e r g zu Bielefeld, 14.

Beiträge zur Geschichte der Stadt R o s t o c k , Bd. 2 Heft 4,
Bd. 3 Heft 1.

Zeitschrift der Gesellschaft für S c h l e s w i g · H o l s t e i n i s c h e
Geschichte, Bd. 29 und Register zu Bd. 1—20.

Jahrbuch für S c h w e i z e r i s c h e Geschichte, Bd. 24.

University of T o r o n t o , Studies history, Series I Vol. 2—3.

Mitteilungen des Vereins für Kunst und Altertum in U l m und
Oberschwaben, Heft 9.

Von der Vereinigung zu U t r e c h t : Rechtsbronnen der kleine
Steden, II.

Zeitschrift des Vereins für Geschichte W e s t f a l e n s , Bd. 57.

Schriften des W e s t p r e u f s i s c h e n Geschichtsvereins, Bd. 1—2.

Zeitschrift des W e s t p r e u f s i s c h e n Geschichtsvereins, Heft 41.

Vierteljahrshefte für W ü r t t e m b e r g i s c h e Landesgeschichte,
N. F. Bd. 8.

Mitteilungen des Altertumsvereins für Z w i c k a u , Heft 6.

b) von den Verfassern :

A. P o e l c h a u , Die livländische Geschichtslitteratur im Jahre
1898.

T h . P y l , Nachträge zur Geschichte der Greifswalder Kirchen,
Heft 3.

KASSEN-ABSCHLUSS

am 16. Mai 1900.

EINNAHME.

Vermögensbestand	Mk.	13 894,22
Zinsen	-	528,79
Beitrag S. M. des Kaisers	-	100,—
Beiträge deutscher Städte	-	8 356,—
- niederländischer Städte	-	423,56
- von Vereinen	-	169,—
- von Mitgliedern	-	2 645,—
Beitrag der Handelskammer zu Lübeck . . .	-	600,—
Beim Ankauf von Wertpapieren	-	76,55
	Mk.	26 793,12

AUSGABE.

Urkundenbuch, Honorare und Reisen	Mk.	5 088,20
- Druckkosten	-	4 703,05
Recesse, Reisekosten	-	945,50
Geschichtsblätter	-	1 587,—
Inventare	-	89,15
Reisekosten für Vorstandsmitglieder	-	591,65
Verwaltungskosten	-	954,—
Bestand in Kasse	-	12 834,57
	Mk.	26 793,12

II

PREISRICHTER-URTEIL.

Auf das zu Pfingsten 1896 von der historischen Gesellschaft des Künstlervereins in Bremen erlassene Preisausschreiben[1], das zu einer Darstellung der Geschichte der deutschen Hanse vom Stralsunder Frieden, 1370, bis zum Utrechter Frieden, 1474, aufforderte, ist am festgesetzten Termin eine Arbeit eingegangen. Sie führt den Titel »Die Blütezeit der deutschen Hanse« und ist mit dem Motto versehen: Gii heren mogen mercken, wert de coppman bedorffen, dar vorlost nymant mehr an, dan gy heren van den steden, want gy sint de coppman.

Die Arbeit ist leider unvollständig. Von den drei Büchern, in denen das Thema behandelt werden soll, ist vollendet nur das erste: »Die Hanse von der Erwerbung der grofsen Auslandsprivilegien bis zum ersten allgemeinen Statut, 1356—1418«; von dem zweiten Buche: »Die Hanse im Kampfe um die Handelsherrschaft auf den nördlichen Meeren, 1418—1474« lag nur das erste Kapitel des ersten Hauptabschnittes, der bis 1441 reichen soll, »Die Hansestädte und der Krieg um Schleswig, 1404—1435«, und zwar nur bis 1426 ausgeführt, vor. Den Schlufs dieses Kapitels hat der Verfasser im Spätsommer des vorigen Jahres nachgeliefert. Beigegeben aber sind der Schrift erstens eine detaillierte Übersicht über den Plan der Arbeit für die drei Kapitel dieses ersten Hauptabschnitts, während der Verfasser über den Plan des zweiten Hauptabschnitts sich noch nicht bindend hat

---

[1] S. Jahrg. 1896, S. XXXV—XXXVI.

14**

äufsern wollen, und zweitens Angaben über den in Aussicht
genommenen Inhalt der drei Kapitel des dritten Buches: »Die
heimische Stellung und das innere Leben der Hanse und der
einzelnen Städte von der Mitte des 14. bis zum Ausgange des
15. Jahrhunderts«.

Von dem, was die Preisaufgabe fordert, ist also nur ein
Teil geleistet worden.

In Bezug auf diesen Teil, insbesondere das vollendete erste
Buch, ist anzuerkennen, dafs der Verfasser das teilweise überreiche,
teilweise aber äufserst dürftige und schwer zu verwertende
Quellenmaterial völlig beherrscht, eine besonnene Kritik walten
läfst und die vorhandene Litteratur, ohne nachteilig von ihr beeinflufst zu werden, fleifsig heranzieht, dafs er den reichen, viel-
seitigen Stoff klar übersieht und übersichtlich zu gruppieren versteht und die einzelnen Thatsachen in ihrer Bedeutung zu erfassen
und gerecht zu würdigen überall bemüht ist. Dies gilt im wesentlichen auch von dem ersten Kapitel des zweiten Buches; doch trägt
hier die Darstellung, wie dem Verfasser selbst nicht entgangen sein
wird, den Charakter des Unausgereiften und Überhasteten an sich
und bedarf noch einer gründlichen Überarbeitung. Die vom Verfasser in der Übersicht über den Plan der Arbeit mit Recht betonte Notwendigkeit einer straffen Zusammenfassung des kriegs-
geschichtlichen Stoffes ist aufser acht gelassen; noch mehr leiden
die in den Grundzügen zutreffenden handelspolitischen Ausführungen an Länge und Breite. Die darnach notwendige Um-
arbeitung wird vielleicht schon zu der sehr wünschenswerten Kürzung
dieses übermäfsig lang gewordenen Kapitels führen, dessen Zer-
legung in zwei Kapitel übrigens dem Bedürfnisse des Lesers
besser entsprechen würde. Mit Rücksicht darauf, dafs das Buch
für möglichst weite Kreise bestimmt ist, dürfte es sich, ungeachtet
der erforderlichen Kürzung, empfehlen, und wenn auch schwierig,
so doch ausführbar sein, das in den Anmerkungen verzeichnete
reiche Material mehr, als geschehen, in den Text hereinzuziehen
und so die aus der Fülle des Details gewonnenen Abstraktionen
durch Beispiele anschaulich und lebendig zu machen.

Die stilistische Behandlung entspricht im allgemeinen der
Forderung des Preisausschreibens.. Die Sprache ist einfach und
würdig, und wenn der Stil bald durchaus, bald weniger befriedigt,

so erklärt sich das daraus, dafs dem Verfasser die Zeit gefehlt hat, hier die Feile anzusetzen, die er dort mit Erfolg gehandhabt hat.

Für die auch hierin sich aussprechende Unfertigkeit der Arbeit steht dem Verfasser indefs entschuldigend zur Seite, dafs das Preisausschreiben gegenüber dem sehr umfangreichen Material, das zu durcharbeiten war, die Zeit für die Herstellung der Arbeit recht knapp bemessen hatte.

In Erwägung dieser Thatsache und des Umstandes, dafs keine andere Bewerbungschrift vorliegt, die ihrer Vollständigkeit wegen dieser vorgezogen werden müfste, vornehmlich aber, weil die Unterzeichneten aus dem vollendeten ersten Buche die Überzeugung gewonnen haben, dafs der Verfasser die Schrift in einer den Forderungen des Preisausschreibens völlig genügenden Weise zu vollenden imstande sei, erklären sie einstimmig die eingelieferte Arbeit für des Preises würdig«.

Rostock, Göttingen, Marburg, Bremen, im April 1901.

gez. K. Koppmann. F. Frensdorff. G. Freiherr von der Ropp. Bippen. Dünzelmann.

Nach Eingang des vorstehenden Urteils ist heute in einer Versammlung des Vorstandes der historischen Gesellschaft in Bremen das der Arbeit beigegebene verschlossene Kouvert, das auf der Aufsenseite mit demselben Motto wie die Schrift versehen war, geöffnet worden und hat als Verfasser der preisgekrönten Arbeit ausgewiesen

Herrn Dr. Ernst R. Daenell, Privatdocenten in Kiel.

Bremen, den 4. Mai 1901.

gez. Bippen. Dünzelmann.

III.

PREISAUSSCHREIBEN.

Die Wedekindsche Preisstiftung für deutsche Geschichte stellt für den Zeitraum 1901—1906 folgende Aufgabe:

eine kritische Geschichte der sächsischen Bis-
tumsgründungen in der Karolingischen Zeit.

Bewerbungschriften müssen vor dem 1. August 1905 an den Direktor des Verwaltungsrats der Stiftung eingesandt werden und aller äufsern Zeichen entbehren, an welchen die Verfasser erkannt werden können. Jede Schrift ist mit einem Sinnspruche zu versehen, und es ist ihr ein versiegelter Zettel beizulegen, auf dessen Aufsenseite sich derselbe Sinnspruch befindet, während inwendig Name, Stand und Wohnort des Verfassers angegeben sind. Der Preis beträgt 3300 Mark und mufs ganz oder kann gar nicht zuerkannt werden. Die gekrönte Schrift geht in das Eigentum der Stiftung für diejenige Zeit über, in welcher es dem Verfasser oder seinen Erben gesetzlich zustehen würde. Der Verwaltungsrat der Stiftung wird die Schrift einer Buchhandlung in Verlag geben oder auf Kosten der Stiftung drucken lassen. Das Urteil wird am 14. März 1906 in einer Sitzung der Königlichen Gesellschaft der Wissenschaften bekannt gemacht und in deren »Nachrichten« in der Abteilung: Geschäftliche Mitteilungen veröffentlicht. Ebenda Jahrg. 1901 Heft 1 finden sich die ausführlicheren Mitteilungen über das Preisausschreiben sowie die Angaben über den gleichfalls am 14. März 1906 zu erteilenden sog. dritten Preis der Stiftung.

Der Verwaltungsrat der Wedekindschen Preisstiftung
für deutsche Geschichte.

Göttingen, den 14. März 1901.